U0516501

曾憲通 陳偉武 主編

陳斯鵬 秦曉華 編撰

卷十三

出土戰國文獻字詞集釋

中華書局

卷十三部首目録

糸 糸

貨系 3687

○**何琳儀**(1998)　糸,甲骨文作(甲三五七六),象束絲之形。金文作(子糸爵),上下爲絲緒。在偏旁中多作、形。戰國文字承襲金文。《説文》:"糸,細絲也。象束絲之形。讀若覛。,古文糸。"燕刀糸,不詳。

《戰國古文字典》頁 776

繭 繭

睡虎地·日甲 13 背

包山 268　 包山 277

○**劉彬徽、彭浩、胡雅麗、劉祖信**(1991)　釋"緄"。

《包山楚簡》頁 38、39

○**何琳儀**(1993)　原篆作,从糸,見聲,應釋"絸"。參《説文》"繭"古文作。以此類推,"靫"271、273 應釋"靬靫"。檢《説文》:"靬,繫牛脛也。从革,見聲。"二簡所載均與駕牛之具有關。

《江漢考古》1993-4,頁 63

○**劉信芳**(2003)　字从糸,見聲,《説文》"繭"之古文。

《包山楚簡解詁》頁 319

△**按**　《説文》:"繭,蠶衣也。从糸从虫,黹省。絸,古文繭从糸、見。"包山楚簡"絸"與古文"繭"形同,但未必爲一字。

繹 繹

侯馬 156:24　　 睡虎地·日甲 13 背　　 集粹　 香續二 32

侯馬 156:19

○**何琳儀**（1998）　侯馬盟書繹，祭名。《爾雅·釋天》：“繹，又祭也。”

《戰國古文字典》頁 556

○**睡簡整理小組**（1990）　繹（釋）　釋髮，散髮。

《睡虎地秦墓竹簡》頁 210

△**按**　《説文》：“繹，抽絲也。从糸，睪聲。”古璽繹，人名。

緒　緒

包山 263

陶彙 3·923　　　　陶彙 3·1342　　　　陶彙 3·1343

○**吳大澂**（1884）　古緒字，省文，古陶器。

《説文古籀補》頁 53，1988

○**顧廷龍**（1936）　紵，《説文》“緒屬。細者爲絟，粗者爲紵”，“或从緒省”作
“緒”。按緒與緒似。

《古匋文香録》卷 13，頁 1，2004

○**劉彬徽、彭浩、胡雅麗、劉祖信**（1991）　緒，借作堵，《禮記·禮器》：“堵者謂
之臺。”似指燭臺二件。

《包山楚簡》頁 62

○**何琳儀**（1998）　《説文》：“緒，絲耑也。从糸，者聲。”齊陶緒右从旅之古文
緒。緒實則者之上半部。包山簡緒，不詳。

　　（編按：陶彙 3·1342、1343）緒。

《戰國古文字典》頁 521、1530

○**劉信芳**（2003）　按此釋大誤。“堵者謂之臺”是《禮記·禮器》注文而非正
文，可參該篇“不臺門”一句鄭氏注。朱駿聲《説文通訓定聲》“堵”字條下脱
一“注”字，包簡整理者照録朱氏引文而致誤。“緒”即絲條，《廣雅·釋器》：
“編緒，條也。”《説文》：“條，扁緒也。”扁緒即編緒。此編緒應是出土銅鏡之
附屬物，穿繫於銅鏡背面之鈕孔中，以便使用時持於手中。

《包山楚簡解詁》頁 281

○程燕（2004）　包山簡緒,見《爾雅·釋器》:"緒,條也。"

《戰國古文字典》頁 1620

△按　陶文"緒"或作者,疑所從"者"下部聲化爲"毛"。《緇衣》"惡惡不著"之"著",郭店簡作"紵",證明"者、毛"二聲系可通。

緬 緬

左冢漆桐

△按　漆文"康緬",陳偉武、高佑仁讀"緬"爲"湎",可從。參朱曉雪《左冢漆桐文字彙釋》(《中國文字》新 36 期 146 頁,藝文印書館 2011 年)。

純 紈 鈍

曾侯乙 67　　仰天湖 6　　信陽 2·7　　望山 2·2　　包山 262

包山 267　　包山 271　　集成 10371 陳純釜

集成 9735 中山王方壺

○中大楚簡整理小組（1977）　純,衣緣。

《戰國楚簡研究》2,頁 18

○李學勤、李零（1979）　純字訓爲束,所以銘文第七行純字从束。

《考古學報》1979-2,頁 151

○張政烺（1979）　鈍,从束,屯聲。从束與从糸同義,如詛楚文約作約。鈍即純之異體。《詩·周頌·維天之命》"文王之德之純",傳:"純,大。"《國語·晉語》"德不純",注:"純,壹也。"

《古文字研究》1,頁 212

○商承祚（1982）　鈍字有釋純的,我以爲是勅,字同敕,敕正也。

《古文字研究》7,頁 64

○陳邦懷（1983）　按,此鈍字從句意講,當讀爲純。其不从絲而从束者,其義蓋本於《詩》。《詩·召南》"白茅純束",毛傳:"純束,猶包之也。"鄭箋:"純,讀曰屯。"《戰國策·秦策》"錦繡千純",鮑注:"純音屯,束也。"是知純音屯,其義爲束,屯猶束也,《詩》之純（屯）,當是同義複詞。然則壺文鈍字,以屯爲音符,以束爲義符,从屯从束,與《詩》"白茅純（屯）束"之屯束,正密合無

閒也。

《天津社會科學》1983-1，頁 67

○**郭若愚**（1994）　純，《廣雅·釋詁》：“緣也。”《禮記·曲禮》：“父母存，冠衣不純素。”注：“緣也。”《儀禮·士冠禮》：“服纁裳純衣。”注：“純衣，緣衣也。”悳從直從心，假爲犆，《集韻》：“緣也。”

《戰國楚簡文字編》頁 72

○**朱德熙、裘錫圭、李家浩**（1995）　《廣雅·釋詁二》：“純，緣也。”此處疑指用織物包在“軒反”周圍作邊。

《望山楚簡》頁 116

○**何琳儀**（1998）　楚簡純，《廣雅·釋詁》二：“純，緣也。”

《戰國古文字典》頁 1329

○**劉信芳**（2003）　《爾雅·釋器》：“緣謂之純。”凡衣、裳、冠、屨之緣邊皆可謂之純。《儀禮·士冠禮》：“玄端、黑屨、青鉤、繶純，純博寸。”“纂純”即用彩色絲條緣邊。

《包山楚簡解詁》頁 273

△**按**　諸家釋“犉”爲“純”字異體，是。

綃　紣

吉大 128

△**按**　《說文》：“綃，生絲也。從糸，肖聲。”古璽綃，人名。

紙　絍

絍信陽 2·2

○**中大楚簡整理小組**（1977）　絍。

《戰國楚簡研究》2，頁 19

○**劉雨**（1986）　絍。

《信陽楚墓》頁 128

○**郭若愚**（1994）　一兩絲絍縷（柳）

　　絲，《說文》：“蠶所吐也。”《漢書·公孫弘傳》：“妾不衣絲。”《急就篇》

"絳緹絓紬絲絮綿"注:"抽引精繭出緒者曰絲。"紝,機縷也。織繒帛爲紝。《禮・内則》"織紝組紃"疏:"紝爲繒帛。"亦作絍。《漢書・嚴助傳》:"婦人不得紡績織絍。"注:"機縷曰絍。"此謂一對絲織的柳衣。

《戰國楚簡文字編》頁 66

○**彭浩**(1996)　"紙縷"之"紙"讀作"屐"。(中略)《釋名・釋衣服》則進而解釋:"帛屐,以帛作之如屩也。不曰帛屩者,屩不可踐泥也。屐可以踐泥也。此亦可以步泥而浣之,故謂之屐也。"

《楚人的紡織與服飾》頁 178

○**何琳儀**(1998)　《説文》:"紙,絲滓也。从糸,氏聲。"信陽簡紙,絲滓。

《戰國古文字典》頁 1212

△**按**　釋"紙"是,釋"紝"不確。

經 經

睡虎地・爲吏 41　陶彙 3・71　集成 4596 陳曼簠

郭店・太一 7　上博三・周易 24　上博七・武甲 15　上博六・用曰 1

曾侯乙 64　包山 268

○**劉釗**(1998)　簡 268 有字作"",字表列於未隸定部分。按字从糸从,""乃"巠"字之省,字應釋爲"經"。經字典籍訓爲經緯之經,又訓爲識(編按:"識"爲"織"之誤)。簡文"集組之砮經"疑應讀爲"集組之絡經"。

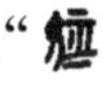

《出土簡帛文字叢考》頁 28,2004;原載《東方文化》1998-1、2

○**李守奎、曲冰、孫偉龍**(2007)　所从聲符"巠"之下部變形音化爲"壬"。

《上海博物館藏戰國楚竹書(一—五)文字編》頁 584

○**張光裕**(2007)　(編按:上博六・用曰 1:是善敗之經)《尚書・大禹謨》:"與其殺不辜,寧失不經。"傳云:"經,常。"經,指常道。《禮記・樂記》:"著誠去僞,禮之經也。"又《問喪》:"此孝子之至也,人情之實也,禮儀之經也。"《莊子・養生主》:"爲善無近名,爲惡無近刑,緣督以爲經。"

《上海博物館藏戰國楚竹書》(六)頁 287

○**何琳儀**(1998)　陳斁臣"經德",見《書・酒誥》"經德秉哲"。

《戰國古文字典》頁 786

【經死】睡虎地・封診 63

○**睡簡整理小組**(1990)　經,《荀子·强國》注:"縊也。"經死,弔死。

織 纖

睡虎地·日甲 155　　　　睡虎地·日甲 3 背

【織女】睡虎地·日甲 155、日甲 3 背

△**按**　《説文》:"織,作布帛之總名也。从糸,戠聲。"秦簡"織女",中國古代神話人物。

緯 緯

包山 259　　　　包山 263　　　　郭店·六德 43

上博三·彭祖 2

○**劉信芳**(1997)　包山簡二五九:"一緯粉。""緯"讀如"幃",《説文》:"囊也。"《離騷》:"蘇糞壤以充幃兮。"王逸章句:"幃謂之縢,縢,香囊也。"粉,《説文》:"所以傅面者也。"《登徒子好色賦》:"著粉則太白,施朱則太赤。"《大招》:"粉白黛黑,施芳澤只。"是幃粉即粉囊。

　　包二六三:"一絅縞之緯。"此"緯"亦指粉囊,出土時置於一漆奩中。

《中國文字》新 23,頁 104

○**趙平安**(1997)　例(1)(**編按**:仰天湖 15)中"一綖布之繪,文繽之緯"和包山楚簡"一會、二骨梢、一絅(絅)縞之緯"(簡二·二六二)中繪與會、韋與緯相對應,應同物。包山楚簡的整理者在"緯"下解釋説:"讀如'幃',《説文》:'囊也。'"那麼,例(1)中的韋也應解釋爲囊(袋子)。

《第三屆國際中國古文字學研討會論文集》頁 716

○**何琳儀**(1998)　包山簡緯,讀褘。見敦字。

《戰國古文字典》頁 1178

○**何琳儀**(2000)　可以緯(諱)其亞(惡)。《六德》43

　　"緯"原篆作，其"韋"旁省"口"形,參拙著《戰國文字聲系》1176。本簡"緯"應讀"諱"。《廣雅·釋詁》三:"諱,避也。"

《文物研究》12,頁 203

○**陳斯鵬**（2004）　“緯”字作,所从“韋”旁訛誤較甚,蓋中部的圈符上移至頂部,且二“止”訛變而類二“女”形,但仍可定爲“緯”。這樣的訛寫亦有可能是有意爲之,即書者或欲將二“止”形連寫成“弗”,（中略）“緯”爲微部字,“弗”爲物部字,陰入對轉,然則“緯”字此變體似有變形聲化的意味。

《華學》7,頁 157—158

△**按**　《説文》:“緯,織橫絲也。从糸,韋聲。”楚簡“緯”字“韋”旁或有省變。

績　纊

璽彙 2908　　郭店・殘 20

○**高智**（1997）　今按此字左从之“”,依上所釋當是“貴”。右之所从“”爲古璽中“糸”的寫法,中閒短橫或圓點爲古璽文中的慣用性飾筆,偏旁右置爲古文字中特别是戰國文字中常見的一種移位現象,如“紹”作“”（2660）、“纊”作“”（3180）,故此字當釋爲“績”。

《第三屆國際中國古文字學研討會論文集》頁 856

○**何琳儀**（1998）　繢,从糸,賁聲。疑絥之繁文,即緐之繁文。《説文》:“緐,馬髦飾也。从糸,每聲。《春秋傳》曰,可以稱旌緐乎。,緐或从卑。卑,籒文弁。”晉璽繢,人名。

《戰國古文字典》頁 1069

○**李家浩**（1999）　從《老子》乙組一〇號殘簡和竹簡殘片二〇號斷處形狀和文字風格兩個方面看,應該是同一簡的斷片。拼接之後,其下還缺一字。現將拼接後的文字與一一號簡相連部分的文字,釋寫於下:

是以建言又（有）之:明道女（如）孛（費）,遲（夷）道女（如）績,【進】道若退。

此段文字見於傳本《老子》第四十一章。“遲道女績”句,馬王堆漢墓帛書乙本作“夷道如類”,王弼本作“夷道若纇”。據《説文》所説,“类”的繁體與“纇”皆从“頪”得聲,故二字可以通用。易順鼎説:“夷,平也。昭十六年《左傳》‘刑之頗類’,服注:‘類,讀爲纇。纇,不平也。’‘纇’與‘夷’正相反,故曰‘夷道若纇’。”按“績”从糸从貴聲,“纇”从糸从頪聲。二字形旁相同,聲旁音近。上古音“貴”屬見母物部,“頪”屬來母物部,二字韻部相同,聲音相近。在形聲字中,見、來二母的字有互諧的情況。如“吕”屬來母,从“吕”聲的“莒”

屬見母；“柬”屬見母，從柬聲的“闌”屬來母。又如“谷”有古禄切、盧穀切兩讀，前一讀音屬見母，後一讀音屬來母；“高”有朗擊切、古核切兩讀，前一讀音屬來母，後一讀音屬見母。於此可見，“貴、頪”二字古音十分相近，可以通用。疑楚簡“繢”當從王弼本讀爲“頪”。

　　“[進]道若退”句句首缺文，帛書乙本、王弼本皆作“進”，釋文據之補。“若”，帛書乙本作“如”，與楚簡異；王弼本作“若”，與楚簡合。此句帛書乙本、王弼本皆位於“夷道若頪”之前，傅奕本位於“夷道若頪”之後，與楚簡相同。

　　　從以上文字校勘也可以看出，把《老子》乙組一〇號殘簡和竹簡殘片二〇號拼接，是合理的。

《中國哲學》20，頁 339—340

△按　古璽“繢”字，何琳儀以爲從“貪”，不確。參“貴”字條。李家浩將郭店·殘 20 與老乙 10 拼合，讀“繢”爲“頪”，甚是。

紀 紀 綩

睡虎地·爲吏 49　　上博 32　　秦陶 1346　　陶彙 3·741　　郭店·老甲 11

楚帛書　　上博三·彭祖 5

璽彙 1264　　璽彙 0771

○李零（1985）　《禮記·月令》“月窮于紀”，鄭玄注：“紀，會也。”謂日月交會，日月交會一年十二次，古人叫十二紀，《吕氏春秋》十二紀也就是這十二紀。逆終、亂記是説違反閏法而造成年與月的混亂失序。

《長沙子彈庫戰國楚帛書研究》頁 56

○何琳儀（1998）　《説文》：“紀，絲別也。從糸，己聲。”

　　齊陶紀，姓氏。出自姜姓。炎帝之後。封爲紀侯，爲齊所滅，因以國爲氏。見《元和姓纂》。

　　帛書紀，綱。《書·五子之歌》“亂其紀綱”，蔡傳：“大者爲綱，小者爲紀。”

《戰國古文字典》頁 29

○羅福頤等（1981）　（編按：璽彙 1264 等）綩。《説文》所無。《集韻》引《博雅》云：“綩，鍼也。一曰秤綷。”

《古璽文編》頁 311

△按　"紀"字或加羨符"口";羨符"口"有時與"己"旁合筆,此種寫法的"紀"或釋爲"緦",不確。

纇 纇

璽彙 3331

○施謝捷(1998)　釋"纇"。

《容庚先生百年誕辰紀念文集》頁 649

○何琳儀(1998)　《説文》:"纇,絲節也。从糸,頪聲。"(《説文》:"頪,難曉也。从頁、米。一曰,鮮白皃。从粉省。"應改从頁,米聲。)

晉璽纇,人名。

《戰國古文字典》頁 1304

紿 紿

璽彙 3094　　璽彙 1998

○何琳儀(1998)　《説文》:"紿,絲勞即紿。从糸,台聲。"晉璽紿,人名。

《戰國古文字典》頁 58

納 納

信陽 2·28

○劉雨(1986)　納。

《信陽楚墓》頁 130

○郭若愚(1994)　紾,《説文》:"繯卷也。"《類篇》:"繯謂之紾。"

《戰國楚簡文字編》頁 99

○何琳儀(1998)　《説文》:"納,絲溼納納也。从糸,内聲。"信陽簡納,讀"内"。《廣雅·釋言》:"内,裏也。"

《戰國古文字典》頁 1259

△按　"納"所从"糸"雖殘,但仍可認定。簡文"納"蓋指屨之内底,故字从"糸"作。何讀近是。

紡 紗

紡 仰天湖 18　紡 郭店·語三 7　紡 曾侯乙 4　紡 曾侯乙 91　紗 望山 2·49

紡 包山 268　紡 信陽 2·13　紡 新蔡乙四 6

○**中大楚簡整理小組**（1977）　紡在古籍中有幾種不同的解釋,《急就篇》第十三（據孫星衍《急就篇考異》本）:"絫縭繩索絞紡纑。"把紡與粗細繩和線放在一起。《國語·晉語》:"獻子執而紡於庭之槐。"用紡爲縳而懸掛起來。《左傳·昭公十九年》:"紡焉以度而去之。"疏:"紡謂紡麻作纑也……度城高下,令長與城等而去（弃）藏之。"喻紡織意近似。

從簡文知道紡是絲織品,但究竟是什麼質地? 據《儀禮·聘禮》卷十三"束紡"注:"今之縳也。"《周禮·內司服》"衣素沙（紗）"注相同,但還是不清楚縳這名物。《說文》縳,"白鮮色（厄）",色是厄字寫誤,不少文字學家曾予更正。厄又作支,縠:"細縳也。"兩字互訓,證明是類似之物,而鮮厄即是絹,《急就篇》第七:"烝栗絹紺縉紅燃。"顏師古注:"絹,生白繒,似縑而疏者也,一名'鮮支'。"從上面所舉的紡字部分義例,有的用爲動詞,有的用爲名詞,並用類似的絲質品如縠、縳、鮮支、繒、縑、絹來予以說明,而這些都是生絲的織品,因爲用料有粗細,織孔有疏密和厚薄之不同,所以定名也就不一樣。

這件白色的紡衣料子類似絹,但比絹細,孔亦較密,襯上了綠裏,顏色隱約外現,屬於一件鮮豔的衣服。

《戰國楚簡研究》4,頁 2—3

○**朱德熙、裘錫圭、李家浩**（1995）　《儀禮·聘禮》"賄用束紡",鄭注:"紡,紡絲爲之,今之縳也。"

《望山楚簡》頁 116

○**何琳儀**（1998）　《說文》:"紡,網絲也。从糸,方聲。"楚系簡紡,見《儀禮·聘禮》"賄用束紡",注:"紡,紡絲爲之。"

《戰國古文字典》頁 716

【**紡衣**】仰天湖 18

○**史樹青**（1955）　一紡衣,就是一件縞絹類的衣服。

《長沙仰天湖出土楚簡研究》頁 30

○**饒宗頤**（1957）　《儀禮·聘禮》:"大夫賄用束紡。"鄭注:"紡,紡絲爲之,今之縛也。所以遺聘君，可以爲衣服，相厚之至也。”胡培翬《正義》引《吕氏春秋》云：“宋有澄子者，亡緇衣，求之塗，見婦人衣緇衣。曰：‘子不如速與我，我所亡者紡緇也。今之衣，禪緇也，以禪緇當紡緇，子豈不得哉。’此束紡可爲衣服之證。而紡與禪對，則亦可見其爲繒之厚者。”今觀簡 18“鄹易公一紡衣”，紡爲衣服，茲其明徵。是紡衣不特可以遺聘，且可爲賵死者也。《周禮・内司服》“素紗”，鄭注：“今之白縛也。”與“紡”説同。縛，李登《聲類》謂即今絹字。紗衣即以素紗爲之者。

《金匱論古綜合刊》1，頁 63

○**湯餘惠**（1983）　楚簡每見紡衣、紡紳之類的隨葬品名稱。例如：

　　鄹易公一紡衣，緑綷（裏）……（仰天湖第 18 號簡）

　　……二紡紳，帛（白）裠（裏）組緣（綴）。（信陽第 213 號簡）

　　關於仰天湖第 18 號簡的“紡衣”，過去學術界大體有兩種意見。一種意見認爲，紡是絲織品。由於用料有粗細，織孔有疏密，織物有厚薄，定名也不一樣，如名之爲縠、縛、鮮支、繒、縑、絹，等等；另一種意見認爲，紡衣就是夾衣，這是李學勤同志的主張。

　　我們認爲後種意見是比較可信的，因爲簡文已經明言鄹易公所賵贈的這件紡衣是有緑色複裏的，這裏的“紡”顯然是就上衣的單複爲言而與所用何種質料無關。

　　《吕氏春秋》淫辭篇有一處也談到紡衣，我們把它迻録在下邊：

　　宋有澄子者，亡緇衣，求之塗，見婦人衣緇衣，援而弗舍，欲取其衣，曰：“今者我亡緇衣。”婦人曰：“公雖亡緇衣，此雖（編按：“雖”爲“實”之誤。）吾所自爲也。”澄子曰：“不如速與我衣。昔吾所亡者紡緇也。今子之衣禪緇也；以禪緇當紡緇，子豈不得哉！”

這則寓言説，宋國的澄子丢失一件黑色的紡衣，而他卻偏偏要向路上穿黑色禪（單）衣的婦女索取身上的衣服，而且揚言別人占了便宜，足見是一個無賴詭辯之徒。這裏引人注意的是，“單”和“紡”是對舉的，而且紡衣的價值又高於單衣，如果再聯繫簡文紡衣有緑裏這一事實，那就很容易使人想到，典籍的“紡緇”和簡文的“紡衣”都是襯有複裏的夾衣了。如上面的理解不誤，願以此作爲李説的補充。

　　《説文》：“紡，織絲縷也。”（編按：所引與《説文》原文出入較大，未詳所據。）簡文顯然不是用它的本義。那麼，這個“紡”究竟用爲何字呢？這倒是值得進一步探討的課題。

　　我們覺得，"紡"似應該讀爲"複"。以古聲韻上説,這兩個字同屬脣音字,方、複一聲之轉;從義訓上説,《説文》謂:"複,重衣也。从衣,复聲。一曰褚衣。"《釋名·釋衣服》也説"有裏曰複,無裏曰單"。可見複衣本是夾衣的名稱,"紡"讀爲"複"從字義上説也很貼切。據《禮記·喪服大記》的記載:"小斂,君、大夫、士皆用複衣、複衾。"跟簡文所記用紡衣隨葬亦恰好可以互證。因此,上引《吕氏春秋》及簡文中的"紡"都應該是"複"的假借字。"複"既是重衣的本字,字義引申自然可有重複、重疊等義。《廣雅·釋詁》四:"複,重也。"然則,信陽 213 簡的"二紡紳"也應讀作二複紳,是兩條襯有複裏的紳帶,簡文所云"帛(白)裏組緣"便是極好的内證。

《古文字論集》1,頁 66—67

○郭若愚(1994)　　紡,《左傳》昭公十九年:"及老託於紀鄣紡焉。"疏:"《正義》曰:紡謂紡麻作繏也。"紡衣即麻績之衣。

《戰國楚簡文字編》頁 116

絶絕　鱗繼医剄

○李學勤、李零(1979)　　鱗,《説文》絶字古文。

《考古學報》1979-2,頁 152

○于豪亮(1979)　　"以内鱗(絶)邵(召)公之業",《説文·系部》以鱗爲絶之古文。

《考古學報》1979-2,頁 179

○張政烺(1979)　　《説文》:"絶,斷絲也,从刀、糸,卪聲。鱗,古文絶,象不連體絶二絲。"壺銘从刀,可正《説文》之誤。

《古文字研究》1,頁 216

○趙誠(1979)　　絶作🔲,與《説文》古文同。

《古文字研究》1,頁 251

○徐中舒、伍仕謙(1979)　　🔲,古文絶字。《漢書・路温舒傳》:"🔲者不可續。"《説文》斤部斷字下,"🔲,古文絶"。

《中國史研究》1979-4,頁 87

○商承祚(1982)　　《説文》絶之古文作🔲,繼下曰:"一曰反🔲爲繼。"以是知初體以刀斷絲爲🔲(絶),反之爲繼,後增糸旁爲繼,使兩字易於區別,及廢🔲另創新字"絶"而本字絶矣。

《古文字研究》7,頁 66

○裘錫圭、李家浩(1989)　　"🔲",即《説文》"絶"字古文。

《曾侯乙墓》頁 509

○陳邦懷(1983)　　《説文》糸部絶,古文作🔲。許説:"象不連體,絶二絲。"段注篆文絶曰:"斷絲以刀也。"今觀壺銘🔲字,從刀,正象以刀斷絲。許説象不連體,係就訛變字形而言也。

《天津社會科學》1983-1,頁 64

○湯餘惠(1993)　　🔲 249　繼・絶　中山王方壺"以内絶邵公之業"字作🔲,古陶文作🔲(《古陶文字徵》第 180 頁),簡文爲省形。《古文四聲韻》引《林罕集》作🔲,與簡文寫法相近,並象以刀斷絲之形,即古絶字。《説文》謂"反🔲(絶)爲繼",古文字實反正無別。簡文"～無後者"指無子嗣者,今語猶稱無子女爲"絶後"。簡文中"兵死者、没人、絶無後者"爲同類祭禱對象。

《考古與文物》1993-2,頁 77

○吳郁芳(1996)　　"繼無後"應是古之"厲鬼"。《禮記・祭法》載有泰厲、公厲、族厲,孔穎達説:"泰厲者,古帝王無後者也","公厲者,謂古諸侯無後者","族厲者,古大夫無後者也"。昭佗所祭祀的"繼無後",應是他族中死而無後的厲鬼,如簡 227 載:"舉禱兄弟無後者昭良、昭乘。"古代厲鬼的種類很多,强死、冤死、夭折、遇難及死而無後者皆爲厲鬼。昭佗死前在昏迷中見到的"繼無後",就是如昭良、昭乘這樣的族厲。

《考古與文物》1996-2,頁 77

○何琳儀(1998)　　絶,從🔲(🔲初文從刀從糸),卩爲疊加音符。絶,從紐;卩,精紐;均屬齒音。六國文字🔲爲會意字,秦國文字絶則爲形聲字。絶爲卩之準聲首。參🔲字。

睡虎地簡絶,見《廣雅・釋詁》一:“絶,斷也。”

《戰國古文字典》頁 944

𢇍,甲骨文作(類纂一二二四)。从刀从糸,會以刀斷絲之意。戰國文字承襲甲骨。或繁化从二糸、四糸。絶之初文。《説文》:“絶,斷絲也。从糸从刀从卩。𢇍,古文絶象不連體,絶二絲。”小篆由(刀)形訛變。

中山王方壺𢇍,讀絶。《廣雅・釋詁》一:“絶,斷也。”

天星觀簡、隨縣簡𢇍,讀纂。《史記・叔孫通傳》“爲緜蕞”,《索隱》:“《纂文》云,蕝,今之纂字。”是其佐證。《説文》:“纂,似組而赤。从糸,算聲。”包山簡𢇍,讀絶。《論語・堯曰》:“繼絶世。”《漢書・楊雄傳・贊》“蓋誅絶之罪也”,注:“師古曰,絶,謂無胤嗣也。”或據《説文》“反𢇍爲繼”説,釋包山簡爲㡭(繼),非是。參㡭、斷二字。

《戰國古文字典》頁 944

○**朱德熙、裘錫圭、李家浩**(1995) “純”上一字亦見一五號、一七號簡,右側皆有“刀”,此簡因右側有磨損,“刀”形不可見。一七號簡“𠛎”字上下文與此簡全同,與此字當爲一字無疑。《汗簡》“繼”字古文作,“㡭”即其省寫。《説文》“絶”字古文从反“㡭”,作𢇍,此字从“㡭”从“刀”,當是“絶”字的異體。曾侯乙墓竹簡所記矢箙上有“𢇍聶”裝飾,“聶”讀爲“攝”,訓爲“緣”(見《儀禮・既夕》“白狗攝服”鄭玄注)。“𠛎純”與此“𢇍聶”同義。

此字即九號、一五號、一七號諸簡的“𠛎”字左旁,有可能是“㡭”字。(參看考釋[四二])。

《望山楚簡》頁 119、128

○**李家浩**(2000) “日”上之字的寫法,與望山二號楚墓竹簡的“𠛎”相似,故將其釋寫作“𠛎”。(**中略**)“𠛎日”,秦簡《日書》乙種楚除作“絶紀之日”,可證“𠛎”確爲“絶”字。秦簡《日書》甲種楚除位於此日名處殘缺,從相鄰的簡文看,共殘缺五個字。這殘缺的五個字可以據本簡文字補出:“【絶日,毋(無)爲而】可。”若此,秦簡《日書》甲種楚除原文“絶”下無“紀”字,與本簡文字相同。

《九店楚簡》頁 94—95

○**裘锡圭**(2000) (絶) 此字在甲一中三見,今本十九章中的相應之字都作“絶”,如甲一的“△攷棄利”今本作“絶巧棄利”。《説文・十三上・糸部》:“絶,斷絲也。从糸从刀从卩。𢇍,古文絶,象不連體絶二絲。”中山王譻壺“絶”

字作🗡（《金文編》858 頁，中華書局 1985 年），可知其字象以刀斷絲，《説文》古文誤將刀形斷開。《説文》"繼"字注有"反𢇍爲繼"之説。其實，古文字中除"𠂇"（左）、"又"（右）等少數字外，字形寫成向左或向右，並無區別意義，"絶"字古文也不應例外。包山楚簡中的祭祀對象有"🗡無後者"（見《包山楚簡》二四九、二五〇號簡，文物出版社 1991 年），《包山楚簡》和《楚系》釋爲"繼無後者"。已有學者指出🗡仍應釋爲"絶"，絶無後者即絶子絶孫的人。《老子》今本二十章末句"絶學無憂"的"絶"，郭店簡本正作此形（見乙四）。古文字从一"幺"與从二"幺"往往同意，如从"丝"的"幾"字楚簡就省从一"幺"（《楚系》328 頁，甲二十五也有這樣寫的"幾"字）。甲一的△沒有問題就是"絶"的簡體。望山二號楚墓遣策也有這樣寫的"絶"字（《望山楚簡》二號墓五十號簡，中華書局 1995 年），但被《望山楚簡》和《楚系》誤解爲"𢇍"（繼）。

《中國哲學》21，頁 181—182

○**劉信芳**（2000）　"絶"讀爲"蕝"，郭店《性自命出》簡 13："義也者，群善之蕝也。""義"將此善與彼善區別開來，當着要取此善而捨彼善之時，就要依據"義"這個尺度與標準。《孟子・盡心上》："非其有而取之，非義也。"亦是强調"義"作爲思想行爲選擇的尺度性。"蕝"本指神位，是位次的標志，等級的標志，此神與彼神相互區別的標志。《説文》："朝會束茅表位曰蕝。"《國語・晉語八》："置茅蕝，設望表。""表"是木製的神位，"蕝"是束茅以爲神位。"義類槷而蕝"者，"義"與用作表識的木柱相類而具有行爲取捨規範的意義。

《古文字研究》22，頁 215

○**陳偉**（2003）　繼，原釋爲"絶"。劉樂賢先生認爲：絶"是減殺之意"，簡文是説"當服父喪與服君喪衝突時，可以將君服做減省，而不是爲服君喪而減省父喪"。彭林先生進一步認爲："若父喪與君喪同時發生，兩者喪服之規格與時閒相同，則服父喪而不服君之喪。"魏啓鵬先生將"絶"改釋爲"繼"，訓爲"次"，認爲簡文是指父喪與君喪並見時，應當使爲君所著喪服次於爲父所著喪服。

　　在字形方面，《説文》云："繼，續也。从糸、𢇍。一曰反𢇍爲繼。"而在"絶"字下云："𢇍，古文絶。"《汗簡》卷下之二録出自王庶子碑的繼字作"𢇍"，可與《説文》互證。楚簡中可以確認的"絶"字，刀口的朝向，或向左，或向右。有的曾經釋爲"繼"的字，也被指出當釋爲"絶"。魏啓鵬先生試圖從"刀"形二橫筆中上面一筆的有無來區別二字，認爲有者爲"絶"，無者爲"繼"。但本篇 29 號簡中的四個字，前三字可看作"繼"，後一字卻屬於"繼"，只好用誤書來解釋。彭林先生則提出：“楚簡中‘絶’與‘繼’不甚分別。”又指出：“‘繼’與‘絶’相反爲訓，絶則繼之，繼必由絶，故可通用。《莊子·至樂》‘得水則爲𧰼’，《釋文》云：‘此古絶字，徐音絶，今讀音繼，司馬本作繼，云萬物雖有兆朕得水土氣乃相繼而生。或本作斷，又作續斷。’《説文》：‘斷，截也。’斷與絶義通。可見，古時流行的文本中，絶、繼二字之字形亦不甚區別。”就現有資料看，此説似可從。

那麽，本篇 29 號簡中的這四個字應該釋爲“絶”還是釋爲“繼”呢？體味簡書，似乎確有釋爲“繼”的可能。劉淇《助字辨略》卷四“繼”字條云：“繼者，相次之辭，猶云比也。《孟子》‘繼而有師命’，言見王之後，相次有師命也。”簡書“爲父繼君，不爲君繼父”，是針對上文“疏斬布絰杖，爲父也，爲君亦然”而言的；“爲昆弟繼妻，不爲妻繼昆弟”是針對“疏衰齊牡麻絰，爲昆弟也，爲妻亦然”而言的。其含義可能很簡單，是説“疏斬布絰杖”是爲父而設，用於君乃是比附而致；“疏衰齊牡麻絰”是爲昆弟而設，用於妻是比附而致。這與後文“爲宗族麗朋友，不爲朋友麗宗族”一起，旨在説明内、外之別。《韓詩外傳》卷六云：“親尊故父服斬縗三年，爲君亦服斬縗三年，爲民父母之謂也。”似有類似的含義。

《郭店竹書別釋》頁 124—126

○**魏啟鵬**（2004）　《六德》第 29 簡：“爲父𢆶君，不爲君𢆶父。爲昆弟𢆶妻，不爲妻𢆶〈𢆶〉昆弟。”整理本釋“𢆶”爲“絶”。細辨字形，同墓竹簡“絶”字，見《老子》甲簡 1，作&#xFFFD;，凡三例。又見《老子》乙，作&#xFFFD;，凡四例，皆與《六德》作&#xFFFD;有差異。楚簡文字“絶”，大抵作以刀斷絲之形，如&#xFFFD;，或&#xFFFD;、&#xFFFD;，見滕壬生《楚系簡帛文字編》第 895 頁。同書亦收“繼”字，作&#xFFFD;（包 2.249、2.250）或&#xFFFD;（望二策）、&#xFFFD;、&#xFFFD;（天策）。“絶、繼”簡文字形甚相似，易混淆，當時抄手郢書匆匆，或以“絶”代“繼”，亦屬難免，如包山 2.249 簡，上引《六德》簡文第四例“𢆶”字亦誤書爲𢆶（絶）。《汗簡》收古文“繼”字，作&#xFFFD;。黃錫全先生引柏敦蓋“繼”作&#xFFFD;，指出此形省&#xFFFD;爲“&#xFFFD;”，忠恕所録應爲可信。《六德》&#xFFFD;字之形，無以刀斷絲之構意，宜釋爲“繼”，爲古文&#xFFFD;字省形。

繼，可訓爲次。《廣雅·釋詁下》：“承，繼也。”《玉篇》：“承，次也。”是二字義通之證。劉淇《助字辨略》亦云：“繼，相次之辭。”按之《説文》：“次，不前不精也。”徐鍇《繫傳》：“不前，是次於上也。不精，是其次也。”故知“繼、次”皆有次於上者，居於其後的含義。見馬王堆帛書《五行》192 行經文“愛父，其絲（繼）愛人，仁也”，而經説 254 行作“愛父，其殺愛人，仁也，言愛父而後及人也”。經和説之“絲（繼）、殺”異文而義通，整理小組指出“‘其繼愛人’猶言其次愛人，本篇 254 行解説部分作‘愛父，其殺愛人’，殺是差、減之意，與繼字義近”，是完全正確的。

傳世文獻亦有同類文例，見《周禮·秋官·大行人》：“凡大國之孤，執皮帛以繼小國之君。”鄭玄注：“繼小國之君，言次之也。”《春官·典命》：“凡諸侯之適子誓於天子，攝其君，則下其君之禮一等；未誓，則以皮帛繼子男。”（以上二例亦見《大戴禮記·朝事》。）孫詒讓《正義》：“云‘繼小國之君，言次之也’者，《説文》云：‘繼，續也。’謂亞次繼續其後。小國之君即子男也。《典命》説諸侯之適子，云‘未誓，則以皮帛繼子男’……其次則自在卿大夫之列，不與子男同位也。”孫氏稱“亞次”，猶言以低一等級的次序在小國之君之後等待接見，此“亞”字，其義與《左傳·襄公十九年》“圭嬀之班亞宗（編按：“宗”爲“宋”之誤）子”的“亞”相同，可見，“繼”在次於上而居於後的含義中，還包含着減降一級的等差内涵。這對於理解十分重視明親疏、辨隆殺的古代禮儀制度，似不宜忽略。

已有學者指出，《六德》這幾個排比句，蓋與古代喪服制度相關，並非別有微言大義。所論甚確。又謂“句中的‘絕、殺’都是喪服用詞，是減殺之意”，而“絕”字古義無“殺”字之減降義，如改釋“絕”爲“繼”，則二字意同義近。

古代服喪之期頗長，往往門内之喪並出，門内與門外之喪或錯綜而來，《六德》就此論述了喪服之制“變而從宜”應把握之大則。其第一條即“爲父继（繼）君，不爲君继（繼）父”。

按：據《喪服傳》文例，此句“爲父”指子爲父服喪，“爲君”指爲國君服喪。句中“继（繼）”乃動詞之使動用法，意爲“使……次之”“使……居其後”。二句言“爲父服喪時，逢君之喪，則將爲君服喪放在其次；爲君服喪時，逢父之喪，則不能將爲父服喪置於其後”。第二句文義，參看《禮記·曾子問》，“君薨既殯，而臣有父母之喪，則如之何？”孔子曰：“歸居於家，有殷事，則之君所，朝夕否。”曰：“君既啟，而臣有父母之喪，則如之何？”孔子曰：“歸哭而反送君。”孔子所答，已有“不爲君继（繼）父”的含意。而第一句“爲父继（繼）君”則較費解，今存禮經和《六德》皆明載父、君皆爲斬衰，那麼要使爲君服斬次於爲父服斬，必然要在喪服的差別上以示輕重等差，而今存禮經未見相關記述，《禮記·喪服》所載爲父與爲君衰裳、絰、杖、帶、冠、屨殆無分別。傳世禮經在淡化“父重君輕”意識的損益過程中，似有所失載。所幸在秦漢以後的禮制變遷史上，尚可發現這一差別的遺迹。《大唐開元禮》第一三九卷所訂五服制度，"斬衰三年"以子爲父爲正服，國官爲國君（布帶繩屨，既葬除之）爲義服，"衰冠"其"正服、加服三升，義服三升半。冠同六升"。據《喪服》鄭注，"布八十縷爲升"。斬衰用三升之麻布，其幅二尺二寸，其經綫二百四十縷，粗糙之甚以見其哀痛之深，以示喪服之重。（依次減殺，齊衰四升，大功八升，小功十升，緦麻十四升半。）爲君則三升半，二百八十縷，次於爲父服斬之重，猶存《六德》"爲父繼君"之旨。正如章太炎先生所論，"六朝人守禮最篤，其視君臣之義，不若父子之恩，講論喪服，多有精義。唐人議禮定服，亦尚有法，不似後世之枉戾失中也。爲父正服，爲君義服；故爲父斬衰三升，爲君三升半，父子之恩固重於君臣之義也"。

　　　　　　　　　　　　　　　　　　　《新出簡帛研究》頁 307—308

○彭林（2004）　　有學者提出，"爲父絶君，不爲君絶父。爲昆弟絶妻，不爲妻絶昆弟"句四"絶"字均爲"繼"字之誤。但是細辨楚簡，前三字作"𢇍"，是繼；而末一字作"𢇍"，分明是"絶"。簡文四"絶"字的字義當完全相同，可見楚簡"絶"與"繼"不甚分別。《莊子‧至樂》"得水則爲𩭋"，《釋文》云："此古絶字，徐音絶，今讀音繼，司馬本作繼，或本作斷，又作續斷。"可見，古時文本中，絶、繼二字也不甚區別。"繼"與"絶"相反爲訓，絶則繼之，繼必由絶，故可通用。

　　傳世文獻之"繼"，多訓爲"次"，如《周禮‧大行人》："凡大國之孤，執皮帛以繼小國之君。"若將"絶"釋爲"繼"，則此句當讀作"爲父繼君，不爲君繼父。爲昆弟繼妻，不爲妻繼昆弟"。即父喪次於君喪之後，昆弟之喪次於妻喪之後。如此則恩服次於義服，内親次於外親，宗法秩序完全顛倒，於理難通。

　　有學者將"絶"字訓爲"減殺"或"簡省"，但是此説在文獻中得不到證明。

　　禮書每每以"絶"字稱親屬關係之斷裂。《禮記‧大傳》云："絶族無移服，親者屬也。"是斷絶於宗族者，不再爲之服喪。此語又見於《喪服傳》，云若妻爲丈夫所出，則其已絶於宗道，故出妻之子僅爲本生之母服期之喪，於母族無服。可見"絶"非"簡省"喪服。

　　古代喪禮還有一種"絶服"制度。《中庸》"期之喪，達乎大夫"，鄭注："期之喪達於大夫者，謂旁親所降在大功者，其正統之期，天子、諸侯猶不降也，大夫所降，天子、諸侯絶之，不爲服。所不臣，乃服之也。"喪服常例，爲旁親服"大功期"。但是，根據"尊尊"的原則，天子、諸侯與"旁期"之親僅與君臣關係相當，不能爲之服喪，故得"絶旁期"。鄭注《中庸》云"天子、諸侯絶之，不爲服"，是"爲父絶君"之"絶"字的最好注腳。

《六德》爲父與爲君，喪等相同，都是“疏斬衰布，絰，杖”，與《儀禮·喪服》斬衰章一致。但儘管如此，兩者仍有輕重。

父子血親，是宗法制度的起點，爲君服斬衰，是基於“資於事父以事君”的原則，比照父喪的規格而確定的。此其一。

父子關係終身不變，嫡長子爲父親服斬衰也終身不變，君臣關係則不如父子關係穩定，一旦發生變化，則喪服也隨之下降。喪服爲“寄公”（即失地之君）、爲“舊君”（致仕者先前臣事過的君）都只服齊衰三月，喪等變得相當之低。此其二。

《中庸》“三年之喪達乎天子，父母之喪無貴賤，一也”。天子、諸侯雖然至尊，但也必須爲父服三年之喪，不能以尊屈父。《孝經》云“母取其愛而君取其敬，兼之者父也”，父既親且尊，愛敬雙極，非君可比。此其三。

爲父與爲君，雖然同爲斬衰三年，但喪服用布有細微區別，爲父三升，爲君三升半，可見前者輕而後者重。此其四。

“爲父絕君，不爲君絕父”，意謂若父喪與君喪同時發生，應服父喪而絕君喪，而不是相反。《語叢一》云：“有親有尊……尊而不親。”“長弟，親道也。友、君、臣，無親也。”可見當時學者很注意分別有親與無親，主張同一喪等中，有親之服重於無親之服。

《新出簡帛研究》頁 310—311

△**按**　“絕”字古文正反無別，從“絲”從“幺”繁簡單複無別；所從“刀”旁或省作“乚”形，或繁化作“㠯”。或增益“糸”旁，與《説文》“繼”字古文、篆文存在混同情況，但依文例應是“絕”字。望山簡則增“刀”旁作“剄”，爲異體。

【剄純】望山 2·15

○程燕（2003）　剄純，《考釋》：“此字從‘㡳’從‘刀’，當是‘絕’字的異體。隨縣竹簡所記矢箙上有‘剄聶’裝飾，‘聶’讀爲‘攝’，訓爲‘緣’（見《儀禮·既夕》‘白狗攝服’鄭玄注）。‘純’與此‘剄聶’同義。”按，“絕”可讀爲“絜”。“絕、絜”同屬牙音月部，音近可通。《史記·司馬相如傳》：“絜三神之驩。”《索隱》：“應劭絜作絕。”“絜、絜”皆從“㓞”聲，自可通假。《周禮·夏官·序官》“絜壺氏”，鄭注：“絜讀如絜髮之絜。”《史記·酷吏列傳》：“絜令楊主之明。”《漢書·張湯傳》“絜”作“絜”。《説文》：“絜，麻一端也。從糸，㓞聲。”純，《廣雅·釋詁一》：“純，緣也。”“剄純”即“絜緣”，蓋用麻一類的絲織品做成的弓衣之邊，以作保護或裝飾之用。

《江漢考古》2003-3，頁 86

【幺慮弃慮】郭店・老甲1

○**季旭昇**（1998）　《郭店・老子甲》簡001"幺憍棄（棄）慮"（**編按**：前"棄"當作
"弃"）,113頁注釋〔三〕："帛書本作'絶仁棄義'。裘按:簡文此句似當釋爲'絶
僞弃詐'。'慮'從且聲,與'詐'音近。"按:帛書本作"絶仁棄義","仁、義"是
儒家推崇而老子棄絶的德行;"僞、詐"則是儒家、老子都共同貶抑的行爲,和
前後章對比,"耵、智、攷、利"是一般喜愛的行爲,但是老子特意貶斥之,以回
歸自然淳樸。如本章釋爲"絶詐棄僞",則顯與前後二章不侔。

　　"憍"字作"𢖩",字不見《説文》。《字彙》:"憍,諧也。"音居僞切,讀ㄍㄨㄟ,
這顯然不是《郭店》本簡的用意。竊疑此字就是"爲"的分化字,表示"心之所
爲"。戰國文字往往有形義加繁分化的趨勢,如《郭店》"浴"字不得釋爲後世
"洒身"義,它只能釋爲"谷"的異體,加義符"水"不過表示這是有水的山谷而
已。據此,"憍"字也是"爲"的異體,加義符"心"表示是心之作爲,《老子》主
張無爲,"絶爲"也就是"無爲"的意思。

　　池田知久指出這個字形在馬王堆帛書老子甲本應該讀爲"化"。同在《郭
店・老子・甲本》簡十三的:"萬物將自△,△而欲作。"對比今本《老子》,也
都讀爲"化"。但是在本章本句中,釋爲"化",或讀爲"訛",都不容易説得通。

　　"慮"字作𢟲,從盧從心。《郭店》注（三）裘錫圭先生按語以爲"慮"從
"且"聲,與"詐"音近,故讀爲詐。裘先生又在《論文集・以郭店老子爲例談
談古文字考釋》中説:（**中略,參看下引裘錫圭2000**）按:從《老子》的哲學體系來看,
《老子》的哲學主張有很多看起來和儒家的道德觀念或一般的價值取向針鋒
相對,也就是説:很多儒家或一般以爲是主要的或正面的價值,在《老子》則視
之爲次要的或負面的,如今本十八章:"大道廢有仁義,慧智出有大僞,六親不
和有孝慈,國家昏亂有忠臣。""仁義、慧智、孝慈、忠臣"等在《老子》而言,都
是次要的。十九章也是類似:"絶聖棄智,民利百倍;絶仁棄義,民復孝慈;絶
巧棄利,盜賊无有。""聖、智、仁、義、巧、利"等一般認爲重要的價值,在《老
子》則以爲是負面的。比照着來看,《郭店》本章説:"絶智棄釜,民利百伓;絶
攷棄利,覘（盜）惻（賊）亡又（有）;絶憍（爲）棄慮（詐）,民复（復）季子。""智、
釜（辯）、攷（巧）、利、憍、慮"應該也是一般認爲重要的價值。因此如果把它
們釋爲"僞、詐",似乎和全章體例不合,因爲"僞、詐"並不是一般認爲重要的
價值,相反地,它們指一般認爲負面的價值。

　　池田知久指出這個字形在馬王堆帛書老子甲本應該讀爲"慮",在押韻和
意義上比較合適。但他也知道楷字"慮"字中間從"田"之形,楚文字中未見從

且的。又有人以爲本句可讀爲“棄義絶慮”（當是研討會上的意見）。“愿”讀爲“義”，聲音可通；但是，“慮”讀爲“慮”，恐怕在聲音上是行不通的。“慮”當爲从心“虘”聲的字，“虘”字《説文》从虍，且聲，大徐音“昨何切”，段玉裁以爲古音當在五部。“慮”字《説文》从思，虍聲，音良據切，段玉裁第五部。“慮、慮”二字韻部可通，但是聲紐似乎遠了些。而且《老子》其他類似的句子都是成組的，“智、氽”一組，“攷、利”一組，“仁、義”一組，而“義”和“慮”似乎很難湊成一組。疑“愿”應讀爲“爲”，加上義符“心”，表示是心的作爲，“慮”字應讀爲“作”（从且聲和从乍聲可通，前引裘先生的文章中已經説明了），加上義符“心”，也表示是心的作爲，而“爲、作”是可以湊成一組的。《老子》主張“無爲、不爲”，因此這樣解釋，似乎可以和《老子》全書的精神一致。

《中國文字》新 24，頁 131—133

○**袁國華**（1998） “慮”字見《老子》甲第 1 簡，字形作▨。《老子釋文注釋》云：“‘慮’从‘且’聲，與‘詐’音近。”“慮”與“詐”固有通假的條件。惟拙意疑此當即“慮”字。郭店簡“慮”字亦見《性自命出》簡 48 ▨、▨及簡 62 ▨；此外又見《語叢二》簡 10 ▨及簡 11 ▨。只要將《老子》甲的“慮”字與上列字形作一比較，便不難發現“慮”字極可能也是“慮”字了。

簡本《老子》最值得注意之處，乃是部分内容與今本有顯著的差異。再清楚不過的就是只要將《簡本》與馬王堆帛書甲乙本，以及王弼本作一對比，便一目了然了：

簡本	丨幺智弃卜	民利百伓
馬王堆甲	絶聲棄知	民利百貝
馬王堆乙	絶耴棄知	而民利百倍
王弼本	絶聖棄智	民利百倍
簡本	丨幺攷弃利	覢憇亡又
馬王堆甲	絶仁棄義	民復畜兹
馬王堆乙	絶仁棄義	而民復孝慈
王弼本	絶仁棄義	民復孝慈
簡本	丨幺惡弃慮	民复季子
馬王堆甲	絶巧棄利	盜賊无有
馬王堆乙	絶仁棄義	盜賊无有
王弼本	絶仁棄義	盜賊無有

　　其中除了次序有別之外，"絕僞棄慮（慮）"（爲便排版，釋文一律以寬式隸定）一句更爲其他各本所無。郭店楚簡其他篇章，亦有"僞""慮"連言者，如《性自命出》簡48、49云：

　　　　……僞斯嘆矣，嘆斯慮矣，慮斯莫與之結矣……

又簡62、63云：

　　　　……身欲靜而毋訹，慮欲淵而無僞……

故疑"僞""慮"連言乃當時語言運用之風尚所致也。

《中國文字》新24，頁136—137

○**劉信芳**（1999）　簡甲一："醫（絕）僞（化）弃慮。"《郭店》讀"僞"爲"僞"，裘錫圭疑"慮"讀爲"詐"。按簡甲十三"化"字作"僞"，則此處"僞"不當讀"僞"。"慮"應即《說文》"怚"字，"驕也"。《史記·王翦傳》："夫秦王怚而不信人。"驕者，欺也。《荀子·性惡》："古者聖王以人之性惡，以爲偏險而不正，悖亂而不治，是以爲之起禮義，制法度，以矯飾人之情性而正之。"所謂"絕化弃怚"，即棄絕教化與矯飾。

《中國古文字研究》1，頁103

○**陳偉**（1999）　慮，原釋爲"盧（从心）"。裘錫圭先生按云："簡文此句似當釋爲'絕僞弃詐'。'盧（从心）'从且聲，與'詐'音近。"劉信芳先生認爲："字从心，盧聲。應即《說文》'怚'字，'驕也'。"指矯飾。池田知久先生將此字改釋爲"慮"。高明先生從之，並補充說：此字與同出《緇衣》第33號簡中的"慮"字相同。其實，此字"虍"之下、"心"之上類似"目"形的構件下从一橫，而《緇衣》第33號簡的"慮"字从"肉"，彼此有明顯差異。如果拿郭店簡中的"慮"字來比較，倒是《性自命出》第48號簡中的兩個"慮"字以及《語叢二》第10、11號簡中的"慮"字與此字相近，但這些字在"目"形構件下又缺少一橫。另一方面，楚簡中的"且"或从"且"之字下部多从二橫，如《唐虞之道》第5號簡中的"且"字以及《楚國簡帛文字編》所收的"組"字的大部分，但"組"字所从的"且"亦有一些下部只从一橫，如包山第259號簡、信陽2號墓第7號簡所書。依此，竹書《老子》此字釋爲"盧（从心）"要比釋爲"慮"更可靠。

　　如果將此字釋爲"盧（从心）"，除了裘錫圭、劉信芳先生的解釋之外，此字也可能就是字書中的"盧"字。《說文》："盧，虎不柔不信也。"段注云："剛暴矯作。"朱駿聲《說文通訓定聲》云："不柔者怚之訓，不信者之譄訓（編按："之譄"二字誤倒）。因字从虎，而曰虎不柔不信，似迂曲傅會。"盧的本義看來通指粗暴欺詐的行爲，而不是、或者不只是就老虎而言。以此理解簡文，與讀爲"詐"略同,但少了一層周折。

○**裴錫圭**（2000）　[字]、[字]　甲一:"絕[字]弃[字],民复(復)季〈孝〉子(慈)。"今本十九章作:"絕仁棄義,民復孝慈。"簡本此句在"絕巧棄利,盜賊無有"句之後,今本則在其前。馬王堆帛書甲、乙本基本同今本。[字]、[字]顯然都是从"心"的形聲字。[字]的聲旁是"爲",其寫法與見於甲二、三、十、十一、十七、二十五、二十九等號簡的"爲"字相同。[字]的聲旁是"盧",其寫法與楚簡"禣、蘆"等字的"盧"旁相同(見《楚系》22 頁、69 頁)。"盧"从"且"聲,這兩個字用作聲旁時可以通用。古書中"櫖"亦作"柤","嫗"亦作"姐",皆其例。楚簡之"蘆"及"苴"字。"禣"即"詛"字(楚簡有"盟禣",即"盟詛")。"詛"字,《漢書》或作"讘"(《外戚傳》),又或作"禣"(《王子侯表》《五行志》),後者正與楚簡相合。"且"聲又與"乍"聲相通。《説文》"殂"字古文作"殐"。《詩・邶風・谷風》"既阻我德",《太平御覽》八三五引《韓詩》"阻"作"詐"。《詩・大雅・蕩》"侯作侯祝",《釋文》:"'作'本或作'詛'。"《尚書・無逸》篇《正義》引此文,正作"詛"。"作"古又通"詐"。《月令》(季春之月)"毋或作爲淫巧"鄭玄注:"今《月令》……'作爲'爲'詐僞'。"甲一的"絕愙弃盧"無疑應該讀爲"絕僞弃詐"。這當是《老子》原貌。後人改"僞、詐"爲"仁、義",又由於仁義重於巧利,所以把"絕仁棄義"句移到"絕巧棄利"句之前。

○**裴錫圭**（2000）　郭店《老子》甲組 1、2 兩號,抄有相當於《老子》今本第 19章的文字。今本的"絕仁棄義,民復孝慈",簡文作"㡭(此字下文徑書作"絕")愙弃盧(此爲隸定字形,中閒部分的"目"與"一"是分離的,下文以△號代替此字),民复季子"。荊門市博物館《郭店楚墓竹簡》(下文簡稱"郭簡")原稿,釋此句爲"絕愿(化)弃盧,民复(復)季〈孝〉子(慈)"。我在審校此稿時寫下如下一條按語:簡文此句似當釋爲"絕愙(僞)弃盧(詐)"。"盧"从且聲,與"詐"音近。

　　《郭簡》出版時,此句的上一小句的釋文已改爲"絕愿(僞)弃盧",注文中收了我的按語。這説明作者接受了我關於"愙"字的意見,但對"△"究竟應該釋爲何字持存疑態度。

　　《説文》把"盧"字分析爲从"思""虍"聲,但從出土古文字看,"盧"實爲从"心""肤"聲之字。在郭店楚簡的字形中,已經出現了"肤"旁和"盧"旁混同的現象。如"叡"字的"虘"旁都寫作"膚","膚"字的"虘"旁也多寫作"膚"。所以"絕悤弃△"的"△"字究竟應該釋爲"慮",還是釋爲從"心""虘"聲之字,的確是一個尚需考慮的問題。

在《郭簡》釋文中,除了上述已經改爲"慮"的"慮"字,還有六個"慮"字,下面列出有關的各條釋文。引錄釋文時,原來加括注的字,一般直接寫成括號中所注的字;原作"慮"的字則改用隸定形,在其後括注"慮"字。不過第一條的"懤(慮)"乃是釋文原樣,並非我們所改:

(1)故言則懤(慮)其所終,形則稽其所敝……(《緇衣》32—33,《郭簡》130頁)

(2)身欲靜而毋訍,慮(慮)欲淵而無僞,行欲勇而必至……(《性自命出》62—63,《郭簡》181頁)

(3)凡人僞爲可惡也。僞斯戁矣,戁斯慮(慮)矣,慮(慮)斯莫與之結矣。(同上48—49,同上頁)

(4)欲生於性,慮(慮)生於欲,悟生於慮(慮),靜生於悟,尚生於靜。(《語叢二》10—12,《郭簡》203頁)

第(1)(2)兩條的"慮"字,顯然是釋得對的。(1)的"慮"從膚聲,與春秋金文"盧"字從膚聲相類。(2)的"慮"在"目"形下方有曲折線條。在楚簡文字中,已知的那些"虘"旁的"目"形下,則從未見過這種線條。從文義上看,釋爲"慮"也是合適的,(1)並有《禮記》中的《緇衣》今本可以對照。

(3)(4)兩條的四個"慮"字,從文義看釋爲"慮"都不合適。

(3)説"凡人僞爲可惡也","僞"與"爲"連用,顯然不能讀作"爲"。《老子》簡甲組13號的"僞"字讀爲"化",對這一句也不適用。這個"僞"字似乎可以讀爲"僞"。下一句的"戁"似當讀爲"不自矜"(《老子》22章)的"矜"。"矜"字古本從"令"聲。"戁"字,中山王鼎與馬王堆帛書《老子》乙本皆用爲"鄰"。已有學者指出,"戁"所從之"吅"並非二"口",而象相鄰的兩個地區,即"鄰"之古文(《古文四聲韻》上平聲真韻"鄰"字引《古老子》作○○,《古尚書》作ㄥㄥ。《汗簡》卷下之二也收有此二形)。"令、粦"上古音都屬來母真部,其音至近。《詩·齊風·盧令》"盧令令",《説文》引作"盧獜獜"。"憐"字或體作"怜",古書中且有"憐、矜"相通之例(《古字通假會典》97頁"憐與怜"條、95頁"矜與憐"條)。所以"戁"没有問題可以讀爲"矜"。"矜"有自尊自大或矜持之義(《經籍籑詁》卷二十五"矜"字條)。"戁斯慮矣,慮斯莫與之結矣"這兩句中的"慮",釋爲"慮"文義難通,應釋爲從"心""虘"聲之字。劉信芳《荊門郭店竹簡老子解詁》認爲"弃△"之"△""從心,盧聲,應即《説文》'悡'字,'驕也'"。此説對"△"字不見得合適,但如用於上引兩句的"盧"字,倒是很合適的。"盧"從"且"聲,二字用作聲旁時可以通用。《説文·十二下·女部》有"嫭"字,也訓"驕"("驕"字從小徐本)。段注指出"嫭"字與"悡"字音義皆同。可見把從心盧聲之字釋爲"悡",是合理的。《淮南子·繆稱》"矜悡(今本作"悡",從王念孫校改)生於不足",以"矜""悡"連言,説明我們把"咠斯盧矣"釋讀爲"矜斯悡矣",也是合理的。簡文這兩句的意思是説,自矜就驕傲了,驕傲就沒有人跟他結交了。

(4)的"盧"釋爲"慮",文義也難通。在《語叢二》的釋文中,排在"慮生於欲"條之後的,是"念(念)生於欲"條。"念"與"慮"意義相近。但是"念生於欲"其實也是講不通的。疑此"念"字應讀爲"貪",二字皆從今聲。所以(4)的"盧"也應釋爲從心盧聲之字,有可能也是"悡"字。

"△"的字形既跟(1)(2)的"慮"稍有差別,也跟(3)(4)的從心盧聲之字稍有差別,究竟應該把它釋作這兩個字中的哪一個呢?

楚簡從盧聲之字的"盧"旁,其下部既可作"目"形,也可在"目"形下加一橫。而且這一橫既可跟"目"形下端相接,也可跟它稍有距離,就跟"△"字的情況一樣(例見《滕編》246—249 頁"敘"字條)。郭店簡"廈"字"盧"旁的下部,也既可作⬧又可作⬧(《張編》173 頁 0450)。由此看來,"△"是從心盧聲之字的可能性似乎相當大。但是前面已經説過,"虍"旁跟"盧"旁在郭店簡中已有相混的現象。而且在戰國時代齊等國的文字中,"虍"旁下加一橫的現象很常見。所以我們也不能排斥"△"是"慮"字的可能性。退一步説,即使肯定"△"是從盧之字,由於其字形與"慮"很相似,《老子》原文中此字本作"慮",但被抄寫者誤書爲從"盧"的可能性,也是不能排除的。所以要決定這個字的釋讀,必須充分考慮文義。

對我的"絕僞棄詐"説,已有不少學者提出批評,有些意見很有道理。季旭昇《讀郭店楚墓竹簡札記》"二、絕爲棄作"條説:

> 從《老子》的哲學體系來看,《老子》的哲學主張有很多看起來和儒家的道德觀念或一般的價值取向針鋒相對,也就是説:很多儒家或一般以爲是主要的或正面的價值,在《老子》則視之爲次要的或負面的……"僞、慮"應該也是一般認爲重要的價值。因此如果把它們釋爲"僞、詐",似乎和全章體例不合,因爲"僞、詐"並不是一般認爲重要的價值,相反地,它們指一般認爲負面的價值。

龐樸《古墓新知——漫讀郭店楚簡》説:“僞詐從無任何積極意義,從未有誰提倡過維護過;宣稱要棄絶它,迹近無的放矢。所以,這種解釋難以成立。”

張立文《論簡本〈老子〉與儒家思想的互補互濟》指出,在簡本同章“絶智棄辯、絶巧棄利”兩句中,“‘智’與‘辯’,‘巧’與‘利’,其義相異相關,‘愚’與‘瑠’(引者按:當是“慮”之誤植)其義也應相異相關”,釋爲“僞”“詐”,意義就相重了。所以我的“絶僞棄詐”的釋讀應該作廢。

“絶愚弃△”這一句究竟應該怎樣釋讀呢?

上引季、龐二文雖然不同意把“△”釋讀爲“詐”,但都認爲這確是從虐聲的字,並且都主張把“絶愚弃△”讀爲“絶爲棄作”(季文131頁,龐文10—11頁)。龐文説:“蓋爲和作,皆指人的有意作爲,即非自然的行爲,非真情的行爲;這是道家所一貫反對的。”(11頁)季文之説大體相同。但是“作、爲”二字之義相重的程度,比“僞”“詐”更甚,上引張文對“僞詐”説的批評,完全適用於“作爲”説,此説顯然不能成立。

前面已經説過,劉信芳書釋“△”爲“怚”。“怚”訓“驕”,跟詐一樣,也是“從無任何積極意義,從未有誰提倡過維護過”的。釋“△”爲“怚”也與《老子》文例不合。劉先生似乎覺察到了這個問題,他説:“驕者,欺也,字用如‘矯’”,並把“怚”譯爲“矯飾”(2頁)。但是“怚”可訓“驕”不可訓“矯”,“驕”也引申不出“矯”的意思。其説顯然也不能成立。

既然以“△”從虐聲爲前提的、把此字釋讀爲“詐”“作”“怚”的各種説法都站不住,我們只能把“△”釋爲“慮”或視爲“慮”的誤字。

事實上,除《郭店》稿本的作者外,還有很多學者已經把“△”釋爲“慮”了。就我們所知的而言,就有池田知久、高明、崔仁義、許抗生、韓禄伯等先生。他們的這種意見是正確的。

已有的對“絶愚弃△”這一句的解釋,就我所看到的而言,以許抗生先生的爲最好。他在《初讀郭店竹簡〈老子〉》一文中,把這一句釋爲“絶僞棄慮”(99頁),並在注釋中説:

　　我則認爲“慮”字很可能就是“慮”字,“慮”與“慮”形似而誤。《尚書·太甲下》:“弗慮胡獲,弗爲胡成。”慮指思考、謀劃,爲指人爲,僞即是指人爲。老子主張無知、無爲,所以提出“絶僞棄慮”的思想。(102頁)

這是很好的意見,我們可以爲此説作些補充。

先討論一下此句的“愚”應該釋讀爲“爲”還是釋讀爲“僞”的問題。

郭店簡中,表示一般的“作爲”之義的“爲”極爲常見,都不加“心”旁。此句的"愿"顯然不是用來表示一般的"作爲"之義的。即使是主張將此字釋讀爲"爲"的季、龐二先生也承認這一點。上引季文說："竊疑此字就是'爲'的分化字，表示'心之作爲'。"（131頁）龐文說："竹簡上，'僞'字原作上爲下心，它表示一種心態，爲的心態或心態的爲，即不是行爲而是心爲。"（11頁）但是"心之作爲"和"心爲"的說法都有些"玄"，難以掌握。

《淮南子·修務》有如下一段論"無爲"的話：

　　或曰："無爲者，宋然無聲，漠然不動，引之不來，推之不往。如此者乃得道之像。"吾以爲不然……若吾所謂無爲者，私志不得入公道，嗜欲不得枉正術，循理而舉事，因資而立功，推自然之勢，而曲故不得容者，故事成而身弗伐，功立而名弗有，非謂其感而不應，紋（**編按**：當爲"故"之筆訛，《中國出土古文獻十講》已訂正）而不動者。若夫以火熯井，以淮灌山，此用己而背自然，故謂之有爲。

"絶愿"之"愿"所指的，應即"用己而背自然"的作爲，也就是《淮南子·詮言》所說的"道理通而人爲滅"的"人爲"（此據景宋本，道藏本作"人僞"）。《莊子·庚桑楚》用"僞"字來表示這種"爲"："性者，生之質也。性之動謂之爲，爲之僞謂之失。"

《荀子》也用"僞"表示不是出自天性的作爲，如《性惡》說："人之性惡，其善者僞也。"又說："凡性者，天之就也，不可學，不可事。禮義者，聖人之所生也，人之所學而能，所事而成者也。不可學不可事而在人者，謂之性；可學而能可事而成之在人者，謂之僞。是性、僞之分也。"楊倞注"其善者僞也"句說："僞，爲也。凡非天性而人作爲之者，皆謂之僞。故'僞'字'人'傍'爲'，亦會意字也。"荀書中這種"僞"字常見。當然，荀子是肯定這種"僞"的，立場與道家截然不同。

"僞"字的上述意義和它的作假義、詐僞義，都是指一般作爲的"爲"字的引申義，在古書中有時就用"爲"字來表示。尤其是道家著作，往往就用"爲"字來表示"背自然"的"人爲"。所以把"絶愿"的"愿"釋讀爲"僞"或"爲"，都是可以的。但我傾向於釋"僞"，因爲這個字畢竟比一般的"爲"字多了一個"心"旁。不管釋爲哪一個字，都應該理解爲指"背自然"的"人爲"，既不能看作一般的"爲"，更不能看作"僞詐"的"僞"。

有人認爲以"僞"指不是出自天性的"爲"，完全是荀子的創造，這是不對的。"僞"的這種意義跟僞詐等義，在古代應該是在相當長的一段時間裏同時並存的（《荀子》既用"僞"的這種意義，也用其僞詐義。《禮論》和《性惡》中都有"詐僞",《樂論》說"著誠去僞",《宥坐》說"言僞而辯")。如果在荀子之前,"僞"字只有僞詐一類意義,他斷不會用這樣一個壞字眼,來表示一個他對其價值十分肯定的概念。

上引許文注釋引了《太甲》"弗慮胡獲,弗爲胡成"之語,當是爲了說明古人説話、行文,確有以"爲、慮"並提的情況。《太甲》是僞古文。我們在下面引其他古書來給許文作補充。

在道家著作裏經常可以看到主張無爲、無慮的話,而且有時正是二者並提的。《莊子·天道》說:"故古之王天下者,知雖落天地,不自慮也;辯雖彫萬物,不自說也;能雖窮海内,不自爲也。"《淮南子·原道》說聖人"……不慮而得,不爲而成",同書《本經》說體道者"……心條達而不以思慮,委而弗爲"。同書《精神》描述"真人"的境界時,用了下面這些話:"……無爲復樸……機械知巧弗載於心……清靖(静)而無思慮……"這裏提到了"無爲"和"無思慮",還提到了"知(智)巧弗載於心",可以跟《老子》簡的"絶智棄辯、絶巧棄利、絶僞棄慮"相對照。

《荀子》有時也以"僞"與"慮"並提。《性惡》說:"聖人積思慮,習僞故,以生禮義而起法度。"《正名》說:"情然而心爲之擇謂之慮,心慮而能爲之動謂之僞。"

從以上所説的來看,把"絶惥弃△"釋爲"絶僞棄慮"是十分合適的。

簡文"絶僞棄慮"下一句是"民復季子"。研究者多數據《老子》今本,把"子"讀爲"慈",把"季"看作"孝"的訛字。但也有一些研究者認爲"季子"是《老子》原文,不應據今本改讀。上引崔書注 227 説(62 頁):"季子,傳世本《老子》作'孝慈';帛書《老子》甲本作'畜兹',乙本作'孝兹'……但,傳世本、帛書《老子》是對仁義而言,而竹簡《老子》則是對惥慮而言。所以,'季子'應指小兒的精神狀態,與'比於赤子'相應。"

上引季文"三、民復季子"條説(133—134 頁):"我們認爲:本章的'季子'照原文讀就可以了,《説文》:'季:少偁也。從子稚省,稚亦聲。'《老子》常以'嬰兒'比喻原始渾樸的美德,今本第十章:'專氣致柔,能嬰兒乎?'二十章:'我獨泊兮其未兆,如嬰兒之未孩。'《郭店》本章的'季子',猶言'嬰兒',也是指道德純樸的本質。"

上引劉書説(2 頁):"季子　猶稚子。《説文》:'季,少稱也。從子,稚省,稚亦聲。'《白虎通·姓名》:'季者,幼也。'以上二句,帛書甲改作'絶仁棄義,民復畜兹',乙本'畜兹'作'孝兹',王弼本作'孝慈'。已面目全非。"

我同意他們的意見。《老子》今本 28 章:"爲天下溪,常德不離,復歸於嬰兒。""民復季子"與"復歸於嬰兒"義近。

龐文在批評"僞詐"説時,指出"絶僞棄詐""和孝慈全無關係,宣稱'絶僞棄詐,民復孝慈',似乎不像一位思想家的言論"(11 頁)。這是有道理的。其實"絶爲棄作、絶僞棄慮"等,跟"民復孝慈"也都不能配合得很好。如真能做到"絶爲棄詐"(編按:"詐"爲"作"之誤排,《中國出土古文獻十講》已訂正)或"絶僞棄慮",產生的後果一定會遠遠超出"民復孝慈"。"絶僞棄慮"跟"民復季子"則是配合得很好的。按道家的看法,如果絶棄各種"背自然"的作爲和思慮,人們當然就會渾樸得跟稚子一樣。

《老子》今本的"絶仁棄義",郭店簡作"絶惡弃△"這件事,對古代思想史研究的重要意義,學者們論之已詳。我在發表於《道家文化研究》17 輯的《郭店〈老子〉初探》中,也就此有所論述(42—45 頁)。在那裏,我曾據"民復孝慈"這句話,説老子對孝慈是肯定的(42 頁)。現在我同意這句話本應作"民復季子",原來的論據就沒有了。但從《老子》今本 67 章對"慈"十分肯定來看,孝慈無疑跟仁義一樣,並不是老子要絶棄的東西。

《郭店楚簡國際學術研討會論文集》頁 25—30

○陳斯鵬(2000)　郭簡《老子》甲簡 1:"亾(絶)惈弃慮,民復季子。"因該句不見於帛書本和今本,自刊布以來,對於前面四字衆説紛紜,莫衷一是。概括起來,主要有如下幾種意見:

第一種:讀爲"絶僞棄詐";以裘錫圭先生爲代表。

第二種:讀爲"絶爲棄詐";龐樸、季旭昇等先生主是説。

第三種:釋爲"絶僞棄慮";袁國華、許抗生等先生主是説。崔仁義先生也釋"慮"爲"慮"。

第四種:讀爲"絶義棄仁";這是高明先生的觀點。

按:第一種説法在聲韻通轉方面很有説服力,義也可通,但放到《老子》文中,卻與上下句意大相扞格,龐樸、季旭昇等先生對此已有精論。第二種説法克服了第一種的缺點,第三種説法正確釋出"慮"字,但説解都不盡令人滿意。至於第四種意見,則顯然過於牽强,一般都不會接受。在這裏,筆者準備在諸家研究的基礎上,略陳一孔之見,以供參考。

"惈"字上從爲,下從心,整理小組的隸定是正確的。字不見於《説文》。《字匯》(編按:"匯"當作"彙")收有一"惈"字,訓"諧也",應與郭簡"惈"字來源不同,形體偶合而已。郭簡"惈"字多用以表達虛僞、僞詐等意義。如《性自命出》簡 48—49：“凡人憍爲可亞（惡）。憍斯戁壴（矣），戁斯慮壴（矣），慮斯莫與之結壴（矣）。”又簡 59—60：“凡兑人勿愄也，身心（編按：“心”爲“必”之誤）從之，言及則明皂（舉）之而毋憍。”頗疑“憍”乃表“虛僞、僞詐”的“僞”的專用字。所以諸家讀“憍”爲“僞”是有一定根據的。不過，私意以爲這裏的“憍”不宜如字解。日本學者池田知久先生指出這個字形在馬王堆帛書《老子》甲本中應該讀爲“化”，可謂明見。實際上，郭簡中該字也有讀如“化”的。如《老子》甲簡 13：“而萬勿（物）牆（將）自憍（化）。憍（化）而雒（欲）复（作），牆（將）貞（鎮）之以亡名之斲（樸）。”又《語叢》（一）簡 68：“𥅆天道而憍（化）民𤐫（氣）。”竊謂《老子》甲簡 1 的“憍”字也當讀爲“化”。憍從爲得聲，古音爲匣紐歌部，化在曉紐歌部，韻同聲近，故可通。郭簡又有借𧈢、蝸等從爲聲的字爲化者，可證。整理小組隸作“慮”的字，簡文作𤕦，袁國華先生將其與《性自命出》的𤕦、𤕦，《語叢》（二）的𤕦諸字比較研究，釋爲“慮”，十分可信。基於這些認識，筆者主張把整理者釋“凵憍弃慮”的四字讀爲“絕化棄慮”。“化”訓教化。《説文》：“化，教行也。”“慮”訓謀劃。《説文》：“慮，謀思也。”《漢書·杜周傳》：“國家政謀，鳳常與欽慮之。”顏師古注云：“慮，計也。”對人民施以人爲的教化和以謀劃治民，意思是緊密相關的。所以這裏化、慮連用。老子主張以清靜無爲治民，故棄絕人爲的教化、謀劃。在老子看來，唯其如此，才能達到“民復季子”的效果。同篇簡 12 云：“季（教）不季，復衆之所𣥍（過）。”《老子》丙簡 13 則作：“學不學，復衆之所𣥍（過）。”可爲本句作注腳。《老子》甲簡 30—31 云：“人多智（知）天〈而〉戠（奇）勿（物）慈（滋）记（起）。”則道明了老子反對“教民”的原因。

今王弼本《老子》第六十五章云：“古之善爲道者，非以明民，將以愚之。民之難治，以其智多，故以智治國，國之賊，不以智治國，國之福。”帛書本略同。這段話更是與簡本所謂“絕化棄慮”若合符節。實際上，“非以明之，將以愚之”正是“絕化”；“不以智治國”則乃“棄慮”。

《華學》4，頁 83

○**李零**（2002）　我們從上博楚簡看到的“僞詐”一詞看，其寫法正與這裏的寫法相同，而絕不可能讀爲“僞慮”。我們認爲，裘先生原來的讀法是正確的，他的改讀反不可取。

《郭店楚簡校讀記》（增訂本）頁 19

繼 繼

集成 4644 拍錞蓋

○**吳大澂**(1884)　古繼字。拍盤文。📜,阮氏釋作繼繼毋吐,＝,重文。

《説文古籀補》頁 53,1988

○**何琳儀**(1998)　𢇍,从二絲(右下＝疑省略符號),中閒橫筆表示接續。指事。繼之初文。《説文》:"繼,續也。从糸、𢇍。一曰,反𢇍爲繼。(古詣切)。"古文字往往反正無別,所謂"反𢇍(絶)"仍爲𢇍(見𢇍字),許慎之説非是。拍錞蓋𢇍,讀繼,繼續。

《戰國古文字典》頁 1195

○**黃德寬**(1999)　最後,我們再討論一下與"孫"相關的另一個分化字"𢇍(繼)"。甲骨文有🔣、🔣,舊釋"𢇍(絶)"。中山王器、新出郭店楚簡《老子》中的"絶",表明它本來是會意字。爲以刀斷絲,與此字明顯不同。姚孝遂師認爲:"字當釋𢇍……𢇍則爲編連諸絲形。《説文》:'繼,續也。从糸、𢇍。一曰反𢇍爲繼。'""繼乃𢇍字所纍增,爲形聲字,字亦作𢇍。"甲骨文又有🔣、🔣,《史懋壺》🔣、《散氏盤》🔣,與此當爲一字,諸家釋"涇"可從。"涇"字所从的"孫"寫作🔣或🔣,即甲骨文之🔣字,增加橫畫當是强調兩絲相聯屬之意,《散氏盤》"涇"所从"己"形曲線,連屬纏繞之意尤爲明晰。🔣與🔣作聲符相通,姚孝遂師謂🔣是🔣的分化字,釋作"𢇍(繼)",可信。"𢇍"金文作🔣(拍錞蓋),以"＝"代替一"幺",字形已有省訛。"繼"是"𢇍"的纍增字,《説文》與"系"同訓"續也",典籍中"繼"字也多訓"連續、連綴";"繼"古音也屬見母支部。"𢇍(繼)"與"系"形音義的密切聯繫,一方面表明"𢇍(繼)"是由"系"派生出來的,另一方面也爲將"孫"釋作"系"提供了一個旁證。

《中國古文字研究》1,頁 326

續 續

🔣睡虎地·秦律 201　　　🔣睡虎地·日乙 197

○**睡簡整理小組**(1990)　續疑讀爲睦。光,《廣雅·釋言》:"寵也。"續光,此

言和睦而受寵愛。

《睡虎地秦墓竹簡》頁 249

△按　《説文》:"續,連也。从糸,賣聲。"《爾雅·釋詁》:"續,繼也。"秦簡《日書》"續光"蓋承續光大之意,"續"字不必改讀。《説文》以"賡"爲"續"字古文,戰國文字有"賡"字,詳卷六"賡"字條。

紹 綤 絜

 璽彙 1188　　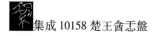 璽彙 2391　　 簠齋

集成 10158 楚王酓忑盤　　陶録 3·502·1　　郭店·殘 27

○黄盛璋(1985)　(編按:簠齋)紹爲工師之名。

《考古》1985-5,頁 464

○何琳儀(1989)　《説文》:"紹,繼也。从糸,召聲。一曰,紹,緊糾也。,古文紹从邵。"戰國文字紹,人名。

　　絜,从糸,卲聲。紹之繁文。三體石經《無逸》作。《説文》古文作,略有訛變。《説文》:"紹,繼也。从水,召聲。"(編按:"水"爲"糸"之誤,《戰典訂補》1614 頁已指出。)楚王酓忑鼎絜,讀紹,姓氏。齊太公後有紹氏,見《路史》。

《戰國古文字典》頁 305—306、304

○李守奎(2003)　(編按:郭店·殘 27)从邵省聲。

《楚文字編》頁 722

緹 綎 綎

 包山 12　　包山 126　　包山 169　　楚帛書

郭店·成之 35　　上博二·容成 28　　璽彙 5485

○中大楚簡整理小組(1977)　綎,據《説文》等字書,爲緹的或體字。緹義爲緩,讀聽聲,當是後起之義。

《戰國楚簡研究》4,頁 18

○何琳儀(1998)　綎,从糸,呈聲。緹之異文。《説文》:"緹,緩也。从糸,盈聲。讀與聽同。綎,緹或从呈。"

　　帛書"緹紃",讀"嬴紃"。《國語·越語》下"嬴縮轉化",帛書《老子》乙前佚書《稱》作"嬴紃變化",《說文》絚訓緩,異文作緹。而《詩·大雅·雲漢》"昭假無嬴",箋:"嬴,緩也。"故緹、嬴、盈實一音之轉。《荀子·非相》"緩急嬴紃",注:"猶言伸屈也。""嬴紃"與"盈縮"義亦近。《史記·范雎蔡澤列傳》:"進退盈縮,與時變化。"帛書"緹紃"即典籍之"盈縮"。《史記·天官書》:"其趨舍而前曰嬴,退舍曰縮。"《開元占經》有"月行盈縮"章,與帛書"月則緹紃"有關。紃與縮讀音遠隔,義則相近,故帛書"緹紃",典籍"嬴紃",相當"盈縮"。

《戰國古文字典》頁 805—806

○**周鳳五**(1999)　十六、小人不逞人于恩,君子不逞人于禮(第三五簡):

　　簡文恩字作"刃",《郭簡》注釋引裘錫圭按語讀爲"仁",並謂:"此文之意蓋謂小人不求在仁義方面勝過人,君子不求在禮儀方面勝過人。"陳偉改讀刃字爲"恩",可從,但解此句作"小人不以恩情而對他人逞強,君子不以禮儀而對他人逞強",則猶未達一閒。《大戴禮·曾子立事》:"君子不絕人之歡,不盡人之禮。"對照簡文,疑此處意謂小人不要求他人盡恩情;君子不要求他人盡禮儀。《左傳·襄公二十五年》"不可億逞"注:"逞,盡也。"是其證。

《古文字與古文獻》(試刊號)頁 53—54

○**劉信芳**(2003)　緹:簡 131、141 作"烃",字並讀爲"盈"。

《包山楚簡解詁》頁 17

○**張富海**(2004)　《上海博物館藏戰國楚竹書(二)·容成氏》第二十八簡"乃立句(后)襆(稷)以爲緹",其中的"緹"字,整理者讀爲"盈"而未作解釋。按此"緹"當讀爲"田"。《管子·法法》:"舜之有天下也,禹爲司空,契爲司徒,皋陶爲李,后稷爲田。"《小匡》:"弦子爲理,寧戚爲田。"《淮南子·天文》:"何謂五官?東方爲田,南方爲司馬,西方爲理。北方爲司空,中央爲都。"皆稱掌農業的官爲田。"田、緹"上古聲母相同,都是定母;韻部是真部和耕部的關係,真部和耕部關係比較密切,如:"鄭"在耕部,而其所從得聲的"奠"在真部;"鏗"在耕部,而其聲符"堅"在真部。又如:"畇"有異體作"營",前者從真部字"勻"得聲,而後者從耕部字"熒(熒)"得聲;《戰國策》中齊威王名"嬰齊"(嬰齊是先秦常用的人名,如魯有公孫嬰齊,楚有公子嬰齊),其中"嬰"字《史記》和銅器銘文作"因","嬰"爲耕部字而"因"爲真部字。因此,將簡文的"緹"讀爲"田"在語音上也是沒有問題的。

《古文字研究》25,頁 359

○**徐在國**（2007）　　至於包山 271 簡中的“綎”，位置與“絣”字同。“綎”字應分析爲从糸，呈聲，乃《説文》“綎”字或體，疑應讀爲“纓”。“繁、纓”二字經常連用，如《禮記・禮器》：“大路，繁纓一就。”“繁、纓”均指馬飾。

《簡帛》2，頁 356

△**按**　《璽彙》5485“綎”所从“呈”下部變形聲化爲“壬”。

【綎絀】

○**嚴一萍**（1967）　　《説文》：“綎，緩也。从糸，盈聲。讀與聽同。綎或从呈。”按綎通作盈。《禮・祭義》“樂主其盈”，注：“盈猶溢也。”《史記・蔡澤傳》：“進退盈縮。”又通作贏。班固《幽通賦》：“故遭罹而贏縮。”

絀，借作黜。《説文》：“絀，縫也。”段玉裁注曰：“此絀之本義而廢不行矣……古多叚絀爲黜。”《荀子・非相》“緩急贏絀”，注：“猶言伸屈也。”此處言“綎絀”蓋指日月運行之盈縮也。

《中國文字》26，頁 7—8

○**李學勤**（1982）　　“贏屈”，古書多作“贏縮”或“盈縮”。（中略）

篇首所述“月則贏屈”，就是盈縮，《開元占經》卷十一有《月行盈縮》章，引石氏云：“明王在上，月行依道；若主不明，臣執勢，則月行失道。大臣用事，背公向私，兵利失道，則月行乍南乍北；女主外戚擅權，則或進退朓朒，皆君臣刑德不正之咎也。”可見月行盈縮已包括側匿在内。

《天象》篇關於彗星的敘述，早於馬王堆帛書《天文氣象雜占》，也是非常珍貴的。

《湖南考古輯刊》1，頁 71

○**饒宗頤**（1985）　　帛書綎字下从土。呈即呈也。綎絀即盈縮。《説文》：“綎，緩也。”綎或體从呈。呈與盈通，如春秋沈子逞，《穀梁》作盈。《釋文》：“本亦作逞。”《春秋》襄二十一年，欒盈，《史記・齊世家》作逞，是其證。盈與贏通。敦煌本《尚書釋文》（伯 3315）贏音盈。《荀子・非相》：“緩急贏絀。”絀讀爲縮。故綎絀猶言贏縮。《史記・蔡澤傳》：“進退盈縮。”班固《幽通賦》：“故遭罹而贏縮。”贏縮爲天文習慣用詞。《史記・天官書》云：“察日月之行，以揆歲星順逆……歲星贏縮，以其舍命國，所在國不可伐，可以罰人。其趨舍而前曰贏，退舍曰縮。贏，其國有兵不復；縮，其國有憂，將亡，國傾敗。其所在，五星皆從而聚於一舍，其下之國，可以義致天下。”

《漢書・天文志》云：“凡五星早出爲贏，贏爲客；晚出爲縮，縮爲主人，五星贏縮，必有天應見杓。”《易通卦驗》：“晷進爲贏，晷退爲縮。”《越語》范蠡云

（諫勾踐興師伐吳語）："嬴縮以爲常，四時以爲紀。天予不取，反爲之災；嬴縮轉化，後將悔之。"

范蠡，楚人也，其言"嬴縮以爲常"，帛書則云"經絀不得其當"。語意無別。帛書所見十二月名，除《爾雅》外，其稱九月曰玄月，亦見於《越語》，故知越之學術與楚固息息相通。"月則嬴縮"者，《開元占經》卷十一有"月行盈縮"章。引石氏（申）云："明王在上，月行依道；若主不明，臣執勢，則月行失道。"月爲陰，所以鄭重言之，示主之失德使然。

　　　　　　　　　　　　《饒宗頤二十世紀學術文集·簡帛學》頁 255—257，2003

○李零（1985）　經絀，《説文》緸字或體作經，這裏假爲嬴；絀與詘通，《説文》："詘，詰詘也。""嬴絀"一詞古書多見，如《荀子·非相》："與世偃仰，緩急嬴絀。"《國語·越語下》："嬴絀變化，後將悔之。"馬王堆帛書《稱》："嬴絀變化，後將反包。"是進退伸縮的意思。饒宗頤（1976）讀"經絀"爲"嬴縮"，"嬴縮"見於《史記·天官書》，是指星辰躔度的進退，與這裏"嬴絀"的意思是一樣的，但絀、縮是同義字不是通假字。

　　　　　　　　　　　　　　　《長沙子彈庫戰國楚帛書研究》頁 51

○何琳儀（1986）　"經絀"典籍或作"嬴縮、盈縮"。歲星有"盈縮"，《史記·天官書》："其趨舍而前曰嬴，退舍曰縮。"月亦有"盈縮"，見《開元占經》卷十一"月行盈縮"章。古人認爲星月運行失道會引起災異。

　　　　　　　　　　　　　　　　　《江漢考古》1986-1，頁 52

○鄭剛（1996）　乙篇一開首就説："佳□……月，則嬴縮，不得其當。"接着講天體運行混亂，四時失調，災異出現，"佳□……月"指的是時閒，即若干個月之後，就會出現嬴縮的現象。嬴縮在中國古代天文學中專指日月和行星運行失常，例如《史記·天官書》："歲星……趨舍而前曰嬴，退舍而後曰縮。"乙篇下文説："日月星辰，亂逆其行，嬴縮逆□。"也用嬴縮指天體運行失常，《史記·天官書》"歲星嬴縮"，《漢書·天文志》"凡五星早出爲嬴……晚出爲縮"等也是如此。

"則嬴縮"的主語不應是月，月應是出現嬴縮的時閒。這一段帛文是：

　　□……月，則嬴縮，不得其當。春夏秋冬，又□尚尚；日月星辰，亂逆其行，嬴縮逆□，卉木亡尚。

在這裏，"則嬴縮，不得其當"既是綱領，也是原因，下面四季、星辰、萬物的變亂則是其表現和結果，而"日月星辰"中已包含了月，因而若"則嬴縮"的主語也是月的話，則二者互相衝突，且文義重複。

其實，"則嬴縮"的真正主角應該是歲星。歲星失次，則由歲星所決定的年、月,就與物候產生了差異,從曆法上看,萬物都失調了。而歲星是經常失調的,因爲雖然歲星以十二年繞天一周的規律性爲人所注意,成爲紀年的標志,並有了經星、紀星的美名(見《史記·曆書》),但它並非真的十二年繞天一周,而是以 11.86 個地球年爲一個木星年,因而星歲紀年法在十二年中就差了一個多月。這一點是很晚才被認識到的,並在漢代逐步形成完整的"超辰"概念,粗略的計爲一百四十多年超一辰。

《簡帛研究》2,頁 62

○李零(2000)　"經紲",讀爲贏絀,超舍叫贏,退舍叫絀(參看《史記·天官書》《漢書·天文志》)。《管子·玄宮》的三十時節有"小郢",讀爲"小贏",相當二十四節氣的"小滿"。"郢"亦"經"字(通假字或錯字)。

《古文字研究》20,頁 165

△按　經紲,馬王堆漢簡《十問》24 作"贏屈"。

縱　綍

睡虎地·答問 63　　　睡虎地·秦律 5　　　集成 12092 亡縱熊節

上博五·鮑叔 4　　　上博五·鮑叔 4

○睡簡整理小組(1990)　(編按:睡虎地·秦律 5)縱,開禁。《逸周書·大聚》:"春三月,山林不登斧,以成草木之長;夏三月,川澤不入網罟,以成魚鱉之長。"與簡文"到七月而縱之"相合。

《睡虎地秦墓竹簡》頁 20

○何琳儀(1998)　《説文》:"縱,緩也。一曰,舍也。从糸,從聲。"亡縱熊節"亡縱",不詳。

《戰國古文字典》頁 431

○陳佩芬(2005)　"縱",《詩·大雅·民勞》:"無縱詭隨。"《楚辭·離騷》:"縱欲而不忍。""縱"均作"放縱"解。

《上海博物館藏戰國楚竹書》(五)頁 186

繎　絤

天星觀　　　天星觀

○**何琳儀**(1998)　緂,从糸,狀聲。疑繎之省文。《説文》:"繎,絲勞也。从糸,然聲。"天星觀簡緂,不詳。

《戰國古文字典》頁 1009

紆 紆

璽彙 2600

○**何琳儀**(1998)　《説文》:"紆,詘也。从糸,于聲。一曰,縈也。"晉璽紆,姓氏。後漢有肥鄉侯始平紆邈。見《通志・氏族略》。

《戰國古文字典》頁 461

細 紬

睡虎地・日乙 57

△**按**　《説文》:"細,微也。从糸,囟聲。"秦簡"細"正用細微義。

繙 繙

繙包山牘 1

○**何琳儀**(1998)　《説文》:"繙,冕也。从糸,番聲。"包山簡繙,或作番(亦見信陽簡),冕。

《戰國古文字典》頁 1062

級 紹

級睡虎地・爲吏 7　紹郭店・語四 5　級上博五・競建 1　織上博五・鮑叔 9

○**睡簡整理小組**(1990)　體級,體制等級。

《睡虎地秦墓竹簡》頁 174

○**裘錫圭**(1998)　"級"疑當讀爲"急"。

《郭店楚墓竹簡》頁 218

○**陳佩芬**(2005)　"級偓",讀爲"隰朋",春秋時齊人,以公族爲大夫,助管仲相桓公成霸業,嘗平戎於晉。

《上海博物館藏戰國楚竹書》(五)頁 166

△按　《説文》:“級,絲次弟也。从糸,及聲。”引申爲等級,睡簡用此義。郭店簡讀“急”,上博簡讀“隰”,均屬音假。

總

睡虎地·秦律 54

【總冗】睡虎地·秦律 54

○**睡簡整理小組**(1990)　總冗,把零散的聚集到一起,即集合。

《睡虎地秦墓竹簡》頁 33

約 約

睡虎地·答問 139

望山 2·32　　包山 268　　郭店·性自 9　　上博五·弟子 6

○**中大楚簡整理小組**(1977)　約,疑即紃,音藥,素練也。

《戰國楚簡研究》3,頁 49

○**劉信芳**(1997)　包山簡二六八:“紃約。”《禮記·内則》“織紝組紃”,鄭玄注:“紃,絛也。”疏:“薄闊爲組,似繩者爲紃。”《儀禮·既夕禮》:“約綏約轡。”鄭玄注:“約,繩綏,所以引升車。”

　　包二七一、牘“紛約”,“紛”乃“紃”字,《説文》解爲“單繩”。

　　望二·三二、三三“□纉約”,“纉”讀如“纂”,《説文》解“纂”爲“似組而赤”,則“纉約”是赤色組帶編織的登車拉手。

《中國文字》新 22,頁 172

○**何琳儀**(1998)　《説文》:“約,纏束也。从糸,勺聲。”楚簡約,纏束。

《戰國古文字典》頁 310

繚 繚

秦印　　集粹　　陶彙 5·80　　陶彙 3·1272

○**何琳儀**（1998）　《説文》：“繚,纏也。从糸,尞聲。”秦陶繚,人名。

《戰國古文字典》頁 317

纏 纏

纏睡虎地·秦律 131　　纏十鐘

○**何琳儀**（1998）　厘,疑从吴从土从厂,會意不明。厂亦聲。厘爲厂之準聲首。厘之構形尚待研究。兹仍从舊説以厘爲獨立聲首。《説文》：“厘,一瞰半,一家之居。从广、里、八、土。”

　　《説文》：“纏,繞也。从糸,厘聲。”睡虎地簡纏,纏繞。

《戰國古文字典》頁 1030

繞 繞

繞集粹

繞陶彙 3·579　繞陶彙 3·581　繞陶彙 3·582

○**何琳儀**（1998）　統,从糸,无聲。疑繡之省文。《玉篇》：“繡,繯淹餘也。”

《戰國古文字典》頁 616

○**湯餘惠等**（2001）　繞。

《戰國文字編》頁 842

△**按**　陶文“繞”从“堯”之簡體。詳參“堯”字條。《説文》云：“繞,纏也。从糸,堯聲。”

繯 繯

繯璽彙 1288　繯璽彙 2164　繯侯馬 49:2　繯璽彙 5674

繯曾侯乙 123　繯陶彙 6·92　繯璽彙 3180　繯近出 1181 七年大梁司寇繯戈

○**韓自强、馮耀堂**（1991）　司寇繯、工師繯,原來釋爲繀、裹,把兩個絲作爲一個字的部位了。根據《古璽彙編》3180 印,繯作,《凝清室所藏秦璽印》作繯。

因此緒左所从兩幺應分屬兩字,裹當釋爲繯。

○何琳儀(1998)　《説文》:"繯,落也。从糸,睘聲。"隨縣簡繯,組絡。

《戰國古文字典》頁 991

△按　所从基本聲符"○"("圓"之初文)或省。

結　結

睡虎地・日乙 2　　　睡虎地・答問 84　　　仰天湖 29　　　郭店・緇衣 25

包山 272　　　包山 276　　　陶彙 3・111　　　侯馬 156:19　　　侯馬 203:4

上博七・凡甲 21

○**睡簡整理小組**(1990)　結,讀爲髻。《漢書・陸賈傳》:"尉佗魋結箕踞見賈。"注:"結讀曰髻。"

《睡虎地秦墓竹簡》頁 113

○**何琳儀**(1998)　《説文》:"結,締也。从糸,吉聲。"信陽簡結,見《詩・檜風・素冠》"我心蘊結兮"。

《戰國古文字典》頁 1085

○**曹錦炎**(2008)　"結",結束,終了。《淮南子・繆稱訓》:"故君子行思乎其所結。"

《上海博物館藏戰國楚竹書》(七)頁 261

【結衣】仰天湖 29

○**史樹青**(1955)　結當作髻字解,《説文》無髻字,《儀禮・士冠禮》:"將冠者采衣紒。"注:"紒,結髮也。"髻、結、紒古文並通。《楚辭・招魂》:"激楚之結,獨秀先些。"注:"頭結也。"古人結髮施簪,結衣當是頭巾,或叫首巾,又名包頭。

《長沙仰天湖出土楚簡研究》頁 34

○**饒宗頤**(1957)　簡 29"一結衣"。元本《玉篇》:"紒,單被也,結衣也。亦作衿。""結衣"二字見此。同書:"衿,襌衣綴也,結帶也。"《禮記・內則》"衿纓",鄭注:"衿猶結也。"本又作"紟"。《玉藻》"紳韠結三齊",注:"結,約餘也。結或爲衿。"凡結帶皆曰紟。《爾雅・釋器》:"衿謂之袸。"郭注:"衣小帶。"是一結衣即一紟,謂衣有結帶者。(《玉篇》又訓紒爲單被,乃據《喪禮》,

爲別義。)

《金匱論古綜合刊》1,頁63

○**中大楚簡整理小組**(1977)　結,派生爲袺、襭、纈。《爾雅·釋器》"執衽謂之袺",注:"持衣上衽。"又"扱衽謂之襭",注:"扱衣上衽於帶。"用爲形容詞,皆非此義。馬王堆一號墓的各式衣服,衽上皆無結帶,只以帶束腰,以是知漢初時之衣,仍無"結子"。《魏書·獻文六王·高陽王雍傳》:"奴婢悉不得衣綾、綺、纈。""一結衣"與"一紡衣、一綎衣"同,皆爲紡織品名。《玉篇》釋纈爲"彩纈"。是有色的料子。

《戰國楚簡研究》4,頁19

○**郭若愚**(1994)　結,《禮記·曲禮上》:"德車結旌。"注:"結謂收斂之也。"《前漢書·五行志》:"衣有襘,帶有結。"注:"結,締結之結也。"疏:"德美在内,不尚赫奕。故結纏其旒著於竿也。""結衣"爲附有結帶之衣。

《戰國楚簡文字編》頁116

【結言】睡虎地·日乙14、九店56·21下

○**睡簡整理小組**(1990)　結言,用言語約定。《公羊傳》桓公三年:"古者不盟,結言而退。"《後漢書·獨行傳》:"二年之別,千里結言,爾何相信之審邪?"均用言語約定之意。關於求婚約、訂婚、結婚的書信也稱爲結言,見《後漢書·崔駰傳》。

《睡虎地秦墓竹簡》頁232

○**李家浩**(2000)　"結言"見於《楚辭·離騷》、秦簡《日書》乙種楚除等。《楚辭·離騷》説:"吾令豐隆乘雲兮,求宓妃之所在;解佩纕以結言兮,吾令蹇脩以爲理。"秦簡《日書》乙種楚除"窓、結之日"説:"利以結言。"

《九店楚簡》頁75

【結髮】睡虎地·封診55

○**睡簡整理小組**(1990)　結髮,即髻,《太平御覽》卷三七二引《説文》:"髻,結髮也。"

《睡虎地秦墓竹簡》頁157

縛 繂

睡虎地·答問81　　　郭店·窮達6　　　上博六·競公8

△按　《説文》：“縛,束也。从糸,專聲。”戰國文字縛,束縛。

繃 繃　綳

 包山 230　　 包山 242

曾侯乙 5　　曾侯乙 42　　曾侯乙 68　　陶録 3・55・1

 包山 244　　包山 219

○何琳儀（1998）　綳,从糸,朋聲。繃之省文。《集韻》：“繃,《説文》束也……或作綳。”《説文》：“繃,束也。从糸,崩聲。《墨子》曰,禹葬會稽,桐棺三寸,葛以繃之。”

楚系竹簡綳,除人名外（包山“觀綳”）,均讀繃。

《戰國古文字典》頁 158

○白於藍（1999）　195 頁“繃”字條,“𥾝”（230）、“𥾝”（219）等五例,即《説文》綳字,崩从朋聲,故繃亦可从朋聲作。朋或从土乃繁化。

《中國文字》新 25,頁 200

○劉信芳（2003）　繃佩：成串的玉佩飾。《説文》：“繃,束也。”

《包山楚簡解詁》頁 234

給　給

 睡虎地・秦律 35　　睡虎地・雜抄 18

○睡簡整理小組（1990）　給,疑讀爲緝,《釋名・釋衣服》：“緝,則今人謂之綆。”絡組五十給,五十根緣帶。

《睡虎地秦墓竹簡》頁 84

△按　《説文》：“給,相足也。从糸,合聲。”睡簡“給”當用爲量詞或集合名詞。

繹　繹

 曾侯乙衣箱

○**何琳儀**（1998）　繸，从絲，畢聲。疑緯之繁文。參縞之古文作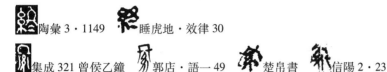，彝之古文作。廿八宿漆書繸，讀畢。廿八星宿之一，見《呂覽・有始》。

《戰國古文字典》頁 1104

終　綒

<table>
<tr><td>終字形 陶彙 3・1149</td><td>終字形 睡虎地・效律 30</td><td></td><td></td></tr>
<tr><td>字形 集成 321 曾侯乙鐘</td><td>字形 郭店・語一 49</td><td>字形 楚帛書</td><td>字形 信陽 2・23</td></tr>
<tr><td>字形 上博三・中弓 24</td><td></td><td></td><td></td></tr>
<tr><td>字形 集成 317 曾侯乙鐘</td><td>字形 郭店・老丙 12</td><td>字形 郭店・老甲 15</td><td>字形 上博五・弟子 16</td></tr>
<tr><td>字形 上博三・周易 18</td><td>字形 上博一・緇衣 17</td><td></td><td></td></tr>
</table>

○**中大楚簡整理小組**（1977）　（編按：信陽 2・23）索（素）。

《戰國楚簡研究》2，頁 28

○**劉雨**（1986）　（編按：信陽 2・23）素。

《信陽楚墓》頁 130

○**李家浩**（1996）　釋信陽 2・23 爲"終"。

《簡帛研究》2，頁 2

○**何琳儀**（1998）　《説文》："終，絿絲也。从糸，冬聲。𠂤，古文終。"帛書終，歲終。

《戰國古文字典》頁 270

○**裘錫圭、李家浩**（1981）　此音階名在鐘磬銘文中作𠂤，"冬"字本从此，一般認爲即"終"字初文，故徑釋爲"終"。中層三組一號鐘作𠂤，已加"糸"旁。

《音樂研究》1981-1，頁 21

○**李家浩**（2000）　"夊"字原文作冂，即《説文》古文"終"。

"丁巳夊亓身"，秦簡《日書》甲種《衣》作"丁巳安於身"。"夊"，《説文》古文"終"。"終、中"古音相近，可以通用（參看高亨《古字通假會典》22 頁）。疑本簡"終"字應該讀爲从"中"聲的"衷"。《廣雅・釋詁一》："衷，善也。"王念孫《廣雅疏證》："衷者，《皋陶謨》'周寅協恭和衷哉'，傳云：'衷，善也。'成十三年《左傳》：'民受天地之中以生。''中'與'衷'通。"

《九店楚簡》頁 142、135

○**陳偉武**(1998)　《封診式·經死》:"丙死(尸)縣(懸)其室東內中北廦權,南鄉(向),以枲索大如大指,旋通繫頸,旋終在項。"整理小組注:"終,章炳麟《文始》:'終爲纏急。'在本條裏都是繫束的意思。項,頸後部。"

　　今按,終者,結也,甲骨文冬字或作𠆩,象絲束有結之形,正是終的初文。後世終與結同義而複合。人們習見"終"的動詞義——終結,對"終"的本義——繩結反而不甚了了了。秦簡本案例"終"凡八見,除上引一例,其餘七例如下:

　　(1)索上終權,再周結索,餘末袤二尺。
　　(2)堪上可道終索。
　　(3)即視索終。
　　(4)終所黨(倘)有通迹。
　　(5)頭足去終所及地各幾可(何)?
　　(6)道索終所試脫頭。
　　(7)索終急不能脫。

　　細玩文意,例(1)"終"字用作動詞義爲打結,整理小組注爲"繫束"近之。"索上終權"指繩子上端結在權上,"終"與下句"結索"互文見義。例(2)終字用法同例(1)。例(3)—(7)"終"字用作名詞,義指繩結。

　　　　　　　　　　　　　　　　　《胡厚宣先生紀念文集》頁208

繒 繪 縡

睡虎地·封診82　　十鐘　　陶彙9·90　　陶彙9·91
陶彙3·579

○**何琳儀**(1998)　《説文》:"繒,帛也。从糸,曾聲。縡,籀文繒从宰省。揚雄以爲漢律祠宗廟丹書告。"秦陶繒,人名。

　　　　　　　　　　　　　　　　　《戰國古文字典》頁155

○**湯餘惠**(1983)　齊陶銘文有"豆裏𥾝",第三個字也是一個舊所未識的字。我們認爲這個字隸寫應作"紤",應釋爲"縡",亦即"繒"字。

　　這個字左旁从糸,右旁即"亏"字,商西周古文字中,"辛、亏"二字構形有相近之處,但並不相混。"辛"字多作𨑕、𨑒,"亏"字多作𠬧、𠦪(胯、辟等字之所从),王國維認爲這兩個字的差別,"不在畫之多寡,而在直之曲直",殆是。除此之外,我們認爲還有一點是值得注意的,即“亏”字有時寫作亏,下方斜出一筆呈刀字形,而“辛”字卻從來未見有這樣寫的。這一點很重要,我們探討陶文“綹”字正是由此爲出發點。按照這種觀點,陶文此篆的右旁就只能是“亏”而不會是“辛”。

不過,在晚周文字中,“辛”和“亏”的界限已經不很分明,由於它們的形、義比較接近,因而常常混用,“辟”字就是其中一例。我們知道,商代和西周金文中的“辟”字都是从“亏”的,但戰國銅器屬羌鐘銘文的“辟”字卻變而从“辛”了,古璽文字中也有這種情況,並被後來的小篆所接受。再如秦詛楚文中有“皋”字,字下从“辛”十分清楚,而三體石經《尚書・無逸》中的古文“皋”卻寫作皋,顯然下方从“亏”而不从“辛”了。此外,《古文四聲韻》一書中的“辛”字(或偏旁)有些就寫作亏,也都是用“亏”爲“辛”,可見在晚周文字中,這是一種普遍的現象。積(編按:“積”爲“基”之誤)於這種認識,我們認爲陶文上的人名“綹”很可能就是“綷”,即《説文》的籀文“繒”。

現在我們再來探討“綷”字的構形原理。《説文》:“繒,帛也。从糸,曾聲。綷,籀文繒,从宰省。”段玉裁附和許氏説解,“从宰省”解爲“从宰省聲”,清代學者亦盡從許説而不疑,其實,“綷”从“宰”省聲之説是缺乏根據的,因爲在古文字資料中至今我們還沒有發現从“宰”不省的“綷”字,許説蓋來源於楊雄《甘泉賦》的“上天之綷”一句,但就時代先後來講,這個“綷”字無疑要晚於戰國陶文上的“綷”字,因此《甘泉賦》裏的“綷”應是“綷”的後起轉注字。

我們認爲,“辛、曾”二字古音比較接近,“綷”字應是从辛得聲。辛,息鄰切,古屬心紐真部;曾,昨稜切,古屬從紐蒸部。心、從二紐同屬齒音,而真、蒸二部又均屬陽聲韻旁轉可通。《詩・鄭風・溱洧》,《説文》及《水經注》引文“溱”俱作“潧”,可證从曾得聲的字可與真部字通轉。“繒”之作“綷”正如“潧”之作“溱”。“綷”和“繒”的區別只是更換了一個音近的字作聲符而已,這種現象實際上是比較常見的;《説文》“鸇”字从鳥,亶聲,籀文作“鷽”,从廛得聲,與此正是同種情況;又如“愆”字,从心,衍聲,《古尚書》作“譽”,不僅義符心、言互易,而且聲符也變爲音近的“侃”了。如此看來,《説文》所謂“綷”字从宰省聲的説法是不足爲據的,應以“綷”从辛聲爲是。

《古文字研究》10,頁283—285

○**何琳儀**(1998)　(編按:陶彙3·579)統。

《戰國古文字典》頁616

△**按**　古陶“綷”字當從湯餘惠釋。

縠 䌼 綍

包山263

○劉信芳（1997）　包山簡二六三：“一生綍冠，一圬綍冠，皆衛。”“綍”字從糸從
亭，讀如“縠”，《神女賦》：“動霧縠以徐步兮。”李善注：“縠，今之輕紗。”“生綍
冠”即青色紗冠。“圬”字讀如“芋”，《説文》：“芋，麻母也，從艸子聲；一曰芋即枲
也。”《爾雅·釋草》：“芋，麻母也。”圬、芋、芧乃一字之異，“圬綍冠”即麻紗冠。

《中國文字》新23，頁94

○何琳儀（1998）　綍，從糸，亭聲，疑縠之異文。《説文》：“縠，細縛也。從糸，
㱿聲。”

包山簡綍，讀縠。《廣雅·釋器》：“縠，絹也。”

《戰國古文字典》頁351

○劉信芳（2003）　讀爲“縠”，《神女賦》：“動霧縠以徐步兮。”李善《注》：
“縠，今之輕紗。”馬王堆帛書《老子》卷後佚書426：“疏縠之冠。”

《包山楚簡解詁》頁283

○李守奎（2003）　從縠省聲。

《楚文字編》頁726

練 綀

郭店·五行39　　　　陶彙9·92

○荊門市博物館（1998）　練，疑借作“閒”。

《郭店楚墓竹簡》頁154

○劉信芳（2000）　按“練”猶簡也。《離騷》：“苟余情其信姱以練要兮。”王逸
《章句》：“練，簡也……中心簡練，而合於道要。”《禮記·月令》孟秋之月：“選
士厲兵，簡練桀俊。”

《簡帛〈五行〉解詁》頁130

○魏啓鵬（2005）　練，疑讀爲諫。《廣雅·釋詁一》：“諫，正也。”《周禮·地
官·序官》注：“諫，猶正也，以道正人行。”正有誅殺之義。《周禮·夏官·大
司馬》：“賊殺其親則正之。”鄭玄注：“正之者，執而治其罪。”《大司馬》注引

《王霸記》：“正，殺之也。”參看《論衡·譴告》：“諫之爲言閒也。”《白虎通·諫静》：“諫者閒也，更也。是非相閒，革更其行也。”

《簡帛文獻〈五行〉箋釋》頁 44—45

△按　《説文》：“練，湅繒也。从糸，柬聲。”郭店簡“練”疑讀爲“簡”，大也。

縞　縞

仰天湖 14　　曾侯乙 115　　望山 2·61　　包山 263

○**中大楚簡整理小組**（1977）　縞是白絹或是繒屬。

《戰國楚簡研究》4，頁 11

○**何琳儀**（1998）　《説文》：“縞，鮮色也。从糸，高聲。”楚簡縞，或省作高，素帛。見高字。又《小爾雅·廣服》：“繪之精者曰縞。”《詩·鄭風·出其東門》“縞衣綦巾”，疏：“縞，是薄繒。”

《戰國古文字典》頁 293

○**劉信芳**（2003）　縞：細繒。《詩·鄭風·出其東門》“縞衣綦巾”，《疏》云：“《廣雅》云：縞，細繒也。《戰國策》云：彊弩之餘，不能穿魯縞。然則縞是薄繒，不染，故色白也。”《後漢書·順帝紀》：“帝縞素避正殿。”李賢《注》：“《爾雅》曰：縞，皓也。繒之精白者曰縞。”

《包山楚簡解詁》頁 274

縵　縵

睡虎地·答問 162　　郭店·性自 45

仰天湖 4

○**睡簡整理小組**（1990）　縵，讀爲鞔（音蠻），《吕氏春秋·召類》注：“鞔，履也，作履之工（腔）也。”《説文》段注：“履腔，如今人言鞋幫也。”

《睡虎地秦墓竹簡》頁 131

○**郭若愚**（1994）　《汗簡》：“𢓸，尹。見《尚書》。”《説文》：“𢓸，古文尹。”縵爲从糸尹聲字。當是絪字，通茵。蓐也。《漢書·霍光傳》：“加畫繡絪。”注：“如淳曰：絪亦茵也。”《説文》：“茵，車重席。”《儀禮·既夕禮》：“加茵，用疏布。”注：“茵，所以藉棺者。”疏：“加茵者謂以茵加於抗席之上，此説陳器之時。

云用疏布者,謂用大功疏粗之布。""疏布之緇"謂以有畫飾之布爲茵。此"疏布"與"大功疏粗之布"不同;與《霍光傳》之"加畫繡絪"是相似的。

《戰國楚簡文字編》頁 118

○**朱德熙、裘錫圭、李家浩**(1995)　釋"緝(冒)"。

《望山楚簡》頁 118

○**何琳儀**(1998)　綻(疏)布之△二壄(偶)(4)其中"△"原篆作
史氏釋"羅",饒、余二氏釋"組",郭氏釋"紆"。筆者曾隸定"纑"釋"緐組"合文。今補充説明:

"△"右下"="兩端平齊,應是合文符號。仰天湖簡"組"作:

　　　　9　　15　　24

其右下兩橫長短不齊。當然也不排斥"△"右下合文符號也兼有"組"右下筆畫的功能,不過"="更側重表示合文。

"緐"甲骨文作(《甲骨文編》13‧1),字書所無,傳抄古文"尹"則得其仿佛:

　　　　説文古文　　　　　　　汗簡上 1‧13

後者"尹"下從"糸",楚簡"糸"或作,可以互證。至於"尹"訛變作"奴"形,參見"君"作:

　　　　説文古文　　　　　　　侯馬308

帛書《老子》乙本"緄",疑亦"緐"之繁文。今本《老子》作"混",屬音轉。

"緐組"合文疑讀"絢組"。《詩‧大雅‧韓奕》"維筍及蒲",釋文"筍字或作笋"。可資佐證。"絢組",見《儀禮‧聘禮》"朱緑八寸皆玄纁,繫長尺絢組"。注:"采成文曰絢。繫無事則以繫玉,因以爲飾,皆用五采組。上以玄,下以絳爲地。今文絢作約。"

"緐"又疑讀"絪"。《書‧洪範》"鯀陻洪水",漢石經"陻"作"尹"。而《説文》"煙或作烟"可資旁證。疑"緐組"即"茵組",見《穆天子傳》六載盛姬之喪"天子使嬖人贈,用文錦衣九領。喪宗伊扈贈,用變裳。女主叔娌贈,用茵組"。郭注:"茵褥。""茵"指藉棺之席。《儀禮‧既夕禮》:"加茵,用疏布,緇翦有幅。"注:"茵,所以藉棺者。翦,淺也。"疏:"加茵者,謂以茵加於抗席之上。此説陳器之時。云用疏布者,謂用大功疏麤之布……有幅緣之者,別用一幅布爲之縫合兩邊。"

《簡帛研究》3,頁 107

○趙建偉(1999)　"縵"同"慢"(《周禮・磬師》注"杜子春讀縵爲怠慢之慢")。

《中國哲學史》1999-2,頁38

△按　睡簡"縵"字整理者讀"鞔"可從,然簡文中用動詞義,當"蒙上"講。《周禮・考工記・輿人》"飾車欲侈"鄭玄注:"飾車,謂革鞔輿也。"郭店簡"縵"音假爲怠慢之"慢",上博簡相應之字作"曼",亦應讀爲"慢"。仰天湖簡作,"＝"疑是"又"的替代符號,字可釋"縵"。《說文》:"縵,繒無文也。从糸,曼聲。《漢律》曰:賜衣者,縵表白裏。""縵"或讀爲"鞔","疏布之縵二偶"意謂疏布所製之鞋二雙。

繡 繡

繡睡虎地・秦律110　　繡包山262

○何琳儀(1998)　《說文》:"繡,五采備也。从糸,肅聲。"包山簡繡,采繡。

《戰國古文字典》頁236

繪 繪

繪仰天湖15

○郭若愚(1994)　繪,《說文》:"會五采繡也。"《小璽雅》(編按:"璽"爲"爾"之誤):"雜彩曰繪。"《玉篇》:"綵畫也。"《論語・八佾》:"繪事後素。"鄭注:"繪,畫文也。"《釋文》:"繪,本又作績,同。"

《戰國楚簡文字編》頁118

○何琳儀(1998)　《說文》:"繪,會五采繡也。从糸,會聲。"仰天湖簡繪,繡。

《戰國古文字典》頁894

○李家浩(1999)　已知信陽2-013號簡和包山260號簡的"斂"是"鈫"字的異體,那麼與此兩簡"斂"字用法相同的仰天湖15號簡"繪"字,其所從的"會"旁顯然也是作爲"合"字來用的,可以把此字釋爲"給"。

不過問題並非像上面所說的那樣簡單。眾所周知,在形聲字裏,"糸"和"衣"二字作爲形旁往往通用。高明先生在他所著的《中國古文字學通論》裏舉有此二旁通用的例子十多個,大家可以參看。在楚國文字裏,也有"糸、衣"

二旁通用的情況。下文所引簡文（2）的“裏”原文寫作从“衣”，（7）的“裏”寫作从“糸”，即其例。因此，我認爲仰天湖 15 號簡的“繪”，既不是繪畫的“繪”，也不是《説文》訓爲“相足也”的“給”，而是作爲“袷”字來用的；信陽 2-013 和包山 260 號簡的“敆（敆）”，則是“袷”字的假借。“袷”，夾衣。《漢書·匈奴傳》“服繡袷綺衣、長襦、錦袍各一”，顏師古注曰：“服，言天子自所服也。袷者，衣無絮也。繡袷綺衣，以繡爲表、綺爲裏也。”《急就篇》卷二“襜褕袷複褶袴褌”，顏師古注：“衣裳施裏曰袷。”字或作“裌”，見《玉篇》等。

　　　　　　　　《著名中年語言學家自選集·李家浩卷》頁 297,2002；原載《中國古文字研究》1
〇**李守奎**（2003）　讀袷。

　　　　　　　　　　　　　　　　　　　　　　　　　　　　　　《楚文字編》頁 727
△**按**　李家浩説可從。仰天湖簡之“繪”與《説文》之“繪”屬同形異字。

縷　繀

縷 上博三·周易 38　　繀 上博三·周易 41

〇**濮茅左**（2003）　“縷”，與“妻”聲符同，可通假。“疋”，與“且”同韻。“縷疋”，讀爲“妻且”，盡心盡力。《詩·周頌·有客》“有萋有且，敦琢其旅”，毛亨傳：“萋且，敬慎貌。”《象》曰：“‘其行次且’，位不當也。”

　　　　　　　　　　　　　　《上海博物館藏戰國楚竹書》（三）頁 188
〇**陳惠玲**（2005）　“縷”，帛書《周易》作“郪”，今本《周易》作“次”，同爲清紐脂部，可通假。

　　　　　　　　　《〈上海博物館藏戰國楚竹書（三）〉讀本》頁 101
〇**李零**（2006）　次且，即趑趄，是行路艱難狀，簡文作“縷疋”，濮注讀爲“妻且”，以爲即《詩·周頌·有客》“有萋有且”的“萋且”，不妥。“萋且”是敬慎貌，不是形容行路艱難狀（下文同誤，不再説明）。

　　　　　　　　　　　　　　　　　　　《中國歷史文物》2006-4，頁 61
△**按**　《説文》：“縷，白文皃。《詩》曰：縷兮斐兮，成是貝錦。从糸，妻聲。”楚簡假借爲次且之“次”。

【縷疋】上博三·周易 38、41
△**按**　參上“縷”字條。

絹 絹 綃

絹信陽2・13　絹信陽2・15

綃包山267　綃望山2・2　綃包山268　綃包山271

○張桂光（1994）　絹、綃、綃分別見於《包山楚簡》138、170、267，釋文分別隸定作悄、郎、綃，無釋。《包山楚簡》另有綃（134）、綃（133）、綃（271）、綃（268）等字，釋文分別隸作郎、綃，而考其文例，則分別同於郎、綃，以史字有史、史、史、史、史等多種異體的情況分析，郎與郎、綃與綃亦當爲同字異體，其右旁所从，也當與史爲一字。史字見於《望山楚簡》（M24），釋者多隸作肖，高明先生《古文字類編》以爲即《玉篇》之"肷"字；中山大學古文字研究室《戰國楚簡研究》（油印本）釋爲"胄"字。從形體上看，其所从之占，當與史字所从之占的情況相類，是占若史之簡省而與占字偶合，本身並不从占；從文例上看，"肷"訓大羹，亦與簡文"△縅之純"無涉，似當以釋胄爲妥。（中略）

　　根據以上分析，綃（《包山楚簡》267 牘 1）、綃（268、275、277）、綃（271）、綃（275）等字，自當釋"綃"。綃字見於《集韻》，有"蒙也、緒也、或作紬"等解釋，以文例觀之，綃似爲動詞，"蒙也"一義或可當之，但讀綃爲綢，作纏繞解則似更合適。

《古文字論集》頁 167—168

○郭若愚（1994）　絹，縑也。

《戰國楚簡文字編》頁 85

○滕壬生（1995）　釋"綃"。

《楚系簡帛文字編》頁 937

○何琳儀（1998）　《説文》："絹，繒如麥稍。从糸，肙聲。"信陽簡絹，繒帛。"綃"。

《戰國古文字典》頁 975、1517

○李零（1999）　字从史不从胄，楚簡用爲"絹"字。

《出土文獻研究》5，頁 152

○劉國勝（2001）　（編按：信陽2・15）厭，原文作絹，从糸从狀省聲，疑讀爲厭，指厭冠。《周禮・夏官・大司馬》："若師不功，則厭而奉主車。"鄭玄注："鄭司農云：'厭,謂厭冠,喪服也。軍敗,則以喪禮。' 玄謂：厭,伏冠也。" 厭,包山楚簡《遣策》259 號簡寫作从糸从厭聲。簡文 "一紡帽與厭,紫裏,組緂" 意思是説：一頂紡帽和一頂紡厭,都是紫色的裏子,組做的冠帶。

《江漢考古》2001-3,頁 68

△按　"絹" 字所从 "肙" 或上加羨符 "卜",或以爲 "緒" 者,非是。信陽 2・15 "一紡冠(?)與絹" 之 "絹",劉國勝《楚喪葬簡牘集釋》(50 頁,武漢大學 2005 年博士論文修訂本)改讀爲 "冠",《楚喪葬簡牘集釋》(36 頁,科學出版社 2011 年)則重主讀 "厭" 之説。

緑 緑

包山 269　　望山 2・47　　上博一・詩論 10　　包山 262

○何琳儀(1998)　《説文》："緑,帛青黃色也。从糸,录聲。" 楚系文字緑作緑,緒作緒,形體甚近,然上部仍有區別。楚簡緑,緑色。

《戰國古文字典》頁 383

絑 絑

璽彙 1568　　璽彙 1567　　包山 170　　包山 177　　璽彙 1573

包山 269　　包山牘 1　　璽彙 1574

○何琳儀(1998)　《説文》："絑,純赤也。《虞書》丹朱如此。从糸,朱聲。" "赤朱" 之朱應作絑,"株木" 之株應作朱。

楚璽絑,讀朱,姓氏。見朱字。信陽簡絑,見《集韻》："絑,一曰赤色繒。" 包山簡一七○絑,讀朱。見上。

古璽絑,讀朱,姓氏。見朱字。

《戰國古文字典》頁 400

紬 紬

秦印　　楚帛書

○**何琳儀**（1998）　《説文》：“紬，絳也。从糸，出聲。”帛書“綎紬”，讀“贏紬”，
猶“贏縮”。

《戰國古文字典》頁 1238

△按　另參本卷“緷（經）”字條。

縮 綰 絹

睡虎地·秦律 5　　陶彙 5·394　　秦印　　集粹　　澂秋 35

集粹　　璽彙 1211　　璽彙 1379　　璽彙 3162　　璽彙 2755

○**朱德熙、裘錫圭**（1972）　見卷十四自部“官”字條。

○**羅福頤等**（1981）　（編按：《璽彙》1211 等）絹。

《古璽文編》頁 310

○**吳振武**（1983）　1211 牛絹·牛縮。

1379 樂絹·樂縮。

2755 香絹·香縮。　2756 同此改。

3162□絹·□縮。

《古文字學論集》（初編）頁 497、498、509、512

○**何琳儀**（1998）　《説文》：“縮，惡也，絳也。从糸，官聲。一曰，絹也。讀若
雞卵。”晉璽縮，人名。

《戰國古文字典》頁 1074

繒 繣 繰

信陽 2·9　　信陽 2·21　　信陽 2·21

○**中大楚簡整理小組**（1977）　繰即繰字，金文中樂字有省作榮者，《説文》：
“繰，帛色也。”“繰綿之裹”是指用漂亮的綿織品作裹子。亦有將此字隸定作
繰者，字形頗近，字書所無。

　　“繰紫、繰緑”是指漂亮的紫色和緑色。

《戰國楚簡研究》2，頁 26、28

○**郭若愚**（1994）　繒，《説文》：“帛赤色也。”《急就篇》：“烝栗絹紺繒紅絭。”

注：“縉，淺赤色也。”綿、帛重文。此謂十個畫飾外衣都是淺紅帛的衣裏。

《戰國楚簡文字編》頁 76

○**何琳儀**（1998）　緭，从糸，楷省聲。疑縉之繁文。《説文》：“縉，帛赤色也。《春秋傳》:縉雲氏。《禮》有縉緣。从糸，晉聲。”信陽簡緭，讀縉。

《戰國古文字典》頁 1153

△按　釋“縉”是，字形分析當從何説。

緹 緹

信陽 2・2　包山 259　睡虎地・封診 21

○**朱德熙、裘錫圭**（1972）　緹屨似乎也可以讀作鞮屨。古代的鞮屨可能是“絲麻韋草”皆可爲之的，簡文的緹也許就是鞮的異體，跟訓帛丹黃色的緹只是偶然同形。後漢《秦嘉與婦書》記送致其妻之物，有“虎龍組緹履一緉”。緹履也有可能應該讀爲鞮履。

《朱德熙古文字論集》頁 39，1995；原載《考古學報》1972-1

○**睡簡整理小組**（1990）　緹（音提），《説文》：“帛丹黃色。”

《睡虎地秦墓竹簡》頁 151

○**何琳儀**（1998）　《説文》：“緹，帛丹黃色。从糸，是聲。祇，緹或从氏。”楚簡緹，丹黃色。

《戰國古文字典》頁 752

○**劉信芳**（2003）　信陽簡 2-02：“一兩漆緹縷。”緹縷讀爲“鞮屨”，《説文》：“鞮，革履也。胡人履連脛，謂之絡鞮。”《周禮・春官》有“鞮鞻氏”，鄭玄《注》：“鞻讀如屨。鞮履，四夷舞者所扉也。”《禮記・曲禮下》：“鞮屨素簚。”鄭玄《注》：“鞮屨，無絢之菲也。”

《包山楚簡解詁》頁 272

紫 紫

曾侯乙 6　曾侯乙 62　信陽 2・15　望山 2・19　包山 267

包山 271　包山 272　仰天湖 11

○**許學仁**（1983）　信陽二〇六號簡云：“紃（紫）緊（緻）之幅（冪）。”紃从糸此聲,即紫字。《説文》(十二上):"紫,帛青赤色也。"段茂堂、朱豐芑皆訂其訛,謂紫乃黑赤色。朱氏並稱:"紫即緅,爵頭色也。"簡文紫緅連文,足徵紫、緅色近。

而爵頭之色,據鄭玄、段玉裁諸家考定謂色赤而微黑,赤多黑少,易與朱色相混,故《論語·陽貨》:"子曰:'惡紫之奪朱也。'"

《中國文字》新 7,頁 142

○**何琳儀**(1998) 望山簡"紫衣",見《韓非子·外儲》:"桓公好服紫衣。"望山簡"紫盍",讀"紫蓋"。《文選·宋文皇帝元皇后哀策文》"遙酸紫蓋",注:"張銑曰,紫蓋,生儀。"紫色車蓋。曾漆書"紫恰",讀"紫錦"。《漢武帝内傳》:"盛以紫錦之囊。"

《戰國古文字典》頁 767

紅 紅

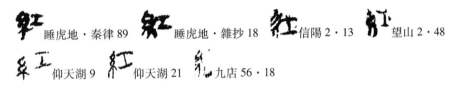

紅 睡虎地·秦律 89　　紅 睡虎地·雜抄 18　　紅 信陽 2·13　　紅 望山 2·48

紅 仰天湖 9　　紅 仰天湖 21　　紅 九店 56·18

○**睡簡整理小組**(1990) 紅(功)。

紅,此處指織物。

《睡虎地秦墓竹簡》頁 84、41

○**何琳儀**(1998) 《説文》:"紅,帛赤白色。从糸,工聲。"楚簡紅,紅色。

《戰國古文字典》頁 415

○**李家浩**(2000) (編按:九店 56·18)此字左半是"糸",右半似是"工"的殘文,與下二三號簡"杠"字所從的"工"旁殘損情況相似,可以比較。若此,此字當釋爲"紅"。古書多以"紅"爲"功"(參看高亨《古字通假會典》頁 1),疑簡文"無紅"應當讀爲"無功"。

《九店楚簡》頁 72

緋 緋

緋 睡虎地·封診 78　　緋 睡虎地·爲吏 36

○**睡簡整理小組**(1990)　綦,讀爲忌,戒。

《睡虎地秦墓竹簡》頁 170

【綦履】睡虎地·封診 59

○**睡簡整理小組**(1990)　綦履,一種有紋的麻鞋。《後漢書·劉玄劉盆子傳》:"直綦履。"注:"綦,履文也,蓋直刺其文以爲飾也。"

《睡虎地秦墓竹簡》頁 158

△**按**　《説文》:"綼,帛蒼艾色。从糸,畀聲。《詩》:縞衣綼巾。未嫁女所服。一曰:不借綼。綦,綼或从其。"秦簡"綼"从"畀"不从"其",《爲吏》篇一文墨迹磨損,張守中《睡虎地秦簡文字編》摹作綦,《戰國文字編》從之,聲符似"畀"非"畀",似"其"非"其",恐不確。

繰　緂

仰天湖 19

○**饒宗頤**(1957)　〔繰縞〕　見簡 19"一鑑又(有)繰縞"。《説文》:"繰,帛如紺色。或曰深繒。"《廣雅·釋器》:"繰謂之縑。"又:"縞,練也。"《玉藻》"縞冠"疏:"縞是生絹。"《小爾雅·廣服》:"繒之精者曰縞。"長沙左家公山出土陶壺以絲帛包裹,銅鏡則鈕上繫有絲帶,俱即"有繰縞"之證。

《金匱論古綜合刊》1,頁 64

○**史樹青**(1955)　《禮記·檀弓》:"布幕,衛也;繰幕,魯也。"鄭注云:"繰,縑也。"《説文》:"縑,并絲繒也。"繰應讀爲綃,就是較硬的薄繒,此簡應解釋爲:"一個銅鏡和較硬的薄繒絲衣。"

《長沙仰天湖出土楚簡研究》頁 30—31

○**中大楚簡整理小組**(1977)　青赤色的帛名繰,縞是素帛,"繰縞"是用這兩種料子製成夾包袱,把銅鏡包起。像這樣的夾包袱,長沙馬王堆一號墓出土了好幾方。

《戰國楚簡研究》4,頁 15

○**郭若愚**(1994)　繰,《説文》:"帛如紺色,或曰深繒。"縞,《説文》:"鮮色也。""繰縞"謂鮮色之紺繒,用以包裹鏡鑑者。

《戰國楚簡文字編》頁 124

○**何琳儀**(1998)　仰天湖簡繰,深繒(《説文》)。縞,薄繒(《詩·鄭風·出其東門》疏）。

《戰國古文字典》頁 326

紑 紑

 璽彙 2639

○**何琳儀**（1998）　《説文》：“紑，白鮮衣皃。从糸，不聲。《詩》曰：素衣其
紑。”古璽紑，人名。

《戰國古文字典》頁 119

△**按**　所從“糸”旁爲省體。

緂 緂

 信陽 2·13　　信陽 2·15　　望山 2·21

○**中大楚簡整理小組**（1977）　緂，《説文》謂“衣采色鮮也”。《廣韻》釋作“青
黄色”。

《戰國楚簡研究》2，頁 21

○**郭若愚**（1994）　緂，《説文》：“白鮮衣貌。从糸，炎聲。謂衣采色鮮也。”

《戰國楚簡文字編》頁 84

○**何琳儀**（1998）　楚簡緂，見《廣韻》：“緂，青黄色也。”

《戰國古文字典》頁 1442

纓

 珍秦·秦 309

△**按**　秦印“纓”用爲人名。

絉 絉

 璽彙 5478　　　璽彙 0773　　　璽彙 3786　　　吉大 20

包山 67　　　天星觀　　　天星觀　　　陶彙 6·20

○**何琳儀**（1998） 《説文》：“紻，繉卷也。从糸，央聲。”天星觀簡“公孫紻”，即秦公孫鞅，見《史記·商君列傳》。

《戰國古文字典》頁 618

緄 緍　緦 轜

緦包山 268　緦信陽 2·7　緦信陽 2·13　緄望山 2·6　緍天星觀　緍天星觀

緦包山 268

轜包山 273

○**中大楚簡整理小組**（1977） 緙維，緙是絲帶。維，繫也。磬有孔，用帶子懸綁在架子上，故曰“緙維”。

緙繡亦見望山二號墓遣策。帶有三種：1.革帶，即皮帶；2.組繡，即以絲質製成的腰帶，所以二字都从糸。朱駿聲《説文通訓定聲》説：“織絲有文以爲綬纓之用者也，从糸且聲，闊者曰組，爲帶綬，陿者曰絛，爲冠纓。”3.緙繡，革加糸旁，疑在皮帶上附以絲帛鑲邊或托底，故曰緙繡，與組繡義有別。

《戰國楚簡研究》2，頁 22、19

○**郭若愚**（1994） 緙，《玉篇》：“紩也，織緯也。”紩，《玉篇》：“古文納也，索也。”維，《博雅》：“係也。”《詩·小雅》：“縶之維之。”傳：“維，繫也。”此謂以緙索繫結編磬也。

《戰國楚簡文字編》頁 88

○**朱德熙、裘錫圭、李家浩**（1995） 緙帶疑是縫製而成的帶，看朱德熙、裘錫圭《信陽楚簡考釋》（《考古學報》1973 年 1 期 126 頁）。

《望山楚簡》頁 127

○**劉信芳**（1997） 包山簡二六八、二七五“緦緍”，二七三作“轜韋”，二七六省緍作“迊”，牘作“緦綅”。

按“緦、轜、緦、迊”爲一字之異寫。“轜”應是“軔”字之異，《説文》“軔”之籀文作，“所以引軸者也”。“轜”从𠧪聲，《説文》：“𠧪，束縛捽㧖爲𠧪曳。”段注：“束縛而牽引之謂之𠧪曳。”“緍”从畏聲，讀音與“韋”通，古音皆在微部，聲紐亦近。“綅”从皮聲，與韋義近，緍、韋、綅三字似應以“綅”爲正，“綅”字又作“鞁”，參下條。

《中國文字》新 22，頁 174

○**舒之梅**(1998)　　"總緤"見包山楚簡 268、275,其字簡 273 作"鏓韋",簡 276 省"緤"單記爲"徎",牘一作"總綊"。或釋"總"爲"續",是誤釋。

　　"總"即"靷"字之異,《説文》"靷"籀文作䪵,"引軸也"。總、鏓、徎俱从曳聲,《説文》:"曳,束縛捽抴爲曳。"段注:"束縛而牽引之謂之曳。""緤"从畏聲,讀與"韋"通,古音皆在微部,聲紐亦近。"綊"从皮聲,"韋、皮"意近,"緤、韋、綊"三字似應以"綊"爲正。"綊"又作"鞁"(270 簡),亦引車之革。《説文》:"鞁,車駕具也。"《國語・晉語九》:"吾兩鞁將絶,吾能止之。"韋昭注:"鞁,靷也。"曾侯乙簡"鞁"又作"鞁"。

《容庚先生百年誕辰紀念文集》頁 592

○**李家浩**(1998)　　在棧磬文字部分,與棧鐘的"金玧"相當的文字作"緯維",學者多謂指懸掛磬的繩帶,甚是。古書中把這種懸掛磬的繩帶,稱爲"紘"。《儀禮・大射》"簜倚于頌磬西紘",鄭玄注:"紘,編磬繩。"

《簡帛研究》3,頁 6—7

○**何琳儀**(1998)　　緯,从糸,革聲。《集韻》:"緯,紩也,緯也。"

　　楚簡緯,見《集韻》:"緯,紩也。"《説文》:"紩,縫也。"

《戰國古文字典》頁 31

○**李家浩**(1999)　　"緄"字在楚墓竹簡裏出現的次數比較多,我們把用法相同或相近的放在一起釋寫於下:

　　(5)三革緔(帶),一緄緔(帶)。(《望山》61・49)

　　(6)一緄緔(帶),一雙璜,一雙虎(琥),一玉句(鉤),一睘(環)。(《望山》62・50)

　　(7)一索(素)緄緔(帶),又(有)□鉤,黄金與白金之爲(錯);其瑞(佩)……(《信陽》圖版 121・2-07)

　　(8)一紡箸(蓋),丹黄之緹(裏),絓(生)絹緄,緹組之繻。(《包山》圖版 15・268)

　　(9)一綮坐〔前磬〕,少(小)大十又九;枛棨,剻(漆)彖(豚);緄維。(《信陽》124・2-018)

　　(10)剻(漆)鴕(雕)革(勒),緄紳(靷)。(《望山》52・6)

　　(11)二緄綏。(《楚系簡帛文字編》938 頁)

　　(12)緄童。(《楚系簡帛文字編》938 頁)

　　(13)貂緅,緄緵,紛妱。(《包山》圖版 115・268)

　　(14)一陽簟緄紝。(《信陽》圖版 123・2-13)

（15）緄絡。（《楚系簡帛文字編》938 頁）

（16）緄筈（席）。（《望山》57·22）

"緄"是一種織成的帶子。緄之闊者爲帶。《後漢書·南匈奴傳》"童子佩刀、緄帶各一"，李賢注引《説文》曰："緄，織成帶也。"緄之狹者爲繩。《詩·秦風·小戎》"竹閉緄縢"，毛傳："緄，繩；縢，約也。""約"亦繩也。上録簡文（5）至（15）的"緄"，正是指這兩種帶子。

（5）至（7）記的是"緄帶"。據傳世文獻記載，緄帶出現得比較晚，除見於上引《後漢書·南匈奴傳》外，還見於《東觀漢記》："詔賜鄧遵金剛鮮卑緄帶一具。"所以段玉裁在爲《説文》"緄，織成帶也"作注時説，緄帶"蓋非三代時物也"。徐承慶對段氏的説法進行了批評，徐氏説："雖三代時緄帶無徵，要未可遽訾其説非古義。"徐氏的意見是有道理的，傳世先秦文獻没有緄帶的記載，並不等於説先秦時期就没有緄帶。事實上，先秦有緄帶，在傳世的楚人作品中是有所反映的。《楚辭·大招》："小腰秀頸，若鮮卑只。"王逸注："鮮卑，衮帶頭也。言好女之狀，腰支細少，頸鋭秀長，靖然而特異，若以鮮卑之帶，約而束之也。"

"衮帶"即"緄帶"，"衮帶頭"即緄帶的帶鉤。上引《東觀漢記》云"金剛鮮卑緄帶一具"，上海博物館藏晉式白玉帶具銘文云"白玉衮（緄）帶鮮卑頭"。此皆以"鮮卑"爲緄帶的帶鉤，可見王注是有所本的。因"鮮卑"是緄帶的帶鉤，所以《大招》用它來指代有鮮卑這種帶鉤的緄帶。現在我們從楚簡中辨認出緄帶，可以與《大招》互相證明，緄帶至遲在戰國時期就已出現。

古代繫結腰帶的方法有幾種，其中一種是帶的一端裝鉤，一端裝環，繫時將鉤勾在環上。（6）的"一玉鉤，一環"，即這種繫結緄帶用的。"一雙璜，一雙琥"，即緄帶上的佩飾。

（7）的意思十分清楚，"有□鉤，黄金與白金之錯"指"緄帶"上的帶鉤；"其佩"是説"緄帶"上的佩飾。"其佩"的名字當在另一簡上，可惜未找出。

據以上所説，古代的緄帶上裝有帶鉤，並繫有玉佩，增加了我們對緄帶形制的認識。

（8）的"紡害"之"害"，望山二號楚墓竹簡和天星觀楚墓竹簡作從"竹"從"害"聲的"箐"：

（17）紡箐。（《楚系簡帛文字編》366 頁）

（18）一紫箐，賭（赭）膚（鼺）之裏，昌（瞁）緅之純，白金之帠（笵）鈞（畓）。（《望山》55·12）

　　“害、箬”在此都是車馬器,當讀爲車蓋之“蓋”。“害、蓋”音近古通。例如《爾雅·釋言》“蓋、割,裂也”,陸德明《釋文》:“蓋,舍人本作‘害’。”

　　據古書記載,繫車蓋的帶子稱爲“維”。《説文》糸部:“維,車蓋維也。”或稱爲“紘”。《考工記·輪人》“良蓋弗冒弗紘”,孫詒讓疏:“《淮南子·原道訓》‘紘宇宙而章三光’,高誘注:‘紘,綱也,若小車蓋四維謂之紘,繩之類也。’是維蓋之繩名紘之證。”(8)的“緄”即此“維、紘”,“生絹緄”當是指用生絹作的繫車蓋的繩子。

　　(9)至(14)的“緄維”等,與《詩·秦風·小戎》的“緄縢”構詞形式相同,“緄”也是繩帶。(9)的“緄維”指懸掛磬的帶子。(10)的“緄靷”指牽引車軸的帶子。

　　(11)的“緄綏”,猶《儀禮·既夕禮》的“約綏”,指登車握持的繩帶。鄭玄注:“約,繩。綏,所以引升車。”

　　(12)的“緄童”之“童”,其義不詳。但是,“緄”是繩帶的意思是可以肯定的。望山二號楚墓竹簡有“夆(縫)組之童”,可供參考。“童”或從“糸”作“穜”,見包山楚墓竹簡273號:“紸緂(錦)之穜。”

　　(13)的“緄緄”,猶包山楚墓竹簡的“緰緄”,“緄、緰”義近。《玉篇》糸部:“緄,烏回切,五色絲飾。”不知簡文的“緄”是否用此義。顏之推在講《東宮舊事》“六色罽緄”時説,“緄”本作“著”,因“寸斷五色絲,橫著線股閒繩之,以象著草,用以飾物,即名爲著;於時當紺六色罽,作此著以飾緄帶,張敞因造糸旁畏耳”。楚簡有“緄”字,張敞造“緄”字之説似不可信。

　　(14)的“玒”字不見於字書,從此字從“玉”來看,可能指玉飾。若此,“緄玒”猶曾侯乙墓竹簡的“組珥瑱、組珥”。“一陽笄緄玒”的意思,大概是説裝有一竹笄用繩帶串聯的玉飾。

　　(15)的“緄絡”,原文是承席而言的。《楚辭·招魂》“秦篝齊縷,鄭綿絡些”,王逸注:“綿,纏也。絡,縛也。”《太平御覽》卷八三〇引“綿絡”作“綫絡”。有人據近代招魂用綫,認爲當從《御覽》作“綫絡”。《説文》“綫”字古文作“線”,“線、綿”二字形近易訛。若此,“緄絡”猶此“綫絡”,大概是説席用繩帶捆縛。

　　(16)的“緄席”,是一種席名。此處的“緄”顯然不是繩帶,大概是一個假借字。古代席的名字,或以席的原料命名,如包山楚墓竹簡的“莞席”;或以席的顏色命名,如曾侯乙墓竹簡的“紫席”。“緄席”的“緄”有可能是某種顏色之字的假借。上古音“緄”屬見母文部,“緼”屬影母文部,二字韻部相同,聲母亦近,都是喉音,音近可通。《韓詩外傳》卷一第十一章:"故新沐必彈冠,新浴者必振衣,莫能以己之皭皭容人之混污然。"《史記·屈原傳》:"吾聞之,新沐者必彈冠,新浴者必振衣……有安能以晧晧之白而蒙世俗之溫蠖乎!"有學者指出,"混污"與"溫蠖"是同一個詞的不同寫法。此説無疑是正確的。這是"緄、緼"二字可以通用的例子。疑簡文"緄席"之"緄"應該讀爲"緼"。《禮記·玉藻》"一命緼韍幽衡",鄭玄注:"緼,赤黄之閒色,所謂韎也。"

《著名中年語言學家自選集·李家浩卷》頁 311—316,2002;原載《中國文字》新 25
○**黄德寬、徐在國**(1999)　楚遣策簡中習見如下一字:

A1　𧝎𧝎　　A2　𧝎𧝎𧝎　　B　𢃹

《簡帛編》把 A1、A2 隸作"緯"(見該書 938 頁),把 B 隸作"縫"(見該書 944 頁),均誤。我們認爲 A1、A2 是从糸昆聲,B 是从糸悃聲,均應釋爲"緄"。A2、B 所从"昆"或作𦫳、𢔏,這與鄂君啓舟節"芸"(朱德熙、李家浩《鄂君啓節考釋[八篇]》,《朱德熙古文字論集》194 頁,中華書局 1995 年)字或作𢀖相類。

下面看一下簡文的辭例。信陽楚簡二·07"一索(素)緄繃(帶)"。"緄帶"見於下列典籍。《後漢書·輿服志下》:"自公主封君以上皆帶綬,以綵組爲緄帶,各如其綬色。"《東觀漢記·鄧尊傳》:"詔賜遵金則鮮卑緄帶一具。"《顏氏家訓·書證》:"於時當紺六色闋,作此君以飾緄帶。"《説文·糸部》:"緄,織帶也。从糸,昆聲。"段注作"織成帶也",並説:"各本無'成'字。依《文選·七啓》注、《後漢書·南匈奴傳》注補。《玉篇》'帶'誤'章'。凡不待裁剪者曰織成。緄帶見《後漢書》,蓋非三代時物也。《詩·小戎》:'竹枈緄縢。'毛傳曰:'緄,繩也。'此古義也。而許不取之,過矣。漢碑用爲衮字。"假如我們所釋"緄"字不誤的話,那麼段玉裁"緄帶,蓋非三代時物"的結論有誤。

信陽楚簡二·018 有"緄維",天星觀簡有"二緄綏、二緄纓"。《説文·糸部》:"維,車蓋維也。"桂馥《説文解字義證》:"維謂繫車蓋之繩也。"《説文·糸部》:"綏,車中把也。"又即登車時用以拉手的繩索,《説文·糸部》:"纓,冠系也。""維、綏、纓"之義均與繩有關。《玉篇·糸部》:"緄,繩也。"《詩·秦風·小戎》:"交韔二弓,竹閉緄縢。"毛傳:"緄,繩。"疑"緄"字在簡文中亦訓"繩"。

《新出楚簡文字考》頁 22—23,2004;原載《江漢考古》1999-2
○**劉信芳**(2003)　原簡"緄"字从心,緄聲,"緄"之異構。簡 275 作"緄緌",簡 273 作"緄韋"。(**中略**)《説文》:"緄,織成帶也。"《詩·秦風·小戎》:"竹閉緄縢。”毛《傳》：“緄，繩。”“緄”字釋讀請參黃德寬、徐在國《郭店楚簡文字續考》，李家浩《楚墓竹簡中的“昆”字及從“昆”之字》。舊時婦女製作衣、鞋之緣邊爲“緄邊”，應即此“緄”字。

《包山楚簡解詁》頁 296

紳 紳 綖

曾侯乙 3　　 望山 2・6　　 包山 271　　 上博一・詩論 2

曾侯乙 35　　 曾侯乙 43

△按　楚簡“紳、綖”爲“靷”之異構，與紳帶、紳束之“紳”形同字異。詳見卷三“靷”字條。紳帶、紳束之“紳”戰國文字作“繬”，詳見本卷“繬”字條。

綬 綬

陶彙 5・69　　 近出 1181 七年大梁司寇綬戈

○ **韓自强、馮耀堂**（1991）　（編按：七年大梁戈）綹右所从之與魏卅三年平安君鼎受字作同，綹應釋爲綬。

《東南文化》1991-2，頁 259

○ **何琳儀**（1998）　《説文》：“綬，韍維也。从糸，受聲。”秦陶綬，人名。

《戰國古文字典》頁 187

【綬事】新收 1632 六年司工馬鈹

○ **李學勤**（1999）　甲鈹　六年相邦司空馬鈹：正面文字二行，連合文共 25 字；反面文字一行，共 5 字：

（正）六年，相邦司工（空）馬，左庫工帀（師）申𧐗，冶肴（尹）明所爲，綖（綬）事苾鬲執齊。

（反）大攻（工）肴（尹）阩駒。

“司工、工帀”都是合文，有合文符。“𧐗”疑即“沱”字。“綬”讀爲“受”。“苾”即“苾”字，“苾”氏人名曾見於十七年相邦春平侯鈹，後者也是趙物。“駒”恐即《説文》所記“鵰”字。

戰國晚期的趙鈹，所記監造、製造人員，常常采取這樣的格式：

（正）相邦、工師、冶尹、冶。

（反）大工尹。

比如上述十七年鈹銘文就是：

（正）十七年，相邦春平侯，邦右伐器工師笢酟、冶醇執齊。

（反）大工尹韓峀。

以這件六年鈹與之對較，可以看出"受事"便是冶，是直接執行鑄造的工匠。他接受工師、冶尹的命令，承擔具體操作任務，因而稱作"受事"。

《保利藏金》頁 274

組組　緝緅綬纑

睡虎地·雜抄 20　　信陽 2·7　　信陽 2·15　　望山 2·12　　包山 268

曾侯乙 64　　曾侯乙 67

新蔡甲三 253　　新蔡甲三 361、344-2

新蔡甲三 31

仰天湖 22

○**饒宗頤**（1957）　纑，爲組字之證。

《金匱論古綜合刊》1，頁 64

○**中大楚簡整理小組**（1977）　纑，从糸盧聲，爲組的繁體字，遽、讉、鱸、櫨、攎、讉（編按：二"讉"疑一爲"瀘"之筆誤）等字古文又从且作，可證盧、且同字，此纑下增"又"，《汗簡》卷五組作纑，與此同。下簡："又二鐶，紅組之綏。"與此文句相同，並可證明纑、組爲一字。

《戰國楚簡研究》4，頁 11

○**中大楚簡整理小組**（1977）　組是帶子的總名。《說文通訓定聲》豫部："織絲有文以爲綏纑之用者也。闊者曰組，爲帶綏；陿者曰條，爲冠纑。"有的織成圓體或扁體，有的用料子縫製而成。

《戰國楚簡研究》4，頁 7

○**裘錫圭、李家浩**（1989）　簡文"組"字"且"旁下皆加"口"作"緝"。按六國文字有加"口"旁的現象，如簡文"甀"和"騧"所從的"禹"作"畼"，"斻"所從的"丹"作"呂"，"宰"作"啐"，皆是其例。

《曾侯乙墓》頁 504

○**郭若愚**（1994）　組，《廣雅·釋器》：“組，綬也。”《禮記·内則》：“織紝組
紃。”疏：“組，絛也。”《禮記·玉藻》：“而素帶終辟；大夫素帶，辟垂；士練帶，
率下辟；居士錦帶，弟子縞帶，并紐約用組。”疏：“并紐約用組者，并，並也。紐
謂帶之交結之處，以屬其紐約者；謂以物穿紐約結其帶，謂天子以下至弟子三
等，其所紐約之物並用組爲之，故云并紐約。”於此知帶均有組，故稱“組帶”。

《戰國楚簡文字編》頁 65

○**朱德熙、裘錫圭、李家浩**（1995）　“組纓”當指繫冠之纓，二組纓與二觟冠相
配。《禮記·玉藻》：“玄冠朱組纓，天子之冠也……玄冠縞組纓，士之齊冠
也。”上考釋所引《墨子》亦以“鮮（解）冠組纓”連言。《説文》：“組，綬屬也。
其小者以爲冕（當從段注改爲“冠”）纓。”

“組綏”亦見下簡，與信陽二〇六號、二一三號簡的“組緣”當是一物
（“妥、彖”音近）。

《望山楚簡》頁 130

○**何琳儀**（1998）　《説文》：“組，綬屬，其小者以爲冠纓。从糸，且聲。”楚簡
組，見《禮記·内則》“織絲組紃”，疏：“組、紃，俱爲絛也。紝爲繒帛，薄闊爲
組，似繩者爲紃。”“組綏”，讀“組纓”，見綏。

《戰國古文字典》頁 575

△**按**　戰國文字“組”字聲旁“且”多加“口”或“又”，又偶可換作“虞”或
“爼”。

綸 綸

秦印　上博三·彭祖 2　上博六·用曰 6

○**李零**（2003）　讀爲“倫”。

《上海博物館藏戰國楚竹書》（三）頁 305

○**張光裕**（2007）　“綸紀”疑讀“倫紀”。《新書·服疑》：“謹守倫紀，則亂無
由生。”

《上海博物館藏戰國楚竹書》（六）頁 292

△**按**　《説文》：“綸，青絲綬也。从糸，侖聲。”秦印“綸”用爲人名。上博簡
《彭祖》篇“人綸”、《用曰》篇“綸紀”之“綸”均讀爲“倫”。楚簡“侖”或與
“龠”訛混。

絙　絙

絙天星觀

△按　《説文》：“絙，緩也。从糸，亘聲。”天星觀簡“絙”，用法未詳。

暴　暴

繀上博三・彭祖 2

○陳斯鵬（2004）　繀，《李釋》隸作“繀”，讀爲“表”。字原形作繀，徐在國先
生根據陳劍、周鳳五等先生對楚簡“暴”字的釋讀，指出“衣”中部分爲“暴”字
的省體，將此字分析爲从“糸”，“繀”聲，疑是“繀”字繁體。徐氏並讀“繀”爲
“表”。按近年釋讀出楚簡中的“暴”字，主要是文例推勘的結果，如《從政》甲
15“不修不武謂之必成則暴”，對應《論語・堯曰》“不戒視成謂之暴”，等等。
繀字所从與其中部相同。儘管“暴”的構形問題還有待進一步研究，但這並不
影響我們釋繀爲“繀”。《玉篇・衣部》“繀”的異體作“繀”。簡文則从衣、糸
雙義符。“繀”字《説文》訓爲“黼領”，但古籍中常與“表”通，故舊注每以“表”
釋“繀”，《説文通訓定聲》以爲假借，《義府》則徑言：“繀，當爲古表字。”“表、
繀”古音幫母雙聲，韻部宵藥對轉，確實很可能是同一個詞的兩個記録形式，
或者可以認爲它們是變換聲符的一對異體字。曾侯乙墓竹簡有“繀”字，裘錫
圭、李家浩先生釋爲“繀”字異體，字在簡文中亦用爲“表”，與“裏”對言。可
爲佐證。

《華學》7，頁 158

○李綉玲（2005）　繀，原整理者讀爲“表”，但未加説明。徐在國先生《上博竹
書三札記二則》認爲此字讀爲“表”，非常正確，此字左旁从糸、右旁从衣，
“衣”中則从《郭店・性自命出》簡 64“怒欲盈而毋暴”的“暴”字省。並指出簡
文从糸，繀聲，字不見於後世字書，疑是“繀”字繁體，“糸”爲贅加的義符。

　　綉玲按：此簡文隸定作从糸从繀，視爲“繀”之繁體，讀爲“表”，依上下文
意（經與緯對應，則與裏對應的應是“表”）確可成立。檢視“繀、表”二字古
音，“繀”，並母藥部；“表”，幫母宵部，並幫旁紐雙聲，藥宵對轉疊韻，故二字可
通。並有書證，如《呂氏春秋・忠廉》：“臣請爲繀。”《新序・義勇》“繀”作

"表"。

《〈上海博物館藏戰國楚竹書(三)〉讀本》頁 256

○**季旭昇**(2005)　旭昇按:《郭店・性自命出》簡 64"𦥑",周鳳五先生《郭店〈性自命出〉"怒欲盈而毋暴"説》以爲此字由"虍"與"暴"字組合而成。此字上半作四道斜線,兩兩交錯,疑"虍"形之訛;其餘部分與《曾侯乙墓》簡 4 之"襮"所從"暴"同形,從"日"從"奉"。其意似謂此字由"虒"與"暴"合併而成。

細審"𦥑(彝)"字,周讀"暴",可從。但釋形似有可商。曾侯乙簡 4 從"暴"之"襮"字作"𧚲",右旁之"暴"字確實從日從廾持丰,裘錫圭、李家浩先生以爲"象兩手持草木一類東西在日下曝曬"(《曾侯乙墓竹簡釋文與考釋》注 48),可從,隸定可作"昊",其後又加"米"作"暴"。"昊"字字形與"彝"完全無關,"彝"字應該是和"昊"不同的結構,疑"彝"字上從"爻"聲,可以讀爲"暴"。《説文》從"爻"聲之字有"駁"(幫/藥),與"暴"(並/藥)聲近韻同,足證"彝"從"爻"聲,可以讀成"暴"。徐在國先生以爲《彭祖》"繶"字從糸從衣、彝省聲,疑即"襮"之繁體,可信。

《〈上海博物館藏戰國楚竹書(三)〉讀本》頁 256—257

△**按**　徐在國文發表在簡帛研究網 2004 年 4 月 26 日。《説文》:"暴,頸連也。從糸,暴省聲。"段注:"'頸'當作'領'。《玉篇》作'領連',是也。謂聯領於衣也。《衣部》曰:'襮,黼領也。'毛傳曰:'襮,領也。'領之謂襮,連領之謂暴。《玉篇》以爲同字也。"疑"暴、襮、表"均屬同源詞,蓋暴、襮之爲物,正當衣服表暴於外之顯要部位也。

紟 𦂇 緰

𥾨 信陽 2・12　 𥾨 信陽 2・23　 𥿇 包山 272　 𥾨 包山 254　 𥿇 新蔡甲三 137

𦃐 望山 2・14　 𥾨 包山 260　 𦀉 仰天湖 3　 𥾙 仰天湖 11　 𥿋 仰天湖 8

𥿖 包山 262　 𥿋 仰天湖 6　 𥾨 左冢漆梮

○**史樹青**(1955)　緰字是錦字的初文,《説文》以之爲紟字的古文,是不對的。

《長沙仰天湖出土楚簡研究》頁 24

○**饒宗頤**(1957)　以簡 18 鎬字金旁證之,即從糸從金。予前誤爲繪。按緰即紟之籀文。《説文》:"紟,衣系也。緰,籀文從金。"《玉篇》引籀文作"鐍",

乃形誤。段注:"紟,聯合衣襟之帶也,凡結帶者皆曰紟。"簡6:"右馬之綎衣綌純縊緒。"縊俱訓結。《爾雅·釋器》:"緣謂之純。"郭注:"衣緣飾也。"《玉藻》注:"緣,飾邊也。"緒乃緣字。此謂疏衣結以飾邊之純及緣。《禮記·深衣》:"純袂緣純,邊廣各寸半。"鄭注:"純謂緣之也;緣袂謂其口也;緣,緆也。"《既夕禮》鄭注:"飾衣領袂口曰純;裳邊側曰綼;下曰緆也。"是"縊純"謂結衣袂之邊飾,"縊緒"謂結緣緆之邊飾也。

《金匱論古綜合刊》1,頁64

○**朱德熙、裘錫圭**(1973)　簡文"素縊、青縊"的縊字應讀爲錦。(中略)《禮記·雜記上》:"其輔有袸,緇布裳帷,素錦以爲屋而行。"又《喪大記》"素錦褚",《正義》:"素錦,白錦也。"《爾雅·釋天》"素錦綢杠",郭注:"以白地錦韜旗之竿。"《禮記·玉藻》:"童子之節也,緇布衣,錦緣,錦紳并紐,錦束髮,皆朱錦也。"素錦是白地之錦,朱錦、青錦當是朱地和青地的錦。

《朱德熙古文字論集》頁66—67,1995;原載《考古學報》1973-1

○**中大楚簡整理小組**(1977)　縊,《説文》以爲紟之籀文。《集韻》:"帗,或作縊,布帛名。"按縊實爲錦之初字,錦行而縊遂廢不用。

《戰國楚簡研究》2,頁18

縊,《説文》以爲紟之籀文,釋爲"衣系"。字又从衣作裣,《詩·鄭風》:"青青子衿。"古糸和衣每每通用,故此字作縊、裣,又可作紟、衿,金、今音同。古籍中又有襟字,爲衿之後起字,後世把衿字鬃寫爲衾,衿的字形遂廢。紟字除解釋爲衣的系帶而外,還有"交衽、交領、單被"的説法,是詞義的發展。縊字在簡文中不斷出現,亦有與純字連文的,用不同質地、不同顏色的料子包衣服邊沿古謂之純,《儀禮·既夕禮》"緇純"注:"緇,黑色也,飾衣曰純,謂領與袂。"《士冠禮》:"青絢繶純,純博寸。"《禮記·深衣》:"純袂緣,純邊,廣各寸半。"包邊有廣窄,因制而異,凡是衣邊皆可包鑲,故不限於衣領和袖口。從此簡的純字來體會這裏的縊意思,當不是"交衽"和"交領",而是錦的初字。長沙馬王堆一號漢墓出土的素紗衣,領、衽和袖口用縊(錦)來緣邊,其他的絲棉衣,等等,莫不如是,有的鑲上很寬的邊。

《戰國楚簡研究》4,頁5—6

○**郭若愚**(1994)　縊,《集韻》:"其淹切,音箝。帗或作縊,布帛名。"二-一〇簡有"泊組之縊"。

《戰國楚簡文字編》頁91

○**何琳儀**(1998)　縊,从糸,金聲。紟之繁文。《説文》:"紟,衣系也。从糸,

今聲。綅,籀文从金。”楚簡綅,讀“錦”。楚簡“綅綉”,讀“錦銹”。《説苑・反
質》:“且夫錦銹絺紵。”

《戰國古文字典》頁 1396

○**李守奎**(2003)　《説文》籀文。簡文中讀錦。疑即錦之楚寫。

《楚文字編》頁 734

○**黃鳳春、劉國勝**(2006)　綅(憯)。

《荆門左冢楚墓》頁 230

○**陳偉武**(2010)　民綅:整理者讀爲“憯”。今按,“綅”字从糸,金聲,在楚簡
中每用爲“錦”字。在此當讀爲“禁”。

《出土文獻與傳世典籍的詮釋》頁 198

△**按**　楚簡“綅”即“錦”之異構,與訓“衣系”的“紟”字籀文“綅”蓋屬同形關
係,姑依形隸於“紟”字條下。左冢漆桐“綅”從陳偉武讀。

緣 緣

睡虎地・封診 82　　睡虎地・封診 22

△**按**　《説文》:“緣,衣純也。从糸,彖聲。”睡簡“緣”字正用此義。

綾 綾

包山牘 1

○**何琳儀**(1998)　《説文》:“綾,絛屬。从糸,皮聲。”包山牘綾,絛屬。

《戰國古文字典》頁 886

紃 紃

包山 268　　包山 271　　信陽 2・11　　望山 2・6　　望山 2・13

○**朱德熙、裘錫圭、李家浩**(1995)　簡文“紃”字從“巛”,即“川”之省寫。長
沙楚帛書“倉月之辭”:“大不訓(順)于邦。”“訓”字所從之“川”省作“巛”,與
此同。

《望山楚簡》頁 117

○**何琳儀**（1998）　《説文》：“紃，圜采也。从糸，川聲。”楚簡紃，見《禮記・内則》“織紝組紃”，注：“紃，條也。”

《戰國古文字典》頁 1331

○**劉信芳**（2003）　《禮記・内則》：“織紝組紃。”鄭玄《注》：“紃，條。”《疏》：“薄闊爲組，似繩者爲紃。”《儀禮・既夕禮》：“約綏約轡。”鄭玄《注》：“約，繩綏，所以引升車。”類似品物又稱“紉約”，參簡 271 注。

《包山楚簡解詁》頁 295

繏　繸

集成 9606 繏宔君扁壺　　璽彙 2326　　貨系 2317　　璽彙 3053　　璽彙 3908

郭店・成之 18

璽彙 3081　　璽彙 3692　　璽彙 3738　　璽彙 2654

○**朱德熙**（1958）　《三代》18・15 著録有繳安君鉼，銘文如次：

第一個字吳式芬釋“繏”（《攈》二 2・12），羅振玉釋“繳”，容庚釋“緻”（《通考》483）。劉心源云“　从　即敏，叔向父敦繁釐作　，繁時布泉作　，其所從之每並可互證。《説文》作絲，此作繁也”（《奇》11・1）。劉氏在清代文字學者中雖非大家，但時有獨到的見解。　之爲繁，決無可疑。戰國鉥印文字中誨字作：　《徵》附録 4

絲字作：　同上 19

　字所從的每（　）正和此二字相同，只是把下面的曲筆（　）省去，所以嚴格説來是一個簡筆字。（編按：朱先生後來改從釋“繏”之説，參看收入本集的《秦始皇“書同文字”的歷史作用》一文所舉六國文字異形之例中“叡”字一例。上引“誨”字亦應改釋爲“讓”。）

《朱德熙古文字論集》頁 24，1995；原載《語言學論叢》2

○**羅福頤等**（1981）　（編按：璽彙 2326、3871、3053、4132、3908）絲　弔向敦絲作　，鄂君啟節作　，與璽文形近。

《古璽文編》頁 309

○**吳振武**（1983）　3053□絲・□綴（繏）。

3908 公孫緱・公孫緱（纕）。

4132 𤔲緱・省（肖-趙）緱（纕）。

《古文字學論集》（初編）頁 511、519、521

○**黃盛璋**（1983）　襄安君鈚《尊古齋吉金圖錄》2.39《商周》（圖 9.8）

　　　襄安君其鈚貳字（𣪘）

　　　西樂

第一字吳式芬釋"攮"（《攈》二,2.12）,劉心源根據叔向父殷、繁疇布泉等,論證其字從"敏"從"系",定爲"繁"字（《奇》11.1）,朱德熙同志初從其說,後來釋此爲"纕",但認爲是三晉寫法,今按此字確是"纕",但我認爲它係燕國文字非三晉,器亦爲燕器。證據如下：

　　（1）襄安是燕地。見於馬王堆帛書《戰國縱橫家書》蘇秦自齊獻書於燕王章："趙疑燕而不攻齊,王使襄安君東,以便事。""襄安君之不歸哭也,王苦之。"又見《戰國策・趙策》："臣又願足下有地,效于襄安君以資臣也。""歸哭"謂回國奔喪,襄安君必爲昭王之親屬,質於齊而爲齊所扣留,不能歸國奔喪,馬王堆漢墓帛書整理小組認爲"可能是燕國昭王之弟",是可信的。燕地見於記載不多,襄安地望文獻雖無可考,但肯定屬於燕地。此器之襄安君與上述帛書、《戰國策》當爲一人。

　　（2）此字所以從父,和戰國燕國布幣"攮平"從𦍋、燕印"□攮"從𡥀,基本一致,而和三晉"襄垣、襄陰"幣從𣎃,結構不同。襄平西漢爲遼東郡治,在今陽遼之北,戰國只能屬燕。"襄平"幣出土於東北遼東半島上高麗寨、金州、熊嶽城和朝鮮寧遠溫陽里。肯定是燕幣,易縣陳紫蓬《燕陶館藏印》大抵爲燕下都所出,"□攮"肯定是燕印,從結構比較,此字與燕幣、燕印相同,所以肯定是燕國字體。

　　（3）量制用字,即"𣪘"字,乃燕國量制,與他國不同。

　　此鈚容量爲貳字,朱德熙同志用水測量爲 3563 毫升,則一𣪘爲 1781.5 毫升。

《內蒙古師大學報》1983-3,頁 49—50

○**何琳儀**（1998）　《說文》："纕,援臂也。從糸,襄聲。"襄安君鈚"纕窓君",讀"襄安君"。見《戰國策・趙策》四,燕昭王弟。燕方足布"纕坪",讀"襄平",地名。《史記・匈奴傳》："自造陽至襄平。"在今遼寧遼陽。

《戰國古文字典》頁 692

○**裘錫圭**（1998）　此處之"罷纕"似應讀爲"能讓"。

《郭店楚墓竹簡》頁 169

【纕坪】幣文

○**鄭家相**（1943）　　右布文曰纕坪，即襄平增筆，或釋平羅，或釋彝平，皆非也，襄平燕地，前漢屬遼東郡治，有襄平故城，在今奉天遼陽西北七十里。

《泉幣》20，頁 32

○**曹錦炎**（1984）　　幣文"纕平"即"襄平"，戰國屬燕，《史記·匈奴列傳》："燕亦築長城，自造陽至襄平。置上谷、魚陽、右北平、遼西、遼東郡以拒胡。"故城在今遼陽縣北七十里。

《中國錢幣》1984-2，頁 69

○**梁曉景**（1995）　　面文"纕坪"，形體多變。背多無文，或鑄有"左"字。纕坪，即襄平，古地名，戰國燕地。《史記·匈奴列傳》："燕亦築長城，自造陽至襄平。"在今遼寧遼陽北。1961 年以來遼寧遼陽、河北灤平、內蒙古赤峰等地有出土。

《中國錢幣大辭典·先秦編》頁 290

【纕悆】集成 9606 纕悆君扁壺

○**黃盛璋**（1984）　　銘文第一字吳式芬釋"纕"（《捃古》二，2.12），劉心源改釋爲"繁"（《奇觚》11.1），朱德熙初采劉説，後改釋如吳；但認爲是三晉寫法。今考此字確是"纕"，但爲燕國寫法，器亦爲燕國標準器。

　　此字从爻，與燕布幣"纕平"从𦍋、燕印"□纕"从𦍋，結構一致，而與三晉"襄垣、襄陰"幣从𥄳結構不同。襄平爲燕地，在今遼陽之北。襄平幣出於遼東半島及朝鮮，已公認爲燕幣。"□纕"著録於易縣陳紫蓬《燕陶館藏印》，大抵皆爲燕下都所出，故以"燕陶"名館，亦可肯定爲燕印無疑。此字結構即同燕幣、燕印，肯定是燕國寫法而非三晉文字。

　　襄安是燕地，襄安君見於馬王堆《戰國縱橫家書》四"蘇秦自齊獻書于燕王"章："趙疑燕而不攻齊，王使襄安君東，以便事。""襄安君之不歸哭也，王苦之。"注釋謂襄安君應是燕國王族，可能是燕昭王之弟，歸哭謂回國奔喪，襄安君可能被齊國扣留，未能歸國奔喪，應與齊殺張庫事同時或稍後。襄安君又見於《戰國策·趙策》四："臣又願足下有地效于襄安君以資臣也，足下果殘宋，此兩地之時也，足下何愛焉？"前後文字似有舛誤。其上文有"以觀奉陽君之應足下也，縣（懸）陰（陶）以甘之"，下文又有"臣循燕觀趙，則足下擊潰而決天下矣"，當是説齊攻宋，足下指齊王而非奉陽君，鮑注謂襄安君蓋趙人，乃誤解足下爲奉陽君，吳師道正之曰"無考"。今據上引《戰國縱橫家書》，襄安君必爲燕昭王之至親，非弟即子，出使於齊，爲齊扣留。《呂氏春秋·行論》：

“齊攻宋，燕王使張魁將燕兵以從焉，齊王殺之，燕王聞之，泣數行而下。”張
庫、張魁應爲同人而異寫。上引《戰國策・趙策》四乃齊尚未攻宋，而襄安君
已使於齊，時閒正合。襄安君鉨所指即此襄安君。

《文物》1984-10，頁 61

○**馮勝君**（1999）　纕忞：讀襄安，燕地，見馬王堆帛書《戰國縱橫家書》蘇秦自
齊獻書於燕王章：“勺（趙）疑燕而不功（攻）齊，王使襄安君東，以便事也。”
“襄安君之不歸哭也，王苦之。”又見《戰國策・趙策四》：“臣又願足下有地效
于襄安君以資臣也。”此鉨銘中的“纕忞君”當即上引文中之“襄安君”，馬王堆
帛書整理小組認爲“襄安君應是燕國王族，可能是燕昭王之弟”。如此推論不
誤，則此壺年代自可定爲戰國中晚期。

《中國古文字研究》1，頁 192

繘 繘

繘 天星觀　　繘 天星觀

○**何琳儀**（1998）　《説文》：“繘，維綱中繩也。从糸，矞聲。讀若畫，或讀若
維。”或从糸，矞省聲。《集韻》：“繘，或作繘。”雟疑雟之省變。天星觀楚簡
繘，見《廣雅・釋器》：“繘，帶也。”

《戰國古文字典》頁 736

縟 縟

縟 仰天湖 1　　縟 信陽 2・2　　縟 包山 259　　縟 天星觀　　縟 上博三・周易 45

○**史樹青**（1955）　縟字不見於《説文》，但《詩經・召南》有“何彼襛矣”的句
子。《説文》有襛字，解作“衣厚貌”，朱駿聲《説文通訓定聲》説襛字古寫作
縟。《後漢書・崔駰傳》“紛縟塞路”，李賢注引《方言》：“縟，盛多也。”今本
《方言》卷十云：“南楚凡大而多謂之尨，或謂之縟。”即李賢注所自出，則縟、尨
原爲一字。此簡的縟字應該作“厚的衣服”解。

《長沙仰天湖出土楚簡研究》頁 21

○**朱德熙、裘錫圭**（1972）　仰天湖楚簡第 1 號（圖一）（編按：圖略，下同），有一個
从糸的字，凡三見，信陽楚簡 202 號（圖二），亦有此字，凡五見。兩種簡文所

从相同,只是仰天湖簡糸旁在左側,信陽簡則移置下方。把左右並列的偏旁寫成上下相疊,乃戰國文字常見的現象。

這個字有人釋繰,不可信。《三體石經》婁字古文作:

□《春秋·僖公三十三年》,《魏三字石經集録》38 上

又《汗簡》卷下之一引《義雲章》婁字作:□

又《古文四聲韻》卷三侯韻引王唯恭《黃庭經》樓字作:□

字形皆與簡文此字偏旁相似。《説文·女部》婁字古文作□,王國維《魏石經考》、舒連景《説文古文疏證》均以爲其字形有脱誤,當可信。根據這些材料,簡文此字應釋爲繰。可是《説文·臼部》要字古文作:□

《汗簡》卷下之一引《説文》同,形體與婁字無異,所以簡文此字似又可以釋作从糸从要。要字的來源我們還不很清楚。散氏盤末行第四字舊釋綏,是否可靠很難説。因此《説文》要字古文的形體是可疑的。

就楚簡文例看,我們認爲這個字肯定應釋作繰,讀爲屨。信陽簡上文説"一組繡(帶),一革,皆又(有)鉤",帶和帶鉤是與屨同類的服飾用品,尤爲重要的是繰字前邊都有數量詞一兩。古代以兩爲屨的單位。《詩·齊風·南山》:"葛屨五兩。"《説苑·修文》:"親迎之禮,諸侯以屨二兩加琮,大夫庶人以屨二兩加束脩二。"《説文·糸部》:"緉,履兩枚也。"《詩·南山》"葛屨五兩",量詞後置。《説苑·修文》"夫人受琮,取一兩屨以履女",量詞前置,與信陽簡同。

綜上所述,簡文這個字,無論就形體或辭例説,都以釋繰(屨)爲是。表示衣物服飾名稱的字往往从糸旁,簡文繰字很可能就是屨的異體,不必一定看作假借字。

　　　　　《朱德熙古文字論集》頁 36—37,1995;原載《考古學報》1972-1

○**中大楚簡整理小組**(1977)　繰、褄同字,後世皆用褄。《集韻》訓爲"衣褄"。《爾雅·釋器》:"佩衿謂之褄。"郭璞注:"佩玉之帶。"按:"一兩"和"褄"之間的字都是説明"褄"的質地或顏色的語詞。如"絲紙"指明其質地爲絲帛之屬,"緹"《説文》釋作"帛丹黃色"等皆是。

　　　　　　　　　　　　　　　　　　《戰國楚簡研究》2,頁 20

○**周世榮**(1982)　史樹青與羅福頤先生釋"繰",而商承祚、朱德熙與裘錫圭先生釋"繰",余氏釋"褄",筆者對照照片原文,發現此字从"女"而不从"辰",故此字以釋"繰"爲是。

　　　　　　　　　　　　　　　　　　《湖南考古輯刊》1,頁 98

○**郭若愚**（1994） 婁，《汗簡》作⬚，《三體石經》作⬚，與此相同。此字从糸从婁，是爲縷。縷即蔞翣之蔞，婁从艸與从糸可通。《禮記·檀弓下》：“是故制絞衾，設蔞翣，爲使人勿惡也。”注：“蔞翣，棺之牆飾。《周禮》蔞作柳。”《禮記·檀弓上》：“周人牆置翣。”注：“牆，柳衣也。”《儀禮·既夕禮》“巾奠乃牆”注：“牆，飾柩也。”疏：“牆即帷荒，與棺爲飾，故變飾棺云牆也。”同書：“商祝飾柩。”注：“飾柩爲設牆柳也。巾奠乃牆謂此也。牆有布帷，柳有布荒。”蔞亦作僂。《吕氏春秋·節喪》：“僂翣以督之。”注：“僂，蓋也。翣，棺飾也。”

《戰國楚簡文字編》頁 65—66

按婁字《汗簡》作⬚，《三體石經》作⬚。故此簡第四、八、十三，三字均可釋爲縷。《禮記·檀弓下》：“是故制絞衾，設蔞翣，爲使人勿惡也。”注：“蔞翣，棺之牆飾。《周禮》蔞作柳。”《周禮·天官冢宰下》“縫人”：“衣翣柳之材。”注：“必先縷衣其才，乃以張飾。柳之言聚，諸飾之所聚。書曰分命和仲度西曰柳穀，故書翣柳作接槱。鄭司農云：接讀爲翜，槱讀爲柳，皆棺飾。”疏：“釋曰：翣即上注方扇是也，柳即上注引《喪大記》帷荒是也。二者皆有材，縫人以采繒衣纏之，乃後張飾於其上……釋曰云柳之言聚諸飾之所聚者，即龍帷黼荒，火三列、黻三列之屬是也。”孫詒讓《正義》：“案凡覆柩車者，上曰柳，下曰牆。柳衣謂之荒，牆衣謂之帷。若總言之，則牆亦通名柳，柳亦通名牆。”《禮記·檀弓上》：“周人牆置翣。”注：“牆，柳衣也。”可爲此證。《儀禮·既夕禮》：“巾奠乃牆。”注：“牆，飾柩也。”疏：“牆即帷荒，與棺爲飾，故變飾棺云牆也。”同書：“商祝飾柩。”注：“飾柩爲設牆柳也。巾奠乃牆謂此也。牆有布帷，柳有布荒。”故縷即爲蔞翣之蔞，婁从艸與从糸可通用。亦作僂。《吕氏春秋·節喪》：“僂翣以督之。”注：“僂，蓋也。翣，棺飾也。”蔞書作柳，乃其音同通假也。

《信陽竹簡》第二二八：“一□竹簍，一兩𦀗縷（柳）。”簍，《説文》：“簍，扇也。从竹，妾聲。簍或从妾。”知簍爲簍之或體。《説文》：“翣，棺羽飾也。”《通訓定聲》：“世本武王作翣，漢制以木爲匡，廣三尺，高二尺四寸，衣以畫布，柄長五尺。柩車行，持之兩旁以從，按如今之掌扇。疑古本以羽爲之，與羽蓋同。後世以布，或以席。”《小爾雅》：“大扇謂之翣。”可知簍和翣均是扇形棺飾，其區别是一以羽製，一以竹製。此簡“簍、縷”並列。其爲“翣柳”無疑。

《戰國楚簡文字編》頁 114

○**何琳儀**（1998） 《説文》：“縷，綫也。从糸，婁聲。”楚簡縷，讀屨。《説文》：“屨，履也。从履省，婁聲。一曰，鞮也。”

《戰國古文字典》頁 337

○**濮茅左**(2003)　　"袡",《類篇》："袡,袂也。"疑讀爲"敝",破舊。《論語・子罕》："衣敝縕袍。"或讀爲"筚"。"縷",破舊衣服,《左傳・宣公十二年》："筚路藍縷。"喻廢萊一片狼藉,一無所有。

《上海博物館藏戰國楚竹書》(三)頁 197

○**李零**(2006)　　唯敝漏,敝,簡文从衣不从攴;漏,簡文作縷。馬王堆本作"唯敝句",雙古堆本作"……敝屢",今本作"甕敝漏",縷、屢、漏是來母侯部,句是見母侯部,都是漏的借字,今本以所漏者爲甕。

《中國歷史文物》2006-4,頁 63

△**按**　朱德熙、裘錫圭釋"縷"並讀爲"屢",甚確。依楚簡用字之例,則《周易》簡之"縷"亦以讀"屢"爲宜。"唯敝屢"謂井谷之中唯有破敝之屢也。

組　組

仰天湖 10　　望山 2・6　　望山 2・10

○**饒宗頤**(1957)　　《説文》："組,補縫也。"今作綻。

《金匱論古綜合刊》1,頁 64

○**劉信芳**(1997)　　望山簡二・二："丹組之屋。"六："紫黄之組。"一〇："☐聯絑之軌靪(勒),丹組之裏。"《説文》釋"組"爲"補縫"。簡文"組"既爲馬勒之"裏",應讀如"靼",柔革也。

《中國文字》新 22,頁 169

○**何琳儀**(1998)　　仰天湖簡組,讀靼。《六書故》："靼,韋繩因謂之靼。"望山簡組,讀靼。《説文》："靼,柔革也。从革,旦聲。"

《戰國古文字典》頁 1021

△**按**　劉國勝《楚喪葬簡牘集釋》(科學出版社 2011 年)讀仰天湖 10"組"爲"縛"。疑簡文"綯組"纏捲劍鞘的絲織束帶(128 頁);讀望山 2・2"組"爲"縛"。引《儀禮・聘禮》"賄用束紡",鄭玄注"紡,紡絲爲之,今之縛也"(97 頁)。

繕　繕

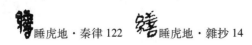

睡虎地・秦律 122　　　　睡虎地・雜抄 14

△按　《説文》："繕,補也。从糸,善聲。"睡簡"繕"字正用此義。

結 絲

陶彙 3·1171　　叠録 13·1

○顧廷龍(1936)　絲,《説文》引《論語》曰："絲衣長短右袂。"今本作"褻裘長"。

《古匋文叠録》卷 13,頁 1,2004

△按　《説文》謂"絲"字"从糸,舌聲"。從"絲"與"褻"爲異文看,"舌"字古確有屑音韻尾一讀。古陶文"絲"字爲獨文,不詳。

纍 纍

秦印　　　上博六·慎子 5

○李朝遠(2007)　"纍"从糸从四個"田",疑爲"纏"字異體,讀爲"彊",即"强"。"不强其志"與簡一"堅强以立志"相呼應。"纏(纏)、弓"字異用同,楚簡習見。

《上海博物館藏戰國楚竹書》(六)頁 280—281

○陳偉(2008)　此字右旁也許是畾(雷),恐當釋爲"累",連累、妨礙的意思。《書·旅獒》："不矜細行,終累大德。"孔疏："若不矜惜細行,作隨宜小過,終必損累大德矣。"《戰國策·東周策》："且臣爲齊奴也,如累王之交於天下,不可。"鮑彪注："累者,事相連及,猶誤也。"

《古文字學論稿》頁 317—318

△按　《説文》："纍,綴得理也。一曰:大索也。从糸,畾聲。"上博簡"纍"字聲旁"畾"有所繁化,陳釋可從。

紉 紉

郭店·六德 31　　天星觀

○何琳儀(1998)　《説文》："紉,繟繩也。从糸,刃聲。"天星觀簡紉,見《説文》。

《戰國古文字典》頁 1344

○**龐樸**（1998）　《六德》第 30、31 簡交接處，釋文這樣説：

門内之治紉掩義，門外之治義斬紉。（注釋：“紉”當讀爲“仁”）

查竹簡他處仁字，一律從身從心，此處應無例外，不該寫成紉。搜索枯腸，終於想出，這段話，也與一段文獻相同；找到文獻，真相遂大白起來。那是在《禮記·喪服四制》上：“門内之治，恩掩義；門外之治，義斷恩。”這本來是談喪服異制之理的一段話，門内指宗族，門外謂朝廷；恩和義的關係，就是親和尊的關係。恩字寫爲紉，音近使然也。

《歷史研究》1998-4，頁 9

○**陳偉**（1998）　二七、門内之治恩弇宜（義），門外之治宜（義）斬恩。《六德》三〇—三一

二“恩”字，原並作“紉”。注［二二］裘錫圭先生按疑“紉”當讀爲“仁”。《禮記·喪服四制》云：“門内之治恩撥義，門外之治義斷恩。”與簡書基本相同。在上古音中，“紉”屬文部，“恩”屬真部，彼此爲旁轉關係，故可通假。

《江漢考古》1998-4，頁 71

○**劉信芳**（2000）　“紉”或謂讀爲“仁”，不妥。《禮記·喪服四制》：“門内之治，恩掩義，門外之治，義斷恩。”與簡文適可對照，我曾經據此釋“紉”爲“恩”，不過現在看來，似以不破讀爲義長。“紉”之本義爲“繩”，下文既有“仁類蒙而束”（參下文解説），知簡文“紉”用其比喻義。《六德》簡 27 云：“内立（位），父、子、夫也；外立（位），君、臣、婦也。”夫婦關係既被儒家拒之門外，知釋“仁”爲“恩”多少有幾分勉强。“恩”之本義謂“惠”（《説文》），《詩·豳風·鴟鴞》“恩斯勤斯”，毛傳：“恩，愛也。”簡文“紉”應指親族之間的血緣紐帶關係，這種血緣紐帶關係反映在宗族祭祀中，就是列祖列宗皆爲男性，而各位列祖列宗的夫人僅只是陪侍，夫人與夫人之間不存在先後相連的血緣關係。反映在家庭生活與政治制度中，就是父子相承的繼承制，而女性則没有繼承權。“門内之治，紉掩義”者，謂家庭之治，血緣關係不受義的規定。《論語·子路》：“父爲子隱，子爲父隱。”可爲其例。“門外之治，義斬紉”者，謂家族之外，義的規定斬斷了人與人之間的血緣紐帶關係。《孟子·盡心上》記了這樣一件事，桃應問孟子：舜爲天子，皋陶爲法官，倘若舜的父親殺人，如何處置？孟子回答説：皋陶當然應將舜的父親繩之以法，而不管他與天子是什麽關係，作爲舜本人，“視棄天下，猶棄敝屣也”，他會逃到海濱，終身訢然，樂而忘天下。這可以算作孟子對“義斬紉”所作的解釋。

周代禮制是由血緣紐帶關係維繫的宗法制度，這種血緣紐帶關係隨着社

會歷史的進步而趨於鬆弛。由郭店簡之"紉"演化爲《喪服四制》之"恩",似乎反映了這種鬆弛趨勢。在"紉掩義"中,不包括夫妻恩情;而在"恩掩義"中,夫妻之恩與父子之恩可以並列,也就是説,夫妻關係也具有了超越"義"的規定的意義。由"紉"至"恩",不僅僅是文字上的通假關係,恐怕包含了儒家倫理思想的社會歷史變遷。

《古文字研究》22,頁 214

○**劉信芳**(2003) 紉約:"紉"字或釋爲"紛",誤。《説文》:"紉,單繩也,從糸刃聲。"朱駿聲釋云:"凡單展曰紉,合繩曰糾。"又用如動詞,謂以紉維繫也。《離騷》:"紉秋蘭以爲佩。""紉約"是以單繩結纂的登車拉手,參簡 268"紃約"注。

《包山楚簡解詁》頁 303

繩 絼 繩

包山牘 1

○**何琳儀**(1998) 從糸,黽聲。包山牘"繩紱",包山簡作"黽靪",黽皮。

《戰國古文字典》頁 732

○**劉信芳**(2003) 繩(黽)。

《包山楚簡解詁》頁 320

△**按** 宋華强《楚墓竹簡中的"黽"字及"繩"字》(簡帛研究網 2004 年 6 月 13 日)指出此字應隸定作"繩",是。"繩"之聲符"黽"應是"黽"之繁構,故依字形將"繩"隸於此。但是否與繩索之"繩"同字,尚不能定。劉氏以爲從"黽"聲而讀"皂",宋氏已駁之;而宋氏以爲從"甘"聲而讀"紺"亦可疑。

縈 縈

集成 4494 盛君縈簠　　曾侯乙衣箱　　璽彙 0927　　璽彙 4046　　吉大 26

上博五・三德 15　　上博六・用曰 1　　新蔡甲三 327-2

信陽 1・66　　上博四・内豊 8　　上博六・競公 19

○**蔡全法**(1986) "縈"字陶鉢:一件爲泥質灰陶,戰國時器。1984 年 10 月,東城 T16 井 16 出土。"縈"字陰文,字固略有殘缺,刻寫於鉢之内底(圖三:

18)（編按：圖略）。从𤇾从糸，熒省聲。字形與璽印文近同，如“陽城縈”之“縈”就同此。不但説明該璽爲韓國遺物，同時證明韓國陶璽印與刻寫文字風格一致。

《中原文物》1986-1，頁80

○**何琳儀**（1998） 《説文》：“縈，收韏也。从糸，熒省聲。”廿八宿漆書“西縈、東縈”，相當廿八星宿之“營室、東壁”。見《吕覽·有始》。

《戰國古文字典》頁781

○**廖名春**（2006） “𦃇”，即“縈”字，音假爲“禜”。“禜”亦爲祭名，《周禮·春官·大祝》：“掌六祈……四曰禜。”鄭玄注：“禜，日月星辰山川之祭也。”《周禮》中是“禜、攻”相接，簡文中則是“攻、禜”相連。

《華學》8，頁163

○**陳偉武**（2008） 《三德》簡14：“方縈（營）勿伐，牆（將）𦦟（興）勿殺，牆（將）齊勿桍。”整理者李零先生讀“縈”爲“營”，並未進一步説釋。曹峰先生認爲不必破讀爲“營”，説：“‘縈’，《説文》：‘收韏也。’是植物開始出頭纏繞之狀態。”

今按，疑“縈”可讀爲“榮”，指繁盛。縈與榮諧聲相同，例可通假。縈或與从榮得聲之字異文，《詩·周南·樛木》：“葛藟縈之。”《説文·艸部》引“縈”作“藥”。簡文“方縈（榮）勿伐”意謂事物正繁盛時不要傷害它。《荀子·王制》：“聖主之制也，草木榮華滋碩之時，則斧斤不入山林，不夭其生，不絶其長也。”可與楚簡合證。《三德》簡15“聖（聽）亓（其）縈，百事不述（遂），虘（且）事不成”。“縈”原釋文亦讀“營”，疑同樣可讀爲“榮”。

《古文字研究》27，頁419

○**范常喜**（2008） 《上博六·競公瘧》簡9：今内寵又（有）割疾（瘠）外=（外外）又（有）梨（梁）丘𧾷（據）縈（營）恚（狂）。

按：整理者讀“縈恚”爲“縈狂”。何有祖先生讀作“營枉”，訓爲營私枉法。我們認爲此二字可讀作“營誑”，“營、誑”均有迷惑欺騙之義。銀雀山漢簡《孫臏兵法》266：“營而離之，我並卒而擊之，毋令敵知之。”整理者注：“營，惑。”《吕氏春秋·尊師》：“凡學，必務進業，心則無營。”高誘《注》：“營，惑也。”《國語·周語下》：“夫天道導可而省否，萇叔反是，以誑劉子，必有三殃。”韋昭《注》：“誑，惑也。”由此可知，簡文中的“營誑”當與文獻中常見的“營惑、熒惑”意相近。《史記·孔子世家》：“匹夫而營惑諸侯者罪當誅！”《鹽鐵論·論誹》：“夫蘇秦、張儀，熒惑諸侯，傾覆萬乘，使人主失其所恃。”簡文所記爲晏子斥責會譴、梁丘據之語,所以將“縈恙”讀作“營詿”,解釋爲“迷惑欺騙”恰好合適。

《古文字研究》27,頁425

○**孟蓬生**(2009)　(《三德》)簡14:“方縈(營)勿伐,方(編按:“方”爲“將”之誤)興勿殺,牺(將)齊勿桴(刳),是逢凶朔。”李零先生云:“‘桴’,疑讀爲‘刳’,亦除、滅之義。”曹峰先生云:“‘縈’,《説文》:‘收韏也。’是植物開始出頭纏繞之狀態。‘興’,《説文》:‘起也。’不一定專用於植物,但也可描述植物向上進展之勢。‘齊’,《説文》:‘禾麥吐穗上平也。’而‘伐、殺、刳’都有破壞、毁滅之意。所以,簡單地説,這句話可能意爲,在各農作物成長的最關鍵時期,不要讓它遭到毁滅,有了好的農業收成,即使遇到了凶年,天災不斷,國脈也能維持下去。”

今按:“縈”疑讀爲“盈”,取“充盛”義。《廣韻》“縈”字“於營切”,爲影組合口三等字;“盈”字“以成切”,爲余紐開口三等字,似有一定距離。但從“𤇾”聲的“營”字等讀余紐,而“盈”字古又通“傾”(溪紐合口三等字),可見二字相通並不十分困難。《左傳》莊公十年:“一鼓作氣,再而竭,三而衰。”(編按:“再而竭,三而衰”應作“再而衰,三而竭”。)又説:“彼竭我盈,故克之。”是“盈”即“作氣”,即“充盛”之義。

《簡帛》4,頁192—193

△按　“縈”字從糸,𤇾聲(“𤇾”即“熒”之初文),戰國文字“縈”所從“糸”或作“幺”爲簡體,或旁加“𠔼”爲繁飾,所從“𤇾”或省作“炊”形。

絇 絇

仰天湖10

○**何琳儀**(1998)　《説文》:“絇,纑繩絇也。从糸,句聲。讀若鳩。”仰天湖簡“生絇”,疑讀“青絇”。《儀禮・士冠禮》“青絇繶純”,注:“絇之言拘也。以爲行戒,狀如刀衣,鼻在履頭。”

《戰國古文字典》頁344

○**田河**(2008)　仰天湖二十五號楚墓遣策23號簡簡文“一邲(越)鎬鐉(劍),生絇,絠組,贏(贏)航……”其中的“生絇”各家説解不一。史樹青先生讀爲“青絇”。考釋説:《釋名・釋采帛》:“青,生也,象物生時色也。”《儀禮・士冠禮》“青絢繶純”,注云:“絢之言拘也,以爲行戒,狀如刀衣,鼻在履頭。”郭若愚先生徵引胡培翬《儀禮正義》:“絢者履飾,在履頭上,其狀如漢時刀衣鼻,有孔,得穿系於中。”認爲“生絢”即“青絢”,爲此劍之衣鼻。商承祚先生認爲“生絢”是劍上之附飾名。劉國勝先生認爲簡文“生絢”疑指上文“鎬劍”劍手柄上的絲質包裹。按:“生絢”上與“劍”接,“生絢”可能是劍上附飾。我們懷疑“絢”讀爲“緱”,二字均爲見母侯部字。《説文·糸部》:“緱,刀劍緱也。”《廣韻》:“刀劍頭纏絲爲緱。”《史記·孟嘗君列傳》:“猶有一劍耳,又蒯緱。”司馬貞《索隱》:“緱,謂把劍之物……但以蒯繩纏之。”“緱”就是刀劍柄部纏裹的絲繩。仰天湖二十五號墓出土銅劍一柄,劍柄有絲織之“緱”,劍插於黑漆劍鞘內,與簡文所記吻合。楚墓所出劍,偶見劍柄纏絲繩的情形,如包山四號楚墓出土的兩柄劍,劍柄完整保存有四層纏裹的縸繩(參看《包山楚墓》第302頁)。估計戰國楚墓出土的類似之劍,大多數應有緱,只不過腐爛無存罷了。

《古文字研究》27,頁380

紊　

璽彙3827

○何琳儀(1998)　　縢。

《戰國古文字典》頁151

○湯餘惠等(2001)　　縢。

《戰國文字編》頁851

△按　字從糸、躾,而“躾”從喬聲(關於“躾”字可參李家浩《信陽楚簡“澮”字及從“关”之字》),其中的“喬”旁所從的“八”形繁化成“八”形,與從朕聲之“縢”有別。字當爲“紊”之繁體。《説文》:“紊,攘臂繩也。從糸,喬聲。”古璽“紊”爲人名。

緘　縅

集成12113鄂君啓舟節　　包山157　　新蔡零271

曾侯乙152　　曾侯乙211

○殷滌非、羅長銘(1958)　　戠,薛氏《鐘鼎款識》齊侯鎛鐘有此字,長銘從舊釋

爲緘,滌非以爲孫詒讓、郭沫若釋織爲是。

《文物參考資料》1958-4,頁9

○于省吾（1963）　戠字从糸弋聲,《古文四聲韻》引古《尚書》的"織"字也作
"戠"。織與職古通用,《弓鎛》稱"戠差卿",即"職差卿"。"戠尹"即"織尹",
"織尹"係主管文織綉錦之長,"織令"乃其屬官,漢印有"織室令"。

《考古》1963-8,頁443

○許學仁（1983）　考釋諸家或釋箴,舉《左傳》"箴尹"爲證。考箴尹一職《左
傳》惟四見:"箴尹克黃"（宣公四年）、"箴尹追舒"（襄公十五年）、"箴尹宜
咎"（昭公四年）、"箴尹固"（哀公十六年）,杜注但解爲官名,未詳其職司。顧
亭林氏疑即鍼尹,日人竹添光鴻據《呂覽》考爲箴規之官,而哀公十六年所載
箴尹固身兼軍職,並與冶鑄無涉,其非箴尹可知。

　　戠从糸弋聲。弋作𢦏,與魚鼎匕"欽哉"之哉作𢦏形近。夏竦《古文四聲
韻》引《古尚書》織作𢼸,又引崔希裕《纂古》作戠（卷五,頁35）,皆从糸,哉省
聲。弋聲、哉聲,並段氏之部字,故戠即織字也。

　　織尹,主管文織綉錦之長,織敏（令）乃其屬官,漢有"織室",奉宗廟衣服。
于省吾釋形爲戠是也,然謂:"金節形制精美,反映楚國當時手工業、冶鑄方面
高度技術,就外形而言,與剛師（按:當作冶師）、鑄客所爲普通器不同;宛如真
竹節。又須五枚弧度相應合成環形,則鑄造之先,須精密設計,也可能要織尹
織令協助工作。"則又不然也。織尹掌衣服織作,集尹主膳食烹調,皆冶鑄金
節相關之有司。參集字條。

《中國文字》新7,頁139—140

○李零（1986）　"戠"字實際上也就是�“字,與織、絓、紀等字可以相互通假。
（中略）"戠",疑是地名。于省吾先生指出,《古文四聲韻》卷五"織"字同此,此字
應分析爲从糸,弋聲。又《古文四聲韻》於"織"字下引崔希裕《纂古》以"載"字
（作戠）與"絾、絓"等字相同,這些字都是之部或職部字（職部是之部的入聲）,
與从己聲的字可以相互通假,如《廣雅・釋詁二》"記,識也",《説文》新附字
"記,誌也"（編按:《説文》新附:誌,記誌也）,即其證。"令"可能是"尹"的屬官。

《古文字研究》13,頁369—370

○裘錫圭、李家浩（1989）　"戠尹"亦見於鄂君啟節,商承祚先生釋"戠"爲
"緘"（《鄂君啟節考》,《文物精華》第二集）,可從。楚有"箴尹"之官,見《左
傳》宣公四年、哀公十六年。亦作"鍼尹",見《左傳》定公四年。簡文和鄂君
啟節的"緘尹",應即"箴尹"。《呂氏春秋・勿躬》高誘注:"楚有箴尹之官,亦

諫臣也。"恐是望文生義的臆説。

《曾侯乙墓》頁 526

○**羅運環**(1991)　1.鄂君啟節銘文:

大工尹脽以王命命集尹悼□、緘尹逆、緘令阢,爲鄂君啟之府商鑄金節。

2.曾侯乙墓竹簡:曾侯乙死後贈馬者有緘尹。

緘尹的緘字,過去有"裁(織)、緘、箴"等釋讀。本文采用第二種釋讀。

緘字,節銘多作裁形,仰天湖及長臺觀簡文从竹的字皆作竹,均與緘字戈上的个形同,似乎可以認爲緘字上从竹省。但是,節銘中竹頭多見,均作竹形,不作个形;節銘中緘字還有作裁形的;曾侯乙墓簡文緘字作裁形,均不从竹。如將緘字隸定作箴,不甚合適。緘字戈上是否从十(即才),也不像。節銘中載字多見,上部均作屮、屮形,即爲"才"形。緘字所从與此有別,隸定作裁,也不甚合適。《汗簡》和《古文四聲韻》所載織字的古文,有形體與節銘緘字相近;齊國金文《叔夷鐘》也有個字的形體與節銘緘字相近,宋人釋緘,孫詒讓釋織,研究者多从孫釋。但是這些字皆宋人所摹,而且這些字形均非楚國文字,故釋織雖有些證據,但仍然不能消除人們的疑惑。考察與節銘同時期(戰國中期)的楚國文字,《曾姬無卹壺》職字作𢧵,包山 2 號墓簡文戠(識)字作𢨡,楚"中戠(織)室璽"的織作𢨡。顯然,楚人職、織、戠不寫作裁。《毛公鼎》緘字作𡘋,《郙公匠》誠字作𧮫,節銘的緘字當由此演變而來。

據《説文解字》:緘、箴、鍼、葴諸字皆从咸得聲。節銘裏的緘尹當即《左傳》中的"箴尹",或"葴尹、鍼尹"。《左傳》襄公十五年,箴尹序列在莫敖之後,連尹之前,其地位僅次於莫敖。節銘裏的緘尹,序列在集尹之後並與集尹一道听大工尹傳達王命,是緘尹與集尹之閒並無從屬關係。《吕氏春秋·勿躬》高誘注云:"楚有箴尹之官,諫臣也。"節銘内容涉及鄂君經商路線、商品的限制和徵税規定,箴尹參與審核監制,自是情理中事。

緘令,當是緘尹的屬官,爲鄂尹(編按:"君"之誤)啟節製造的直接監製者之一。

《楚文化研究論集》2,頁 280—282

○**湯餘惠**(1993)　織尹、織令,皆楚官,疑爲織室的官長。楚有織室,見於楚"戠(織)室之鉨"(《古璽彙編》0213)。

《戰國銘文選》頁 46

○**夏淥**(1996)　《汗簡》"織"字,與楚系文字的"針",字形有所近似和差異,是認識“針”字的參考形體。《鄂君啟節》：“針尹逆、針令阤。”官名“針尹”字形詳附圖〈5〉金文（編按：字形略），與“陰尹”並列，“陰尹”舊誤釋“集尹”，於文無徵，實爲“陰”字的楚系“古文”，是管楚王後宮“陰事”的内官，“針尹”亦作“箴尹”，是君主身邊管諍諫的言官。古代以針砭治病，針、箴、鍼原是一字。從言論上“治病救人”，匡扶人主過失而得名。《左·定四年傳》：“楚子取其妹季芈畀我以出，涉雎，針尹固與王同舟，王使執燧象以奔吳師。”

《左·宣四年傳》：“子文孫箴尹克黄。”《玉海》：“箴，諫誨之辭，若箴之療疾故名箴。”《左·襄十四年》：“工誦箴諫。”

楚系文字的“針”字下部同《汗簡》“織”，上部同“成”所從的“丁”。丁、針原爲一字分化，織、針皆縫衣工序，從織從丁，丁亦聲，是《汗簡》提供的依據，解開了釋針的癥結。

《辭書研究》1996-1，頁 84—85

○李守奎（2003）　縅（緘）　疑从罙省聲。

《楚文字編》頁 736

△按　《清華大學藏戰國竹書（叁）·芮良夫》18 有𦈜字，文曰：“疋（胥）怂（訓）疋（胥）孝（教），疋（胥）～疋（胥）愳（謀）。”整理者釋讀爲“箴”，應可信從。戰國文字“緘”可分析爲从糸，箴省聲。

縢　繺

包山 186　　包山牘 1　　曾侯乙 124　　曾侯乙 131
望山 2·3　　包山 276　　上博二·容成 51　　上博五·鬼神 7　　十鐘　　陶彙 5·7
曾侯乙 43　　曾侯乙 122

○中大楚簡整理小組（1977）　縈作繺，疑爲小篆之繺，即縢字，《説文》：“緘也。”《廣雅·釋器》：“縢，索也。”《書·金縢》鄭注：“束也。”《禮儀·士喪禮》“無縢”，注：“緣也。”《禮儀·少儀》“甲不組縢”，注：“以組飾之及紟帶也。”諸説皆以爲繩帶之屬。

《戰國楚簡研究》3，頁 50

○朱德熙、裘錫圭、李家浩（1995）　“聯”下一字從“糸”從“关”（“朕”字所從），當是“縢”字異體。

《望山楚簡》頁 115

○何琳儀(1998)　　《説文》:"縢,緘也。从糸,朕聲。"楚璽縢,姓氏。叔綉之後有滕氏,又有縢氏。見《路史》。包山牘、隨縣簡縢,繩。《詩·魯頌·閟宮》"朱英緑縢",傳:"縢,繩也。"

縼,从糸,弁聲。縢之省文。見縢字。楚簡縼,讀縢。

《戰國古文字典》頁 151、152

○劉信芳(1997)　　包山簡二六七:"鹽薦之綏(鞍),緤組之緟。"又二七七:"緤組之緩(纓)。"二七〇:"緑組之緲。"又"紫緲"。牘:"緑組之縢。"又:"紫縢。"

按"緤、緲、縢"爲一字之異寫,曾侯乙簡一二四"紫組之縢",同簡字或从貝作"臏"。《禮記·少儀》:"國家靡敝,則車不雕幾,甲不組縢。"鄭玄注:"組縢,以組飾之,及紟帶也。"《詩·魯頌·閟宮》:"公車千乘,朱英緑縢。"毛傳:"縢,繩也。"《廣雅·釋器》:"縢,索也。"知簡文"緤"即經典"縢"字。

包山二七二:"緤組之鑪鈦。"鈦謂車轄(另見),"緤組"謂車轄上的花紋形如縢組。

望山簡屢見"聯緤"(簡二·二、三、一〇、二二等),實與"緤組"相類。

《中國文字》新 22,頁 171—172

○劉信芳(2003)　　緤:簡 270 作"緲",牘 1 作"縢",曾侯乙簡 124"紫組之縢",同簡字从貝作"臏"。《禮記·少儀》:"國家靡敝,則車不雕幾,甲不組縢。"鄭玄《注》:"組縢,以組飾之,及紟帶也。"《詩·魯頌·閟宮》:"公車千乘,朱英緑縢。"毛《傳》:"縢,繩也。"《廣雅·釋器》:"縢,索也。"

《包山楚簡解詁》頁 294

○陳偉(2003)　　我們討論的簡文書於《容成氏》51 號簡,爲:"戊午之日,涉於孟津,至於共、縢之閒,三軍大范。"共,李零先生所作的原注釋云:"在今河南輝縣。"縢,字本上从"关"("朕"字所从)、下从"糸",原釋文僅作隸定,原注釋云:"待考,應與共地臨近。二地在孟津至殷都朝歌(在今河南淇縣)的路上。"許全勝先生認爲"此字从卷省聲,即綣字,在此應讀爲管蔡之管。綣,古在溪母元部,管在見母元部,音極近,故可通假。武王伐紂,曾駐軍於管……共在今河南滑縣附近,管在今河南鄭州附近,共管之閒,正爲進攻牧野必經之地。"(中略)

竹書"共"後之字,亦見於《古陶文彙編》5.7 與《十鐘山房印舉》3.50,即"縈"字。楚簡中還有一種將"糸"寫在左旁的形體,學者也看做是同一個字。對於望山 2 號簡中這種寫法的字,朱德熙等先生指出:"从'糸'从'关'('朕'

字所从），當是‘縢’字異體。”在《容成氏》中恐當讀爲“縢”。

春秋早期衛國有縢邑，在《左傳》閔公二年與共邑並見。當時狄人伐衛，“及敗，宋桓公逆諸河，衛之遺民男女七百有三十人，益之以共、縢之民爲五千人”。杜預注：“共與縢，衛別邑。”由於上揭隱公元年杜注的存在，杜預此注表明了他不認爲這處共邑與隱公元年鄭大叔所奔之共爲一地；二地所在亦不明。

後人對杜預之説不盡信從。宋人程公説即稱《左傳》閔公二年的共邑在宋共城縣，與隱公元年之共同地。清人高士奇更指出：“狄滅衛，宋桓公逆文公於河，衛之遺民七百有三十人，益之以共、縢之民爲五千人。杜注：‘共及縢，別邑。’臣謹按：隱元年叔段出奔共杜注：‘共，國，今汲郡共縣。’……蓋其地逼近衛都，故先爲國而後併於衛也。”江永、秦蕙田也持有相同看法。《史記・周本紀》正義引《魯連子》云：“衛州共城縣本周共伯之國也。共伯名和，好行仁義，諸侯賢之。周屬王無道，國人作難，王奔於彘，諸侯奉和以行天子事，號曰‘共和’元年。十四年，屬王死於彘，共伯使諸侯奉王子靖爲宣王，而共伯復歸國於衛也。”顧頡剛先生根據這條記載及相關資料，更推定共伯即衛君，共自西周時即爲衛邑。無論如何，《左傳》閔公二年的共應在隱公元年杜注所云之地，即漢晉共縣、唐宋共城縣、今輝縣市治。

至於閔公二年同時記載的縢地，史籍中毫無線索。現在竹書《容成氏》的發現使問題出現轉機。如前所述，竹書“共、縢之間”與《荀子》《淮南子》中武王伐紂所至的“共頭”應即一事。共山，《太平寰宇記》共城縣“共山”條云：“在縣北十里。”明清地志或説在輝縣東北八里，或説在輝縣北九里。從方位里程看，所云應即一事。今在輝縣市北約 2.5 公里處。縢邑大致應在共山的另外一側，即其以北處；其距離也當不致太遠。

《文物》2003-12，頁 89—90

○王輝（2004）　《容成氏》簡 50—51：“武王於是乎（編按：脱“作”字）爲革車千乘，帶甲萬人，戊午之日，涉於孟津，至於共、紾之間。”紾原隸作綏，右旁實即类。影本注説爲地名，但不能確指。今按紾與卷通用。《楚辭・九思》：“心緊紾兮傷懷。”《考異》：“緊紾一作繾綣。”《詩・大雅・民勞》：“以謹繾綣。”《釋文》：“綣字或作卷。”卷爲戰國魏邑。《史記・秦本紀》：“（昭襄王三十二年）客卿吳傷功（編按：“功”爲“攻”之誤排）魏卷，取之。”《正義》引《括地志》云：“故卷城在鄭州原武縣西北七里。”原武即今河南原陽縣原武鎮。共爲衛邑，即今河南輝縣，見《左傳・隱公元年》。共、卷二地相距不足百里，如影本注所説，“皆在孟津至殷都朝歌(在今河南淇縣)的路上"。

《古文字研究》25,頁 321

○曹錦炎(2005)　"索",《説文》:"草有莖葉可作繩索。"引申爲索縛之意。"價",構形也見於包山楚簡。《説文》:"價,賣也。""索價",捆綁買賣。

《上海博物館藏戰國楚竹書》(五)326 頁

△按　"縢"字或从㐁聲,爲簡體;或从朕聲,爲繁體。簡體之"縢",《陶徵》《戰編》等書收入《説文》"綊"字下,誤。《説文》"綊"字从糸,㡭聲,小篆作𦆻。"㐁、㡭"隸楷相混,但古文字形體有別。

維 維

○饒宗頤(1983)　《周語》泠州鳩論七律之義,謂:"武王之伐殷,歲在鶉火,月在天駟,日在析木之津,辰在斗柄,星在天黿。星與日辰之位皆在北維。"匵文第二句"日辰於維",即是北維之維。這表示日和辰都居於同一方位。古人把天文區域分爲四正四維,詳《淮南子·天文訓》所云之"帝張四維,運之以斗"也。

《古文字研究》10,頁 190—191

○何琳儀(1998)　《説文》:"維,車蓋維也。从糸,隹聲。"信陽簡、隨縣簡維,見《廣雅·釋詁》二:"維,係也。"天文漆書維,見《廣雅·釋言》:"維,隅也。"《淮南子·天文》:"四角爲維。"

《戰國古文字典》頁 1207

○湯餘惠(1986)　(編按:《璽彙》0880、3568、3957)應即維字古文。

《古文字研究》15,頁 53

○施謝捷(1998)　(編按:《璽彙》0880、3568、3957)緺。

《容庚先生百年誕辰紀念文集》頁 645、650、651

緓 緓

仰天湖 32

○**饒宗頤**(1957)　《玉篇》:"緌,綖也。"《集韻》:"綖,冠上覆。"《説文》:"紅緌,乘輿馬飾。"(**編按**:《説文》"紅,乘輿馬飾也",又"緌,紅緌也"。)

《金匱論古綜合刊》1,頁 64

○**史樹青**(1955)　緌字《説文》解作"紅緌",段玉裁以紅緌爲聯綿字,今可作袷字解,就是袷衣。

《長沙仰天湖出土楚簡研究》頁 35

○**郭若愚**(1994)　緌,《説文》:"紅緌也。从糸,夾聲。"紅,《説文》:"乘輿馬飾也。"《玉篇》:"緌,綖也。"綖,《韻會》:"線或字。"《周禮·天官·縫人》:"掌王宫之縫線之事。"注:"線,縷也。"紫,《説文》:"帛青赤色也。""紫緌"爲青赤色之縷索,輿馬飾也。

《戰國楚簡文字編》頁 122

○**何琳儀**(1998)　仰天湖簡緌,不詳。

《戰國古文字典》頁 1429

○**李守奎**(2003)　紩。

《楚文字編》頁 741

緐(繁)  絣

集成 12111 鄂君啟車節 集成 11582 繁湯之金劍 包山 90 上博二·容成 19

集成 2231 楚子适臣

先秦貨幣研究,頁 76 陶彙 4·36 璽彙 3276

郭店·緇衣 18 上博一·緇衣 10 曾侯乙 69 上博六·用曰 19

○**張頷、張萬鍾**(1963)　此鼎"飤𦅫"之"𦅫"字一作""一作"",與"乙彝"(《攈古録》二,26 頁)銘文"飤𦅫"的""字略有不同,與"寬兒鼎"(《兩周金文辭大系圖録考釋》)銘文"飤𦅫"的"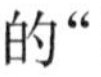"近似,但也有一些差别。"緐"當爲"𦅫、𦅫"的省文,乃鼎的别名。

《考古》1963-5,頁 270

○**湯餘惠**(1986)　私名璽又有(3276)字,疑應釋"緐",字中宀爲繁飾。其演變源流是:

(乙簋𦅫字所从)——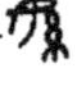(仲義𠬝簋𦅫字所从)——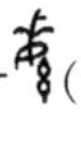(降𠂊𦅫簋𦅫字所从)——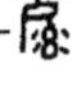

此形和同一時期寫作![字形](《璽》1963 謙字所从）的一體相比，基本構形簡化了，但從飾筆的角度上説，又可稱之爲繁文。

《古文字研究》15，頁 41

○**許學仁**（1983）　　![字形]車節 8・2　　　![字形]戰國信陽簡

　　字从糸，每聲。師虎毁作![字形]，弔向簠作![字形]，均與節文、簡文形近。1974 年 4 月，河南洛陽 74C1M4 戰國墓葬出土青銅劍一柄，劍身有錯紅銅“蚊腳書”四字：“緐（繁）�（陽）之金。”橫筆寬而直，豎筆曲折，長腳下垂，首尾纖細而中部肥胖，字形饒富書法藝術，論者據其字體風格與戰國晚期之楚王盤銘相近，推爲“楚器”。

　　“繁陽”見於金文者如曾伯霥簠銘：“克狄灘（淮）尸（夷），印變繁湯（陽），金道錫行。”晉姜鼎銘：“征繁湯（陽）□，取乓吉金，用乍寶尊鼎。”繁湯、繁瀄與鄂君啟車節節文“緐陽”當係一地。就其地理言之，東周時屬楚地。《左傳》襄公四年：“春，楚師爲陳判故，猶在繁陽。”杜預注：“繁陽，楚地，在汝南鮦陽縣北。”定公六年：“四月己丑，吳太子終纍敗楚舟師，獲潘子臣、小惟子及大夫七人。楚國大惕，懼亡。子期又以陵師敗于繁揚。”即其地也，即今河南新蔡縣北三十里，居淮水支流汝河北岸，介乎楚陳之閒，其後屬楚，乃齊、魯、鄖、杞、滕、邾、宋、陳等國當淮南之孔道，亦南金輸入之重地也。

　　楚地原以產銅著稱，而銅又爲當時諸侯爭霸鑄造兵器不可或缺之原料，是以楚對銅原料之出境，嚴格控制。即令出境，亦必立盟保證“無以鑄兵”，故節文云：“毋載金革黽箭箭。”誠非偶致。繁陽產銅，《管子・揆度》即指出：“夫楚有汝漢之金。”即繁陽所在之汝漢一帶。是以金文中乃見征伐繁陽之事實。

《中國文字》新 7，頁 143—144

○**何琳儀**（1998）　　緐，金文作![字形]（叔向簠）。从糸，每聲。緐，並鈕；每，明鈕。並、明均屬脣音。緐爲每之準聲首。戰國文字承襲金文。楚系文字每旁所从中旁作爻形，與來字異文相混。參來聲首。《説文》：“![字形]，馬髦飾也。从糸，每聲。《春秋傳》曰，可以稱旌緐乎。![字形]，緐或从卑。卑，籀文弁。”

　　晉璽緐，讀繁，姓氏。殷民七族，陶氏、施氏、繁氏、錡氏、樊氏、饑氏、終葵氏。見《左・定四》。

　　楚器“緐瀄、緐昜”，均讀爲“繁陽”，地名。《左・襄四》：“楚師爲陳叛故，猶在繁陽。”在今河南新蔡北。包山簡“緐丘”，讀“繁丘”，地名。據同簡“緐易”,知“繁丘”應在“繁陽”附近。

《戰國古文字典》頁 1070

緐,从糸,弁聲。緐之異文。(中略)包山牘緐,讀緐。

《戰國古文字典》頁 1067

○李家浩(1993)　　同行第五字左半似是“系”字,右半與魏正始正(編按:“正”爲“石”字誤排)經古文“變”字的左半形近:𦀇《石刻篆文編》3.32

據有關古文字資料,此古文“變”實从“攴”从“弁”字的異體,所以將節銘此字釋爲“緐”。“緐”即“緐”字的異體。

《中國歷史博物館館刊》1993-2,頁 51

○李零(1999)　　(編按:郭店・緇衣 18“緐”)疑應讀“煩”。

《道家文化研究》17,頁 486

○劉信芳(2000)　　(編按:郭店・緇衣 18)緐　今本作“煩”。按《説文》以“緐”爲緐之籀文,《郭店》讀“緐”爲“變”,“緐”與“變、緐、煩”古音同在元部幫母,然此依舊本讀“煩”爲是。

《郭店楚簡國際學術研討會論文集》頁 171

○陳偉(2003)　　(編按:郭店・緇衣)17—18 號簡寫到:“大人不親其所賢,而信其所賤,教此以失,民此以繁。”上博本 10 號簡所記相同。而傳世本記作:“大人不親其所賢,而信其所賤;民是以親失,而教是以煩。”

18 號簡上的“繁”字,原釋爲“緐”,考釋説:“簡文从‘糸’‘弁’聲,讀作‘變’。”張光裕先生則以爲“弁、煩”音近通用,改讀爲“煩”。上博本的“繁”字,整理者指出:“从糸,弁聲,《説文》所無。《曾侯乙編鐘》銘文‘𩵚宮、𩵚商、𩵚徵、𩵚羽’,即‘變宮、變商、變徵、變羽’。古‘變’與‘煩’通假……《吕氏春秋・安死》‘禹葬於會稽,不變人徒’,《周禮・夏官・職方氏》賈公彦疏引‘變’作‘煩’。”

其實,簡書此字已見於《説文》。糸部“緐(繁)”下所録或體即从“糸”从“弁”。這也就是説,簡書此形即《説文》“緐(繁)”字。繁、煩音同義通,都有繁雜、紛亂之義,故亦可讀爲“煩”。傳世本《緇衣》相應文句寫作“民是以親失,而教是以煩”。兩相比較,後者除了將“民、教”易位之外,還用“煩”代替了“繁”字。

當然,上古時弁、變、反、繁、煩諸字,皆在元部;聲母則在幫、並二紐,屬於所謂旁紐。由於讀音相近,變、反、繁、煩諸字可以假借“弁”寫出或者以之爲聲符。在這個意義上,將簡書此字讀爲“反”或者“變”亦有可説。但若聯繫語境,則只有讀爲"繁"或者"煩"才是合適的。《國語·楚語上》引申叔時語云:"若民煩,可教訓。"將"民煩"與"教訓"聯繫起來,也印證簡書此字當以讀"煩"或"繁"爲是。《國語》此句"民煩"連言,又表明兩種本字的簡書所記較爲合理,而傳世本《緇衣》於此則有竄亂之嫌。

《郭店楚簡別釋》頁 37—38

○**張光裕**(2007) "緐多",讀爲"繁多"或"煩多"皆可。《六韜·龍韜·陰書》:"其事煩多,符不能明。"《武經七書彙解》"煩"即書作"繁"。《漢書·刑法志》:"今律令煩多而不約。"

《上海博物館藏戰國楚竹書》(六)頁 305—306

【緐丘】包山 90

○**徐少華**(1997) 簡 90:競得訟緐丘之南里人龔悑、龔酉,謂殺其兄。九月甲辰之日,緐丘少司敗蒍□信,謂緐丘之南里信有龔酉,酉以甘臣之歲爲隸於喜,居□里。緐陽旦無有龔悑。

簡文內容涉及到一件殺人訴訟案,圍繞原告競得起訴緐丘人龔求、龔酉殺其兄而作的查證、核實。簡文以緐丘、緐陽並稱,言緐丘人龔酉曾隸於喜,則緐丘、緐陽似爲楚境內同一或相鄰的政區單位,與喜鄰近。喜,簡文中亦作"郘","喜君司敗、喜司敗"有數見,當爲戰國中期楚國的一處封君屬地。何浩、劉彬徽先生根據簡 54 喜君之地有"長陵邑"的記載,認爲"喜"乃故息國、息縣之"息"的假借字,可信。

古息國、息縣,在今河南息縣西南數里,仍有故址見存;長陵邑,古又稱"長陵戍",位於淮水上游北岸,《水經注·淮水》(卷三○)有明確的記載,當是古代淮域的一處軍事要塞,南朝蕭齊之時曾因此而置長陵郡和長陵縣,北魏沿用不改。從包山楚簡的記載來看,長陵邑至遲於戰國中期即已存在,又可補文獻記載之不足。"喜君"既爲息君,則與息相近或相鄰的緐丘、緐陽就應是文獻所載的淮北之緐陽,與 50 年代安徽壽縣所出的《鄂君啟節》車節中所記的"緐陽"當是同一地方。《左傳》襄公四年載:"楚師爲陳叛故,猶在緐陽。"杜預注:"緐陽,楚地,在汝南鮦陽縣南。"又同書昭公五年和定公六年的記載並作"緐揚",證之銅器和簡文,"緐陽"是其正字,而"緐揚"乃同音假借字。漢晉鮦陽縣,據《水經注·汝水》(卷二一)的記載,因位於汝水支流鮦水之陽而得名,《讀史方輿紀要》說其在明清新蔡縣北 50 里,《大清一統志》說在新蔡縣東北 75 里,楊守敬《水經注疏》說在新蔡縣北 70 里,小有差異。以今圖對照,今安徽臨泉縣西境有鮦城鎮,位於新蔡縣北 70 里左右,應是古鮦陽縣所在,楊説更近實際。漢晉銅陽縣地望已明,則位於其南的古繁陽當不出今河南新蔡縣與安徽銅城鎮之間的新蔡縣北境一帶。這里南距古息國、息縣以及長陵邑僅百餘里,往來方便,簡文所記載戰國中期之繁丘、繁陽當即此,其地理形勢與簡文有關繁丘南里人冀酉爲隷於喜(息)的内容相符合。

《武漢大學學報》1997-4,頁 104—105

○**劉信芳**(2003)　緐丘:即"繁丘",下文"緐昜"即"繁陽"。鄂君啟舟節:"橐(就)緐昜,橐(就)高丘,橐(就)下蔡。"《左傳》襄公四年:"楚師爲陳叛故,猶在繁陽。"繁陽舊有二説,杜預《注》:"繁陽,楚地,在汝南銅陽縣南。"《春秋大事表》卷七:"今河南汝寧府新蔡縣北有繁陽亭。"而司馬彪《續漢志》汝南郡宋縣注云:"有繁陽亭。"劉昭注以《左傳》襄公四年楚師繁陽"實之,宋縣在今安徽大和縣北(參陳偉《楚東國地理研究》,武漢大學出版社 1992 年),古地時有遷徙,似難以確指。又《水經注·汝水》:"汝水又東南,逕繁邱城南。"楊守敬《疏》:"《地形志》襄城郡襄城有繁工城,工爲丘之誤,當以此正之。在今襄城縣東南。"

《包山楚簡解詁》頁 86—87

【緐寺】幣文
○**何琳儀**(1991)　"□止"(1000)。首字拓本不清晰,唯存"糸"旁,疑"繁"字。"繁止"讀"繁時",見《漢書·地理志》雁門郡,在今山西渾源縣西南。

《古幣叢考》(增訂本)頁 113,2002;原載《陝西金融·錢幣專輯》16

○**黄錫全**(2001)　"繁寺"尖足布,目前發現有三枚。一枚見於《中國歷代貨幣大系·先秦貨幣》1000 號,注云"馬定祥先生提供"。此枚通高 5.1、肩距 2.4、足距 2.9 釐米,有學者釋讀爲"繁止",即"繁寺"。其實,"止"下模糊,可能就是"寺"。銘文爲"傳形"。此枚實物不知現在何處。一枚見於錢幣愛好者收藏,文字小別(寺字倒書,圖 1)(編按:圖略,下同),通高 5.3、肩距 2.5、足距 3 釐米,重 6.2 克。另一枚也是一位錢幣愛好者收藏,據云出自山西北部,通高 5.6、肩距 2.7、足距 3.2 釐米,重 5.38 克,銘文很清晰(圖 2)。3 個"繁"字寫法略有區別,根據字形,無疑是"繁寺",讀"繁時"。繁時隷《漢書·地理志》雁門郡,在今山西渾源縣西南,戰國屬趙。

《先秦貨幣研究》頁 67

【緐昜】
【緐湯】集成 12111 鄂君啟車節、集成 11582 繁湯之金劍
○**郭沫若**(1958)　繁陽,在河南新蔡縣北,《左傳·襄公四年》"楚師爲陳敗

故,猶在繁陽”,又《定公六年》“吳敗楚舟師,楚子期又以陵師敗於繁陽”。

《文物參考資料》1958-4,頁 5

○**殷滌非、羅長銘**(1958)　鑫字从夊,與首句襄陵的陵字同,知是陵字,有人釋綮。陵陽見《楚辭·哀郢》。

《文物參考資料》1958-4,頁 10

○**于省吾**(1963)　綮字殷、羅文誤釋爲陵,綮作𢆶,與古陶文敚字作𢆶的結構正同。

《考古》1963-8,頁 447

○**孫劍鳴**(1982)　陵陽　郭釋繁陽,諸家無異詞。郭云:“繁陽在河南新蔡縣北。”而《辭源》“繁陽”條下注:“曹丕爲壇於繁陽,受漢帝禪,改曰繁昌。故城在今河南臨潁縣西北。”證以《節銘》,知郭説爲是。

《安徽省考古學會會刊》6,頁 31

○**劉和惠**(1982)　繁陽,該地北近於陳,爲楚東西交通所經之要道,係一較大邑聚,可能也在此設關。

《考古與文物》1982-5,頁 64

○**張中一**(1989)　“庚繁易(陽)”的“繁”確切地點不詳,當在“酉焚”之北,“高丘”之南。

《求索》1989-3,頁 128

○**王子超**(1990)　劍銘中的“繁陽”二字,依其結構隸定當作“綮𤄷”,是古代的地名。這一地名在史籍和東周青銅器中曾多次出現。如《左傳·襄公四年》裏説道:“楚師爲陳叛故,猶在繁陽。”又《昭公五年》:“楚子以諸侯及東夷伐吳……遠射以繁揚(陽)之師會於夏汭。”《史記·趙世家》:“廉頗將,攻繁陽,取之。”此外,《漢書·地理志》和《後漢書·郡國志》中魏郡下也都有“繁陽”縣名;見於銅器的則有春秋時《曾伯黍簠》中的“克狄淮夷,印燮䜌湯”,《晉姜鼎》中的“卑串通口,征綮湯原”和戰國楚器中的“自鄂往……庚綮易”等。按這些記載中的“繁揚、䜌湯、綮湯”和“綮易”都是“繁陽”的異文。因爲“揚”與“陽”音同形近;古時的地名字,常加“邑”旁,故繁可以寫作“䜌”;“湯”和“陽”並從易聲,因而能夠互通。顯然,劍銘中的“𤄷”又是“湯”(陽)的繁寫。

　　據史家所注,文獻中的繁陽非指一地,《左傳》杜預注:“(繁陽)楚地,在汝南鮦陽縣南。”《後漢書·郡國志》劉昭注:“(鮦陽)故城在今新蔡縣東北七十里。”楊伯峻《春秋左傳注》也説“繁陽,今河南新蔡縣北”;對《趙世家》中的繁陽,《史記集解》引《括地志》云:"繁陽故城在相州内黃縣東北二十七里。"王先謙《漢書補注》也説:"(繁陽)戰國魏地,趙拔之……《一統志》:'故城'今内黃縣東北。"由此足見先秦時代的繁陽有兩個,一南一北,其一在楚,其一屬魏。

銅器中的繁陽,依《曾伯霥簠》銘文分析,也當在楚地。其中説"克狄淮夷,印爕繁湯(陽)",克淮夷與爕繁湯二者爲一事。據民族史學家研究,春秋時期"一部分淮夷,移徙到淮河上游,至江淮之閒"。淮夷既處於淮河上游,而繁陽也應距此不遠。《晉姜鼎》與《曾伯霥簠》記載的是同時同一件事。《鄂君啟節》本爲楚器,其中的繁陽自然不會是在魏地了。至於劍銘中的"繁陽",也與《曾伯霥簠》銘文的内容甚有關係。其中説到抑襲繁陽的目的是爲了"金道錫行",即使"金錫入貢或交易之路"得以通暢。表明楚地的繁陽或可能是銅、錫的産地,或可能是轉運、冶銅的場所。劍銘既稱"繁陽之金",顯然與簠銘所説的"金"爲同類事;況且在史籍談到北方的繁陽時,從未見有涉及銅資料的記載,因而可以肯定劍銘中的繁陽也不在魏地。

《河南大學學報》1990-4,頁 77—78

○**湯餘惠**(1992)　綜前所述,先秦時代,繁陽有南北之别,均在今河南省境内。戰國南繁陽屬楚,在今新蔡縣北,爲我國古代南方重要銅産地之一;北繁陽屬魏,在今内黃縣東北,是魏國東北方邊境上的重要縣邑。南北兩繁陽均有先秦古文字資料出土,南繁陽寫作"緐湯"或"緐湯",北繁陽寫作"每陽、匋邑",或省稱爲"每"。在用字上略有不同。每、匋爲緐、繁之古文異體,秦滅六國,統一文字,前兩體皆廢,而緐、繁流行於後世。從戰國魏邑繁陽的古文字資料看,該縣設有官府手工業作坊,實行當時三晉各國普遍推行的令、工師和冶分工負責的三級責任制;縣内有食官之設,食官亦名"下官";該縣當時鑄行的金屬布幣有兩種,一種是面文爲"繁一釿"或"繁釿"的圓跨布,另一種是"繁"字鋭角布。魏國是當時繁姓聚居之地,其民爲"殷民七族"繁氏的後裔。魏繁陽城内有宫室建築名爲"繁宫",殆是當時當地一大景觀,其爲普通宫室,還是宗廟,抑或是王侯的離宫别館,尚待進一步考證。

《古文字研究》19,頁 505—506

○**王子超**(2002)　劍銘的頭兩個字,依其結構當隸定作"緐樑",《報告》釋爲"繁陽"。按"緐"即"繁"的本字。《説文》里有緐無繁,云:"緐,馬髦飾也。從糸從每。"段注:"引申爲繁多。又俗改其字作繁,俗形行而本形廢;引申之義行而本義廢矣。"典籍多作繁。"樑"應是從木,湯聲,字書所無。所從之湯爲"易"聲,陽亦以"易"爲聲。"易"古陽字。春秋器晉姜鼎和曾伯霥簠中也曾出現地名"絲湯"和"鬗湯",其"湯"字學者們亦釋讀爲"陽"。因而釋"絲鬗"爲"繁陽"是没有問題的。

先秦時期地名繁陽者,就史籍所見有兩處:一見於《左傳》,襄公四年云:"春,楚師爲陳叛故,猶在繁陽。"杜預注:"楚地,在汝南鮦陽縣南。"《後漢書·郡國志》汝南郡鮦陽縣下,王先謙集解云:"《一統志》:(鮦陽)故城今新蔡縣東北七十里。"楊伯峻《春秋左傳注》:"繁陽,今河南新蔡縣北。"《報告》作者更指出,其地"在今河南新蔡縣北三十里淮水支流汝河北岸"。各家所説雖然角度不同,而指徵的地理方位大體是一致的。春秋時的淮河中上游和江淮之間都是淮夷聚居地,繁陽本爲淮夷所轄,後來才被楚國侵併,曾伯霖簠言"克狄淮夷,卬燮鬗湯"是其證。

一爲《史記·趙世家》所載,云:"廉頗將,攻繁陽取之。"《集解》引《括地志》説:"繁陽故城在相州内黄縣東北二十七里。"《漢書·地理志》魏郡繁陽縣下王先謙補注:"(繁陽)戰國魏地,趙拔之……《一統志》:故城今内黄縣東北。"所言皆同。從而知道此繁陽戰國時原屬魏,後爲趙所奪。

上述二繁陽,一南一北,南者屬楚,北者屬魏(趙)。劍銘中的繁陽當指何處? 就銘文本身考察,其中的"金"字與文獻和金文中的"貢金"(《禹貢》、"獻金"(屍敖簋蓋)、"孚金"(過伯簋)等"金"字的用法同,蓋指銅料或青銅製品。因知劍銘的繁陽與銅有關。前引曾伯霖簠記載,爲了打通南銅北運(入貢或貿易)的"金道",對淮夷發動戰争,攻伐繁陽,其最終目的也是爲了得到銅料,與"繁陽之金"相比照,可知劍銘中的繁陽應即簠銘中的繁陽。前文説過,簠銘中的繁陽,本爲淮夷住地,非魏(趙)所屬可知。

至於魏(趙)之繁陽,兩漢時爲魏郡轄縣,《漢書·地理志》"繁陽"下,顏師古注:"應劭曰:(繁陽)在繁水之陽;張晏曰:其界爲繁淵。"王先謙補注:"河水注,浮水故瀆自東郡頓丘來,東至繁陽縣故城南。《春秋》襄二十年,公與齊侯、晉侯盟於澶淵。杜預曰:在頓丘縣南,即繁淵也,亦謂之浮水焉……澶水在開州西南,一名繁水,一名浮水。張注其界爲繁淵,河水注引作縣有繁淵。"王氏引證的要旨是:繁陽春秋時爲繁淵地,繁淵亦即澶淵。這裏雖然在歷史上代爲著名城邑,但始終未見與產銅或冶銅有關的記載,顯然劍銘中的繁陽與此無涉。

繁陽(指劍銘,下同)既是貢金的運輸要道,其經濟上的地位可以想見。著名楚器鄂君啟節(車節)在規定的商旅交通路線中曾寫道:"自鄂往,庚陽丘,庚邡城……庚絲易……庚下蔡……"其中的"絲易"即繁陽。據譚其驤先生分析,節中所列,都是當時經濟比較發達的地區,證明戰國時繁陽仍是南方與中原進行商貿往來的重要城邑之一。

大凡經濟上的要地,軍事上也往往爲兵家所必爭。繁陽在軍事上的作用,透過以下記載,可見其一斑。《左傳·襄公三年》:"楚司馬公子何忌侵陳,陳叛故也。"楚國這次出兵"侵陳",是以繁陽爲其進軍的橋頭堡的。所以先將重兵駐扎在那裏,一直持續到次年。因而襄公四年傳云:"春,楚師爲陳叛故,猶在繁陽。"楊伯峻注:"去年楚公子何忌率師侵陳,陳不服楚,楚師亦未退;繁陽離陳約二百餘里,可進可退也。"昭公五年傳:"冬十月,楚子以諸侯及東夷伐吳。薳射以繁陽之師合於夏汭。"薳射,楚大夫。"夏汭",王伯祥説在"夏水入江處,蓋在夏水之尾。漢末之夏口,亦曰漢口……即今湖北漢口"。爲了配合伐吳,於是薳射帶繁陽常駐之兵,揮師南下。定公六年傳:"四月己丑,吳大子終累攻楚舟師……子期又以陵師敗於繁揚(陽)。"這次吳攻楚的戰役,是在水陸兩條戰線上同時進行的。楚的舟師(水軍)被吳軍擊敗之後,子期(楚平王子,公子結)所統帥的陵師(陸軍)又在繁陽受挫。(《史記·吳世家》載同年"吳王使太子夫差伐楚,取番"事,疑即同一戰役,待考。)

上文顯示,楚國"侵陳、伐吳",吳攻楚等征戰事件中,繁陽皆當其衝;金文中,晉姜鼎、曾伯霙簠所載春秋初期晉、曾兩國與淮夷的戰爭,也是以攻取繁陽爲目標的。足見當時繁陽在軍事上的作用确非一般。

《古文字研究》24,頁 263—264

繮 繮

○何琳儀(1998)　《説文》:"繮,馬紲也。从糸,畺聲。"齊陶繮,人名。

《戰國古文字典》頁 639

△按　新蔡簡"繮子",人名。

紛 紗 繽

○**郭若愚**（1994）　（編按：信陽 2・28）緋,《説文・新附》:“帛赤色。”《類篇》:
“絳色。”

《戰國楚簡文字編》頁 99

○**何琳儀**（1998）　《説文》:“紛,馬尾韜也。从糸,分聲。”包山簡“紛純”,見
《周禮・春官・司几筵》“設莞筵紛純”,注:“鄭司農云,紛讀爲豳,又讀爲和
粉之粉,謂白繡也。純,讀爲均服之均。純,緣也。”《文選・張衡〈東京賦〉》
“次席紛純”,注:“薛綜曰,紛純,謂以組爲緣。”楚簡紛,參《周禮・春官・司
几筵》“莞筵紛純”,疏:“紛,如綬有文而狹者。”

隨縣簡“紛韌”,即天星觀簡“紛紉”。亦作“貧韌、歕韌”。《説文》:“紉,
繹繩也。”

《戰國古文字典》頁 1359

繪 繪

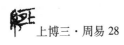
璽彙 2606

○**何琳儀**（1998）　繪,从糸,酉聲。纐之異文。《集韻》:“纐,絆前兩足。或
从酉。”

燕璽繪,讀酉,姓氏。見《姓考》。

《戰國古文字典》頁 212

○**湯餘惠等**（2001）　繪。

《戰國文字編》頁 852

△**按**　疑“繪”之簡體。《説文》:“繪,馬絆也。从糸,酋聲。”

緪 緪

上博三・周易 28

○**濮茅左**（2003）　“緪”,从糸,恆聲,《説文》“緪”字。《集韻》:“緪,緪或
省。”通“恆”,如《詩・小雅・天保》“如月之恆”,孔穎達正義:“集注本、定本
‘緪’字作‘恆’。”

《上海博物館藏戰國楚竹書》（三）頁 175

△**按**　《説文》:“緪,大索也。一曰:急也。从糸,恆聲。”《周易》簡“緪”,今

本、帛書本作“恆”。

絧 絧

絧 侯馬 156:19

○何琳儀（1998）　《説文》：“絧，彈彄也。从糸，有聲。”侯馬盟書絧，人名。

《戰國古文字典》頁 12

緍 緍　緡

緍 郭店·老丙 3　　緍 郭店·六德 38　　緍 郭店·緇衣 29　　緡 上博一·緇衣 15

緡 睡虎地·秦律 110

○裘錫圭（1998）　（編按：郭店·緇衣 29）此字可能應釋作“緍”，即“緡”。“緡”與“綸”都可當釣魚的絲繩講，《緇衣》鄭注解“綸”爲“綬”，似非。

《郭店楚墓竹簡》頁 135

○陳高志（2000）　第二十九簡：王言如絲，其出如結，王言如索，其出如綍。

今　　　本：王言如絲，其出如綸，王言如綸，其出如綍。

簡本的修辭是排比式句子，今本則是四句三層的遞句法。

緍，裘錫圭先生之釋爲“緍”“緡”，似有商榷的餘地。昏、昏同字，自來無異議，但簡文所從是口上作壬形，此即“𦥑”字。《説文·日部》：“昏，日冥也，从日，氏省。氏者，下也，一曰：民聲。”段《注》：“‘一曰民聲’此四字蓋淺人所增，非許本書，宜删。凡全書内昏聲之字，皆不从民，有从民者，訛也。”簡文緍字偏旁象人作挺立狀，甲骨文作𦥑，因此，不能將之與金文“𦥑”字混爲一談，此字楷書作𦥑。《説文·口部》：“舌，塞口也。从口、氏省聲，昏，古之昏，从甘。”𦥑與舌形混。段玉裁《注》：“氏即氏部𦥑字隸變，或作氏，或作牙，凡氏聲隸變皆爲舌，如括刮之類。”

本篇第三十簡的“話”字，簡文作𦥑，其聲符即𦥑的變體。“緍”字，簡本隸作結是正確的，但將之釋爲緍字則非。此字即“紝”字，《玉篇》零卷紝字下引《説文》説：“機上縷也。”宋本《説文》作：“機縷也。”段《注》説：“蠶曰絲，麻曰縷。”簡本使用繩索名稱有四，即：絲、紝、索、綍，論層次是由弱向强遞增。全句的義理,應如孫希旦《集解》所説:"王者之言,宜爲政教,成之爲風俗,其端甚微,其末甚大。"

○劉信芳(2000)　結　今本作"綸",鄭玄注:"今有秩嗇夫所佩也。"按"結"即"綎"之異構,《説文》:"綎,系綬也。""其出如綎"者,言君王之言,始出如絲,傳出則被誇大,已如系綬矣。裘按釋"結"爲"緍",於字形不合。"緍"見郭店《老子》丙3,《六德》38,其字右上從"氏"而非從"壬"。另可參《魯穆公》1、3,《唐虞之道》22"昏"字。

○彭裕商(2002)　郭店簡《緇衣》云:"王言如絲,其出如緍。"緍字釋文作結,裘錫圭先生認爲"此字可能應釋作'緍',即'綸'"。學者對此或有懷疑。今按:該篇第38簡"多聞,質而守之",第40簡"必聞其聲",兩聞字所从聲旁與緍字聲旁相同,裘先生的意見是對的。李零先生即直接寫作緍。今本《緇衣》此字作綸,《爾雅·釋言》:"緍,綸也。"古時絲與緍常連言,《詩·何彼襛矣》:"其釣維何? 維絲伊緍。"《抑》:"荏染柔木,言緍之私。"《何彼襛矣》鄭箋云:"釣者以此有求於彼,何以爲之乎? 以絲之爲綸,則是善釣也。"《正義》云:"維以絲爲繩,則是善釣。"緍即綸,都是繩索,繩索是合絲線而成的,《緇衣》此句之意即鄭注所謂"言出彌大"。

【緍繡】睡虎地·秦律110

○睡簡整理小組(1990)　緍綉(編按:簡文實作"繡"),即文綉,《吕氏春秋·仲秋紀》:"文綉有常。"《禮記·月令》作"文綉有恆",注:"文謂畫也,祭服之制畫衣而綉裳。"但從簡文説用針看,文綉應專指刺綉而言。

△按　楚簡"緍"字當以裘、彭二氏之説爲是。《説文》云:"緍,釣魚繁也。从糸,昏聲。"楚簡"緍"字正从昏聲,所从"昏"當分析爲从氏从日,"氏"與"日"共用一横畫。楚簡"緍"作左右結構或上下結構無別;"糸"旁或省作"幺"。秦簡"緍"字嚴格隸定應作"緍",是爲"緍"之小變。睡虎地秦簡"昏"作昏(日乙156),上从民,正與"緍"字所从同,可知秦系"昏"確是小變而作"昏"形,蓋變形以表音也。《説文》"昏"字下"一曰民聲"之説,實有所本,段注指爲淺人所增之説難以成立。"緍繡"一語,《睡簡》讀爲"文綉"可從。

絮  紋

睡虎地・封診 82

![印]璽彙 3596

○**何琳儀**（1998）　从糸，女聲。疑絮之省文。《説文》：“絮，敝緜也。从糸，如聲。”紋與春秋金文繁或作![字]（吳王御士臣）相似，並非一字。楚璽紋，人名。

《戰國古文字典》頁 562

絡 絡

天星觀　絡天星觀　絡睡虎地・雜抄 18

○**睡簡整理小組**（1990）　絡，《廣雅・釋器》：“綆也。”組，薄闊的緣。絡組即穿聯甲札的緣帶。

《睡虎地秦墓竹簡》頁 84

○**何琳儀**（1998）　《説文》：“絡，絮也。一曰，麻未漚也。从糸，各聲。”天星觀簡絡，見《方言》五：“自關而東，周洛韓魏之閒，綆或謂之絡。”

《戰國古文字典》頁 489

紙 紙

![字]睡虎地・日甲 61 反

○**睡簡整理小組**（1990）　抵，《説文》：“側擊也。”一説，讀爲抵，義爲投。

《睡虎地秦墓竹簡》頁 218

○**劉樂賢**（1994）　整理小組前説紙讀爲抵，或説紙讀爲抵，現從或説。馬王堆漢墓帛書《五十二病方》有“以履下靡（磨）抵之”一句，可與本簡對照。

《睡虎地秦簡日書研究》頁 243

△**按**　劉説可從。《説文》：“紙，絮一苫也。从糸，氏聲。”秦簡“紙”爲假借用法。

絮 絮

 上博三·周易 57

○濮茅左（2003）　　"絮"，《説文·糸部》："絮，絜緼也，一曰敝絮，从糸，奴聲。《易》曰：需有衣絮。"《玉篇》："絮，緼也，塞也，或作袽。"可以塞漏舟。

《上海博物館藏戰國楚竹書》（三）頁 213

△按　今本作"袽"，帛書本作"茹"。楚簡本與《説文》合。

繫 繫

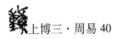 上博三·周易 40

△按　《説文》："繫，繫緢也。一曰：惡絮。从糸，毄聲。"《周易》簡"繫"，今本同，帛書本作"擊"。

纑 纑 纑

 璽彙 3921

○湯餘惠（1986）　　（編按：璽彙 3921）可隸定爲"纑"，應是纑字古文。《説文》糸部："纑，布縷也。从糸，盧聲。"丁佛言《補補》13·2 釋"縵"，殊誤。

《古文字研究》15，頁 36

○何琳儀（1998）　　（編按：璽彙 3921）纑，从糸，虍聲。疑纑之異文。《説文》："纑，布縷也。从糸，盧聲。"齊璽纑，人名。

《戰國古文字典》頁 453

△按　隸定當從湯氏。

絺 絺 絺

 璽彙 2602

○何琳儀（1998）　　《説文》："絺，細葛也。从糸，希聲。"晉璽絺，讀希，姓氏。伏羲氏之後。希、羲古時通用。見《路史》。或讀郗。姓氏。蘇氏之子封於郗,爲郗氏。見《路史》。

《戰國古文字典》頁 1175

△按　璽文"綌"字所从"希"从"帛"。

綌　綌

上博六・用曰 20　　上博六・用曰 18　　輯存 65

△按　《説文》:"綌,粗葛也。从糸,谷聲。帣,綌或从巾。"戰國文字中"谷、谷"似相混不別。《用曰》篇"番圖綌衆"之"綌"疑讀爲"裕"。

綸　綸

睡虎地・語書 10　　侯馬探 8②:2　　侯馬 79:3

○山西省文物工作委員會(1976)　俞,盟書中或寫作諭、綸,借爲偷字。

《侯馬盟書》頁 38

○睡簡整理小組(1990)　偷,苟且。

《睡虎地秦墓竹簡》頁 16

○何琳儀(1998)　《説文》:"綸,綸貨布也。从糸,俞聲。"侯馬盟書綸,讀踰。見俞字。

《戰國古文字典》頁 375

△按　盟書、秦簡之"綸"均應從整理者讀"偷"。

繐　繐　繐

璽彙 0243

○何琳儀(1998)　繐,从糸,襄聲。疑繐之繁文。《説文》:"繐,服衣,長六寸,博四寸,直心。从糸,衰聲。"或説,从艸,繐聲。蓑之繁文。見衰字。

　　齊璽繐,讀衰,姓氏,趙衰之後。見《萬姓統譜》。

《戰國古文字典》頁 1278

△按　另參卷八"衰"字條。

絠 絠

絠 睡虎地・秦律75

○**睡簡整理小組**(1990)　絠,疑讀爲奉,《漢書・刑法志》注:“養也。”本條最後一簡,即“絠”字以下,與前一簡是否銜接未能完全確定。

《睡虎地秦墓竹簡》頁 38

△按　睡簡“絠”字因簡文銜接情況尚難確定,其音義亦宜闕疑待考。

絜 絜

絜 睡虎地・語書9　　絜 睡虎地・爲吏2　　絜 睡虎地・秦律14

○**睡簡整理小組**(1990)　(編按:睡虎地・秦律14) 絜(音協),《文選・過秦論》注引《莊子・人閒世》司馬注:“匝也。”《管子・幼官》注:“圍度也。”此處指牛的腰圍。《居延漢簡甲編》二二七四:“牛一,黑特,左斬,齒□歲,絜七尺三寸。”與此同例。

　　精絜,《國語・晉語》作“精潔”,即西漢鏡銘“絜清白而事君”的“絜清白”,《鹽鐵論・頌賢》作“精白”,三詞都是清白的意思。

《睡虎地秦墓竹簡》頁 23、168

△按　《説文》:“絜,麻一耑也。从糸,韧聲。”“匝”義或由此引申。讀“潔”屬音假。

繆 繆

繆 睡虎地・效律56　　繆 睡虎地・封診82

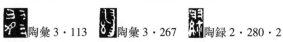
繆 陶彙3・113　　繆 陶彙3・267　　繆 陶録2・280・2

○**何琳儀**(1998)　《説文》:“繆,枲之十絜也。一曰,綢繆。从糸,翏聲。”詛楚文“繆力同心”,即《國語・齊語》“戮力同心”,注:“戮,并也。”

《戰國古文字典》頁 240

○**睡簡整理小組**（1990）　繆（謬）。

《睡虎地秦墓竹簡》頁 76

【繆繒】睡虎地・封診 82

○**睡簡整理小組**（1990）　繆繒,據簡文應是一種繒的名稱。

《睡虎地秦墓竹簡》頁 161

綢 繒

曾侯乙 133　　包山牘 1

○**何琳儀**（1998）　《説文》:"綢,繆也。从糸,周聲。"包山牘綢,見《廣雅・釋詁》四:"綢,纏也。"

《戰國古文字典》頁 183

綏 緌

曾侯乙 88　仰天湖 9　仰天湖 15　包山 277　璽彙 1414

○**中大楚簡整理小組**（1977）　綏,疑即緌,而不是登車用的挽索。

《戰國楚簡研究》4,頁 7

○**趙平安**（1997）　"紅組之綏"的綏即緌,是似纓飾的下垂物,它應是"纏純"上的裝飾。

《第三屆國際中國古文字學研討會論文集》頁 716

○**何琳儀**（1998）　綏,从糸,妥聲。《説文》:"綏,車中把也。从糸、妥。（息遺切）。"楚簡綏,讀緌。《詩・齊風・南山》:"冠緌雙止。"《太平御覽》六九八引緌作綏。《詩・大雅・韓奕》"淑旂綏章",釋文:"綏本亦作緌。"均其佐證。《爾雅・釋器》:"繸,綬也。"注:"綬,繫也。"

《戰國古文字典》頁 868

○**李家浩**（1999）　把（5）（編按:指仰天湖15）與（2）（編按:指信陽 2・13）對照一下,就可以清楚看到（5）的"紅組之綏"與（2）的"組繸"相當,可見"綏"確實是"繸"。上古音"綏、繸"都是精組微部字,音近可通。《周禮・天官・夏采》:"以乘車建綏復于四郊。"鄭玄注:"古書'綏'爲'緌'。"段玉裁等人指出,鄭玄注的"緌"當作"蕤","蕤"即《説文》𠫓部"𧄒"的重文。此是"綏"與"繸"可以相通的例子。據上引《爾雅・釋器》"綥,綬也","綥"就是《禮記・玉藻》所説的"綬":"天子佩白玉而玄組綬,公侯佩山玄而朱組綬……"鄭玄注:"綬者,所以貫佩玉相承受者也。"

《著名中年語言學家自選集・李家浩卷》頁 304,2002;原載《中國古文字研究》1

○劉信芳(2003)　綏:字或作"妥",望山簡 2-9:"白柔之妥。"《説文》:"綏,車中靶也。"靶字各本作"把",《玉篇》作"靶"。《論語・鄉黨》:"升車必正立執綏。"《注》引周生烈曰:"必正立執綏,所以爲安。"《疏》云:"綏者,挽以上車之索也。"

《包山楚簡解詁》頁 319

彝　彝

集成 85 楚王酓章鎛　集成 9735 中山王方壺

集成 9710 曾姬無卹壺　集成 2811 王子午鼎

○張政烺(1979)　(編按:中山王方壺)彝,《説文》:"宗廟常器也。"古文作彝,《汗簡》作彝,與此略似。

《古文字研究》1,頁 209

○何琳儀(1998)　彝,甲骨文作彝(前五・一・三),從収從糸從雞,會雙手以繩縛雞祭祀之意。金文作彝(史頌簋),左中加彡表示雞血。春秋金文作彝(秦公簋)。戰國文字承襲西周金文。糸旁或繁化爲絲旁,雞旁或簡化爲勹形,或加彳旁繁化。三體石經《君奭》作彝,雞頭訛作勹旁,雞身訛作米旁。《説文》:"彝,宗廟常器也。從糸,糸,綦也。収,持米器中實也。彑聲。此與爵相似。《周禮》六彝,雞彝、鳥彝、黄彝、虎彝、蟲彝、斝彝,以待祼將之禮。(以脂切)"。彝、彝,皆古文彝。"彝應移彑聲之後。

戰國文字彝,除人名之外,均祭祀之器。

《戰國古文字典》頁 1247—1248

緅　緅

信陽 2・12　信陽 2・24　包山牘 1　天星觀　包山 270

○**朱德熙、裘錫圭**(1973)　　緅字信陽簡屢見。《考工記・鍾氏》"三入爲纁,五入爲緅,七入爲緇",鄭注:"緅,今禮俗文作爵,言如爵頭色也。"《儀禮・士冠禮》"爵弁服,纁裳,純衣,緇帶,韎韐",鄭注:"爵弁者,冕之次,其色赤而微黑如爵頭然,或謂之緅。"據此,緅與紫色相近,所以《論語・鄉黨》"君子不以紺緅飾,紅紫不以爲褻服",鄭注:"紺緅紫,玄之類也。"本簡和 206、229 號簡皆言"紫緅",可能以緅爲各種赤黑閒色帛的總稱。

《朱德熙古文字論集》頁 67,1995;原載《考古學報》1973-1

○**中大楚簡整理小組**(1977)　　緊即緅字。《説文・新附》:緅,"帛青赤色也"。《周禮・考工記》謂染羽"三入爲纁,五入爲緅,七入爲緇",鄭玄注:"染纁者三入而成,又再染以黑,則爲緅。緅,今禮俗文作爵,言如爵頭色也。"

《戰國楚簡研究》2,頁 18

○**郭若愚**(1994)　　緅衣　緅,《説文・新附》:"帛青赤色也。"類紫色。此謂紫色之衣。

《戰國楚簡文字編》頁 72

○**劉信芳**(1997)　　信陽簡二・七:"一纏緅衣。綪繆之夾,純悤,組緣,叟績。""緅衣"即"繏衣",《説文》:"繏,絺之細者。"

《中國文字》新 23,頁 99

○**何琳儀**(1998)　　《説文・新附》:"緅,帛青赤色也。从糸,取聲。"楚簡緅,青赤色。

《戰國古文字典》頁 387

練 糸束

璽彙 3714　　陶彙 3・786

○**羅福頤等**(1981)　　(編按:璽彙 3714)"練"。

《古璽文編》頁 308

○**何琳儀**(1998)　　《説文・新附》:"練,布屬。从糸,束聲。"齊陶練,疑讀速,姓氏。見《姓苑》。

《戰國古文字典》頁 362

紆

紆
九店 56·36

○**陳松長**(1997)　(編按:九店 56·36)"紆"字見於《篇韻》,解釋爲:"音奕,田器也。"將之放在簡中,語義顯然不符。其實,從字形上看,此字並不是從弋,而是從干,這在楚系文字中已反復出現過。例如包山楚簡第 267 簡中的"軒"字,黄錫全、湯餘惠等先生就曾指出此字不應釋爲"軑",而應釋爲"軒",因爲酓忎鼎中的"忎"即釋爲"忎",而《汗簡》卷一中的"羋"即是玫字,因此,此字右爲從干應無疑問,九店簡中的這個字從系(編按:"系"當是"糸"之誤。)從干,應隸定爲"紆"字,此字見於《玉篇》,注云:"摩展衣也。"很顯然,此字與服飾有關,置於簡的上下文中,所謂"折(製)衣紃表紆",正文從字順。

《第三届國際中國古文字研討會論文集》頁 550

○**李家浩**(2000)　(編按:九店 56·36)"表紒",秦簡《日書》甲種楚除秀日占辭作"服帶",其下還有一"吉"字。"紒"應當分析爲從"糸"從"弋"聲,與《龍龕手鑒》糸部音子廉反的"紒"當非一字。《汗簡》卷下之一糸部引王存乂《切韻》"織"字作紒,從"糸"從"式"聲。"式"亦從"弋"聲。頗疑楚簡"紒"即"紒"字。若此,"表紒(織)"大概就是古書上所説的"表識"。《漢書·王莽傳》:"初,京師聞青、徐賊衆數十萬人,訖無文號旌旗表識,咸怪異之。"字或作"表幟、摽(標)幟"等。《三國志·吳書·周魴傳》:"乞請幢麾數十,以爲表幟,使山兵吏民。目瞻見之。"《後漢書·皇甫嵩傳》:"角等……皆著黄巾爲摽幟,時人謂之'黄巾'。"或説"表紒"應當讀爲"服飾"。(中略)"飾"字詛楚文作"餙"(《石刻篆文編》七·二七),曾侯乙墓竹簡作"紙、鈘"(參看裘錫圭、李家浩《曾侯乙墓竹簡釋文與考釋》,《曾侯乙墓》上册 514 頁[九八]),皆從"弋"得聲。"紒"與"紙、鈘"二字結構、聲旁相同。此是"紒"可以讀爲"飾"的例子。"服飾",衣服的裝飾。《漢書·王莽傳》:"五威將乘《乾》文車,駕《坤》六馬,背負鷟鳥之毛,服飾甚偉。"簡文"表紒"位於"製衣裳"之後,疑"表紒"應當跟"衣裳"同類。若此,在以上兩種説法中,後一種説法似乎更符合原義。

《九店楚簡》頁 98—99

△**按**　楚簡"干、弋"形近,一般而言,"干"之豎畫垂直,而"弋"之長筆則取向右斜出之勢。九店簡此字釋"紆"爲妥。

紷

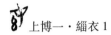 上博一・緇衣 1

○**陳佩芬**（2001）　《禮記・檀弓上》"爵弁経,紷衣",陸德明釋文:"紷,本又作緇。"本篇名上博簡爲《紷衣》,郭店簡爲《兹衣》,今本作《緇衣》,三字寫法均不相同。

《上海博物館藏戰國楚竹書》(一)頁 174

△**按**　"紷"字从糸,才聲,即"緇"之異體。

紪

弍郭店・緇衣 3　　弍郭店・殘 2　　弎璽彙 5558

○**何琳儀**（1998）　紪,从糸,弋聲。《篇韻》:"紪,田器也。"古璽"紪梁",地名。

《戰國古文字典》頁 71

○**陳偉武**（2003）　紪:古代以"弋"指繫有繩子的短箭,也指用帶繩子的箭射獵,故郭店簡《緇衣》加"糸"旁示意,近似於杕氏壺"罞獵"之"罞"从"网"。上博簡作"弋",簡文讀爲"民情不弋"。《龍龕手鑒・糸部》云:"紪,田器也。"與郭店簡"紪"字當是異代同形。

《華學》6,頁 100

紸

弎璽彙 0226

○**湯餘惠等**（2001）　紸。

《戰國文字編》頁 855

△**按**　此字左旁也有可能是"邑",右旁也有可能是"失"。

紀

弎璽彙 5614

○何琳儀(1998)　紇,從糸,匸聲。(甲骨文"報乙"合文作匸)燕璽紇,人名。

《戰國古文字典》頁 1082

△按　所從聲符"匸"不宜與甲骨文"報乙"合文牽合。

紙

𦆄 包山 277　　𦅸 包山牘

○劉信芳(1997)　包簡二七七:"絓絹之縫,雷光之結帖,一紙。"牘:"四馬晧薈(衛),繙芋結項,告紙。"從校勘的角度可推知"紙、告紙"乃"鋧"之異稱。劉釗云:"古文字毛、斥乃一字之分化,字應釋爲'綷','綷'字見於《集韻》,謂'以繩維持也'。"按劉説是也。疑"綷"乃"緤"之俗字,《説文》:"緤,綬維也。"綬乃擊綬之通名。知楚人謂馬頸之金屬套圈爲"鋧",綬帶套圈爲"紙"或"告紙"。

《中國文字》新 22,頁 187

○何琳儀(1998)　紙,從糸,毛聲。包山簡紙,疑讀鉈,見鉈字。

《戰國古文字典》頁 525

○劉釗(1998)　簡 277 有字作"𦆄",字表隸定作"紙"。按字從糸從毛。古文字毛、斥乃一字之分化。字應釋爲"綷",綷字見於《集韻》,謂"以繩維持也"。

《出土簡帛文字叢考》頁 29,2004;原載《東方文化》1998-1、2

○李守奎(2003)　紛。

《楚文字編》頁 740

△按　字所從毛,與"卜"之作丸(郭店‧緇衣 46)略似而有別,釋"紛"不確。

絳

𦅸 詛楚文　絳 曾侯乙 9　𦄂 陶彙 3‧161

○何琳儀(1998)　絳,從糸,丰聲。疑縫之省文。《説文》:"縫,以鍼紩衣也。從糸,逢聲。"詛楚文絳,讀縫,《廣雅‧釋詁》二:"縫,合也。"

《戰國古文字典》頁 436

○湯餘惠等(2001)　釋"綪"。

《戰國文字編》頁 853

紩

紩 天星觀　　紩 天星觀

○**何琳儀**（1998）　紩，从糸，夫聲，袂之異文。《集韻》：“袂，《説文》襲袂也。或从糸。”天星觀簡紩，讀袂。

《戰國古文字典》頁 591

○**李守奎**（2003）　見《集韻·虞韻》。

《楚文字編》頁 741

綍

綍 曾侯乙 131

○**何琳儀**（1998）　綍，从糸，帀聲。隨縣簡綍，或作帀，人名。

《戰國古文字典》頁 1281

紋

紋 秦陶 1376

○**高明、葛英會**（1991）　《説文》所無。《類篇》引《字林》云：“緯紋，挽舟繩。”

《古陶文字徵》頁 179

紆

紆 郭店·語三 48

○**陳偉**（1998）　思亡彊（疆），思亡其（期），思亡牙（从幺，邪）　《語叢三》四八

　　《詩·魯頌·駉》四章各有一個三字句，分別作“思無疆、思無期、思無斁、思無邪”。簡文應即摘取一、二、四句而成。

《江漢考古》1998-4，頁 71

○**陳松長**（2000）　“紆”，此字見於《語叢三》簡 48，釋文隸定爲“紆”，無注。

張光裕先生主編的《郭店楚簡研究・文字編》則將其隸定爲“紆”，亦無解釋。

按，此字右邊的偏旁應是从“牙”，同篇第 9 號、第 11 號簡上的“牙”字都作“”或“”形，其形體與此字右旁所从的偏旁完全相同，因此，此字似應隸定爲“紆”。包山楚簡第 278 號，有“”字，釋爲“綡”，何琳儀先生考釋曰：“綡，从糸，呀聲。疑紆之異文。《篇海》：‘絚，俗作紆。’《説文》：‘笠，可以收繩也。亦从糸。’互、牙音近，形訛作牙。”

段玉裁注云：“收當作糾，聲之誤也，糾，絞也。今絞繩者尚有此器。”

竊以爲包山楚簡上的“綡”與本簡之“紆”都應讀爲“邪”。《説文》：“邪，琅邪郡，从邑，牙聲。”兩字同樣以“牙”爲聲符，自可相通。驗之文義，正可貫通。本簡所説是：“思亡彊，思亡亓（期），思亡紆（邪），思亡不繇我者。”其“思亡紆（邪）”，也就是我們所熟知的孔子評《詩》的名言“一言以蔽之，思無邪”的意思。而包山楚簡 278 中的“告綡（邪）多命”，其意思應是“告多命”，其中“綡（邪）”當讀作語助詞，如《易傳》“乾坤其易之門邪，乾坤其易之緼邪”之類，都是其例。

《古文字研究》22，頁 259

○**吕浩**（2001） 《郭簡・語業三》簡四八至四九：

思亡彊，思亡其，思亡約，思亡不遙（由）我者。

《詩・魯頌・駉》：“思無疆……思無期……思無斁……思無邪……”與此相對照，簡文“亡”讀爲“無”，“彊”讀爲“疆”，“其”讀爲“期”，唯“約”字與“邪”似不相通。察簡文圖版，所謂“約”字本寫作“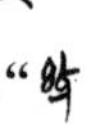”，疑當釋爲“紆”。簡文中“与”“彐”“牙”三字形相近，裘錫圭先生指出“与”“幻”字形的不同往往表現在“与”的下横右端出頭（不出頭的可釋爲“牙”）。上引从糸之字右部下横右端不出頭，故可釋爲“紆”，讀爲“邪”（二者皆从牙得聲），又疑下文“我”字讀爲“義”，因爲“思無不由義”，故“思無邪”。

《中國文字研究》2，頁 280

○**陳偉**（2003） 邪，原未釋，字本从糸从牙。古文字中从糸从衣的形旁往往通用，因而此字應可釋爲“衺”，後世通作“邪”，奇邪不正之義。《駉》四章説：“思無邪，思馬斯徂。”鄭箋：“思遵伯禽之法，專心無復邪意也。牧馬使可走行。”

《郭店竹書別釋》頁 224

紋

睡虎地·秦律 126

○**睡簡整理小組**（1990）　紋（綟）（中略）。綟（音力），扭曲。

《睡虎地秦墓竹簡》頁 49

○**何琳儀**（1998）　綟，西周金文作（瘋鐘），从幺，綟聲。綟，來紐；綟，端紐。來、端均屬舌音，綟爲綟之準聲首。春秋金文作（秦公鎛）。秦國文字省作綟、紋。《説文》：“，弼戾也。从弦省，从綟。讀若戾。（郎計切）。”

秦器綟，音義同戾。《廣雅·釋詁》一：“綟，曲也。”《説文》：“戾，曲也。”

《戰國古文字典》頁 1263

△**按**　以“紋”爲“綟”之省體，似不可信。頗疑字當分析爲从糸，攴聲。簡文“大車軶紋”，“紋”似可讀爲“仆”，義爲傾倒。

絆

璽彙 3943

○**何琳儀**（1998）　絆，从糸，牛聲。燕璽絆，人名。

《戰國古文字典》頁 40

紝

璽彙 2610

○**羅福頤等**（1981）　紝。

《古璽文編》頁 307

○**吳振武**（1983）　2610□紝·紀□。

《古文字學論集》（初編）頁 508

△**按**　此字右旁更像是“壬”，故隸作“紝”，疑爲“綖”之異體。《説文》：“綖，系綬也。从糸，廷聲。”璽文“紝”用爲姓氏，待考。

紽

曾侯乙 42

○**何琳儀**(1998)　紽,从糸,毛聲。《玉篇》:"紽,刺也。"隨縣簡紽,人名。

《戰國古文字典》頁 329

紨

望山 2·61

○**朱德熙、裘錫圭、李家浩**(1995)　"紨"字所从"夭"旁原文作,古璽印、長沙楚書"夭"字寫法與此同。馬王堆漢墓帛書和臨沂銀雀山漢墓竹簡"夭"字寫作,即由此演變而成。

《望山楚簡》頁 130

○**劉信芳**(1997)　望二·六一:"□霝光之紨,縞裏,索(素)豽之純,組綏。"疑"紨"讀如"襖",《玉篇》:"襖,烏老切,袍襖也。"

《中國文字》新 23,頁 103

紗

包山牘 1

○**李家浩**(1995)　"綢"這個詞,在(1)(3)中有如下幾種寫法:

A 夕(3)　　B 紗(3)　　C 羽(1)

A 是獨體,B、C 是合體。B 从 A 从"糸",C 从 A 从"羽"省,(3)的"侵羽"之"羽"省作"习"可證,A 和 B 所从 A 旁的寫法,與 258 號簡"𩪭(膞)脩一筭、一筭脩"之"脩"所从"攸"旁的左半相同;C 所从 A 旁的寫法,與 252(編按:"252"應是"258"之誤)號簡"脩二筥"之"脩"所从"攸"旁的左半相同,此字到底是什麼字,目前還說不清楚,這裏暫且作爲"攸"字的省寫。

《第二屆國際中國古文字學研討會論文集續編》頁 377

○**李守奎**(2003)　綢　从攸省聲。

《楚文字編》頁 734

�

睡虎地·秦律 5　　　睡虎地·秦律 196

○**睡簡整理小組**（1990）　斦（近）。

《睡虎地秦墓竹簡》頁 20、51、64

△**按**　秦簡“斦”字从糸，斤聲，疑“靳”之異體。簡文均假借爲遠近之“近”。《字彙補》有“斦”字，訓“鏡也”，當與此無關。

紋

上博五·鮑叔 7

○**陳佩芬**（2005）　紋（紋）。

《上海博物館藏戰國楚竹書》（五）頁 189

△**按**　簡文“有司祭服毋紋”，季旭昇《上博五芻議（上）》（簡帛網 2006 年 2月 18 日）讀“紋”爲“黼”，可從。

統

統左冢漆樎　　　統左冢漆樎

統上博七·吳命 2　　統上博三·彭祖 8

○**陳斯鵬**（2004）　繺，原作統，其右旁在古文字資料中用爲蔡國之“蔡”，故暫依《李釋》隸定如此。《李釋》讀“繺”爲“輟”。按：不若讀作“殺”。殺屬生母，“繺”从蔡聲，應屬清母，二者同是齒音，較之端母字“輟”語音更爲接近；且古籍即有“殺、蔡”二聲相通之例證，如“褋”通“蔡”、“殺”通“察”等。《呂氏春秋·長利》：“是故地日削，子孫彌殺。”高誘注：“殺，衰也。”

《華學》7，頁 162

○**史傑鵬**（2005）　上面説過，最後一句的“絕統”，和“統”相當的應該是個陽部字，古書中有“綱絕”的説法，就是形容國家滅亡的。比如《史記·淮陰侯列傳》：“秦之綱絕而維弛，山東大擾。”“綱絕”和“絕綱”只是語序和構詞方式不同,前者是主謂式,後者是動賓式,而意思完全一樣,不知道和這段簡文是否意思相關。簡文中""字的右旁,和包山簡中的習見的"蔡"字偏旁的寫法實際上還是有距離的,包山楚簡的"蔡"寫成""形,右旁和簡文的右旁似是而非。所以這個字很可能不是"縏"字。

《古文字論集》3,頁 181

○黄鳳春、劉國勝(2006)　釋"綺"。

《荆門左冢楚墓》頁 230

△按　從陳劍釋,"兂"旁訛變較甚,其字形演化之迹尚待進一步研究。

絥

左冢漆桐

○徐在國(2005)　懷疑此字从糸,予聲,當釋爲"紓"。(中略)"紓民"義爲緩民。

《文物研究》14,頁 429—430

△按　此字整理者未釋。字从糸,夊聲,疑爲"綾"字異體。漆桐文字"民絥"與"民窮、民倦"等並列,其義待考。朱曉雪《左冢漆桐文字匯釋》(《中國文字》新 36 期 153 頁,藝文印書館 2011 年)讀"淩",可參。

紴

信陽 2·12　　信陽 2·12

△按　信陽簡"紴"疑即"鼙"字異體,詳見卷三"鼙"字條。

絉

溫縣 WT1　K1:3687

△按　溫縣盟書"絉"爲人名。

紃

望山 2·48

○朱德熙、裘錫圭、李家浩(1995)　絣(丹)。

《望山楚簡》頁 112

○李守奎(2003)　當爲"丹"字異體。

《楚文字編》頁 741

△按　"絣"即"丹"之繁文,颜色字多从"糸"。

紾

紳九店 56·109

○趙平安(1997)　最後,附帶提一下江陵九店簡中的紾。楚簡中从夬的字多爲人名(如快、翠、歎等),没有多大討論的必要。因此這裏只談談紾字。先看簡文:

　　　☑□常紾一□啥□映二□☑(簡一二三)

簡文殘缺嚴重,好在紾的上下還有存字,爲紾的訓讀提供了條件。這個紾字在常(裳)的後面,一的前面,依文義可讀爲佚。佚爲人身所佩,故可置於常(裳)後。

《第三屆國際中國古文字學研討會論文集》頁 718

○李守奎(2003)　見《玉篇·糸部》。

《楚文字編》頁 741

△按　《玉篇》"紾"字訓"細絲也",又《集韻》屑韻:"紾,縷也。或从夬。"楚簡文殘,"紾"義難定。

綁

綁新蔡甲三 220  陶彙 3·899 陶彙 3·900

○何琳儀(1998)　綁,从糸,弔聲。《字彙補》:"綁,以繩縛人也。"齊陶綁,讀叔,姓氏。見弔字。

《戰國古文字典》頁 308

△按　新蔡簡"綁",人名。

紉

 陶彙 3·1186　　　　陶彙 3·1187

○**吳大澂**（1884）　《說文》無此字,疑即"紉"之異文。古陶器。

《說文古籀補》頁 54,1988

○**何琳儀**（1998）　紉,从糸,刅聲。紉之誤文。《正字通》："紉,紉字之訛。"齊陶紉,人名。

《戰國古文字典》頁 1344

△按　古陶文"紉"恐非"紉"字之誤。字从糸,刅聲。"刅"即創傷之"創"初文。古陶"紉"爲獨文,義不可考。《陶徵》《陶編》《戰編》諸書徑入"紉"字條,未妥。

紆

 信陽 2·13　　紆 璽錄 13·1

璽彙 2611　　　山東 166

○**中大楚簡整理小組**（1977）　（編按:信陽 2·13）紆。

《戰國楚簡研究》2,頁 21

○**何琳儀**（1998）　（編按:信陽 2·13）紆,从糸,玉聲。疑玉之繁文。信陽簡紆,讀玉。

《戰國古文字典》頁 355

○**李家浩**（1999）　（編按:信陽 2·13）"紆"字不見於字書,從此字从"玉"來看,可能指玉飾。若此,"緄紆"猶曾侯乙墓竹簡的"組珥瑱、組珥"。"一陽笴緄紆"的意思,大概是說裝有一竹笴用繩帶串聯的玉飾。

《著名中年語言學家自選集·李家浩卷》頁 315,2002;原載《中國文字》新 25

○**顧廷龍**（1936）　（編按:璽錄 13·1）紆。

《古匋文香錄》卷 13,頁 1,2004

○**吳振武**（1983）　2611 貫·絽（紀）貫。

《古文字學論集》（初編）頁 508

△按　陶璽文字"紆"字所从"玉"或以爲"壬、己",均不確。字或於"玉"下增"口"爲羨符。

結

紶 信陽 2・23　　紷 包山 263　　⬛ 璽彙 2607　　結 睡虎地・封診 73

○**中大楚簡整理小組**(1977)　"結芒",草名。"結芒之純"指以芒草緣邊。

《戰國楚簡研究》2,頁 29

○**睡簡整理小組**(1990)　結,疑讀爲裾。裾衣,有長襟的衣服,參看朱駿聲
《説文通訓定聲》。《淮南子・齊俗》:"楚莊王裾衣博袍。"

(編按:睡虎地・秦律 115:令結堵卒歲)嬶(音孤),保。

《睡虎地秦墓竹簡》頁 160、48

○**何琳儀**(1998)　結,从糸,古聲。《集韻》:"結,結縷,艸名。"

信陽簡"結芒",與包山簡"結無""籃薦"皆一音之轉。

古璽結,疑讀固,姓氏。見絽字。

《戰國古文字典》頁 478

綱

綱 仰天湖 2　　綱 包山 263

○**史樹青**(1955)　綱、縞都是古代細薄的綢名。《廣雅・釋器》:"綱、縞、緻、
紛,練也。"《玉篇》:"綱,細繒也。"綱即綱字。《尚書・禹貢》"厥篚玄纖縞",
傳:"白繒。"《詩・鄭風・出其東門》"縞衣綦巾",傳:"縞衣,白色男服也"。
《史記・李斯傳》有"阿縞之衣,錦繡之飾"的句子,集解引徐廣曰:"齊之東
阿,繒帛所出。"但《文選》李斯上書秦始皇(即《諫逐客書》)引此二句稱:"此
解何意,與子虛不同,依其説而留之,舊説既少,不定稱,臣以別之。"《史記》集
解把阿字解作東阿,《文選》注只是"各依其説而留之"。現在由於這片竹簡的
出土,校正了二千年來的"阿縞之衣"的迷解,"阿縞"正是"綱縞"的簡寫,《史
記》的"綱縞之衣"與"錦繡之飾"爲對文,《楚辭・招魂》:"蒻阿拂壁,羅幬張
些。"王逸注訓蒻爲蒻席,阿爲曲隅,很難解釋。"蒻阿"應該就是"弱綱"的簡
寫。"綱、縞"都應解作"細軟薄繒"。

《長沙仰天湖出土楚簡研究》頁 22—23

○**饒宗頤**（1957）　〔綗縞〕見簡 2。字亦作綱縞,《廣雅·釋器》:“綗、縞、緻、
約,練也。”《玉篇》:“綗,細繒也。”《史記·李斯傳》:“阿縞之衣,錦繡之飾。”《淮
南·修務訓》:“衣阿錫,曳齊紈。”高誘注:“阿,細縠。錫,細布。”《楚辭·招
魂》:“翡阿拂壁,羅幬張些。纂組綺縞,結琦璜些。”翡阿即弱綱。簡字作綗,與
綱阿並通。綗縞者,證以《廣雅》,即練是也。王逸訓阿爲曲隅,失之。縞,《禹
貢》:“厥篚玄纖縞。”傳:“縞,白繒也。”高誘注《淮南·兵略訓》:“縞,細繒也。”

《金匱論古綜合刊》1,頁 63

○**中大楚簡整理小組**（1977）　細繒謂之綗,字又作綱、阿。《史記·李斯傳》:
“阿縞之衣,錦繡之飾。”

《戰國楚簡研究》4,頁 15

○**何琳儀**（1998）　綗,從糸,可聲。《廣雅·釋器》:“綗,練也。”
　　楚簡“綗縞”,讀“阿縞”。《戰國策·秦策》:“阿縞之衣。”

《戰國古文字典》頁 854

○**劉信芳**（2003）　仰天湖簡 2:“綗縞之緒。”字或作“綺”,《神女賦》:“羅紈
綺繢盛文章。”或作“阿”,《漢書·禮樂志》:“曳阿錫。”或釋“阿”爲細繒,
“綺”爲文繒,阿、綺一音之轉,所指爲一物。

《包山楚簡解詁》頁 281）

○**李守奎**（2003）　《集韻·歌韻》:“綗,綱或省。”

《楚文字編》頁 741

△按　“綗縞”,劉國勝《楚喪葬簡牘集釋》（80 頁,科學出版社 2011 年）讀“綺
縞”,引《楚辭·招魂》:“纂組綺縞,結琦璜些。”

紤

包山 268

○**何琳儀**（1998）　紤,從糸,石聲。疑緆之省文。《集韻》:“緆,《字彙》絹重
也。”包山簡紤,讀緆。

《戰國古文字典》頁 550

○**白於藍**（1999）　191 頁“組”字條,“紤”（268）,此字右旁所從非爲且,而是
石字,故當隸作紤,另立字頭。

《中國文字》新 25,頁 199

○劉信芳（2003）　 紒:原簡字从糸,石聲,或釋爲"組",誤,此从白於藍説隷定
(《包山楚簡文字編校訂》,《中國文字》新廿五期)。按字讀爲"橐",橐是一種
有底的囊。橐、紒同以"石"爲聲符,例可通轉。

《包山楚簡解詁》頁 297

紸

望山 2・8　　 望山 2・25　　 天星觀　　 天星觀

○中大楚簡整理小組（1977）　 紸,疑即縑。《説文通訓定聲》謙部:"帖,……
按實即帴之轉音。"是占兼古音可通,紸亦即縑之轉音。縑,即今細絹。

《戰國楚簡研究》3,頁 51

○朱德熙、裘錫圭、李家浩（1995）　 "生紸"亦見二五號簡。"紸"疑當讀爲
"纖"。《方言》卷二:"繒帛之細者謂之纖。"

《望山楚簡》頁 118

織

仰天湖 2　　 仰天湖 4　　 仰天湖 6

○史樹青（1955）　 綎布是狹面的布。
　　上句説是短促的衣服。

《長沙仰天湖出土楚簡研究》頁 24、25

○饒宗頤（1957）　 《既夕禮》記加茵及幂用"疏布"。《正義》:"茵用疏布,謂
用大功粗疏之布爲之。"又蔡德晉云:"疏布,大功之布;功布則小功之布也。"
《士喪禮》:"幂用疏布,久之。"《禮記・禮器》:"犧尊疏布鼏。"又《雜記》:"遣
車視牢具,疏布輤四面;有章,置於四隅。"《正義》:"遣車,送葬載牲體之
車……明載牢肉之時,因以物章蔽疏布。輤者,輤蓋也。以麄布爲上蓋,而四
面有物章即障之,入壙置於椁之四隅。"又主婦之車"疏布裧",裧者,車裳幨。
是疏布又用以蔽輤蓋及車幨也。簡 4 云:"綎布之繢二墨。"綎即綻,《玉篇》:
"綻亦疏字。"綎布即《禮經》所謂加茵用疏布。是乃藉棺之茵。繢即組,謂著
組繫爲緣邊之飾。猶《經》所謂"有幅",鄭注解爲有緣邊是也。

簡 6 及簡 33 並見綯衣一名,即疏衣也。《儀禮·喪服經》傳:"疏衰裳齊。"鄭注:"疏,猶麤也。"《正義》引李氏云:"疏衰裳,以疏布爲之。"疏衣蓋即疏布之衣。

《金匱論古綜合刊》1,頁 62、63

○**中大楚簡整理小組**(1977)　　紫,數見於望山二號墓《遣策》竹簡,作𦀗,此與第七簡之紫略有省變,爲其異體。馬王堆一號漢墓中出土的絲織品有織錦、刺繡和彩繪三種,西漢以前印染術尚未發明,只得借助於繪畫,以補這方面的不足。此簡言紫□之繪,就是在某種紫色料面上畫了彩繪。

《戰國楚簡研究》4,頁 7

○**湯餘惠**(1983)　　仰天湖"綯"字凡四見,字作𦁂,其辭例是:

中君之一綯衣　　（二號簡）

綯布之𧝓二墨　　（四號簡）

何馬之綯衣　　　（六號簡）

一綯衣　　　　　（三三號簡）

以往學者把這個字隸定爲"綯"是正確的。商代甲骨文"足"作𤴔,西周金文與甲骨文略同,字下從止,"止"上作〇形,沒有"止"上作口形的。晚周字體訛變,"止"上的〇有的訛變爲凵,侯馬盟書、望山楚簡、戰國器距末銘文中都不乏此例,可見這個字的右旁的確是"足"字。可是這個字究竟應釋何字,學者們頗有不同意見,迄無定論。我們認爲,此字應釋爲"綯",也就是典籍常用的"疏"字。

　　古文字中的"足"和"疋",字形相似,字義相同,字音相近,因此時常互用。《説文》解釋"疋"字説:"古文以爲大疋字,亦以爲足字。"段注本改"疋"爲"雅",固然流於武斷,但段玉裁認爲此句裏的"疋"備(編按:疑"借"之誤)爲"雅"還是對的;值得留意的是後面一句,許慎所説"疋"字古文"亦以爲足字",其説必有所據。從古文字的實際來看,"楚"字甲骨文、金文並從"足",小篆變爲從"疋",便是"足、疋"互用的一個例證。據此,簡文上的"綯"應即後世字書上的"綯"。《玉篇》:"綯,亦疏字。"《集韻》:"綯,所據切。音揀,義同疏。"綯、疏同諧疋聲,典籍通作"疏"。

　　"疏"字是一個典籍常見的字,《詩·大雅·召旻》"彼疏斯粺",鄭箋:"粗也。謂糲米也。"《釋名·釋採帛》(編按:"採"當作"綵"或"采"):"紡粗絲織之曰疏。"可見,"疏"字可訓爲"粗",疏布也就是用較粗的絲縷織成的布。古書上有所謂“疏布裧”，是疏布製成的車帷；還有“疏布冪”，是用疏布做成的器物的覆冪。由此推知，簡文的“綻布”當即疏布，而“綻衣”則當是用疏布裁製之衣。

《古文字研究》10，頁 288—289

○**郭若愚**（1994）　綻，《玉篇》：“亦疏字。”《集韻》：“所據切。音抹，義同疏。”《管子·問篇》：“大夫疏器。”注：“疏，飾畫也。”“綻衣”即是畫衣，爲有畫飾之衣也。

綻，義同疏。《管子·問篇》：“大夫疏器。”注：“疏，飾畫也。”“絹布”爲有飾畫之布。“綻布之繪”謂布幅的繪畫。

《戰國楚簡文字編》頁 115、118

○**劉信芳**（1997）　“綻衣”即“短衣”。讀如“緅衣”亦通。“綻”讀如“緅”有如“促”讀如“趣”，《禮記·樂記》：“衛音趨數煩志。”鄭玄注：“趨數讀如促速。”《史記·孫子吳起列傳》：“趣使使下令。”索隱：“趣音促。”

《中國文字》23，頁 101

○**李守奎**（1998）　饒宗頤、郭若愚先生釋“綻”，陳直、商承祚先生釋“綻”，當以釋“綻”爲是。仰天湖 2、6、33 號簡之“綻衣”當讀爲“疏衣”，蓋與典籍所見之“疏服”相當，馬王堆漢墓帛書《戰國縱横家書·蘇秦獻書趙王章》作“疎服”。四號簡之“綻布之絹”當讀爲“疏布之冐”。《後漢書·文苑傳下·禰衡》：“衡乃著布單衣，疏巾。”疏布之冐大概與疏巾相當。

《簡帛研究》3，頁 24

○**何琳儀**（1998）　綻，从糸，足聲。疑綻之異文。《廣韻》：“綻，繼入也。”《類篇》：“綻，條陳也。”

仰天湖簡綻，讀疏。《玉篇》：“綻，亦疏字。”“綻布”，讀“疏布”。《禮記·禮器》“犧尊疏布鼏”，疏：“疏，麤也。鼏，覆也。謂以麤布爲巾，以覆尊也。”

《戰國古文字典》頁 385

○**田河**（2010）　仰天湖 25 號楚墓竹簡中有一個字（下文用 A 表示），凡四見，字形基本相同，文例如下：

中君之一 A 衣，纓純，絅縞之綪。　2

何馬之 A 衣，綸（錦）純，綸（錦）綪。　3

一 A 衣，綸（錦）純，［綸（錦）綪］。　4

A 布之絹（帽）二堣（偶）。　8

學界對 A 的釋讀主要有兩種意見:羅福頤、史樹青先生將 A 釋爲"綎";饒宗頤、郭沫若、李家浩、李守奎等先生將 A 釋爲"綖"。饒宗頤讀"綖"爲"疏",因"疏布"見於典籍,目前學者多從此釋讀。筆者也曾論證 A 字當以釋"綖"爲是,現在看來上述釋讀都有問題。首先,仰天湖簡本身有"疋"和從"疋"的字。皆爲楚簡"疋"的一般寫法。如 15 號簡的 ⿰⿱⿱⿱、34 號簡的 ⿰、23 號簡的 ⿰。楚文字中的"綖"(讀爲疏)字見於郭店簡《六德》27 號簡,字形作⿰,與 A 顯然有別。其次,楚文字中的"足"一般作 ⿰、⿰,偶作⿰、⿰;"疋"一般作⿰、⿰。A 所從之⿰(下文用 B 表示)與上引⿰(足)字看似相類,仔細觀察,還是有別。"足、疋"所從之"止"一般爲三筆,而 B"口"下所從爲兩筆,且收筆下垂,與上引"足、疋"諸體有別,所以 A 字無論釋爲"綎"或"綖"都不可信。我們懷疑 B 爲"只"字。楚簡中的"只"和從"只"的字主要有以下幾種:

只:⿰上博三·彭祖 4 號簡   ⿰上博五·鬼神明之 2 號簡背

邔:⿰包山 99 號簡   ⿰包山 125 號簡   ⿰包山 219 號簡

    ⿰包山 220 號簡   ⿰上博四·采風曲目 5 號簡

枳:⿰包山 265 號簡   ⿰包山 259 號簡   ⿰《郭店·語叢四》17 號簡

    ⿰上博四·相邦之道 3 號簡   ⿰上博五·鬼神明之 4 號簡   ⿰上博六·用曰 15 號簡

釱:⿰信陽 2-24 號簡

楚文字中的"只"有多種寫法,B 與上引上博五《鬼神明之》2 號簡背的"只"字,包山 219、220 號簡"邔"字,以及郭店簡《語叢四》17 號簡、上博四《相邦之道》3 號簡"枳"字所從的"只"字形體相近。藉此,我們認爲 A 當釋爲"織"。"織"不見於《説文》,疑讀爲"緹"。"只"爲章母支部字,"緹"屬定母支部字,兩字韻部相同,聲母同屬舌音,音近可通。而且從"是"得聲的"禔"亦爲章母支部字,可見"織"可讀爲"緹"。《説文·糸部》:"緹,帛丹黄色也。从糸,是聲。祇,緹或作祇。"典籍中"緹"主要表色彩,也指絲織物,如:《周禮·春官·司服》:"凡兵事,韋弁服。"鄭玄注:"今時五伯緹衣,故兵服之遺色。"《楚辭·九懷》:"襲英衣兮緹䋏。"《文選·張衡〈西京賦〉》:"緹衣韎韐。"《大戴禮記·夏小正》有"緹縞"。《史記·西門豹列傳》"張緹絳帷",張守節正義:"緹,顧野王云:'黄赤色也。又音啼,厚繒也。'""緹"的這些用法也見於楚地出土遣册,如:

    一兩䣷(漆)緹縷(屨)   (信陽 2-02)

    二緹婁(屨),皆纂純   (包山 259)

九亡童:其四亡童皆餛(緹)衣(望山 49)

緹縷(屨)三□,鞔縷(屨)☒(五里牌 11)

仰天湖 2、3、4 號簡的"織衣"可讀爲"緹衣",當與上引望山 49 號簡的"緹衣"相同,指一種黃色的衣服。8 號簡的"織(緹)布之帽",指一種黃色的帽子。

《古文字研究》28,頁 530—531

△按　此字右旁與"足、疋"都有較大距離,實爲"只",郭店・語四 17"枳"字作𥹊可證,故字宜從田河説釋"織"。但是否應讀爲"緹"則尚待研究。

絉

陶文編,頁 86

○高明、葛英會(1991)　即綷字。《廣韻》作絫,《篇海》以絫爲正,以綷爲誤。

《古陶文字徵》頁 185

絓

絓包山 267　　絓包山 277　　絓包山牘 1

○張桂光(1994)　綪字簡文作絓,字書所無,以文例分析,當爲繒帛類名詞,循聲義求之,《説文》解作"赤繒也。從糸青聲"的綪似可當之。綪從青聲,青從生聲,生與青作聲符用是可以相通的。

《古文字論集》頁 169

○何琳儀(1998)　絓,從糸,生聲。絓,疑讀生。未練之絹帛,見生字。

《戰國古文字典》頁 826

△按　"絓"疑即爲生絲義而造的專造字。

綃

綃包山 263　　綃包山竹籤 5

○何琳儀(1998)　綃,從糸,白聲。帕之異文。《集韻》:"帕,或作綃。"《廣韻》:"帕,帕額,首飾。"包山簡綃,讀帕。

《戰國古文字典》頁 602

○**白於藍**(1999)　193 頁"紵"字條,"**紵**"(263),本簡"一秦縞之紵裹,王縊之純"。紵和縊應是兩種絲織品,縊乃錦之異構,紵應即《説文》之帛字。信陽簡"赤綿之帽"(2.05),即"赤帛之巾",帛字亦从糸。信陽簡又有如下之詞句:"繻綿之裏"(2.09)、"綿裏"(2.019)、"帛裏"(2.013),可與包山簡之"紵裹"相參照(從林澐師説)。

《中國文字》新 25,頁 199—200

○**李守奎**(2003)　《集韻·陌韻》:"帕,或作紵。"

《楚文字編》頁 742

絀

包山 270　　包山 271

○**劉信芳**(1997)　從有關文例看,是車馬部件或兵器的絲革附屬物,疑讀爲"游"。

《中國文字》新 22,頁 175

○**何琳儀**(1998)　絀,从糸,丩聲。疑紈之繁文。《集韻》:"綵,或从九。"包山簡絀,不詳。

《戰國古文字典》頁 166

絮

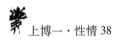上博一·性情 38

○**黄德寬、徐在國**(2002)　按:"**絮**"字似可分析爲从"八"(別)从"丯"。《説文》:"八,分也。从重八,八,別也,亦聲。"古音"八",幫紐月部;丯,見紐月部。此字似是個雙聲符字。《郭店·性自命出》46 與之相對的字作"逸"。"兑"是定紐月部字。故"**絮**"可讀爲"悦"。

《新出楚簡文字考》頁 123,2007;原載《古籍整理研究學刊》2002-2

○**李天虹**(2003)　絮(悦)。

《郭店楚簡〈性自命出〉研究》頁 217

○**蘇建洲**(2010)　《上博一·性情論》38:"人之△然可與和安者,不有夫奮猛之情則侮。""△"在《郭店·性自命出》46 作"逸",李零、李天虹二先生讀作

"悦",可從。"△"字形作：

　　劉信芳先生隸作"絩",以爲字形所從"兆"可見《包山》265"兆"字。"絩",古讀與"陶"近,陶有和樂之義。而《郭店》"迯"字可釋爲"脱","脱、陶"意近。徐在國、黄德寬二先生則分析字形从巛(別)从𢆶,認爲是雙聲字,可讀爲"悦"。李天虹教授隸定作絫。馮勝君先生贊同李天虹教授之説,同時舉《包山》135"卵"作𠧞爲證,認爲與"△"上部所從相同,並説:"此字含義當與'悦'相近,未知讀爲何字。"

　　謹按:李天虹、馮勝君二先生之説正確可從。上引劉信芳先生所説的《包山》265 的"兆"字作：，的確與"△"上部所從相同。而此字劉國勝先生已改釋爲"卵",簡文讀作"大卵(牢)之金器"。相同"卵"字亦見《信陽》2.013"留"作：，所以將"△"隸作"絫"絶無問題。筆者以爲可以讀爲"忞"。"卵",明紐幽部;"忞",滂紐侯部,聲紐同爲脣音,韻部相通之例如:《尚書·舜典》:"放驩兜于崇山。""驩兜",《銀雀山·孫臏兵法·見威王》作"驩收"。"收",幽部;"兜",侯部。《易·乾·象傳》:"大人造也。"《釋文》:"造,劉歆父子作聚。"《漢書·劉向傳》引"造"作"聚"。"聚",侯部;"造",幽部。另外古籍亦有付聲與卵聲輾轉相通的例證,如:《説文》古文"飽"作，，，第一形從《説文》古文"孚"得聲,第二形從"卵"聲,可見"孚"與"卵"音近。而《禮記·聘義》:"孚尹旁達,信也。"鄭注:"孚或作捊。"又如《説文》"秠"字或體作"䅬",可見"孚"與"付"音近可通,所以"卵"讀爲"忞"應無問題。《方言》卷十二:"忞愉,悦也。"《廣雅·釋詁一》:"忞愉,喜也。"《廣雅·釋詁三》:"忞愉,説也。"《玉篇·心部》:"忞,悦也。"《廣韻·平聲·虞韻》:"忞,悦也。"與《郭店·性自命出》46 的"迯(悦)"字意思相同,則簡文讀作"人之忞然可與和安者,不有夫奮猛之情則侮"。

　　本文審查意見指出:"'忞愉'在《方言》中似爲'雙音詞',文獻中似未見單用例。是否可以改讀爲'陶'? 金文中'鮑'氏作'，'可以作爲參考。"審查人所提意見,筆者亦曾考慮過。但是上引《玉篇》《廣韻》等字書都説"忞"是喜悦之意,看來這個詞義當其來有自,而且也符合詞義的引申序列。蓋《説文》曰:"忞,思也。"而心思可引申出"喜"或"憂"的意思。如《廣雅·卷二下·釋詁》:"鬱悠,思也。"王念孫《疏證》曰:

　　　　鬱悠者,方言:"鬱悠,思也。"……鬱悠猶如鬱陶也……念孫案:象曰鬱陶思君爾,則鬱陶乃思之意,非喜之意。言我鬱陶思君是以來見,非喜而思之辭也。孟子言象喜亦喜者，象見舜而偽喜，自述其鬱陶思舜之意，故舜亦誠信而喜之，非謂鬱陶爲喜也。凡人相見而喜，必自道其相思之切，豈得即謂其相思之切爲喜乎。趙注云："我鬱陶思君故來。"是趙意亦不以鬱陶爲喜……則鬱陶爲思其義甚明，與《爾雅》之訓爲喜者不同……閻氏必欲解鬱陶爲喜，喜而思君爾甚爲不辭，既不達於經義，且與《史記》及各傳注爲非，愼矣。又案《爾雅》："悠、傷、憂，思也。"悠傷憂三字同義，故鬱悠既訓爲思，又訓爲憂……悠與陶古同聲，《詩·小雅·鐘鼓篇》："憂心且妯。"《衆經音義》卷十二引《韓詩》作："憂心且陶。"是陶爲憂也。故《廣雅·釋言》云："陶，憂也。"合言之則曰鬱陶……凡一字兩訓而反覆旁通者，若亂之爲治，故之爲今，擾之爲安，臭之爲香，不可悉數。《爾雅》云："鬱陶、繇，喜也。"又云："繇，憂也。"則繇字即有憂喜二義，鬱陶亦猶是也，是故喜意未暢謂之鬱陶。

可見"鬱陶"或"陶"由"思也"引申出"喜"或"憂"的意思，則"忩"自然也可以如此理解。錢繹《方言箋疏》曰："《玉篇》：'忩，喜也，悦也，樂也。'《唐風·山有樞篇》'他人是愉'，毛傳：'愉，樂也。'……重言之則曰'愉愉'……連言之則曰'忩愉'。"可見"忩"單用爲喜也、悦也，可說是非常合理的。

　　不過審查人讀爲"陶"的意見，也極有可能是對的。《説文》分析"匋"爲從"包"省聲，可見"匋、包"二者本音近，又如《説文》的"訽"字或體作"詨"亦可證明。而上引《説文》古文"飽"作𩜬，正從"卯"聲。又《凡物流形》甲7、乙6"歎"亦讀爲"飽"。則本簡"絮"字自可讀爲"陶"。《郭店·性自命出》34"喜斯慆(陶)，慆(陶)斯奮"。亦見於《禮記·檀弓下》："人喜則斯陶，陶斯詠。"鄭玄注："陶，鬱陶也。"孔穎達疏曰："鬱陶，心初悦而未暢之意也。"此即上引王念孫所說："是故喜意未暢謂之鬱陶。"《廣雅·釋言》："陶，喜也。"皆由"思"意引申而來。不過"陶"的本義是"再成丘也"(《説文》)或"治土器、作瓦器"一類的意思。解爲思、憂、喜之意是作爲"悠、慆、繇(愮)"的假借字而來，而"悠"是余紐幽部，"慆"是透紐幽部，"繇(愮)"是余紐宵部，聲紐的分布有一定的範圍，但皆與脣音無涉，這是將"絮"字讀爲"陶"尚有疑義之處。但是不能否認的是"匋"的讀音與脣音字有關，金文常見"匋"讀爲"寶"，如"匋(寶)器、匋(寶)盂、匋(寶)盤"亦可證明。而由上面所列通假證據可知"包、孚、卯、付"幾個聲系音近可通，筆者懷疑"陶"代表喜悦之意時，有無可能也是"忩"的假借字呢？此說若可成立，就可以理解"忩"的"喜也，悦也，樂也"的意思明明存於字書，且符合詞意引申的序列，爲何古書偏偏不見呢？其實就是用了假借字"陶"了。

《簡帛研究二〇〇七》頁 44—47

△按　字當从糸,卯聲,在簡文中的讀法尚可討論。

絼

信陽 2·23　　信陽 2·23

○劉雨(1986)　緱。

《信陽楚墓》頁 130

○何琳儀(1998)　綌。

《戰國古文字典》頁 1555

△按　"絼"字從劉國勝釋。劉氏讀"絼"爲"裖",謂指被衾。説見所著《楚喪葬簡牘集釋》(28 頁,科學出版社 2011 年)。

絪

陶録 3·500·3

△按　陶文獨字,義不詳。

紽

璽彙 0495　　璽彙 1040　　璽彙 1614　　上博五·季庚 3

○羅福頤等(1981)　《説文》所無,《玉篇》:"紽,絲數也。"

《古璽文編》頁 310

○何琳儀(1998)　紽,从糸,它聲。《集韻》:"紽,絲數也。"晉璽紽,人名。

《戰國古文字典》頁 866—867

○濮茅左(2005)　紽耆於百眚　"紽",後世字書收有此字。《玉篇》:"紽,直忍切,索也。"又:"絘、紽,並同紖。"《龍龕手鑒》:"紽,直引反。今作紖。"《五音集韻》:"紽,索也。"又《六書故》:"紽,商支切。徐鉉曰:即繜字。"《類篇》:"繜,粗緒也。一曰繒屬,或作'繠、絁、繼'。又侈支切,《博雅》:'納也,一曰繒屬。’”“紃”或讀爲“施”。“番”同“誩、誜”。《集韻》：“誩，言不恭謹。或从爻。”又《欽定音韻述微》：“誩，言不恭謹也。亦作誜。”

《上海博物館藏戰國楚竹書》（五）頁 204

△按　《上博五・季庚》“紽”讀作“施”。

絧

璽彙 4033

○**羅福頤等**（1981）　《説文》所無，《玉篇》：“絧，補也。”

《古璽文編》頁 310

○**何琳儀**（1998）　絧，从糸，司聲。《廣雅・釋詁》四：“絧，補也。”齊璽絧，人名。

《戰國古文字典》頁 112

綊

郭店・六德 27　郭店・六德 27　上博七・鄭乙 5

○**李守奎**（2003）　《玉篇・糸部》：“綊，亦疏字。”

《楚文字編》頁 742

○**復旦大學出土文獻與古文字研究中心研究生讀書會**（2010）　“綊索”，讀爲“疏索”。“疏”訓“粗”，粗劣。“索”指束棺之緘繩。【編按，“綊”讀爲“疏”，訓爲“粗”（也可以直接讀爲“粗”），文意上是通順的。但我們又注意到古書對堯舜禹的葬式有如下描述：

《墨子・節葬》：“桐棺三寸，葛以緘之。”“穀木之棺，葛以緘之。”

《説苑・反質》：“空木爲櫝，葛藟爲緘。”

《潛夫論・浮侈》：“桐木爲棺，葛采爲緘。”

《漢書・楊王孫傳》：“竅木爲匵，葛藟爲緘。”

其中對於束棺之緘繩的描寫僅限於所用植物的名稱，而沒有用到其他形容詞。“葛、藟、采”都是藤蔓一類的植物，適合用來捆束棺木。這樣看來，將簡文的“綊”訓爲“粗”就顯得有些特別。“綊”或許可以讀爲“薝”。《爾雅・釋草》：“薝，蘆。”邢昺疏：“薝，《説文》云：‘薝，草也。可以束。’一名蘆，即蒯

也。”“綻、蘆”皆爲齒音魚部字,可以通假。】

《出土文獻與古文字研究》3,頁 289

絑

上博七・鄭甲 5　　上博七・鄭乙 5

○陳佩芬(2008)　“綻索吕絑”,讀作“疏索以供”。

《上海博物館藏戰國楚竹書》(七)頁 177

○復旦大學出土文獻與古文字研究中心研究生讀書會(2010)　“絑”讀爲“綋”,訓爲“束”。“絑”從“共”得聲,上古音“共”屬見母東部,“綋”屬匣母蒸部,兩者音近可通。《廣雅》:“綋,束也。”王念孫《廣雅疏證》:“《考工記・輪人》‘良蓋弗冒弗綋’。是凡言綋者,皆系束之義。”《説文》:“縅,束也……《墨子》曰:禹葬會稽,桐棺三寸,葛以縅之。”“葛以縅之”之“縅”《説文》亦云“束篋也”。可見簡文的“絑(綋)”正對應典籍之“縅、縅”,皆訓爲動詞“束”。【編按,“綋”訓爲“束”大概是正確的,但東部與蒸部甚少相通之例,讀爲“綋”卻未必可靠。“絑”或當讀爲“鞏”,“共、鞏”皆爲見母東部字,中古皆屬合口三等,古音極近,可以通假。《説文》:“鞏,以韋束也。《易》曰:鞏用黃牛之革。”】

　　“梨木三寸,疏索以綋”意爲:給鄭子家用梨木製的三寸薄棺,用粗劣的縅繩捆綁。

《出土文獻與古文字研究》3,頁 289

絔

仰天湖 10

○郭若愚(1994)　絔,《玉篇》:“音百,補也。”組,《説文》:“補縫也,从糸,旦聲。”按補,《説文》:“完衣也。”“絔組”爲指劍衣。

《戰國楚簡文字編》頁 124

○何琳儀(1998)　絔,从糸,百聲。《字彙》:“絔,頭巾。”仰天湖簡絔,見《字彙》:“絔,補也。”

《戰國古文字典》頁 604

緎

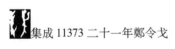包山 270　　　　包山 271

○**何琳儀**（1998）　緎,從糸,戍聲。

包山簡緎,讀毼。《廣韻》:"毼,毼毛。"

《戰國古文字典》頁 361

○**劉信芳**（2003）　緅緎:牘 1 作"緅秌",（中略）"緎"字從糸,戍聲。《説文》"戍",段《注》云:"衞公叔戍,《世本》作朱,古音朱讀如州。"知"緎、秌"二字古音同在幽部,此所以爲互文。以音讀求之,"緎、秌"應讀爲"糾",《説文》:"糾,繩三合也。"

《包山楚簡解詁》頁 312—313

○**李守奎**（2003）　緎　見《玉篇·糸部》。

《楚文字編》頁 743

△**按**　字從"戍"不從"戎",李釋不可從。

緊

𦆅璽彙 1847

○**吳振武**（1983）　1847 事𦆅·事（史）緊。

《古文字學論集》（初編）頁 501

△**按**　《集韻》先韻:"鏗,緊也。或作緊,通作堅。"璽文"緊"爲人名。

絖

璽集成 11373 二十一年鄭令戈

○**何琳儀**（1998）　絖,從糸,吳（吳）聲。廿一年鄭令戈絖,人名。

《戰國古文字典》頁 501

絆

璽彙 4074

璽彙3136　　　璽彙3498

○**陳漢平**（1986）　古璽文又有字作：（3136：～閔囗）、（3498：～閔鄷），此二體从糸作，字形與江陵楚簡緑字相同，當釋爲緑。

《出土文獻研究》，頁237

○**湯餘惠**（1986）　閔鄷（3498）

首字舊不識，疑即“絆”之古文。“絆閔”爲古人複姓，又見“閔”（3136）璽，加與同爲裝飾性筆畫，“絆”與“羊”音同字通，故又作“羊閔”，古璽“羊閔鵰”（3514），無疑是同姓氏者的印鑑。

《古文字研究》15，頁42

○**何琳儀**（1998）　絆，从糸，羊聲。《篇韻》：“絆，高也。”燕璽“絆閔”，讀“陽門”（羊、陽相通，見羊字），複姓。見鄒字。晉璽絆，姓氏。

《戰國古文字典》頁677

△**按**　後二體《古璽文編》入附録（409頁），《戰國古文字典》《戰編》等釋“絆”可從。

紽

郭店·緇衣44

○**荆門市博物館**（1998）　釋紽，讀“著”。

《郭店楚墓竹簡》頁131

○**湯餘惠等**（2001）　同紽。

《戰國文字編》頁856

○**劉釗**（2003）　“紽”从乇聲，讀爲“著”，古音“乇”在透紐鐸部，“著”在端紐魚部，聲爲一系，韻爲對轉。

《郭店楚簡校釋》頁67

△**按**　所从聲符“乇”同“宅”。《郭店·緇衣》“惡惡不紽”之“紽”今本作“著”。

綏

包山267

上博六·用曰 16

○**何琳儀**（1998）　綏，从糸，安聲。包山簡綏，疑讀鞍，參鞍字。

《戰國古文字典》頁 966

○**劉信芳**（1997）　包山簡二六七：“鹽薦之綏。”二七一：“鼾䑕之鞿鞍。”望二·八：“丹繡之軑安。”綏、鞍、安並讀如“鞍”，《説文》：“鞌，馬鞁具也。”曾簡作“毯”（簡四、一〇、二一等）、“鞍”（簡六九、一一五）。

包牘：“鼾舶之轠軒。”按“轠軒”與“鞿鞍”爲互文，參“鞿”字條。“軒”亦讀如“鞌”，軒、安古音同在寒部，見系聲紐。从干、从安之字多互作，如旰又作晏，衍釋作“安”，可知簡文“軒”乃“鞍”之借字。

望簡之“軑安”應讀如“載鞌”，“軑”从車从弋，《禮記·仲尼燕居》：“車得其式。”鄭玄注：“式謂載也。”“式”亦从弋聲。

《中國文字》新 22，頁 170—171

縂

　縂 璽彙 0767　　縂 璽彙 2535

○**吳振武**（1983）　0767 長縂·長總（紿）。
　　2535 戀縂·戀總（紿）。

《古文字學論集》（初編）頁 494、507

○**陳漢平**（1986）　古璽文中又有字作縂（0767），舊不識，《古璽文編》隸定作縂。按上璽文怠字作怠（編按：“怠”當是怠之誤植），知此字當隸定爲縂，乃紿字繁文。《説文》：“紿，絲勞即紿。从糸，台聲。”

《出土文獻研究》頁 237

○**何琳儀**（1998）　緦，从糸，息聲。疑紿之異文。《集韻》：“紿，或从息。”
　　晉璽緦，人名。

《戰國古文字典》頁 58

緭

郭店·緇衣 30

○**劉信芳**(2000)　緯　今本作"綍",《釋文》作"紼","音弗,大索"。按"緯"乃"縪"之異構,其字《説文》作"黻"。《廣雅・釋言》:"律,率也。"《續漢書・律曆志》注引《月令章句》云:"律者,清濁之率法也。"率、聿音通,知從率、從聿無別。《詩・小雅・采菽》:"汎汎楊舟,紼纚維之。"毛傳:"紼,縪也。"《爾雅・釋水》:"紼,黻也。"

《郭店楚簡國際學術研討會論文集》頁 174—175

○**李守奎**(2003)　《玉篇・糸部》:"緯,長貌。"簡文中讀紼,或即紼字異體。

《楚文字編》頁 743

結

結 璽彙 0768　　**結** 璽彙 4339　　**結** 璽彙 2457

○**何琳儀**(1998)　結,從糸,志聲。織之異文。《集韻》:"織,或作結。"晉璽"旻結",讀"得志",吉語。

《戰國古文字典》頁 47

△按　《汗簡》卷五"織"字引王存乂《切韻》作**結**。古璽"結"讀爲"志",是否與作爲"織"字異體的"結"有關,尚難確定。

緑

緑 璽彙 2876

○**何琳儀**(1998)　緑,從糸,豕聲。疑緣之省文。見緣字。晉璽緑,人名。

《戰國古文字典》頁 1225

緥

緥 仰天湖 19　　**緥** 仰天湖 18　　**緥** 包山 268

○**饒宗頤**(1957)　〔緥〕見簡 14 云"縞緥絵純"。《玉篇》云:"緥,文也。"

《金匱論古綜合刊》1,頁 64

○**中大楚簡整理小組**(1977)　緥字簡文凡三見。此作"绿緥",第七簡作"績緥",第十六簡作"縞緥"。緥爲"裹"的異體字,從衣、從絲的字過去每相通用;

如襦、繺,褄、縷,袴、綺,裸、綵,一以物質來表示,一以成品作説明,其意在此。緷的字形字義,包含這衣裏是絲織品,《玉篇》下,以緷訓"文",是後起之義。

《戰國楚簡研究》4,頁 2

○**郭若愚**(1994) 緷,《玉篇》:"力支切,文也。"此假爲裏。《説文》:"裏,衣内也。"《禮記·檀弓上》:"練,練衣,黃裏縓緣。"注:"小祥練冠,練中衣,以黃爲内,縓爲飾。""緑緷"爲緑色帛之衣裏。

《戰國楚簡文字編》頁 116

○**何琳儀**(1998) 緷,从糸,里聲。《玉篇》:"緷,文也。"楚簡緷,紡織品花紋。

《戰國古文字典》頁 84

緷

緷 仰天湖 24 　 緷 信陽 2·15 　 緷 望山 2·113 　 緷 包山 277 　 緷 新蔡甲三 170

緷 璽彙 1573 　 緷 璽彙 5623

○**饒宗頤**(1957) 簡 24 云"緷組之緷"。按緷當爲繸字。《汗簡》繸作緷,出朱育《集字》,此省羽。"緷組"即"繸組"也。

《金匱論古綜合刊》1,頁 64

○**李家浩**(1993) 1953 年湖南長沙仰天湖二十五號楚墓出土竹簡四十三枚,本文要討論的是其中的第十三號簡。該簡僅七字,現釋寫於下:

一純緷席,一儒席。(《考報》1957 年 2 期圖版伍·13)

"緷"字原文右半稍有殘泐,從殘畫看,跟二十四號簡"緷組"之"緷"顯然是同一個字,舊釋爲"緷",非是。饒宗頤在考釋二十四號簡"緷"字時説:(中略)

從"緷"字在楚簡中的用法和戰國文字從"晏"之字的識讀來看,饒説甚是。不過"緷"不一定是朱育《集字》"繸"字那種形體的省寫,而可能是"繸"字的異體。根據一般古文字結構規律,"緷"字應該分析爲從"晏"聲。《説文》説"繸"從"嬰"聲。上古音"晏"屬元部,"嬰"屬耕部,耕、元二部字音關係密切,可以通用。《左傳》僖公元年《經》"公敗邾師于偃",《公羊傳》"偃"作"嬰",即其例。王子嬰次爐銘文的"嬰"字和戰國文字的"嬰"字,原文寫作從"晏",即以"晏"爲聲符,也是很好的例子。所以從"嬰"得聲的"繸",可以寫作從"晏"得聲的"緷"。(中略)

前面説饒氏將"綏"釋爲"纓"是對的,是就這個字字形結構和在楚簡中大多數用法來説的,但是將仰天湖十三號簡的"綏"字也釋讀爲"纓",於文義不適。因此該簡的"綏"字可能不是"纓"字的異體,而是作爲另一個字來用的。楚簡中常常見到一種席,字寫作从"晏"聲。例如:

(5)一寢莞,一寢篓,屯結芒之純。(《信陽》圖版一二六・2-023)

(6)二籆莞,靈光之純,丹緅之縭(褙)。二莞俊,靈光之純,丹緅之縭(褙)。(《文物》1966年5期52頁圖二四、圖版伍)

(7)一縞席,緑裏,錦純。二篓席,錦純。(《包山》圖版一一三・262)

(5)(6)分別記有兩種席,一種是"莞",另一種在(5)寫作"篓",在(6)寫作"俊"。(7)也是記有兩種席,一種是"縞席",另一種是"篓席"。"篓"和"俊"都从"晏"得聲。我們曾經指出,"晏"和"筵"古音同屬元部,二字聲母亦近,疑"篓"和"俊"都應該讀爲"筵"。《周禮・春官・序官》"司几筵"鄭玄注:"筵亦席也。鋪陳曰筵,藉之曰席。然其言之筵席通矣。"賈公彦疏:"設筵之法,先設者皆言筵,後加者爲席,故其職云'設莞筵紛純,加繅席畫純'。"

簡文所記的"寢篓、莞俊、篓席"當是先設之席,在下面,"寢莞、籆莞、縞席"當是後加之席,在上面。上揭仰天湖十三號簡所記的也是兩種席。據前人研究,重席在下,單席在上。"一純綏席"之"綏席"當是先設之席,"一僴席"之"席"當是後加之席。"綏"也是一個从"晏"得聲的字。仰天湖十三號簡的"綏"和"篓、俊"二字顯然是同一個詞,因涉上文"純"而寫作从"糸",與"纓"字的異體"綏"似無關係。因此,"綏席"即(7)"篓席"的異文,也應該讀爲"筵席"。江陵鳳凰山一六八號漢墓遣策有"延席一",記的也是這種席。

《著名中年語言學家自選集・李家浩卷》頁212—217,2002;原載《中國典籍與文化論叢》1

○郭若愚(1994)　綏,通緌。《禮記・雜記》:"以其綏復。"注:"綏當爲緌,緌爲旌旗之旄也。"《説文》:"系冠纓也。从糸,委聲。"

《戰國楚簡文字編》頁84

○朱德熙、裘錫圭、李家浩(1995)　綏,饒宗頤在《戰國楚簡箋證》中據《汗簡》纓字古文作𦃖釋作"纓"(《金匱論古綜合刊》第一期)。其説可信。綏字从"糸","晏"聲。古音"晏"在元部,"嬰"在耕部,元、耕二部音近。如《詩・周頌・閔予小子》"嬛嬛在疚",陸德明《釋文》説"嬛"崔本作"煢"。"嬛"本屬元部,"煢"屬耕部。《書・吕刑》"苗民弗用靈",《墨子》引"靈"作"練","靈"

屬耕部，“練”屬元部。金文“嬰”字或作🌱（《金文編》628 頁），亦从“晏”聲。六二號簡以“二組緩”與“二觟冠”相配，組緩即冠纓，可證釋“緩”爲“纓”之確。仰天湖二四號簡有“緩組之緫”，信陽二一五號有“緩組”，此簡“緩纂”疑當讀爲“纓纂”。纂、組爲同類物。“纂”从“巽”聲，“纂”从“算”聲，古音極近（古“選、算”二字通）。“項”可能即上引仰天湖簡“緫”字的借字，其義待考。古音“項”屬東部，“行”屬陽部，東陽相通是楚方言的特徵之一。

《望山楚簡》頁 120

○**何琳儀**（1998）　緩，从糸，晏聲。疑纓之異文（**編按**：“異”原筆誤作“疑”，兹據程燕《訂補》改）。《説文》：“纓，冠系也。从糸，嬰聲。”楚簡緩，讀纓。《禮記·檀弓》上“絲屨組纓”，疏：“以組爲纓。”

《戰國古文字典》頁 973

○**劉信芳**（2003）　楚簡凡“纓”字皆如是作。屈原《漁父》：“滄浪之水清兮，可以濯吾纓。”纓謂冠纓，以二組繫於冠，捲結頤下。“組纓”即結冠之絲帶。《招魂》：“放陳組纓，班其相紛些。”

《包山楚簡解詁》頁 270

○**李守奎**（2003）　从晏省聲。簡文中多讀纓。或即纓之異體。

《楚文字編》頁 745

△**按**　諸家以“緩”爲“纓”字異體，甚是。仰天湖簡“緩席”，李家浩讀“筵席”亦可從。馮勝君《試説東周文字中部分“嬰”及从“嬰”之字的聲符——兼釋甲骨文中的“瘦”和“頸”》（《出土文獻與傳世典籍的詮釋——紀念譚樸森先生逝世兩周年國際學術研討會論文集》，上海古籍出版社 2010 年）認爲讀“筵”者聲符是“晏”，而讀“纓”者的聲符應是由“瘦”字初文演變而來。

絍

陶彙 3·673

○**何琳儀**（1998）　絍，从糸，邑聲。《篇海》：“絍，臭衣也。”齊陶絍，地名。

《戰國古文字典》頁 1372

綵

璽彙 2532　　璽彙 0769　　璽彙 2962

〇**何琳儀**（1998）　綵，从糸，余聲。紓之異文。《集韻》："紓，或作綵。"《説文》："紓，緩也。"戰國文字綵，人名。

《戰國古文字典》頁 537

綞

〇**高明、葛英會**（1991）　《説文》所無，《集韻》："綞，紬也。"

《古陶文字徵》頁 182

〇**何琳儀**（1998）　綞，从糸，兌聲。《廣雅・釋器》："綞，紬也。"兌旁或訛作　。

　　侯馬盟書"綞繹"，猶"紬繹"。（綞與紬均屬定紐，義亦近。）《漢書・谷永傳》："燕見紬繹，以求咎愆。"注："師古曰，紬讀曰抽。紬繹者，引其端緒也。韋昭曰，繹，陳也。"

　　古陶綞，讀脱。姓氏。湖州有脱姓。見《元和姓纂》。

《戰國古文字典》頁 1033—1034

結

〇**山西省文物工作委員會**（1976）　結。

《侯馬盟書》頁 334

〇**何琳儀**（1998）　結。

《戰國古文字典》頁 1515

△**按**　就字形而言，應釋"結"，但不排除爲"結"字誤書的可能性。

綉

仰天湖 8　 包山 254　 包山 261　 包山 262

○**饒宗頤**(1957)　簡 9 言"柜有綌綉"。綉者,《集韻》稱:"吳俗謂縣一片爲綉。"此當謂結綿於柜中。綉非繡字。

《金匱論古綜合刊》1,頁 64

○**中大楚簡整理小組**(1977)　綉爲繡字的前身。三器皆有錦綉包住,可以想象其物之精美。

《戰國楚簡研究》4,頁 17

○**郭若愚**(1994)　綉,《正字通》:"繡俗字。"《詩·秦風·終南》:"黻衣繡裳。"傳:"五色備謂之繡。""綌綉"爲五采繡帛。

《戰國楚簡文字編》頁 123

○**何琳儀**(1998)　綉,從糸,秀聲。繡之異文。《正字通》:"繡,俗作綉。"《説文》:"繡,五采備也。從糸,肅聲。"楚簡綉,讀繡。

《戰國古文字典》頁 233—234

○**李家浩**(2007)　"錦綉",郭若愚先生説:"綉,《正字通》:'繡俗字。'《詩·秦風·終南》:'黻衣繡裳。'傳:'五色備謂之繡。''綌綉'爲五采繡帛。"按郭説非是。以"綉"爲"繡"是宋元以來出現的俗字,早在戰國時期文字裏,不可能以"綉"爲"繡"。下録包山楚簡中的"綉"字也可以證明這一點:

二素王綌(錦)之綉。(254)

一縞衣,赭䚇之純,樂成之純,亡(無)裏,霝光之綉。(261)

一釟青之表,紫裏,繡純,綌(錦)純,素綌(錦)綉。(262)

二寢席;二俾(蓙)席;一坐席;二莞席,皆又(有)秀(綉)。(263)

263 號簡的"秀",整理者讀爲"綉",甚是。上録簡文中的"綉",可以從三個方面來説。1.從用字來説,在 262 號簡所記的一件"釟青之表"及其附屬物文字中,前後出現"繡、綉"二字,下面將要引用的馬王堆 3 號漢墓遣册 55 號還"繡綌(綉)"連用,這説明"繡"與"綉"是兩個不同的字。2.從語法來看,"綉"與"繡"的用法不同,"繡"只用於修飾其他名詞,而"綉"只被其他語詞所修飾。3.從情理來説,263 號簡記的幾種竹、草編織的席子,其上不可能有繡。根據這三個方面所説的情況,楚簡中的"綉"當與後世"繡"的俗字"綉"無關。

　　細繹文義,楚簡中的"綉"應該是某物之名。是什麼物之名? 2004 年公布的馬王堆 3 號漢墓遺册爲回答這個問題提供了重要線索。

　　馬王堆 3 號漢墓遺册 53、55、56 號三簡所記隨葬品中有"綉",其用法與楚簡"綉"相同。

　　　　琴一,青綺綉,素裏,菜(彩)繢掾(緣)。(53)

　　　　瑟一,繡綉,素裏,繢掾(緣)。(55)

　　　　竽一,錦綉,素裏,繢掾(緣)。(56)

　　"綉"字從"糸"從"禿",不見於字書。段玉裁、徐灝、朱駿聲等人認爲"秀、禿"本一字之分化。段氏説:"今人謂禿頂曰秀頂,是古遺語也。"徐氏説:"'頹'從'禿',而漢隸作'頹',從'秀',即其證。"按照段、徐等人的意見,疑"綉"當是"綉"字的異體。

　　在上録馬王堆漢墓遺册中,值得注意的是 53 號文字與下録 381 號文字有關:

　　　　青綺琴囊,素裏,蔡(彩)繢掾(緣)。(381)

兩相對照,不難看出 381 號所記的"青綺琴囊"就是 53 號所記的"青綺綉"。53 號以記琴爲主,381 號以記裝琴的囊爲主,故分兩簡書寫。於此可見,"綉"應該是某種囊之名。在囊類的名稱中,與"綉"音近的有"韜、橐"。"綉"從"秀"得聲。上古音"秀"屬心母幽部,"韜"屬透母幽部,"橐"屬見母幽部,三字韻部相同,但聲母卻不相同。不過在心母、透母、見母三者的關係中,心母與透母的關係要比心母與見母的關係更爲密切。例如從"秀"得聲的"透、誘"即屬透母。《集韻》卷八候韻收有一個訓爲"吳俗謂縣一片"的"綉"字,不知與簡文"綉"是否爲同一個字,其讀音爲他候切,也屬透母。疑簡文"綉"應該讀爲"韜"。在古代"韜"或以"綯、綢"爲之。《玉篇》糸部:"綯,亦作韜。"慧琳《一切經音義》卷六四"韜夏"之"韜"注引《考聲》:"藏也。或作綢。"大概古代的韜或以熟皮革爲之,或以紡織品爲之,故字或從"韋"作"韜",或從"糸"作"綯、綢"。簡文以"綉"爲"韜",猶《玉篇》等以"綯"或"綢"爲"韜"。《説文》韋部:"韜,劍衣也。"《廣雅·釋器》:"韜,弓藏也。"慧琳《一切經音義》卷一〇〇"韜光"注引《倉頡篇》:"韜,杠衣也。"按韜不限於這些書所説的僅用於劍、弓、杠,據上録簡文還用於裝衣、席、琴、瑟、竽等。

　　在此需要説明一下,上海博物館藏戰國竹書《容成氏》所記人名"皋陶",34 號簡作"咎繇"和"咎秀"。"橐"從"咎"得聲。這條資料似乎證明上録簡文中的"綉"應該讀爲"橐",而不應該讀爲"韜"。其實這條資料是有問題的。

位於《容成氏》34 號簡前的 29 號簡，"皋陶"作"咎陶"。上古音"咎"屬見母幽部，"㿤"屬群母幽部，二字韻部相同，聲母都是喉音，故可通用。上古音"皋陶（繇）"之"陶"屬余母幽部，與從"秀"得聲的"誘、莠、蟒"等聲母、韻部相同，故"陶、秀"二字可以通用。34 號簡"咎咎"之"咎"，顯然是因"㿤"或作"咎"而致誤。於此可見，《容成氏》這條資料不僅不能證明簡文"綉"應該讀爲"囊"，反而證明簡文"綉"應該讀爲"韜"。

根據以上所説，仰天湖楚簡 18 號"緂綉"應該讀爲"錦韜"，指用錦製作的囊，在這裏是用來裝"梮柜"的。

《簡帛》2，頁 33—35

〇**劉國勝**（2007）　　包山遣策中有"綉、秀"二字，見於下列簡文：

(1)二牺白之膚，皆雕，二素王錦之綉。（簡 254 號）

(2)一寢席，二俾席，一跪席，二莞席，皆有秀。（簡 263 號）

(3)一鈞青之表，紫裏，繡純，錦純，素錦綉。（簡 262 號）

(4)一縞衣，睹膚之純，樂城之純，亡裏，需光之綉。（簡 261 號）

"綉"字亦見於仰天湖 167 號楚墓遣策、馬王堆 3 號漢墓遣策，相關簡文如下：

(5)一梮柜，有錦綉。（仰天湖簡 18 號）

(6)琴一，青綺綉，素裏，蔡繢緣。（馬王堆 M3 簡 53 號）

(7)瑟一，繡綉，素裏，繢緣。（馬王堆 M3 簡 55 號）

(8)竽一，錦綉，素裏，繢緣。（馬王堆 M3 簡 56 號）

簡文(1)(3)(4)的"綉"，整理者未加注釋。胡雅麗先生將(1)的"二素王錦之綉"與下文"二翠"連讀，釋文作"二素王（匡）錦之綉二綐（羽）"，指用來包裹"二牺白之膚"的"兩塊繡有鳥紋、長寬各二尺的方形本色錦"，望山 1 號墓所出鏤孔器外包裹的並保存完好的方形絲織物可爲佐證。(2)的"秀"，整理者釋文作"秀（綉）"。(5)的"綉"，郭若愚先生考釋説："綉，《正字通》：'繡俗字。'《詩·秦風·終南》：'黻衣繡裳。'傳：'五色備謂之繡。''錦綉'爲五采繡帛。"

簡文(6)(7)(8)的"綉"，整理者釋文作"綐"。王貴元先生考釋説："綐疑是囊字異體，从糸，禿聲。簡三八一作'青綺琴囊一，素裏蔡（彩）繢掾（緣）'。"陳松長先生編著《馬王堆簡帛文字編》將(6)(8)的"綉"釋文作"綉（繡）"。(6)(7)(8)的"綉"，原文的右旁上部從"禾"，下部作"人"形，與阜陽漢簡《蒼頡篇》"禿"字構形相同，其與秦漢文字"秀"的一般寫法有差異。如睡虎地秦簡《日書》乙種 13 號簡"復秀"之"秀"、睡虎地秦簡《秦律十八種》1 號簡"誘"字所从"秀","禾"旁之下不作"人"形。不過,張家山漢簡《奏讞書》24 號簡"誘",原文右旁與(6)(7)(8)的"綉"所从右旁同形。這樣寫法的"誘",還見於銀雀山漢簡《孫子兵法》。《説文》:"禿,無髮也。从人,上象禾粟之形,取其聲。"段玉裁注:"按粟當作秀,以避諱改之也……秀與禿古音皆在三部,故云禿取秀之聲爲聲也……其實秀與禿古無二字,殆小篆始分之。今人禿頂亦曰秀頂,是古遺語。凡物老而椎鈍皆曰秀,如鐵生衣曰銹。"朱駿聲《通訓定聲》:"秀、禿相近字也。"禿、秀二字在漢簡文字中看來存在互作的情況。《馬王堆簡帛文字編》將(6)(8)的原整理者釋"綉"的字釋爲"綉"是正確的。同樣,(7)的所謂"綉"字就是"綉"。

"綉"字不見於《説文》,但見於《集韻》,《集韻》候韻:"綉,吳俗謂縣一片。"出現在遣策中的"綉",顯然是一名詞,在簡文中常見以絲織品名作修飾,如"素王錦、素錦、錦、霝光、青綺、繡"等,與《集韻》"綉"恐不是一回事。

簡文"綉"不太可能是表示刺繡品的"繡"的通假字。理由之一是簡文(3)(7)中,"繡、綉"二字均同時出現,尤其是簡文(7),"繡"是用作"綉"的修飾詞。(3)(7)的"繡"指刺繡品,沒有太大問題。其次,從文義上看,簡文(1)(5)(6)(7)(8)的"綉"應分別是"膚、柜、琴、瑟、竽"這些漆木器或銅器的附屬物,(6)(7)(8)的"綉",簡文還明確説明了其有"裏",有"緣",因此"綉"這個詞應該是一種製作成形的專用器物名稱,而表示刺繡品的"繡"不具有這種義項。(3)(4)的"綉",與衣服有關。表面上看,"素錦綉、霝光之綉"有可能分別指"尉青之表、縞衣"面料上的刺繡。但馬王堆 1 號、3 號漢墓遣策中有關"繡"的辭例顯示,表達某種物品所用面料爲繡品,習慣上是直接以"繡"來作爲該物品的修飾詞,如"素乘云繡枕巾一,繢周緣"(M1 簡 253 號);"繡綢一,繢緣"(M3 簡 372 號);"赤綺信期繡囊一,素緣"(M3 簡 382 號);"赤繡熏囊一,素緣"(M3 簡 384 號);"椁中繡帷一,褚繢緣"(M3 簡 389 號)等。而如果"素錦綉、霝光之綉"是説明衣服上其他部位用的繡品,則應該在"素錦綉、霝光之綉"之後出現指示該部位的名詞才是。所以(3)(4)的"綉"也不太可能是"繡"的通假字。至於簡文(2)"皆有秀"的"秀",從辭例看,應屬上文諸席的附屬物品。"秀"應該與"綉"表達的是同一個詞義,也不太可能是"繡"的通假字。

在以往有關遣策"綉"字的考釋中,上舉胡雅麗先生對(1)的"綉"、王貴元先生對(6)(7)(8)的"綉"的看法其實是值得注意的。儘管二位先生對

"綉"字的釋讀值得再考慮,但他們在考釋中分別將其與"膚"的包裹和裝"琴"的囊聯繫的意見,我們認爲應該是可取的。

"綉"字該如何釋讀,我們不妨先來看以下幾條遣策簡文:

(9)二牺白之膚,屯雀韋之縿,紖。(信陽簡 2-011 號)

(10)一友鬺膚,錦縿,有蓋。(信陽簡 2-019 號)

(11)二笙,一篪竽,皆有縿。(信陽簡 2-03 號)

(12)茵、席,皆緅褚,綿裹,刞□之緵。(信陽簡 2-019 號)

(13)席十又二,皆紡褚。(望山 M2 簡 49 號)

(14)二簀莞,霝光之純,丹秋之褚。(望山 M2 簡 48 號)

(15)二瑟,皆緅衣。(望山 M2 簡 47 號)

(16)瑟一,越閏錦衣一,赤緣。(馬王堆 M1 簡 276 號)

(17)竽一,越閏錦衣,素緣。(馬王堆 M1 簡 277 號)

(18)青綺琴囊一,素裹,蔡繢緣。(馬王堆 M3 簡 381 號)

簡文(18)的"青綺琴囊",很明顯,就是指用"青綺"做的裝琴的囊袋。(16)(17)的"越閏錦衣",整理者認爲就是指出土時分別套在 334 號瑟和 334-2 號竽上的一件瑟衣和一件竽衣。(15)的"緅衣",李家浩先生認爲是指用"緅"做的裝瑟的袋子。(12)(13)(14)的"褚",朱德熙、裘錫圭、李家浩先生考釋說"指收藏器物的囊或套子。《禮記‧內則》'斂簟而褚之',鄭注:'褚,韜也。'"(9)(10)(11)的"縿",朱德熙、裘錫圭先生曾作過討論,認爲"縿"從衣聲,古籍作繇,多與由字通,由與攸都是幽部喻母四等字,繇、由相通,可證繇、攸也相通,(9)(10)的"縿"當讀爲"絛",(11)的"縿"可讀爲"韜",韜鞰可以施之於弓矢、簟席,亦可以施之於笙竽。劉信芳先生認爲(9)的"縿"亦應釋"韜",或釋爲"紬","屯雀韋之縿紖"謂二件縿皆有雀色韋作爲外套,並以紖作扎口。(9)(11)的"縿"讀爲"韜",可從。同樣,(10)的"縿"也當讀爲"韜"。

對照簡文(9)至(18)中的"縿、褚、衣、囊",我們認爲,簡文(1)至(8)的"綉、秀"疑皆當讀爲"韜"。"綉"從"秀"得聲,上古音"秀、韜"都是幽部字,"秀"的聲母屬心母,"韜"的聲母屬透母。古代心、透二母的字有諧聲的現象,例如,從"攸"得聲的"修、絛",都是幽部字,"修"屬心母,而"絛"屬透母;從"秀"得聲的"透"亦屬透母。"秀"與"繇、陶"的上古音關係也很密切。從"秀"得聲的"誘、莠"都是喻母宵部字,"繇"亦屬喻母宵部字,"陶"屬定母幽部字,古代喻母四等字與定母字常互諧。

"秀、韜"二字相通,出土的郭店及上博楚簡亦提供了相關的證據。古籍習見的"皋陶"(或作"咎繇"),在郭店《窮達以時》3 號簡中寫作"咎繇",《唐虞之道》12 號簡寫作"咎采",上博《容成氏》29 號簡寫作"咎垍",34 號簡寫作"咎咎、咎秀"。采、秀二字通用,九店楚簡《日書》亦有證。"皋陶"作"咎秀",可證"秀"與"陶"因聲相通。"陶、韜"二字古音相近。"韜、滔、慆"都是透母幽部字,《楚辭・九章》"滔滔孟夏兮",《考異》:"滔滔,《史記》作陶陶。"郭店《性自命出》34 號簡"喜斯慆",《禮記・檀弓下》與之相當的文句作"人喜則斯陶"。既然"秀"與"陶"可通,則"秀"與"韜"也相通。

我們將簡文(1)至(8)的"綉、秀"讀爲"韜",在文義上也是講得通的。韜,《説文》:"劍衣也。"段玉裁注:"引申爲凡包藏之偁。"包藏謂之韜,用以包藏物者亦稱作韜。《後漢書・姜肱傳》"以被韜面",李賢注:"韜,藏也。"《大戴禮記・保傳》"太師緼瑟而稱不習",孔廣森補注:"韜瑟於囊曰緼。"《吕氏春秋・仲春》"帶以弓韣",高誘注:"韣,弓韜也。"《左傳》宣公十二年"載櫜弓矢",孔穎達疏:"櫜,一名韜,盛弓矢之衣也。"包山遣策簡文(1)的"二素王錦之綉(韜)"指二件用"素王錦"做的外套,它們是分別用作包裹"二牀白膚"的。遣策記錄"綉(韜)"與"膚",在格式上,與望山遣策 62 號簡記錄"二獫冠,二組纓"類似。簡文(2)的"皆有秀(韜)",應當是對所記"寢席、俾席、跪席、莞席"都帶有斂席用的囊套的説明。馬山 1 號楚墓出土的三張竹席,便是分別裝在絹囊內。簡文(3)的"素錦綉(韜)"與(4)的"霝光之綉(韜)",應當分別是指收藏"龥青之表、縞衣"這二件衣服的包裹。

《江漢考古》2007-4,頁 76—78

綏

信陽 2・4

○**中大楚簡整理小組**(1977)　綏。

《戰國楚簡研究》2,頁 27

○**彭浩**(1984)　"駇",字從馬從午從又,午聲。應是御字的異體。御字也作"馭",從馬從又。江陵天星觀一號墓竹簡中有"馭"字,從馬,午聲,爲御字的量(編按:"量"應是"另"之誤)一異體。上述楚簡中的御字均從馬從午,是爲楚國文字的特徵之一。

《江漢考古》1984-2,頁 64

○**郭若愚**（1994）　絞，《類篇》：“《字林》：‘繂絞，挽舟繩。”紡，《左傳·昭公十九年》：“託於紀鄩，紡焉，以度而去之。”疏：“紡麻作纑爲布。”此謂以篾製成的繩索，爲車上所用之物。

　　　　　　　　　　　　　　　　　　　　　　《戰國楚簡文字編》頁 69

○**李家浩**（1998）　釋爲“綵（鞭）”。

　　　　　　　　　　　　　　　　　　　　　　《簡帛研究》3，頁 15

○**何琳儀**（1998）　絞，从糸，支聲。《廣韻》：“絞，牽絞，挽船繩也。”

　　信陽簡絞，疑讀頍。《詩·小雅·頍弁》“有頍者弁”，釋文：“頍，箸弁貌。”又《集韻》：“頍，一曰，弁小而鋭。”

　　　　　　　　　　　　　　　　　　　　　　《戰國古文字典》頁 745

○**劉信芳**（2006）　上引信陽簡“絞”字的釋讀也很關鍵，對這個字的釋讀有必要從上博藏楚簡《民之父母》中的“詥”字説起。

　　　　其才詥也，敗矣，厷矣，大矣。（《民之父母》9）

　　相關文例《禮記·孔子閒居》作：“言則大矣，美矣，盛矣。”因爲考慮到簡文“詥”字與《孔子閒居》中的“言”字對應，已有學者將“詥”字釋爲“許”，讀爲“語”。

　　李家浩先生不同意這一釋讀，認爲該字不是从“午”聲，而是从“鞭”之古文，將簡文“才詥”讀爲“才辯”。李家浩先生舉出的證據則提到信陽簡“絞”字，他將這個字分析爲从“鞭”之古文，説：“滕壬生先生認爲是‘纏’字的異構，可從。”

　　“絞”和“詥”字究竟是从“午”聲，還是從《説文》“鞭”之古文得聲，僅從字形上已很難得出結論了。我們不妨看一看以下辭例。

　　　　馭、右二貞（領）鞻（象）廔（甲），皆啻軸（冑），紫繡（縢）。（包山簡 270）

　　　　馭、右二貞（領）鞻（象）廔（甲），皆啻軸（冑），紫縢。（包山竹牘 1）

　　　　四馬啻。（包山簡 276）

　　　　兩馬，皆啻。（望山簡二 9）

　　其例與信陽簡“絞良馬啻”正可對勘。所謂“馭、右”是指御車者與御車之右，因其爲二人，所以配有二領甲。“馭”與“絞”皆从“午”聲，“馭”讀爲“御”，不會有問題，郭店簡《成之聞之》16：“是以民可敬道（導）也，而不可弇（牽）也；可馭也，而不可堅（牽）也。”馭即讀爲“御”，因而將“絞”也讀爲“御”，應該是可以成立的。

　　　　　　　　　　　　　　　　　　《古文字研究》26，頁 294—295

絤

上博一·性情 16　上博五·姑成 3　上博五·姑成 4　上博五·姑成 4

包山 278 反　上博四·柬大 19　郭店·老甲 26　上博二·子羔 1

上博二·從乙 1　郭店·老乙 1

上博三·恆先 8

郭店·唐虞 26　郭店·唐虞 23　郭店·唐虞 10　郭店·唐虞 14

○**湯餘惠**（1993）　字從甸聲,甸字兩部分均表音,故此字既可能是《説文》訓爲"絲勞"之"絤",也可能是後世字書上的"絧"。絧字晚出,兹不取。

《考古與文物》1993-2,頁 78

○**何琳儀**（1998）　絤,從糸,呀聲。疑綊之異文。《篇海》："綄,俗作綖。"《説文》："笪,可以收繩也。亦從糸。"互、牙音近,形訛作牙。包山簡絤,不詳。（編按：《程訂》改入附錄。）

《戰國古文字典》頁 512

○**周鳳五**（1999）　（編按：《郭店·唐虞》23）字與"治"形構小異,但均從司聲,此處以讀作"事"爲宜。司,古音心母之部;事,崇母之部,可以通假。簡文謂堯知舜能以孝養天下之老,以悌事天下之長,以慈爲天下之主。若讀作"嗣",則嫌不詞。

《史語所集刊》70 本 3 分,頁 754—755

○**季旭昇**（2003）　（編按：上博二·子羔 1）給:假借爲治。字又見《郭店·老甲》26簡。給字從糸,台聲,《史記·項羽本紀》"田父給曰",義爲"欺騙",但從糸實與欺騙無關,應該也是假借。

《〈上海博物館藏戰國楚竹書（二）〉讀本》頁 30

○**李守奎**（2003）　（編按：郭店·老乙 1）誤書爲絇。簡文中讀治。

（編按：郭店·唐虞 23）從甸省聲。

（編按：郭店·唐虞 26）從甸省聲。絤及絧的各種省形在簡文中多讀爲治。

《楚文字編》頁 744

○**周鳳五**（2006）　飾其言:飾,簡文作"給",此字楚簡一般讀爲"治",如《郭店楚墓竹簡·老子乙》"治人事天",《上博二·子羔》簡 1:"故能治天下,平萬邦。”《上博二·從政》簡 16:“君子樂則治正。”但簡文此處當讀爲“飾”。治，古音定紐之部；飾，書紐職部，鄰紐對轉可通。飾其言，文飾其言，即下文的“君聖人，且良長子，將定於君”，這是討好太宰的話。典籍作“飾言”，也作“飾辭”，《韓非子·南面》:“其進言少，其退費多，雖有功其進言不信，不信者有罪，事有功者必賞，則群臣莫敢飾言以惛主。”又《韓非子·顯學》:“儒者飾辭曰。”簡文是説，陵尹與賷尹見了太宰，都把話説得很漂亮，這是因爲雙方都想積極爭取太宰的支持。

《簡帛》1，頁 126—127

○張桂光（2006）　陵尹、釐尹皆紿其言　誠如原釋文所言，紿有纏、理、疑、欺等義。但聯繫上下文，此處還是用“疑”義最爲合適。因爲釐尹指出，按常規（或占卜結果?），是應該“祕而卜之於高山深溪”的，柬大王顯然不想違背常規，卻提出了“驟夢高山深溪”的問題，以示有關祭儀已在夢中完成。由於得夢是個人私下的行爲，没有任何旁證，所以連柬大王本人都不免“吳所得私，便人將笑君”的顧慮，陵尹與釐尹懷疑其言的真實性就不足爲怪了。

《古文字研究》26，頁 268

○李守奎、曲冰、孫偉龍（2007）　簡文中“紿”及其異體多讀爲“治理”之“治”，或即楚動詞“治”之專字。

《上海博物館藏戰國楚竹書（一—五）文字編》頁 589

【綯諹】上博二·容成 36

○李零（2002）　疑讀“辭揚”。

《上海博物館藏戰國楚竹書》（二）頁 278

○蘇建洲（2003）　綯諹:李零先生讀作“辭揚”。建洲按:疑讀作“辭聽”。易，余紐陽部；聽，透紐耕部，聲紐同爲舌頭音，韻部則爲旁轉。《左傳·哀公二十三年》:“越諸鞅來聘。”《吳越春秋·句踐入臣傳》諸“鞅”作諸稽“郢”（余耕）。《禮記·月令》:“民殃於疫。”《後漢書·魯恭傳》引“殃”作“傷”（參《古字通假古字通假（編按:“古字通假”四字誤植）會典》61、270）。可證“易、聽”音近可通。《周禮·秋官·小司寇》:“以五聲聽獄訟，求民情。一曰辭聽。”鄭玄注:“觀其出言，不直則煩。”其次，李零先生以爲“强弱不辭揚……天地之事不修”是説夏桀失政。但是以上三句主語應該相同，皆指“諸侯國”。而“天地之事不修”屬於反面論述，則所謂“不綯諹、不聖頌”也應從反面來理解。所以筆者以爲應讀作“不辭聽、不聽訟”。

《〈上海博物館藏戰國楚竹書（二）〉讀本》頁 162

○**陳英傑**(2005) 《容成氏》36號"强弱不縞謁",末二字整理者疑讀"辭揚"。但依據"治"字的習見寫法,我們以爲此字當釋爲"治",此句與下句"衆寡不聖(聽)訟"結構相同,"謁",《集韻・漾韻》:"謁,《字林》:'謹也。'"

《漢字研究》1,頁471

○**黎廣基**(2008) "縞",李零先生讀爲"辭"。考"縞"字从"糸","台"聲。"台"字屢見於《上博楚竹書(二)》,多讀爲"始"。然而同篇第二十二簡"各(冬)不敢吕蒼(寒)台(辭),頲(夏)不敢吕昬(暑)台(辭)",兩個"台"字,均讀爲"辭"。據此,則从"台"聲之"縞",亦可讀爲"辭"。

"辭",《說文・辛部》云:"訟也。从䇂,䇂猶理辜也。䇂,理也。"又同部"辤"下云:"辤,不受也。"段玉裁注:"經傳凡'辤讓'皆作'辭說'字,固屬假借,而學者乃罕知有'辤讓'本字。"按:《說文》解"辭"爲"訟",明顯與"辭讓"之義無涉。"辭讓"與"不受",確有意義上的關聯。《國語・周語中》云:"王勞之以地,辭。"韋昭注:"辭,不受也。"段氏以假借來說明"辭、辤"的語義關係,應該是正確的。蓋辤而不受,即近於辭讓。在經籍舊注中,亦可以找到釋"辭"爲"讓"的例子。如《公羊傳・隱公元年》云:"隱於是焉而辭立。"何休《解詁》云:"辭,讓也。"簡文"辭"字,亦"讓"之義。

"謁",簡文作"**謁**"。此字不見於《說文》。《玉篇・言部》云:"謁,譽也,謹也。"蓋"譽"與"揚"義近,"謁"訓爲"譽",或者與"揚"義有關。考"謁、揚"俱从易聲,疑爲同源字。《古璽彙編》收錄此字,讀爲"象"。簡文亦似爲假借字,疑讀爲"讓"。"謁、讓"余(喻四)日旁紐,陽部疊韻,韻同聲近,可以通假。如先秦聯綿詞"襄羊",又作"儴佯、翔佯、相羊"。而"羊、相"二聲,古代多與"易"聲通用。《詩・召南・采蘋》"于以湘之",《韓詩》"湘"字作"鬺"。又《呂氏春秋・盡數》"與爲飛揚",舊校云:"一作'翔'。"而"翔佯",又作"儴佯"。是"襄、相、羊、易",古音並通。

"縞謁",蓋讀爲"辭讓"。"辭讓"爲先秦常語,《禮記・禮運》云:"(聖人)尚辭讓,去爭奪。"《坊記》云:"無辭而行情,則民爭。"上面兩句經文,都點出了"辭讓"與"爭奪"的關係。孫希旦《禮記集解》云:"爭奪非尊尚辭讓則不能去。"蓋尊尚辭讓,則爭奪不生。百姓不務爭奪,則"謀閉而不興,盜竊亂賊而不作"。關於這點,荀子曾做過深入的分析,《性惡》篇云:

> 今人之性,生而有好利焉,順是,故爭奪生而辭讓亡焉;生而有疾惡焉,順是,故殘賊生而忠信亡焉;生而有耳目之欲,有好聲色焉,順是,故

> 淫亂生而禮義文理亡焉。然則從人之性，順人之情，必出於爭奪，合於犯
> 分亂理而歸於暴。故必將有師法之化，禮義之道，然後出於辭讓，合於文
> 理而歸於治。

按照荀子的意思，人性好利，“必出於爭奪”，而辭讓的行爲，則有待於“師法之
化，禮義之道”。如果統治者肆行侵伐，則無異於鼓吹爭奪，摒棄辭讓，其最終
結果，必然導致天下百姓“犯分亂理而歸於暴”。這與上一節所引述《墨子》的
話“聖王即没，天下失義，諸侯力征”，情況大致相似。蓋“爭奪生”而“辭讓
亡”，簡文“不辭讓”的涵義，適與此同。

　　“强弱不辭讓”，猶言强弱互不辭讓，即强不辭弱，强弱相乘的意思。

《簡帛》3，頁 67—69

○**范常喜**（2010）　　“絅”似當從陳劍先生讀作“治”。“絅”字原簡文作 ▉，字
形稍有模糊，但與同篇 43 號簡中的兩個“絅”字（字形參下文所引）相比可知，當
爲一字無疑。整理者如此隸定當可信。郭店簡整理者將此字或隸作“絅”，而郭
店簡《唐虞之道》中字形稍有省略，整理者隸作“幻”；上博簡《從政》以及《恆先》
中字形稍有變化，整理者隸作“絅、緭、繪”。正如陳英傑先生所云，從用字習慣
來看，在楚簡文中，這幾個从“糸”的字形一般只用來表示“治”這個詞，如：

　　《上博二·容》19：是呂（以）遷（邇）者敓（悅）絅（治），而遠者自至。

　　《上博二·容》43：其政絅（治）而不賞，官而不籧（爵），無萬（勵）於民，
而絅（治）躥（亂）不关（倦）。

　　《上博一·子》1：古能紿（治）天下，坪（平）萬邦。

　　《郭·六》31：之絅（治）紉（恩）弇（掩）宜（義），門外之絅（治）宜（義）
斬紉（恩）。

　　《郭·唐》10：壴（禹）幻（治）水，膃（益）幻（治）火，後稷（稷）幻
（治）土。

　　《郭·唐》26：五十而幻（治）天下。

　　《上博二·從乙》1：興邦豪（家），絅（治）正嗇（教），從命則正（政）不裻（勞）

　　《上博二·從乙》3：從正（政），不絅（治）則躥（亂），絅（治）巳〈也〉至則□

　　《上博三·恆》8：又（有）緭（治）無躥（亂）。

　　《上博四·曹》36：能絅（治）百人，吏（使）倀（長）百人；能絅（治）三軍，
思（使）衛（帥）受□

　　（**中略**）綜上可知，從整個楚簡用字習慣，尤其是從《容成氏》同篇中的幾個

"綯"也用作"治"來看,"綯"釋作"治"是比較合理的。

《中國文字學報》3,頁 71—74

△按 "綯"從糸,台聲,在楚簡中通常應讀作"治",疑即治絲義之本字。其聲符"台"(或省"口")因部件的交錯並發生借筆現象,或與"句、牙"混同,但一般可據文例判別。

緪

璽彙 2320　　璽彙 2407

○施謝捷(1998)　緪(繡)。

《容庚先生百年誕辰紀念文集》頁 647、648

○湯餘惠等(2001)　緪。

《戰國文字編》頁 860

△按 字從糸,匜聲,璽文用爲人名,義不詳。參卷十二"匜"字條。

緈

仰天湖 9　　仰天湖 37　　包山 268　　包山 271　　望山 2·48

○朱德熙、裘錫圭、李家浩(1995)　"緈"字從"夆","夆"即"奉"之古體(《長沙仰天湖出土楚簡研究》葉恭綽序已釋此字爲"緈")。疑"紃緈"當讀爲"紃縫",指在皮革或織物的縫合之處嵌紃條爲飾。

《望山楚簡》頁 117

○何琳儀(1998)　緈,從糸,奉聲。楚簡緈,讀縫。

《戰國古文字典》頁 433

△按 諸家之説另參本卷"縫"字條。

絫

包山 164

○何琳儀(1993)　△原篆作，應隸定"絫",從二"亓"。《汗簡》"綦"作，從一“亓”。二者繁簡不同,實則一字。故△應釋“綦”。

《江漢考古》1993-4,頁 59

○**何琳儀**(1998)　絣,从糸,幵聲。疑綦之繁文,綦之異文。《正字通》:“綦,同綦。”《説文》:“綥,帛蒼艾色。从糸,畁聲。《詩》縞衣綥巾。未嫁女所服。一曰,不借綥。綦,綥或从其。”包山簡絣,人名。

《戰國古文字典》頁 22

○**湯餘惠等**(2001)　縰。

《戰國文字編》頁 865

○**李守奎**(2003)　《廣韻·櫛韻》有縰字。

《楚文字編》頁 750

△**按**　戰國文字“瑟”或“麗”都可寫作“丌”形(參卷十二“瑟”條及卷十“麗”字條),故“綦”相當於“縰”或“纚”均有可能。

綅

集成 9735 中山王方壺

○**李學勤、李零**(1979)　銘文中長均作䟫,故第卅九行綅字當讀爲張,義爲張大。

《考古學報》1979-2,頁 153

○**于豪亮**(1979)　“隹(惟)宜(義)可綅(張)”,《古文四聲韻·陽韻》以綅爲張字,《廣雅·釋詁一》:“張,大也。”

《考古學報》1979-2,頁 180—181

○**張政烺**(1979)　綅,从糸,長聲。壺銘䟫是長大之長,此从糸或是久遠之長。

《古文字研究》1,頁 222

○**孫稚雛**(1979)　又如“長”,當讀作“長久”的長時,壺銘“唯義可長”的“長”增加糸旁寫作綅,當讀作“年長、長者”的“長”時,鼎銘“長爲人宗、事少如長”的“長”,就增加立旁寫作“䟫”了。立和人有關,糸和長短可以引起聯想。

《古文字研究》1,頁 281

○**商承祚**(1982)　長作綅,爲首見。

《古文字研究》7,頁 70

○**何琳儀**(1998)　緅,从糸,長聲。《汗簡》中之二·五二張作。參張字。

燕王職矛緅,讀長。《書·益稷》:“外薄四海,咸建五長。”釋文:“五長,衆官之長。”

中山王方壺緅,讀張,伸張。

《戰國古文字典》頁688

緓

天星觀　天星觀

○**何琳儀**(1998)　釋“紻”,云:天星觀簡“綦紻”,讀“韅鞅”,見央字。

《戰國古文字典》頁618

○**李守奎**(2003)　(**編按**:隸作“緓”,歸“紻”字)讀鞅。

《楚文字編》頁730

△**按**　戰國文字从中、从艸每無别,字隸作“緓”是,讀“鞅”亦可從。惟同一批簡中“紻”用爲人名,“緓”讀“鞅”,文例不同,似未可遽定二者爲一字之異體。

緎

文物2000-10,頁78

○**蔡運章**(2000)　“□□□緎”。開頭3字銹蝕嚴重而漫漶不清,僅第3字尚殘留下半部。第4字左旁所从當是“糸”的俗體,右旁从“或”。應隸定爲“緎”。《詩·羔羊》:“素絲五緎。”《毛傳》:“緎,縫也。”《爾雅·釋訓》:“緎,羔裘之縫也。”《玉篇·糸部》:“緎,于力切,縫也。或作䮙、黬。”《説文》:“黬,羔裘之縫也。”段注:“緎,縫也。許所據《詩》作黬。”可知當是黬字的别體。“緎”可能是監造者的名字。

《文物》2000-10,頁76—77

緖

仰天湖2　仰天湖6

○**中大楚簡整理小組**(1977)　緖不見於字書,絵緖之緖凡數見,不知指衣服

何處。

○**饒宗頤**（1957）　緒字亦字書所無。考《集韻》，"璿（玉名）或从春作瑃"，而瑃者，璿之或字；璿可作瑃，則緣亦可作緒矣，是緒乃緣之或體。《儀禮·士喪禮》："爵弁服純衣，皮弁服褖衣。"鄭注："黑衣裳赤緣之謂之褖。褖之言緣也，所以表袍者。古文褖爲緣。"《玉藻》："士褖衣。"褖字或作税，見《雜記》《喪大記》。緣衣蓋爲袍飾，詳胡培翬《儀禮正義》。是簡作"緒"，經典未見，可補字書之缺。

○**朱德熙、裘錫圭**（1973）　仰天湖 2 號簡（圖二）（編按：圖略，下同）云：

中□之一□衣，□純，紃縞之緒句

又 6 號簡（圖三）：

何馬之□衣綊純綊緒

純和緒都从糸，春又从屯得聲，很像是一個字的異體，但簡文純和緒對舉，肯定是不同的兩個字。春和川都是文部昌母字。《説文》首下云："古文百也。《象髮，謂之鬊，鬊即巛也。"按小篆首字所从的巛與川字同形，鬊从春聲，川春音近，所以許慎謂鬊即巛。據此，我們認爲簡文緒字當讀爲紃。《禮記·雜記下》："韠長三尺，下廣二尺，上廣一尺，會去上五寸，紕以爵韋六寸，不至下五寸。純以素，紃以五彩。"注云："紃施諸縫中，若今時絛也。"經文純與紃對舉，簡文純與緒對舉，緒就是紃。純是衣緣，紃則是嵌在衣縫中的細帶。2 號簡"紃縞之緒"可能是指用細繒編製成的帶子。6 號簡"綊緒"當讀爲"錦紃"，指彩色的紃。《穆天子傳》（卷三）"好新錦組百組"，有錦組，則也可以有錦紃。上引《禮記·雜記下》"紃以五彩"，説的正是錦紃。

○**郭若愚**（1994）　"綊緒"是以"綊"帛製的衣衽。

○**劉信芳**（1996）　"緒"字仰天湖簡凡二見，可以肯定"純、緒"不是一字，純，緣也，是爲"綎衣"之緣。"緒"讀如"緄"。馬王堆帛書《老子》乙本："湷呵亓若浊。"傅奕本作："混兮其若浊。"是緒、緄通用之證。《説文》："緄，織帶也。"段注據《文選·七啟》注校正爲"織成帶也"。《廣雅·釋器》："緄，帶也。"（據王念孫疏證補）《太平御覽》引《東觀漢紀》："上錫鄧遵金剛鮮卑緄帶一具。"知所謂"紃縞之緒、綊緒"，均是絲織品編織而成的衣帶。

○**劉信芳**（1997）　"綪"讀如"縛",《説文》:"縛,薉貉中女子無絝,以帛爲脛空,用絮補核,名曰縛衣,狀如襜褕。"段注云:"無絝者,無左右各一之絝也。帛,依《急就篇》當作布,空、腔古今字。核當作覈,果覈之引申也。帛爲脛腔,褚以絮而裹之,若今江東婦之卷用,胖音如滂去聲,是名縛衣,亦曰母縛。《急就篇》曰:禪衣蔽膝布母縛。蓋敝邴、縛衣、襜三者相似,故曰:狀如襜。衣部曰:襜,衣蔽前也。又曰:直裙謂之襜褕。此當曰狀如襜,不當有褕字。"按段注説"縛"甚詳。其形制若今之圍裙,今湖南苗族服裝猶見其制。簡文所記"綖衣"與"錦綪"應是配套的服裝。

　　《史記·司馬相如傳》"犢鼻褌",據此則"綪"讀"褌"亦通。綪、縛、褌古讀皆與"裙"近,書寫有別,或源自方言音殊,或因於形制有別。要之簡文"綪"謂下裙也。

《中國文字》新 23,頁 101—102

○**何琳儀**（1998）　緈,從糸,昏聲。疑純之繁文。仰天湖簡緈,讀純。《儀禮·士冠禮》"純衣",注:"絲衣也。"《説文》:"純,絲也。從糸,屯聲。"

《戰國古文字典》頁 1327

虎

璽彙 3231

○**何琳儀**（1998）　釋"虎"。

《戰國古文字典》頁 1527

△**按**　字當分析爲從糸,虎聲,璽文用爲人名。《字彙補·糸部》有"虎",云:"音寒,義闕。"恐與古璽"虎"字無關。

縱

璽彙 1415

○**吳大澂**（1884）　古縱字。許氏説,緅屬。古鉢文。

《説文古籀補》頁 53,1988

○**羅福頤等**（1981）　縱。

《古璽文編》頁 311

○**何琳儀**（1998）　緤，从糸，涉省聲。《集韻》：“緤，繒屬。”音“實攝切”。晉
璽緤，人名。

《戰國古文字典》頁 1431

○**程燕**（2004）　紲。

《戰國古文字典》頁 1638,2004

△**按**　字从糸，㞷聲，或即“紲”之繁構。“紲”字見於《集韻》等。

緷

 曾侯乙 31　　 曾侯乙 53　　 天星觀　　 天星觀

○**何琳儀**（1998）　緷，从糸，㞷聲。楚系簡緷，讀續。㞷、皇均从王得聲，而皇
與黃往往通假，見皇字。《集韻》：“續，繩束也。”

《戰國古文字典》頁 634—635

絅

 天星觀

○**何琳儀**（1998）　絅，从糸，尚聲。天星觀絅，不詳。

《戰國古文字典》頁 682

緈

 包山 259

○**劉信芳**（2003）　緈：字从糸，季聲，疑讀爲“綷”，《説文》：“綷，繡文如聚細
米也。”出土龍首杖的杖首通體錯金銀菱形紋和雲紋，“錦綷”似指龍手杖杖首
之紋飾。

《包山楚簡解詁》頁 274

○**陳秉新**（1998）　簡 259：“一檳椔，又（有）綌緈縞宮。”

考釋 552、553 讀檳爲績，讀椔爲梳，讀綌爲綿（編按：“綿”爲“錦”之誤），釋績梳
爲繪有紋飾的梳，基本上是對的，惟椔是梳的或體（見《集韻·魚韻》），並非通
假。至於謂緈爲繡字之誤，“宮讀如裹，《説文》以爲書囊，簡文指套在梳外的

囊”,果如其説,則當讀爲錦綉縞裏,實甚不辭。

按:綌是紛的異體,本指衣帶,與簡文文義不合,考釋讀爲錦,可從。錦本指用彩色經緯織出各種圖案花紋的絲織品,引申爲鮮豔華麗的顏色。《詩・終南》:“錦衣狐裘。”毛傳:“錦,文采色也。”《改併四聲韻海》(編按:“併”字原漏)引《搜真玉鏡》:“綼,音季。”義闕。據簡文文義當讀爲綶,綼和綶古音同的質都(編按:“的質都”當是“在質部”之誤),依例可通。《玉篇・糸部》:“綶,索也。”錦綶,指彩色絲繩,用來扎束梳囊的。《漢書・食貨志》:“乘堅策肥,履絲曳縞。”顏師古注:“縞,皓素也,繒之精白者也。”宦讀爲裏,《説文》:“裏,書囊也。”《廣雅・釋器》:“裏謂之袠。”王念孫疏證:“《説文》:‘帙,書衣也。或作袠。’……書衣謂之袠,故小囊亦謂之袠。《内則》云:‘右佩箴管線纊,施縈袠。’《玉篇》:‘帙,小囊也。’”裏與帙本義爲書囊,均可引申爲凡囊之稱。縞裏,指用精細的白繒做的盛木梳的小囊。

《南方文物》1998-3,頁60

○何琳儀(1998)　綼,从糸,季聲。《海篇》:“綼,音季。”

包山簡綼,讀綷。《詩・衛風・芄蘭》“垂帶悸兮”,釋文:“悸,韓詩作萃。”是其佐證。《集韻》:“綷,《説文》會五采繒也。或从糸。”《文選・左思〈吳都賦〉》“孔雀綷羽而翶翔”,注:“向曰,五色曰綷。”

《戰國古文字典》頁1197—1198

綼

包山牘1

○何琳儀(1998)　綼,从糸,卑聲。《集韻》:“綼,袷綼,絮也。”

包山牘綼,見《儀禮・既夕禮》“縓綼緆”,注:“飾裳在幅曰綼,在下曰緆。”《新方言・釋器》:“今人謂衣裳邊角純緣曰綼。音如擺。”

《戰國古文字典》頁773

綶

![璽彙4059]璽彙4059

△按　“綶”疑“紤”之繁構,璽文用爲人名。

綌

璽彙 2307

○**何琳儀**（1998）　綌，从糸，舍聲。疑綌之繁文。晉璽綌，人名。

《戰國古文字典》頁 535

綸

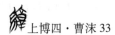璽彙 0498　　　璽彙 3020

○**吳振武**（1983）　0498 王綸·王綸（綌）。

《古文字學論集》（初編）頁 493

○**何琳儀**（1998）　綸，从糸，侖聲。《集韻》：“綸，緶絮。”晉璽綸，人名。

《戰國古文字典》頁 1149

綧

上博四·曹沫 33

○**李零**（2004）　綧：讀“敦”，有純厚之義。

《上海博物館藏戰國楚竹書》（四）頁 264

縴

陶彙 3·1101

△**按**　“縴”當以“夷”爲基本聲符。陶文縴，單字，義不詳。

綱

包山 56

○**何琳儀**（1998）　緆，从糸，則聲。包山簡緆，人名。

《戰國古文字典》頁 95

緄

包山 268　　　　　包山 275

○**何琳儀**（1998）　緄，从糸，畏聲。《玉篇》：“緄，五色絲飾。”包山簡緄，五色絲飾。

《戰國古文字典》頁 1188

○**劉信芳**（2003）　《顏氏家訓·書證》：“又問東宮舊事，六事罽緄，是何等物？當作何音？答曰：按《說文》云：䈽牛藻也，讀若威音隱（**原注**：疑是隈字），塢瑰反。即陸璣所謂聚藻葉如蓬者也。又郭璞注《三蒼》亦云，蘊藻之類也。細葉蓬茸生。然今水中有此物，一節長數寸，細茸如絲，圓繞可愛，長者二三十節，猶呼爲䈽。又寸斷五色絲，橫著線股間，繩之以象䈽草，用以飾物，即名爲䈽，於時當紺六色罽，作此䈽以飾緄帶。張敞因造糸旁畏爾，宜作隈。”今據楚簡，知糸旁“緄”本爲古字。非張敞所造也。

《包山楚簡解詁》頁 296

緅

璽彙 2601

○**羅福頤等**（1981）　《說文》所無，《玉篇》：“緅，隅也。”

《古璽文編》頁 311

○**何琳儀**（1998）　緅，从糸，禺聲。《玉篇》：“緅，隅也。”
　　燕璽緅，姓氏。讀愚（《姓苑》）或遇（《姓譜》）。

《戰國古文字典》頁 354

緰

包山 267　　　上博五·鮑叔 3

○**劉信芳**（1997）　包山簡二六七：“綐（縢）組之緰。”“緰”指馬繮繩的握手之

處。因處於繮繩之末,故稱"緟"。《方言》卷十:"緒、末、紀,緒也。南楚皆曰
緤,或曰端,或曰紀,或曰末,皆楚轉語也。"《説文》:"緒,絲耑也。"《釋名·釋
車》:"緤,制也,牽制之也。"《玉篇》:"緤,馬繮也,凡繫繆牛馬皆曰緤。"是緤、
緟皆是馬繮之名。

《中國文字》新 22,頁 171

○**何琳儀**(1998)　緟,从糸,耑聲。包山簡緟,讀褍。《説文》:"褍,衣正幅也。
从衣,耑聲。"

《戰國古文字典》頁 1028

○**何有祖**(2007)　(編按:上博五·鮑叔 3)緟,疑讀作"短",郭店《老子甲》16 號簡
"長耑(短)之相形也"即是其例。簡文"短、長"原各屬下讀,此當屬上讀。

《出土文獻研究》8,頁 14

△**按**　"緟"蓋"耑"之孳乳,絲索之耑故从"糸"。劉信芳釋包山簡"緟"字是。
《鮑叔》篇"緟"則當從何有祖説讀"短",字从"糸"或受其上二"繮"字類化
所致。

緅

信陽 2·2　　信陽 2·7　　信陽 2·15

望山 2·2　　望山 2·3　　望山 2·8

○**中大楚簡整理小組**(1977)　緅、緁同字。偏旁易位之字在古文字中習見,
後世每將這樣的字分爲二字二義,《玉篇》謂緅與緧通。在這裏是作爲一種絲
織品上的紋飾名。

《戰國楚簡研究》2,頁 18

○**朱德熙、裘錫圭、李家浩**(1995)　"肯緅聯縢"之語簡文屢見,似是一種織物
的名稱。"緅"字也見於信陽二〇二號、二〇七號等簡,"秋"旁作🔲,此墓簡文
多簡化作🔲,仰天湖一〇號簡亦有此字,"秋"旁作🔲。緅是此墓簡文中最常
見的織物名,疑當讀爲"紬",即後代的"綢"。

《望山楚簡》頁 115

○**郭若愚**(1994)　緅,《集韻》:"繊或作緁。縐文也。"縐,《説文》:"絺之細
者。《詩》曰:蒙彼縐絺。"

《戰國楚簡文字編》頁 66

○**商承祚**（1995） 緅，同緧，偏旁易位之字，在古文字中習見。《玉篇》卷二十七謂緧與緧通，釋作“牛馬緧也，亦作鞧”。此處應作繫，通緅。緅有二義，此爲《集韻》卷九屋韻：緅、繫，“一曰繒文”，乃指一種絲織品上的紋彩，與《玉篇》訓異。

《戰國楚竹簡匯編》頁 20

○**劉信芳**（1997） 信陽簡二・二：“一兩繆緒。”望二・四九：“一繆緒。”繆讀如繆，《説文》：“繆，枲之十絜也。”如是則“繆緒”即麻鞋。

信二・二八：“一兩□緒，紫韋之納，紛純，紛會。”包山二號墓出土麻鞋，鞋面用麻繩編織，内襯以麻布，裏層爲皮革。“紫韋之納”即指裏層之皮革。

“繆”字學者多隸定作“緅”，劉釗釋“繆”，就目前所見字形與辭例看，釋“繆”爲義有關問題還值得進一步研究。

《中國文字》新 23，頁 98

○**何琳儀**（1998） 緅，從糸，秋聲。《方言》九：“馬紂，自關而東，周、洛、韓、鄭、汝、潁而東，謂之緅。”或作緧。《集韻》：“緧，或從秋。”絡於牛馬尾下之飾。

楚簡緅，讀繫或緅。《集韻》：“緅，聚文也。或作繫、緵。”“緅，一曰，繒文。”

《戰國古文字典》頁 229

○**李零**（1999） 疑從糸從穆。

《出土文獻研究》5，頁 162

○**劉釗**（1999） 包山楚簡有字作：

《包山楚簡》圖版二二・49

諸家皆釋“穆”。試比較下列古文字中的穆字：

《合集》28400　《屯南》4451　尹姞鼎　師虎鼎

可知釋“穆”在形體上確有根據。字在簡文中用爲姓氏字，讀爲“穆”姓之“穆”，也很合適。

包山楚簡又有字作：

《包山楚簡》圖版二二・47　《包山楚簡》圖版八四・187

與上揭“穆”字的差别只是下部少了一撇。諸家考釋有釋“穆”和“秋”二種意見。如張守中先生《包山楚簡文字編》采納衆人之説釋爲“穆”，而滕壬生先生《楚系簡帛文字編》則釋爲“秋”。

從形體上看，由“”省成“”，是很自然的省形變化。金文中的“穆”字也有下部寫成兩筆的：

　　　　　　虢弔鐘　　　　　中山方壺　　　　梁十九年鼎

《古璽彙編》收有下列一方楚璽：

《古璽彙編》3527

璽中“　”字吳振武先生認爲即“穆”字，其下部也作兩筆。可見釋“　”爲“穆”從形體看沒有問題。上揭兩個“　”字在簡文中也用爲姓氏字。古代雖有“秋”姓，但是是很晚才出現的，先秦未見有“秋”姓，而將其釋爲“穆”，與“　”字一樣讀爲“穆”姓之“穆”卻非常合適。

　　“　”字在望山楚簡中又用爲絲織品名（以下“　”字用△號代替）：

　　　　二　，皆△衣。　　　（簡47）

　　　　丹△之□。　　　　　（簡13）

　　　　　丹△之阶厽。　　（簡50）

　　　　丹△之宫□。　　　（簡58）

字又从“糸”作“　”，多見於望山簡，試舉例如下（以下　字用△號代替）：

　　　　1.肖△聯綊（縢）之鞶肖。　　　　（簡2）

　　　　2.絹△聯綊（縢）之綠。　　　　　（簡2）

　　　　3.丹△之裏，丹厚△之純。　　　（簡2）

　　　　4.丹厚△之綠。　　　　　　　　（簡2）

　　　　5.絹△聯綊（縢）之純□。　　　（簡3）

　　　　6.丹厚△之□童。　　　　　　　（簡6）

　　　　7.丹厚△之鞶肖。　　　　　　　（簡6）

　　　　8.丹△之軟安。　　　　　　　　（簡8）

　　　　9.丹△之鞶。　　　　　　　　　（簡8）

　　　　10.肖△之純。　　　　　　　　（簡12）

　　　　11.丹厚△之裏。　　　　　　　（簡23）

　　　　12.一丹△之因（茵）。　　　　（簡47）

　　　　13.二紅△之紾。　　　　　　　（簡48）

　　　　14.紅△之室。　　　　　　　　（簡48）

　　　　15.紾（丹）△之繝（襺）。　　（簡48）

　　　　16.亓（其）三亡童皆丹△之衣。（簡49）

17.一紅△之叵紉□。　　（簡57）

18.紅△之純□。　　（簡59）

以上"絣"字舊皆釋爲"緅"，原因是信陽簡中又有"㷱"字：

1.綋㷱之夾。　　（2-07）

2.一草齊㷱之斂。　　（2-013）

3.一丹㷱之衦。　　（2-015）

舊以爲"㷱"字下部从"火"，所以字應爲"緅"字無疑。又上引信陽2-015號簡有"丹㷱"之語，與望山簡中之"丹絣"同辭，故"絣"也應爲"緅"，即認爲"絣"乃"㷱"之省。

我們認爲上述舊的認識是有問題的。楚簡帛文字中目前可以用辭例卡死的"秋"字有兩種寫法，一種作"秌"，結構爲从禾从日，故（編按："故"爲"如"之誤，《古文字考釋叢稿》已改正）楚帛書中"春夏秋冬""玄司秋"之"秋"及包山楚簡中"秋三月"之"秋"；一種作"龡"，見於包山楚墓所出木瓢：

1.亓杚紛龡之緟。　　（包山瓢1）

2.緅龡之紿。　　（包山瓢1）

這兩個"秋"字都用於車馬器的記錄，應該讀作"緅"（或體作緧）。《方言》："車紂，自關而東周洛韓鄭汝潁而東謂之緅。"

仔細觀察就會發現，包山木瓢上的秋字"龡"與上引信楚簡中所謂的"緅"字"㷱"下部有些不同，一作"犬"，一作"屮"。信陽2-02號簡有"一兩絣縷"，2-022號簡又有"□絣（字稍殘，主要殘存彐部分）之㪥"的辭句，句中之"絣"字從文意看與"㷱"用法相同，可其下部作"亻"，同望山簡的"絣"字更爲接近。在楚簡中"火"字以作"火"形占絕大多數，"屮"形相對少得多。以上情況可以使我們推想，信陽楚簡中的"㷱"字所從之"屮"可能是在"絣"形下部"亻"形上纍加飾筆而成，"屮"並非"火"字。這與信陽簡樂字作"樂"、包山簡作"樂"類似，"屮"並非"火"字。當然我們也不能排除"㷱"是"絣"字寫誤的可能。總之，將大量出現的"絣"字和"龡"字下部"亻"看作是"火"字之省，從形體上來說頗爲牽強，而將其視作"龡"形下部"刂"之省則順理成章。所以我們認爲上引包山楚（編按："楚"下漏"簡"字，《古文字考釋叢稿》已補）和望山簡中的"龡"字皆應釋爲"穆"，而望山簡中的"絣"則應隸作"繆"，釋爲"繆"。信陽簡中的"㷱"字乃"絣"字的異寫或誤寫，也應隸作"繆"，釋爲"繆"。翏、穆二字古音一在來紐覺部，一在明紐覺部，典籍中穆與翏、穆與謬、穆與繆皆可相通，尤其穆與繆相通之例更是多極,所以繆字從“穆”作“繐”很好理解。

　　舊釋“帣”爲“秋”,釋“綸”爲“緧”的欠缺還在於無法講通簡文文例。因爲望山簡和信陽楚簡中的“帣”和“綸”字無疑是指一種絲織品,而字書中的“緧”字卻是指馬具,二者之間無法溝通。這一問題的産生是因爲字的誤解造成的。

　　仰天湖楚簡 10 號簡説:

　　　　促羅繢之綸

句中“綸”字從用法看,與望山簡之“綸”可能應爲一字。史樹青先生早在1955 年出版的《長沙仰天湖楚簡研究》一書中即已釋“綸”爲“繐”,並指出“繐即繆字或體”。這一説法雖然一直未引起學術界的重視,其實卻是非常正確的。

　　嘉興郭氏《寒香書屋金石拓本》收録有下列一方楚國玉璽:

吳振武先生在《古璽和秦簡中的“穆”字》一文中指出“帣”即“穆”字(“畢”字亦見於包山楚簡 2·74、2·191,作“畢”),他同時指出雲夢睡虎地秦簡中“數穆風之”之“穆”也應是“穆”字,這一説法非常正確。類似寫法的穆字還見於下列楚璽:

《古璽彙編》3511

丁佛言早在《説文古籀補補》中就已成功地釋“帣”爲“穆”字,可謂遠見卓識。

　　穆字下部由“川”變爲“夕”是形體類化的一種表現,這與古璽“參”字下部的變化類似。這种形態應晚於“帣”形。也可能因穆字與繆字可以通假,故受聲音影嚮(編按:“嚮”當作“響”),穆字下部之“川”,又可向“翏”字下部的形態轉變。

　　穆字作“帣”形應是楚文字的一種特殊寫法,因睡虎地秦簡出於楚地,故秦簡中的“穆”字受楚文字影響而采用了楚文字的寫法,而漢代昭明鏡的穆字作“穆、繆”,則又因漢承秦制,文字一脈相承的結果。

　　《説文·系部》:“繆,枲之十絜也。一曰綢繆。从系,翏聲。”(編按:二“系”爲“糸”之誤)典籍中“繆”字無用作絲織品的例子,但這種用法卻見於秦簡。睡虎地秦簡《封診式》説:“乙以迺二月爲此衣,五十尺,絲絮五斤裝,繆繒五尺緣及殿(純)。”句中“繆”字正用爲絲織品的名字。上引望山楚簡中有“丹厚繐(繆)之純”“丹繐(繆)之純”“紅繐(繆)之純”的話,可知“繐”(繆)可做爲衣服等物的鑲邊。這與秦簡載“繆”可用於衣服的“緣和殿（純）”也正相合。

那麽“繆”是什麽樣的絲織品，“繆衣”又是什麽樣式呢？1982 年發掘的湖北江陵馬山 M1 出土的一件“繆（繆）衣”，可以給我們一些啟示。馬山 M1 出土的“繆衣”放在一個小竹笥内，竹笥外繫有一竹籤牌，上有墨書“（製？）以一繆（繆）衣見於君”八字。《江陵馬山一號楚墓》對“繆（繆）衣”的描述如下（繆［繆］衣形狀見附圖）（編按：圖略）：

> 用整塊衣料製成。全衣僅在整塊衣料上部左右剪開，上部疊成雙袖，下部左右内折，成兩襟。雙袖平直，兩襟對中，腰與下擺等寬，凹後領。鳳鳥踐蛇紋繡紅棕絹面，兩襟和下擺緣部用紅棕絹繡，袖緣爲條紋錦，領緣是大菱形紋錦。

從中可知“繆（繆）衣”的主體乃由“紅棕絹”製成。望山簡屢言“丹繆（繆）”“紅繆（繆）”，與“紅棕絹”爲紅顏言正相合。

對於“繆（繆）衣”，《江陵馬山一號楚墓》認爲：“自名‘緅衣’，非穿著用衣。”又指出：

> 這種對襟式的單衣在出土的實用衣袍中均不見。這件“緅衣”是生者爲死者助喪所贈。據《儀禮・士喪儀》記載，在喪禮中，浴衣等類衣物一般是放在笥中的（“浴衣於篋”），此衣或許就反映了當時日常所著便服的一種樣式。

以上説法是否正確還有待進一步研究。

《江漢考古》1999–1，頁 57—60

○程燕（2004）　仰天、望山或釋爲“繆”。

《戰國古文字典》頁 1613，2004

○**劉國勝**（2007）　望山遣策的記“器”簡中有“緅、秋”二字，主要見於下列簡文：

（1）一丹秋之茵，緑裏。（簡 47 號）

（2）二瑟，皆緅衣。（簡 47 號）

（3）二紅緅之□，霝光之純。（簡 48 號）

（4）一大鑒，紅緅之室。（簡 48 號）

（5）二簧莞，霝光之純，丹緅之褋。（簡 48 號）

（6）一生絲之屨。一緅屨。（簡 49 號）

（7）其三亡童，皆丹緅之衣。（簡 49 號）

（8）其一瑟，丹緅之阰係。（簡 50 號）

（9）丹緅之㝛。（簡 58 號）

（10）紅緅之純。（簡 59 號）

"緅"也見於望山遣策的記"車"簡,有"㫄緅、絹緅、丹緅、丹重緅"等詞。信陽遣策中也有"緅"字,如 2-07 號簡"錦緅之夾"、2-013 號簡"友齊之袷"、2-015 號簡"丹緅之衦"等。另外,在江陵馬山 1 號墓出土的 1 件盛衣竹笥的籤牌文字中寫有"緅衣"。

望山遣策的"緅",整理者認爲是織物名,注釋説"疑當讀爲'紬',即後代的'綢'"。將楚遣策中的"緅"看作是絲織品名稱,是可信的。不過,我們懷疑"緅",當讀爲"繡",指刺繡品。"繡",心母幽部字,"緅"從秋得聲,"秋"屬清母幽部字,"繡、緅"二字古音相近。《晏子春秋·外篇上》"見人有斷雍門之橚者",《左傳》襄公十八年記:"及秦周伐雍門之楸。"《經義述聞·爾雅下·蕭萩》王引之按引王念孫曰:"蕭之爲萩,猶楸之爲橚。"

《説文》:"繡,五采備也。"《書·益稷》"黼、黻、絺、繡",鄭玄注:"刺者爲繡。"《詩·秦風·終南》"黻衣繡裳",朱熹集注:"繡,刺繡也。"刺繡是在織物上以繡線針刺圖案以爲繡品。

上舉望山遣策記"器"簡中的"丹緅（繡）、紅緅（繡）",疑是指"丹、紅"色繡紋的刺繡品,馬王堆 3 號漢墓遣策 384 號簡記"赤繡熏囊一,素緣"。從楚墓所出刺繡品看,紅、紅棕色的繡紋居多。"丹重緅（繡）",疑讀爲"丹朱緅（繡）"或"丹棕緅（繡）"。望山遣策的"一丹（繡）之茵"與馬王堆 3 號漢墓遣策 372 號簡"繡絪一"所記物品同類。《漢書·霍光傳》"作乘輿輦,加畫繡絪馮,黄金塗",顏師古注:"茵,蓐也,以繡爲茵馮而黄金塗輿輦也。"

信陽遣策 2-07 號簡的"錦緅（繡）之夾",是指用以錦爲繡地的繡品做的衣夾層。馬王堆 3 號漢墓遣策 382 號簡記"赤綺信期繡囊一,素緣","赤綺信期繡"是以綺爲繡地的"信期"繡紋的繡品;2-013 號簡的"友齊緅（繡）之袷",大概是指以"友齊"繡紋的繡品爲面料做成的袷衣。《漢書·匈奴傳》"服繡袷綺衣",顏師古注:"以繡爲表,綺爲裏也。"

馬山 1 號墓竹笥籤牌文字"緅（繡）衣",即指以刺繡面料做成的衣服。據發掘報告,該竹笥所盛的 1 件衣服"用整塊衣料製成","鳳鳥踐蛇紋綉紅棕絹面,兩襟和下擺緣部用紅棕絹綉"。《漢書·賈誼傳》:"爲之繡衣、絲履,偏諸緣。"

值得一提的是,包山遣策未見寫作"緅"的字,而 262 號簡有"繡"字。望山、信陽遣策簡有"緅"字,但未見寫作"繡"的字。包山賵書竹牘記"正車"的

牘文記有"秌、緅秌",與其對應的遣策記"正車"的 270 號、271 號簡,寫作
"緅、緅"。疑"秌、緅"皆當讀爲"繡",指刺繡品。

《江漢考古》2007-4,頁 78—79

△按　依字形,當以釋"緅"爲是。《望簡》疑讀"紬"或"綢"很有道理。楚簡
"緅"或即"綢"之異體。

綵

璽彙 2613

○何琳儀(1998)　綵,从糸,亲聲(加〵爲飾)。疑綷之繁文,即繒之異文。
《説文》:"繒,帛也。从糸,曾聲。綷,籒文繒,从宰省。揚雄以爲《漢律》祠宗
廟丹書告。"古璽綵,姓氏。疑讀辛。

《戰國古文字典》頁 1162—1163

綃

秦陶 1063

○高明、葛英會(1991)　頴。

《古陶文字徵》頁 184

△按　字實从"首",故應釋"綃",秦陶"綃"爲獨文,義不詳。

緣

信陽 2·7　　　信陽 2·13　　　信陽 2·19

○中大楚簡整理小組(1977)　組緣即組繸。《爾雅·釋器》:"繸,綬也。"郭
璞注:"即佩玉之組,所以連繫瑞玉者,因通謂之繸也。"這裏的組繸,是指佩玉
的帶子。

《戰國楚簡研究》2,頁 18—19

○許學仁(1983)　組緣一詞,見信陽楚簡 207、213 號簡,當釋爲"組繸",《爾
雅·釋器》:"繸,綬也。"注:"即佩玉之組所以連繫瑞玉者,因通謂之繸。"《説
文》:"繸,綬維也。从糸,遂聲。"郝懿行《義疏》謂"繸緣形誤",緣當作繸,然

簡文已作"繸"矣。《禮記·玉藻》自天子佩玉以下,皆有組綬,若"諸侯佩山玉而朱組綬""大夫佩水蒼玉而純組綬",鄭注:"綬者,所以貫佩玉相承受者也。"即繸之所指,非《説文》"載維"之謂。繸簡文作緣,與《玉篇》同。

《中國文字》新7,頁141—142

○何琳儀(1998)　緣,从糸,茶聲。繸之省文。《集韻》:"繸、緣、毿,《爾雅》綬也。所以連繫瑞玉者。或省,亦从革。"

信陽簡緣,讀繸。《爾雅·釋器》:"繸,綬也。"注:"即佩玉之組,所以連繫瑞玉者。"

《戰國古文字典》頁1226

緊

璽彙1189　　璽彙2623

○羅福頤等(1981)　緊。

《古璽文編》頁70

○吳振武(1983)　1189 周緊·周緊。

2623□緊·□緊。

《古文字學論集》(初編)頁497、508

△按　吳氏隸定可從。字从糸,巠聲,疑"綆"之繁構。

繡

包山115　　　包山231　　　璽彙3230

○湯餘惠(1993)　219 簡璃字从菕作篣,而繡字寫作綿,帶下从巾,此應是繡字。菕、伏上古音皆讀重脣,音近可通,故《玉篇》"鞴"與"靴"同。簡文依例應釋爲"紱"。《説文》:"紱,車紱也。"簡文"大帀(師)子~"用爲人名。

《考古與文物》1993-2,頁71

○施謝捷(1998)　(編按:璽彙3230)繡。

《容庚先生百年誕辰紀念文集》頁649

○何琳儀(1998)　繡,从糸,葡聲。望山簡"繡玉",讀"佩玉"。見葡字。

《戰國古文字典》頁125

○**湯餘惠等**（2001）　（編按：璽彙 3230）羌年。

《戰國文字編》頁 1018

繆

繆 上博六·用曰 14　　繆 上博六·用曰 20

【繆繆】上博六·用曰 14

○**張光裕**（2007）　此乃承上缺簡之言。"繆繆"於此或讀爲"莫莫"，"莫莫"
有茂密義，如《詩·大雅·旱麓》："莫莫葛藟，施於條枚，愷悌君子，求福不
回。"又有敬謹義，或與"慔慔"相通訓爲勤勉者，如《詩·小雅·楚茨》："執爨
踖踖，爲俎孔碩，或燔或炙。君婦莫莫，爲豆孔庶，爲賓爲客。"今按：莫字本義
爲暮，故"莫莫"可引申爲隱蔽義，如《漢書·揚雄傳·甘泉賦》："炕浮柱之飛
榱兮，神莫莫而扶傾。"本簡宜取茂密及隱蔽義。"毋事繆繆"，凡爲事應光明
磊落，毋須隱瞞掩蔽耶！

《上海博物館藏戰國楚竹書》（六）頁 300—301

褋

褋 睡虎地·封診 82

○**睡簡整理小組**（1990）　褋（裝）　裝，把絲綿絮入衣中，見《説文》段注。

《睡虎地秦墓竹簡》頁 160、161

△**按**　"褋"字又見於馬王堆帛書《養生方》："以繒褋之。"亦讀爲"裝"。

縝

縝 古陶文字徵,頁 183

○**高明、葛英會**（1991）　《説文》所無，《博雅》："縝，纚縷也。"

《古陶文字徵》頁 183

纏

纏 璽彙 5480　　纏 包山 85　　纏 璽彙 0584　　纏 上博六·競公 8

○**何琳儀**（1998）　　纏，从糸，雁聲。《玉篇》：“雁亦堆字。”戰國文字纏，人名。

《戰國古文字典》頁 1206

○**黃錫全**（2000）　　古璽有字作纏，《古璽文編》隸寫作纏，依《義雲章》鴈作𪂹、𪁪，曾侯乙鐘銘郿作𪁠，則璽文應釋爲纏。

《古文字研究》20，頁 247

○**濮茅左**（2007）　　“縛”，束，捆綁。《説文·糸部》：“縛，束也。从糸，尃聲。符钁切。”“纏”，从糸，雁聲，《説文》所無，讀爲“不給則應”之應，杜預注：“所求不給，則應之以罪。”“縛纏”，引申爲“執法者”。

《上海博物館藏戰國楚竹書》（六）頁 182

○**沈培**（2008）　　《競公瘧》此句前面説薪蒸及澤梁、山林皆有專人守之，不許人民靠近；後面又説“約挾諸關，縛纏諸市”，即“約挾之於關，縛纏之於市”，“約挾”和“縛纏”的對象都是人民。纏，似可讀爲“按”，指按驗。這是説不使人民將薪蒸及澤梁、山林裏的東西帶出或買賣。凡此皆是“舉國爲禁”的表現。

《中國文字學報》2，頁 54

緣

包山牘 1

○**湯餘惠**（1993）　　字从糸，蒙聲。蒙即古文尹（詳前文蒙字條）。“緣罜頁”，殆指以蒙毛飾首部，望山楚簡作“蒙毛之首”。

《考古與文物》1993-2，頁 79

○**李家浩**（1993）　　“緣”从“豙”聲，“罜”从“毛”聲。“緣罜”應當讀爲“蒙旄”，指雜色的旄。

《第二屆國際中國古文字學研討會論文集續編》頁 379

○**何琳儀**（1998）　　緣，从糸，豙聲。包山牘緣，讀幪。

《戰國古文字典》頁 438

綣

溫縣 WT1　K14:572

△按　溫縣盟書"緫"用爲人名。

緟

緟_{天星觀}　緟_{天星觀}

○滕壬生（1995）　綐。

《楚系簡帛文字編》頁 941

△按　徐在國認爲是"滕"字異體,參"綉"字條。

綉

綉_{包山 270}

○劉彬徽、彭浩、胡雅麗、劉祖信（1991）　繍,借作繩。

《包山楚簡》頁 66

○徐在國（1998）　釋出了"朕"字,見於楚簡中的下列字也就可以認識了。

（1）綉《包山楚簡》270 簡　　　（2）緟 天星觀遣策簡

《簡帛編》分別將二字隸作"繍"（見該書 943 頁）、"綐"（見該書 941 頁）。

今按:二字的隸定是正確的。"綉"字應分析爲从糸,羪（朕）聲,"緟"字應分析爲从糸,乘聲,二字均應釋爲"滕"。

《包山楚簡》270 簡曰:

綠組之繍（滕）

紫繍（滕）

天星觀遣策簡曰:慧韋綠組之綐（滕）。楚簡中習見"×組之滕"或"×滕"。如:

紫組之滕　（《曾侯乙墓》126 簡）

吳組之滕　（同上 131 簡）　　　紫滕　（同上 43 簡）

綠組之滕　（《包山楚簡》木牘 1）

紫滕　（同上）

可見"繍、綐"並爲"滕"字異體。《説文》:"滕,緘也。从糸,朕聲。"

"綠組之滕"當是用綠色的絲織物編織成的繩或帶,"紫滕"是紫色的繩或帶。

《江漢考古》1998-2,頁 82

○**李家浩**(2003)　“縢”字原文作从“糸”从“力”从“乘”省聲。此字楚簡文字多作从“糸”从“貝”从“乘”省聲。將(1)與(2)的文字對照起來看,不難看出此二字應當是“縢”的異體。“乘、朕”都是蒸部字,音近可通。《易·咸》上六《象传》“縢口説也”,陆德明《釋文》引《九家易》“縢”作“乘”。《古文四聲韻》卷二蒸韻、卷四證韻“勝”字引《古老子》作“兖(乘)”。《玉篇》土部“塍”字重文作“堘”。故从“朕”聲的“縢”,可以寫作从“乘”省聲。

《古籍整理研究學刊》2003-5,頁2

○**劉信芳**(2003)　緑組之縢:“縢”字牘1作“縢”,其字多作“紩”,參簡267注。从“朕”之字多讀如“乘”,如“賸”之俗體作“剩”,《禮記·月令》:“乃合纍牛騰馬。”“騰馬”即乘馬,《易·咸》:“滕口説也。”滕又作乘。“縢”謂綴甲片之絲帶,《禮記·少儀》:“國家靡敝,則車不雕幾,甲不組縢。”

《包山楚簡解詁》頁311

△**按**　諸家釋爲“縢”字異體,可從。

緝　緍

包山牘1

包山259

○**劉彬徽、彭浩、胡雅麗、劉祖信**(1991)　(編按:包山牘1)緝。

《包山楚簡》頁39

○**劉信芳**(2003)　(編按:包山259)緍:字形存疑。簡263有“檜”字,可參看。疑讀爲“緫”,《説文》:“帛青色也。”《廣雅·釋器》:“緫,絹也。”“緫”又作“緵”,《史記·景帝紀》:“令徒隸衣七緵布。”緵即緫也。

《包山楚簡解詁》頁271

△**按**　此二形應分别隸定作“緝、緍”,爲一字之繁簡。“緍”字中的“舌”旁作形爲變體,“舌”的這種變體已見於春秋楚器黝鐘(參李家浩《黝鐘銘文考釋》,《著名中年語言學家自選集·李家浩卷》,安徽教育出版社2002年)。字以“舌”爲基本聲符,“舌”古有-m尾一讀。文例作“紩(生)緝之純”“一生緍之纓(厭)”。疑應讀爲“縑”或“纖”,指細絹。

緐

曾侯乙 45　　　曾侯乙 85

○**何琳儀**（1998）　　緐。

《戰國古文字典》頁 1519

○**徐在國**（2003）　　"緐"可分析爲從糸,學聲。《曾侯乙墓》45 簡"緐綏";125 簡"緐維冑"。"緐"疑讀爲"校"。"學、校"二字古通。如《漢書・韓延壽傳》:"文學、校官、諸生。"顏師古注:"校亦學也。""敩、效"二字古通。如:《史記・張釋之馮唐列傳》"敩",《漢書・張釋之傳》作"效"。因此,"緐"可讀爲"校"。是顏色的一種,似綠。《大戴禮記・夏小正》:"校也者,若綠色,然婦人未嫁者衣之。"

《新出楚簡文字考》頁 185

○**趙平安**（2006）　　曾侯乙墓竹簡有下列兩組字:

緐 以下稱 A 組　　　　棥 以下稱 B 組

原簡整理者依樣隸定爲緐、棥,最近始有學者據楚文字"學"作𤔍(郭店簡《尊德義》19),把它們釋爲"從糸,學聲"和"從木,學聲"的字。前者未見承傳,後者見於《字彙補》:"音學,義缺。"這一考釋,不能將 A 組字和後世字對應,文意也不能理解順暢。學字西周金文作𤔍(靜簋)、𤔍(沈子它簋)等形,𤔍是它們的省體。郭店《老子乙》3 的𤔍(《老子乙》4,《尊德義》4、5 近似),郭店《性自命出》8 的𤔍(《尊德義》19 近似)字,則是兩者之間的過渡形態。前面提到,曾侯乙墓竹簡文字風格尚繁,A、B 所從和𤔍同形,未必就是同一個字。我們認爲 A、B 應分別釋爲緄和棍。

　　裘錫圭先生在爲郭店簡《六德》加按語時,首先指出簡文中的古文昆當讀爲"昆弟"之"昆",而後李家浩先生專文考釋楚墓竹簡中的"昆"和從昆之字,從而使得我們對昆系字有了比較全面的瞭解。楚文字昆有下面幾種寫法:

1.𤔍郭店《六德》29　　　　2.𤔍郭店《六德》28

3.𤔍天星觀楚簡緄字偏旁,轉引自《楚系簡帛文字編》938 頁

4.𤔍望山楚簡 2.49 緄字偏旁　　5.𤔍望山楚簡 2.6 緄字偏旁

它是某種昆蟲的象形。馬王堆漢墓帛書繩作𤔍(《九主》354)、𤔍(《九主》375)、𤔍(《周易》087),右邊所從與古文字昆相似,是古文字昆的演變,(原注:

此字的右邊也有可能應分析爲从曰从古文昆。)《説文》系部：“繩，索也。从糸，蠅省聲。”黽部：“蠅，營營青蠅。蟲之大腹者。从黽从虫。”《説文通訓定聲》把譝、澠也分析爲“蠅省聲”。頗疑古文昆就是蠅的象形初文。蠅是昆蟲的一種，引申表示昆蟲的通名。蠅是在象形字的基礎上纍增虫旁。繩、譝、澠都是蒸部船母字，蠅是蒸部喻母字，繩以“蠅”爲聲符，和譝、澠以“蠅”爲聲符，音理是一樣的。

過去把西周金文中的（師同鼎）、戰國文字的（鄂君啟節）和（郭店《窮達以時》7）所从釋爲黽，已有學者提出異議。李學勤先生將前者釋爲龜，他説：

> “龜”字的寫法接近《説文》篆文，如《説文》所説，字“从它，龜頭與它頭同……象足甲尾之形”。這個字在商代就有兩種寫法，都象龜形，一種是側視的，一種是俯視的。這兩種寫法一直傳流到《説文》，篆文是源於側視的寫法，古文則源於俯視的寫法。鼎銘的“龜”當爲地名。

後二字馮勝君先生釋爲龜和从龜的字。他結合傳世文獻，指出金、革、龜、箭是諸侯朝見天子時必備的貢品，鄂君啟節“毋載金、革、龜、箭”，是禁止這些東西自由買賣。郭店簡《窮達以時》7說的是百里奚的故事，百里奚以武功著稱，馮先生認爲从龜的字通軍，“卿”讀爲軍卿，可從。馮先生指出：“在戰國楚文字材料中，‘黽’字無論獨體還是偏旁，都是用作‘龜’的，似乎還沒有發現確定無疑的用作本字的例子。”馮先生所述的事實，換一句話來説，就是楚文字中的所謂黽，實際上是龜的省變。楚文字而外，秦文字中也有黽和从黽的字，與《説文》小篆酷似，作人名。考《説文》黽部諸字，所从黽或是龜的訛變（如鼇、黿），或是鼉身的訛變（如鼊），或是蜘蛛的訛變（如鼅）。而作爲蛙類象形的黽則見於早期金文，作（父丁鼎）、（父辛卣）之形。可見，黽字來源是很複雜的。從馬王堆漢帛書“繩”字看，古文昆應是黽的另一個來源。黽是蒸部明母字，昆是文部見母字，文、蒸兩部主要元音相同，韻尾有相混的現象。《楚辭·遠遊》蒸文合韻，文獻裏乘與隱、勝與遴、興與釁等字相通。見母和明母字也多通轉之例，如囧讀與明同，崐崘的崐或作岷，曹劌的劌或作沫，大局的局或作鼏等。黽和昆音理上是相通的。

這樣，繩和緄可以看作是一個字的分化。繩是形變的結果，緄是音變的結果。它們的基本義其實都是織成的繩索、繩帶，後來各有分職。古書中兩字可互訓，如《詩經·秦風·小戎》“竹閉緄縢”，《毛傳》：“緄，繩也。”

弄清了古文昆的來源，古文昆和黽的關係，可以重新回到 A、B 上來。我們認爲它們右邊偏旁是在昆字 4、5 兩種寫法基礎上移動部件的結果。移位情形和❖（楚嬴匜）作❖（仲殷父簋）、❖（書也缶），❖（王子午鼎）作❖（書也缶），❖、❖（《殷虛文字甲編》2774 衼字偏旁）寫作❖（郭店《老子甲》15）相似。A 組字用法包括兩類，一類與“綏”連用（第 45、85 簡），指車上的物件；一類與“維”（或作“唯”）連用（第 123—125、128、129、133 簡），作“胄”的修飾語。緄字修飾“綏”，和天星觀楚簡相同；修飾“維”，和信陽楚簡相同。李家浩先生指出，緄是一種織成的帶子。天星觀楚簡中的“緄綏”猶《儀禮·既夕禮》的“約綏”，指登車握持的繩帶。鄭玄注：“約，繩。綏，所以引升車。”曾簡的用法與之相同。信陽楚簡中的“緄維”，李先生認爲是懸掛磬的帶子。但曾簡“緄維”用法不同。曾侯乙墓出土大量皮甲胄，根據對保存較好的皮胄的復原研究，知道每件皮胄是由十八片編聯而成的。曾簡“緄維”應是指編聯皮胄的繩帶。B 組字見於 207 號簡：“凡宮廄之馬與騜十乘，入於此棍官之中。”是所謂小結類簡。後一句形式頗似《詛楚文》“寘者（諸）冥室檟棺之中”。“棍官”與“檟棺”相當，疑“棍官”讀爲“棍棺”，《廣韻》混韻：“棍，木名。”棍棺是指棍木作的棺。這樣，A、B 兩組字無論形體還是用法都得到了比較好的解釋。

《簡帛》1，頁 11—14

△按　“綧”字所從究竟是“學”還是“昆”，尚難論定。

緄

曾侯乙 6　　曾侯乙 10

○裘錫圭、李家浩（1989）　“緄”疑即“紕”字的異體。《爾雅·釋言》：“紕，飾也。”《詩·鄘風·干旄》“素絲紕之”，鄭箋：“素絲者以爲緄，以紕旌旗之旒縿，或以維持之。”可參考。

《曾侯乙墓》頁 510

○何琳儀（1998）　緄，从糸，昆聲。《集韻》：“緄，細布。”隨縣簡緄，讀紕。《爾雅·釋言》：“紕，飾也。”

《戰國古文字典》頁 1288

綯

仰天湖 24

○**中大楚簡整理小組**（1977）　綡讀若《説文・新附》之緋。《玉篇》卷下糸部："緋，甫韋切，絳練也。"《集韻》上平八微："緋，絳色。又赤練。"

《戰國楚簡研究》4，頁 12

○**郭若愚**（1994）　綡爲緉字之異構。揚雄《蜀都賦》："絉、繏、緉、頪。"均爲蜀錦。謂緉錦而有"綏組"之飾。

《戰國楚簡文字編》頁 120

○**朱德熙、裘錫圭、李家浩**（1995）　釋"綡"。云：（編按：望山 2・12）"項"可能即上引仰天湖簡"綡"字的借字，其義待考。古音"項"屬東部，"行"屬陽部，東陽相通是楚方言的特徵之一。

《望山楚簡》頁 120

○**何琳儀**（1998）　綡，从糸，悲聲。仰天湖簡綡，讀緋。《説文新附》："緋，帛赤色也。从糸，非聲。"

《戰國古文字典》頁 1292

△**按**　細審此字右上所從，是"行"而不是"非"，《望山楚簡》隸定正確。諸家釋"綡"之説均不可從。

繖

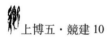
上博五・競建 10

○**陳佩芬**（2005）　鄉。

《上海博物館藏戰國楚竹書》（五）頁 176

△**按**　陳劍（《談談〈上博［五］〉的竹簡分篇、拼合與編聯問題》，簡帛網 2006 年 2 月 19 日）釋作"繖"，林志鵬（《上博楚竹書〈競建內之〉重編新解》，簡帛網 2006 年 2 月 25 日）讀爲"弋"，可從。

綳

郭店・語三 55

○**陳偉**（2000）　55 號簡"用"後一字左從"糸"，右部所從與《汗簡》所録"幣"字相同。從"糸"、從"巾"同義。釋文讀此字爲"幣"，當是。幣指聘享弔問中的禮物和祭祀時的祭品。《説文》："幣，帛也。"這是狹義的"幣"。《周禮・秋官·小行人》："合六幣:圭以馬,璋以皮,璧以帛,琮以錦,琥以繡,璜以黼。"這是廣義的"幣"。《禮記·禮器》説:"賓客之用幣,義之至也。"前五字與簡文完全相同。

《郭店楚簡國際學術研討會論文集》頁 147

○陳偉武(2002)　郭簡云:"宕(賓)客之用繜也。""繜"用爲"幣","幣"字見於《字典》,"繜"爲"幣"之繁文。

《中國文字研究》3,頁 126

△按　隸定當作"繂","口"爲羨符。

繜

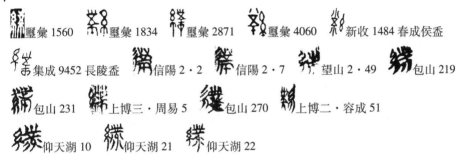

璽彙 1560　　璽彙 1834　　璽彙 2871　　璽彙 4060　　新收 1484 春成侯盉

集成 9452 長陵盉　　信陽 2·2　　信陽 2·7　　望山 2·49　　包山 219

包山 231　　上博三·周易 5　　包山 270　　上博二·容成 51

仰天湖 10　　仰天湖 21　　仰天湖 22

○朱德熙、裘錫圭(1973)　楚簡屢見帶字。信陽簡寫作:

繜 202　　繜 207

商承祚《戰國楚帛書述略》釋作繜,甚是。仰天湖簡亦有繜字,寫作:

繜 21　　繜 22

所從之帶下端不從巾,當是訛變之體,據簡文文義,可以確定是繜字,説詳下。

　　古代的帶有三類。一是革帶,以皮革製成,用以繫韠佩。《禮記·玉藻》:"韠下廣二尺,上廣一尺,長三尺,其頸五寸,肩,革帶,博二寸。"鄭注:"頸,中央。肩,兩角。皆上接革帶以繫之。肩與革帶廣同。凡佩繫於革帶。"二是大帶,以素、練、錦、縞等物剪裁而成,用以束衣。《國語·魯語下》:"卿之内子爲大帶。"《玉藻》"大夫大帶四寸",又同篇"天子素帶,朱裏終辟",鄭注:"謂大帶也。"又同篇:"大夫素帶,辟垂。士練帶,率,下辟。居士錦帶,弟子縞帶。并紐約用組。"三是緄帶,編織而成。《後漢書·南匈奴傳》"童子佩刀緄帶各一",注:"緄,織成帶也。"《説文》糸部緄下云"織帶",段玉裁據《後漢書》及《文選·七啟》注於"織"字下補"成"字,並云:"凡不待翦裁者曰織成。"

　　以上三類帶均見於楚簡。仰天湖 21 號簡(圖六)(編按:圖略,下同)云:

　　　□繡又（有）玉鐶紅纏

繡上一字殘泐，從剩餘的幾筆看，當是革字。玉字或據摹本誤釋爲辛，但照片此字很清晰，形體和 8 號簡玉字全同，可以肯定是玉字。玉下一字當釋鐶。此字所從之衣亦省去上部，與信陽簡褱襄諸字同。由於所從的衣字垂筆上有一短橫，與羊字形似，所以有人曾誤釋爲鐣。

　　　古代佩玉以組綬繫於革帶。《玉藻》：“天子佩白玉而玄組綬，公侯佩山玄玉而朱組綬，大夫佩水蒼玉而純組綬，世子佩瑜玉而綦組綬，士佩瓀玟而緼組綬，孔子佩象環五寸而綦組綬。”簡文“玉鐶紅纏”當讀爲“玉環紅組”，說的正是革帶上的玉佩，與典籍記載相符。

　　　仰天湖 22 號簡（圖七）

　　　　一纏（組）繡

又信陽 202 簡（圖八）：

　　　　一組帶，一革皆有鉤

“一革”承上文省帶字，當指革帶。仰天湖簡的纏繡顯然就是信陽簡的組繡，由此也可以證明仰天湖纏下一字確爲繡字。《詩·邶風·簡兮》“有力如虎，執轡如組”，毛傳：“組，織組也。武力比於虎，可以御亂，御衆，有文章，言能治衆，動於近，成於遠也。”組與織義近，簡文組帶當即《後漢書》之緄帶，亦即《說文》所謂“織成帶”。

　　　信陽 207 簡（圖九）：

　　　　……一素緯帶又□鉤黃金與白金之舄……

緯字從糸，而且“緯帶”前冠以素字，可見此簡所記之帶斷非革帶。《原本玉篇》：“緯，口革反。《埤倉》：緯、繢、致，絑也。”又繢字下云：“所棘反。《廣雅》：繢，縫也。繢，合也。《埤倉》：緯，繢也。”《廣韻》麥韻“楷革切”下“緯，絑也，又織緯”。《說文》糸部：“絑，縫也。”據此，緯帶當是縫製而成之帶，即古籍所謂大帶。緯帶又見於望山楚簡（圖一〇）。繡字形體與信陽簡相同。緯字殘泐，但細審照片仍可看出是緯字。

　　　革帶兩端交接處用帶鉤相連，大帶據《禮記》則用組紐（《玉藻》：“并紐約用組”），簡文云“有鉤”，可見緯帶也有用帶鉤的。

　　　　　　　《朱德熙古文字論集》頁 67—69，1995；原載《考古學報》1973-1

○陳漢平（1986）　古璽文字有字作𦈅（1560）、𦈅（1834）、𦈅（2871）、𦈅（4060），舊不識，《古璽文編》收入附錄。按此字從糸從𦰩從巾作，從𦰩者即從

×从㠯省，字與黹字所从相同。甲骨文、金文黹字作：

甲骨文　　（甲骨文字形）

金　文　　（金文字形）

《説文》：“黹，箴縷所紩衣。从㡀㠯省。凡黹之屬皆从黹。”黹字古文諸體从（字形）或从（字形）者，乃商周時代衣服器物等之通用紋飾。而从（字形）、从（字形）者，即㠯之省，此二形表示尖刃器物多次劈砍或穿刺之義。如業、樸、鑿、對等字俱从此作，可以爲證。

又據古典文獻可知黹字與希字有關。如《尚書・皋陶謨》：“藻火粉米黼黻絺繡。”孔疏：“絺讀爲黹。黹，紩也。”《周禮・司服》：“則希冕。”鄭注：“希讀爲絺，或作黹，字之誤也。”據此可知希字與黹字形近。

《説文》無希字，而有从希並以希爲聲旁者十一文，希旁作（字形）。上舉四體古璽文字从糸从（字形）从×从巾作，當釋爲絺字無疑。《説文》：“絺，細葛也。从糸，希聲。”絺字在上四璽中俱爲人名。

《出土文獻研究》頁 235

○湯餘惠（1986）　商周古文黹字形體既明，再看晚周私名璽中的以下各印：

事（字形）1834　　屏（字形）2871　　下池（字形）4060　　孫（字形）1560

末尾一字寫法大同小異，疑从糸从黹，當隸爲“繡”。黹旁寫法和前考甲骨文合，應即前形的變體，古文字从糸、从衣每通用，“繡”有可能就是《説文》“襺”之異構。《玉篇》：“黹，丁雉切，紩也。或作襺。”“繡”和“襺”大約都是“黹”的後起增旁字。

《古文字研究》15，頁 59

○郭若愚（1994）　（編按：仰天湖 10）繃，或作帶。《説文》：“帶，紳也。男子鞶帶，婦人帶絲，象繫佩之形。”《易・訟卦》：“或錫之鞶帶。”疏：“鞶帶，大帶也。”

《戰國楚簡文字編》頁 119

○高智（1996）　包山楚簡有字作“（字形）”（219）、“（字形）”（231）、“（字形）”（270）形，《包山楚簡》將前兩形釋爲“繃”字，將後者釋爲“襖”字，均不確。我以爲前兩形右之所从形當與“（字形）”（《郾王職劍》）形同，是“業”字。“（字形）、（字形）”正是从“㠯”从“巾”的“業”字。第三形之右者當與“（字形）”（《中山王方壺》）形同。“（字形）”增“口”爲“（字形）”形，“（字形）、（字形）”中之短橫均爲飾筆，楚文字中“巾”字多作“（字形）”形，“常”信陽簡作"{字形}"形，"幃"字信陽簡作"{字形}"形等均是，故此三字都應釋爲"繺"字，在包山楚簡中用爲人名。

《于省吾教授百年誕辰紀念文集》頁 184

○**何琳儀**（1998）　繺，从糸，黹聲。《集韻》："繺，《説文》袾衣也。或作褹。"
　　長陵盉繺，讀緻。《廣雅・釋器》釋練。

《戰國古文字典》頁 1210

　　緿，从糸，帶聲。楚簡緿，讀帶。
　　纃，从糸，黹聲。天星觀纃，讀帶。
　　縏，从糸，美聲。幏之異文。《集韻》："幏，帊也。一曰，裳削幅。或从衣，从糸，亦省。"包山簡縏，讀幏。

《戰國古文字典》頁 916、917、1467

○**李家浩**（2000）　"緤"字見於信陽楚簡等，从"糸"，从"帶"聲，即"帶"字的繁體（參看朱德熙、裘錫圭《信陽楚簡考釋［五篇］》，《考古學報》1973 年 1 期 125、126 頁）。陸賈《新語・辨惑》"解釋凝滯紕繆之結"之"滯"，許多本子作"緤"（參看王利器《新語校注》85 頁注［八］，中華書局 1986 年），與簡文"緤"相同。《新語》"滯"下"紕繆"二字皆从"糸"，疑"滯"作"緤"是受了"紕繆"二字的同化作用，與簡文"緤"字無關。

《九店楚簡》頁 69

○**唐友波**（2000）　繺字从幺从黹，應與古璽文{字形}（《古璽彙編》1834，以下同書僅列編號）、{字形}（1560）等同字，从幺與从糸古文字多相通用。其右旁與甲骨文之{字形}（寧滬 1.508）、{字形}（人 2100）、{字形}（乙 8287）；金文之{字形}（頌鼎）、{字形}（休盤）、{字形}（曾伯黍簠）等字皆爲《説文》所謂"象刺文也"的黹字。湯餘惠已經指出，繺殆即褹字。《玉篇》以褹爲黹之或體。或因"刺文"與衣、糸有關，故戰國復加義符以書之。有學者釋上述古璽文爲絺。絺是一種細葛，《説文》謂："細葛也，从糸，希聲。"但《集韻》又有"展幾切"，則絺又讀黹。《周禮・春官・司服》"祭社稷五祀則希冕"，鄭玄注有曰"希，刺粉米無畫也"，"希，讀爲絺，或作黹，字之誤也"。看來，此希（絺）實乃黹（繺）之訛。上引古璽文又有釋"緤"者。我們通過對長子盉銘中同字變化情況的研究，銘文與器物紋飾的對應，以及銘文的韻讀諸因素的綜合考慮，認爲本銘此字釋"繺"，即黹字應無可疑。

　　繺（黹）字在本銘中讀作"黼"。關於主張黹字在金文中應該讀"黼"的有兩種意見。一種以屈萬里爲代表,認爲其“陟几切”的讀音是後起的,其“最初的聲音,當和黼相同”;另一種認爲金文黹字“爲黼之省字”。兩者的主要理由均出於以下兩點:金文中多見之“黹屯”即文獻之“黼純”;曾伯黍簠銘以“午、武、黹(由讀黼假作甫)”爲韻。關於第二點,學者間是有不同意見的,有的主張該銘應以“午、武”,與“黹、尸”分別爲韻,所以仍主張讀“陟几切”。十分有意思的是,本文所論的兩條盉銘亦是有韻的,從兩篇銘文的韻讀情況,再結合該字正是對器物紋飾的稱述這一點來看,讀“黼”亦應是沒有疑義的。(中略)

　　本銘𢽳(楚)、纘(黼)並見,正與金文所見相應。金文“𢽳純”和“黼純”本分別指“繪五彩”(《説文》)的衣緣和緛繡的衣緣。在本銘中,楚(𢽳)和纘(黼)用作對銅器裝飾的描述。戰國時盛行在銅器上用金銀及紅銅等異色金屬,乃至各種玉石材料作鑲嵌裝飾,再配以繁縟律動的花紋,其異彩紛呈、華美奪目的效果,用“繪五彩鮮貌、鮮明貌”(《詩》毛傳)之義的“楚(𢽳)”來描述,正可當之。本器雖僅有紅銅鑲嵌,但其色彩裝飾之美亦自可稱。至於銘中之“纘(黼)”,是指器表所飾之“黼紋”,其源亦或出於衣著類緛繡之花紋。(中略)

　　長子盉第二次銘刻之纘字右下部似从田,如前所述是一種訛誤。細察第一次銘刻纘字右下部作帀,並非从田,應隸作巾,即黹這(編按:疑“之”之誤)省形。“黹”原爲刺繡之紋的象形,後有所變形,故《説文》謂其下“从㡀”。甲骨文有敝字,“顯然象擊巾之形,巾旁小點表示擊巾時揚起來的灰塵”,其左邊的“㡀”有省作帀、巾形者;戰國文字巾又有寫作帀形者,如曾侯乙墓簡6“常”字所从,簡137“幬”字所从者,皆是。再證以古璽文黹旁所从者,《古璽彙編》1560作巾,1834作巾,3099作帀;尤其值得注意的是,2871作帀,與長子盉銘所从者極相近似。事實上,從另一角度來看,回顧一下黹字甲骨金文的演化,就會發現,此字下部所从存在着被隸寫成㡀、巾兩種字形的可能,這大概也是爲什麼後來有的“纘”會訛成其他字,如前述之“絺”字的緣故。

《上海博物館集刊》8,頁155—158

○劉信芳(2003) 　(包山270)讀爲“樸”,《説文》:“樸,車伏兔也,从車,業聲。《周禮》曰:加軫與樸焉。”按《説文》所引《周禮》見《考工記》,《疏》云:“謂伏兔也者,漢時名,今人謂之車屐是也……車軸上有伏兔,伏兔尾後上載車軫,軫始有車輿。”按古車制,靲是引車之繩,一端繫於軸,一端連於駕馬,故簡文“鞁”與“樸”連帶述及。

《包山楚簡解詁》頁 314

○徐寶貴（2003）　　從甲骨文和西周金文的“帶”字形體來看，它是個獨體象形字，應如《説文》所訓：“紳也。”即大的衣帶。甲骨文和西周金文此字就象大的衣帶形，子犯編鐘的▨字所從的▨▨，當是▨▨字的分裂形體。戰國文字作▨▨、▨▨形的“帶”及作▨形的“縜”所從的“帶”，都是在▨▨形的基礎上的訛變。都把▨▨形的下部三筆直畫訛變成“巾”字形。楚簡▨、▨所從的▨▨、▨，中間的交五形筆畫已省去下部，省變後的交五形筆畫呈三角形。楚簡及古璽文▨、▨、▨所從的▨、▨、▨，又將▨▨之分裂訛變形：▨▨、▨▨刪簡去一半。古璽文▨、▨所從的▨、▨，是在▨、▨基礎上的進一步訛變。秦國兵器七年上郡守閒戈的▨、▨字，當是在直接繼承西周文字▨▨之基礎上的訛變，形體没有分裂，其中間仍然是兩個交五形的筆畫，還保留着西周文字▨▨的影子。不過把▨▨字的下部的横畫變成向下彎曲形，把三筆直畫訛變成了“巾”字形罷了。如果没有西周金文▨▨與秦系兵器銘文▨給我們留下的演變線索，我們還真説不明白秦系兵器名（編按:應是“銘”）文▨是怎麽變成這種形態的。睡虎地秦簡的▨、▨及秦印的▨是秦國兵器七年上郡守閒戈▨字的進一步訛變。《説文》“帶”字作▨形，在秦系文字的基礎上，變得更是面目全非。總之，▨▨字應該釋爲“帶”。六國文字的“縜”，當是“帶”字的異體，所加“糸”旁，在字中無非用以表示其屬性罷了。其實“縜”字在楚系簡牘文字中一直用爲“帶”字，就足以證明這一點。所以，我認爲《楚系簡帛文字編》把“縜”字放在“帶”之字頭之下，是非常正確的。

《考古與文物》2003-5，頁 79

○李守奎（2003）　（編按:包山 270）線。

《楚文字編》頁 735

○濮茅左（2003）　“縜”，“帶”之繁文，簡文多以“縜”爲“帶”，如《包山楚簡》二一九作“▨”、《信陽楚墓》二·二作“▨”。

《上海博物館藏戰國楚竹書》(三)頁 144

○李零（2006）　　帶，簡文從糸從帶。楚簡用爲察的字似與此有關，並有讀爲質的例子。察是初母月部字，帶是章母月部字，質是端母質部字。

《中國歷史文物》2006-4，頁 56

△按　“縜”即“帶”之繁構，加“糸”以足義。包山楚簡“縜”無一例用爲人名者，高智説不確。

縩

![印]璽彙 1493　　![印]璽彙 2911

○**何琳儀**（1998）　縩,从糸,隊聲。疑緣之異文。見緣字。晉璽縩,人名。

《戰國古文字典》頁 1224

纊

![字]仰天湖 11

○**史樹青**（1955）　纊字从糸从黄,猶綠字从糸从录,最初都是絲織物顏色的專用字,黄裏大穗的絲衣,是極華貴的服飾。

《長沙仰天湖出土楚簡研究》頁 27

○**中大楚簡整理小組**（1977）　纊爲黄色之黄之異體字。

《戰國楚簡研究》4,頁 7

○**郭若愚**（1994）　纊通作黄。《説文》:"地之色也。"《玉篇》:"中央色也。""纊緹"爲黄色之席裏也。

《戰國楚簡文字編》頁 117

○**何琳儀**（1998）　纊,从糸,黄聲。《集韻》:"纊,繩束。"

仰天湖簡"纊緹",讀"黄裏"。《詩·邶風·綠衣》:"綠兮衣兮,綠衣黄裏。"箋:"今綠衣反以黄爲裏。"

《戰國古文字典》頁 637

○**李守奎**（2003）　見《集韻·宕韻》。

《楚文字編》頁 748

環糸

![印]陶彙 3·1248　　![印]陶彙 3·229

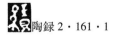
![印]陶彙 3·283　　![印]陶彙 3·1246

![印]陶録 2·161·1

○**吳大澂**（1884）　古紝字,機縷也,从糸从妊,𡥂象治絲之器。古陶器。

《説文古籀補》頁 53,1988

○**金祥恆**（1964）　紝。

《匋文編》頁 84

○**何琳儀**（1998）　縲。

《戰國古文字典》頁 1547

○**李零**（1998）　同纓,字應分析爲从系（編按:應作"糸"）从瓔。嬰字古文字或作晏。

《新編全本季木藏陶》頁 210

○**王恩田**（2007）　（編按:陶録 2·161·1）績。

《陶文字典》頁 326

△按　"瓔"从糸从玉,晏聲。當是"綏"之繁體,即"纓"之異構（參"綏"條）。所从"晏"或省訛同"女"。字又可增"貝"旁爲繁化（玉、貝可爲纓上所繫之物）,則應分析爲从糸从玉从貝,晏聲。"晏"旁復可省,則變成从糸从玉从貝。最後一體或釋爲"績"者,乃誤認"玉"旁爲"束"旁。

緂

𦂅包山 259　　𦂈仰天湖 3　　𦂈仰天湖 27

○**饒宗頤**（1957）　簡 3"皆有繢緂"。繢訓結帶;緂,《類篇》"織文緻密也"。繢緂猶言結帶緻密,《禮記·少儀》:"甲不組縢。"鄭注:"組縢以組飾之及紟帶也。"是其比。長沙左家公山戰國木椁墓發現陶敦用絲綢交叉封住,他如銅鏡竹弓等俱以絲帶繫結,所謂"繢緂",殆是如此。

《金匱論古綜合刊》1,頁 64

○**中大楚簡整理小組**（1977）　《類篇》卷十三:"緂,几隱切,織文緻密。"簡文之緂,當是一種細密的織品名。五芏緂,就是五張用芏草編織得很細密的席子。

　　緂義是精密,説見前第二簡。"皆有錦緂",依文例,當是笭上的覆錦。

《戰國楚簡研究》4,頁 3、15

○**郭若愚**（1994）　緂,《類篇》:"織文緻密也。"亦爲織物名。"繢緂"爲一種細密的絲帛。

《戰國楚簡文字編》頁 122

○**何琳儀**(1998)　縳,从糸,堇聲。《類篇》:"縳,織文緻密也。"楚簡縳,見《類篇》。

《戰國古文字典》頁 1322

○**劉信芳**(2003)　讀爲"巾",《釋名・釋首飾》:"巾,謹也。"《說文》:"巾,佩巾也。""巾筭"即放置佩巾之竹笥,内盛六佩巾。"縳"字楚簡習見,含意各不同。仰天湖簡 3:"一十二箕,皆又絵縳。"錦縳是覆蓋竹笥之巾。仰天湖簡 27:"五芏縳。"芏是草名,"芏縳"是覆席之巾。又有从韋之"韡",參簡 271 注。从革之"韡",簡 186 用作人名。信陽簡 2-07:"一縳緅衣。"則"縳"用如量詞。

《包山楚簡解詁》頁 273

○**李守奎**(2003)　見《集韻・隱韻》。

《楚文字編》頁 748

縮

上博三・周易 5

△**按**　"縮"在簡文中讀爲"磬",疑即"磬"字異構。詳見卷三"磬"字條。

綂

陶彙 3・1151

○**何琳儀**(1998)　釋"絵"。

《戰國古文字典》頁 1531

△**按**　字从"宋",不从"余"。

緣

陶彙 9・107

○**何琳儀**(1998)　緣,从糸,象聲。疑褖之異文。《說文》:"褖,飾也。从衣,象聲。"象作形,參爲字所从象旁。齊陶緣,人名。

《戰國古文字典》頁 678

△按　所从"象"爲省體,省象身。

絴

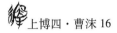上博四·曹沫 16

○陳斯鵬(2008)　《上四·曹沫之陣》有如下一段話:
　　……其食足以食之,其兵足以利之,其城固(15)足以捍之。上下和且[字],
B 紀于大國,大國親之,天下(16)不剩……(46 下)
　　將簡 46 下聯綴在簡 16 之後,是陳劍先生的意見,正確可從。
　　其中的 B 原字形如下:

[字]

　　李零先生釋作"繲",云:"繲紀,疑讀'絓紀',指結交援於大國。"結合上
下文看,李先生對文意的把握是準確的。但就字形而言,將 B 釋爲"繲"則是
有問題的。楚簡中已有"繲"字,其形作:
[字]、[字]《上三·周易》37
兩相比較,B 顯然比"繲"字少了一個部件"刀"。所以 B 隸定應作"絴"。筆
者猜測,釋 B 爲"繲"或許有兩種可能的考慮,一是把 B 中的"羋"當作"解"的
省文,二是認爲"羋"所从"角"的右上角包含了"刀"形。按"解"字中的"刀"
是一個重要的會意成分,簡省掉的可能性較小,而且"羋"别是一字,音義與
"解"迥殊,也不宜相混,所以前一種假設思路是難以行得通的。B 中"角"的
右上角的半圓形飾筆如與"角"形右側邊結合起來看,確實有點像"刀"形,但
這本是"角"的固有異寫,故後一種假設思路也站不住。試看下舉相關字例,
即可明了:
　　角:[字]新蔡甲三 351　[字]曾侯乙磬——[字]曾侯乙鐘架
　　[字]曾侯乙鐘
　　贏:[字]望山 2 · 13——[字]曾侯乙鐘架
　　衡:[字]曾侯 64——[字]曾侯 43
　　報:[字]曾侯 39——[字]曾侯 67
　　簏:[字]曾侯 2——[字]曾侯 19

熠：曾侯66——曾侯98

可見，不僅"角"字從一橫畫與從一半圓形弧筆無別，而且與"角"構形相類似的字也有同樣的情況。所以 B 從"糸"從"牟"應該没有太大問題。鑒於以上考慮，筆者曾在一篇網絡文稿中將 B 隸爲"繲"，並讀爲"屬"，但未詳加論證。這個初步意見得到魏宜輝先生的贊同。

但是，也有學者在字形上和我們有不同的看法。比如陳劍先生將 B 隸定作"繲"，謂字以"因"爲基本聲符，可讀爲"因"，意爲因就、依靠。李鋭先生贊成陳先生的隸定，並讀"繲紀"爲"姻配"。

看來，B 的右上部件究竟是"角"還是"因"，還需稍作辨析。魏宜輝先生説：

> 戰國文字中的"因"和"角"形近易混，但有些特徵可以幫助辨析。

"角"字上部多有飾筆作"ㄟ、ㄋ"，而"因"字上部則没有。

這個説法符合部分事實，可以作爲參考標準之一，但還不够精確，因爲"因"也有上加飾筆者（例見下）。更主要的是，就楚系文字來説，是否有飾筆還不是"角"和"因"最突出的區别所在。試看楚文字中"因"及從"因"之字的寫法：

因：望山2・47　　《上三・恆先》9　　《上四・昭王》5

　　《郭店・六德》14　　《郭店・語叢一》31　　《上五・姑成家父》1

裀：信陽2・19　　信陽2・21

痆：包山83　　《上四・柬大王泊旱》18

恩恩：《郭店・五行》13　　《郭店・五行》32

很明顯，"因"的外圍線條都是就着裏面的"大"或由"大"訛變成的"矢"作屈曲之狀。雖有極個别例子屈曲形態不甚顯著，如（《上一・性情論》11）、（《上二・容成氏》19），但細察之，屈曲的筆意還是存在的。何琳儀先生指出，楚文字"因"這種寫法乃是承襲自西周金文，如𧽚鼎之作，㔾形與"大"相依以見義。其説甚是。戰國文字中，楚系"因"的寫法有别於他系，應引起注意。而這種外圍線條隨裏面"大"形屈曲的特點，是"角"字所從來没有的，這是區分"因"和"角"的關鍵。

因此，"B"之所從只能是"角"，而不會是"因"。也就是説，把"B"隸定爲"繲"仍然是正確的，而以其從"因"而引發出來的解釋則都是不可從的。

魏宜輝先生對筆者讀"繲"爲"屬"的初步意見作過進一步的申論，他説：

> ""讀作"屬"，在這裏作"委托、托付"的意思。"紀"可以解釋作

“事”。《禮記·文王世子》：“喪紀以服之輕重爲序，不奪人親也。”鄭玄注：“紀，猶事也。”“屬紀”即“屬事”。《漢書·張良傳》：“而漢王之將獨韓信可屬大事，當一面。”顏師古注：“屬，委也。”“屬紀于大國”，是説將國事托付於大國。“將國事托付於大國”只是字面上的意思，其實它所表達的是“和大國保持一致”的一種委婉説法。

此自是一説。但解釋成“將國事托付於大國”顯然不符合簡文原意，説是“和大國保持一致”委婉説法，又顯得過於迂曲。實際上，筆者的理解並不同此。

按“緯”字從“糸”，“隼”（“觸”之初文）聲，疑即“褶”若“襯”之異體。《廣雅·釋器》：“褶，長襦也。”《篇海·衣服類·衣部》：“襯，同褶，長襦也，連腰衣也。”《釋名》云：“襯，屬也，衣裳上下相連屬也。”“襯”之音義受自連屬之“屬”。簡文“緯（襯）”正當讀若連屬之“屬”，《説文》：“屬，連也。”《禮記·王制》：“五國以爲屬，屬有長。”《國語·齊語》：“十縣爲屬，屬有大夫。”《管子·小匡》：“三鄉爲屬，屬有帥。”“屬”皆取聯合結聚之意。“紀”也有會結義，《廣韻·止韻》：“紀，會也。”《禮記·月令》“月窮于紀”，鄭玄注亦云：“紀，會也。”故“屬紀”爲近義連文。簡文“緯、紀”俱從“糸”，似也透露出二者意義上有聯繫的信息。“屬紀于大國”，即結交、聯合大國之意。

勎，諸家原讀“勝”，實當讀“乘”。《吕氏春秋·權勳》：“于是以天下兵戰，戰合，擊金而卻之，卒北，天下兵乘之。”畢沅曰：“乘，猶陵也。”《戰國策·趙策三》：“我將因强而乘弱。”鮑彪注同。又《楚策二》：“王欲昭雎之乘秦也，必分公之兵以益之。”鮑注：“乘，猶淩。”簡文此處“乘”字正用是義，意謂我若内有兵利、城固、人和，而外能結連大國之親，則天下莫敢侵淩攻擊之也。

《江漢考古》2008-2，頁 123—124

繸　纏

新蔡乙四 6　　 上博四·曹沫 51

上博四·曹沫 18

○**何琳儀**（1998）　繸，從糸，庶聲。疑纏之異文。《集韻》：“纏，《字彙》絹重也。”

望山簡繸，讀纏。

《戰國古文字典》頁 549

○**李零**（2004）　緂：从炙得聲，疑讀“繕”。“繕”是禪母元部字，“炙”同“庶”，是書母魚部字，讀音相近。

《上海博物館藏戰國楚竹書》（四）頁 254

○**陳斯鵬**（2007）　“緂”字原作，《李釋》謂从“庶”聲，讀爲“繕”。陳文改釋爲“纒”而讀“繕”，並謂《李釋》以“庶”爲聲不可信。按，字又作“纏”，不从“土”，見簡 51，原形爲纒。陳文釋“纒”，大概認爲其右旁即郭店《緇衣》36 之壐，彼字對應今本的“展”，裘錫圭先生認爲“似當釋‘廛’，‘廛’‘展’音近可通”。上博簡《采風曲目》3 有“壐劕”，其壐當與壐爲一字，董珊先生亦釋爲“廛”，連“劕”而讀爲成詞“輾轉”。看來“廛”字之釋應可信，當然，其構形問題還值得進一步研究。現在問題是，“纒、纏”所从和比較確定的“廛”字區別還是明顯的，比如前者“石”與“火”是結合在一起的，中間沒有其他構件，後者不然。又如後者之“石”可省，如上博《緇衣》18 相應的字作壐，前者的“石”大概是不可省的；前者之“土”可省，後者還沒發現省“土”的。退一步說，即使能夠證明壐與壐之間確實存在直接的演化關係，也不能否認其已變成从“庶”的事實。故筆者認爲原釋實不誤。“庶、繕”古音書、禪鄰紐，韻部屬魚、元旁對轉。魚、元通轉，古書有證。《楚辭·大招》魚部字“賦”與元部字“亂、變、譔”爲韻，此押韻之例；元部字“膚”按《説文》的分析是从魚部字“虍”得聲，元部字“關”的聲符“於”屬魚部，此諧聲之例；古書魚部字“撫、憮”通元部字“瞞”，魚部字“普”通元部字“袢”，此通假之例；“彎、扜（扞）”爲同源詞，此同源之例。所以，“纒、纏”从“糸”，从“庶”聲，很可能就是修繕之“繕”的異構。就算今後有更多材料支持本篇的“纒、纏”由“纒”字變來的觀點，我們至少也應承認它是變形聲化，而非簡單的形體演變或訛變。

《簡帛文獻與文學考論》頁 98

緹

包山 268

○**何琳儀**（1998）　緹，从糸，遑省聲（即遑省聲）。

包山簡緹，讀縰。亦作纚。《集韻》：“纚，《説文》冠織也。謂以緇帛韜髮。或作縰。”

《戰國古文字典》頁 884

繽

璽彙 2604　璽彙 2605　()集成 122 者汈鐘

○**曹錦炎**(1983)　一、繽

　　(1)　均彙 2604　　(2)　狄彙 2605

《文》入於附録。這個字應該就是"續"字。《説文》:"續,連也。从糸,賣聲。"《爾雅·釋言》:"續,繼也。"續爲古姓之一,《廣韻》入聲燭部:"續,繼也;連也。又姓,舜七友有續牙。"《急就篇》注:"續氏,晉大夫續簡伯之後。"《左傳》昭公三年記載説,晉國"欒、郤、胥、原、狐、續、慶、伯,降在皁隸"。續姓即爲其中之一。上引兩方古印的"續",均爲姓,漢印亦有此例,如"續平",見《徵》13·2。

　　　　　　　　　　　　　　　　　　《史學集刊》1983-3,頁 88

○**何琳儀**(1998)　總,《説文》訓"聚束"。"總光",與《漢書·司馬相如傳》"總光耀之采旄"辭例相近。

　　　　　　　　　　　　　　　　　　《古文字研究》17,頁 149

○**何琳儀**(1998)　繽,从糸,韋聲。續之異文。《説文》:"續,連也。从糸,賣聲。,古文續从庚、貝。"

　　晉璽繽,讀續,姓氏。續氏有二。晉大夫狐鞫居食采於續,號續簡伯,後以爲氏;又舜七友續牙之後。見《萬姓統譜》。

　　者汈鐘繽,讀續。《爾雅·釋詁》:"續,繼也。"

　　　　　　　　　　　　　　　　　　《戰國古文字典》頁 402

△**按**　者汈鐘"繽(續)光"可與睡簡《日書》乙種"續光"合證,參"續"字條。

繶

望山 2·6

○**朱德熙、裘錫圭、李家浩**(1995)　"繶"字不見字書。信陽二〇七號簡有"純惪",疑"惪"與"繶"爲一詞的異寫。《禮記·玉藻》"君羔幦虎犆",鄭注:"犆讀皆如直道而行之直。直謂緣也。""惪"字从"直"得聲,"繶"與《玉藻》之"犆"不知是否有關。

　　　　　　　　　　　　　　　　　　《望山楚簡》頁 118

繂

繂 璽彙 0772　繂 璽彙 1622

○**羅福頤等**(1981)　繂。

《古璽文編》頁 312

○**施謝捷**(1998)　縛。

《容庚先生百年誕辰紀念文集》頁 645、646

○**何琳儀**(1998)　繂,从糸,弁聲,采爲疊加音符。疑絣之繁文。或說,从米,絣聲。亦絣之繁文。參繢、穦二字。晉璽繂,人名。

《戰國古文字典》頁 1069

緹

緹 天星觀

△**按**　天星觀簡"緹",義不詳。

縺

縺 包山 272　縺 上博六·用曰 2

○**何琳儀**(1998)　縺,从糸,童聲。糸下或加飾筆乚。《正字通》:"縺,緟之訛。"《說文》:"緟,增益也。从糸,重聲。"楚簡縺,讀緟。《集韻》:"緟,繒縷也。"

《戰國古文字典》頁 368

○**白於藍**(1999)　196 頁"縺"字條,"縺"(272)、"縺"(277),即《說文》緟字。童、重音近可通,用作聲符時可互換。

《中國文字》新 25,頁 200

○**劉信芳**(2003)　幢:原簡字形从糸,童聲。《方言》卷二:"翿、幢,翳也。楚曰翿,關東關西皆曰幢。"《廣雅·釋器》:"幢謂之翿。""翿"本古代舞者持以翳首的束羽之類,又作爲車衡、馬首之飾物。《漢書·高帝紀》:"紀信乃乘王車,黃屋左纛。"師古《注》:"李斐曰:天子車以黃繒爲蓋裏。纛,毛羽幢也,在乘輿車衡左方上注之。蔡邕曰：以犛牛尾爲之，如斗，或在騑頭，或在衡。應劭曰：雉尾爲之，在左驂，當鑣上。師古曰：纛音毒，又徒到反。應説非也。”

　　按蔡邕、應劭之説是也。該墓出土有一子母口漆盒，盒之中部有一周漆畫，漆畫上的服車之馬項下皆束有緑色的纓狀物，其頭部偏後處亦有一束緑色的纓狀物。簡文所記“靐光結項”應指馬項下之纓，“青錦之幢”應指馬頭上之束錦。“青錦”即緑色錦。

《包山楚簡解詁》頁 301

○張光裕（2007）　（編按：上博六·用曰 2）稱秉繨（重）德。

《上海博物館藏戰國楚竹書》（六）頁 287

△按　何琳儀謂包山 272“繨”加飾筆ㄑ，恐係竹簡駁痕之誤認。

繀

　　　　曾侯乙 124　　　　　　　曾侯乙 133

○裘錫圭、李家浩（1989）　繀。

《曾侯乙墓》頁 496、497

○何琳儀（1996）　從糸從复，應釋複。簡文“紫複之縢”之複，見《玉篇》：“複，絹複。”

　　另外，《璽彙》腹字作𧚛（一五〇五）、𧛙（三一七四），所從复旁顯然與隨縣簡所從复旁可視爲同類。其中𧘂形確似童字之省，難怪或釋上揭隨縣簡二字爲繨或繀。

《于省吾教授百年誕辰紀念文集》頁 227

○張鐵慧（1996）　簡 133 有一字作：“繀”，又見於簡 124，作“繀”，照片稍有模糊，但形體尚可辨認。《釋文》隸作“繀”，《考釋》未加説明。按裘錫圭、李家浩先生將此字隸作“繀”，從形體上看没有問題。疑字右上部從“童”省，字應析作從糸從童省從又，古文字常附加“又”作爲羨符，如侯馬盟書“宝”作“鈡”（一：四〇）、“鈡”（一：八）、“鈡”（一五六：一一），陶文“組”作“𦀅”，璽文“爐”作“𤆥”，皆是例證。疑“繀”應釋作“繀”。包山楚簡 272 號有“𦂔”字，其右部上部所從與“繀”字相同。古文字中從“童”之字又見於下揭各例：

　　　　鐘　沇兒鐘《金文編》915 頁　　　　　　　　童《古陶文字徵》177 頁

　　　　僮《曾侯乙墓》竹簡照片 177 號　　　　　　垔《古璽彙編》0279 號

上揭各例"童"字上部所從與"繨"右上部所從亦相似。可見釋"繨"爲"鐘"不誤。童、重二字聲韻相同,古文字中童、重二字通作。如"動"字,《説文》古文作"𨑷",楚帛書作"𨑹",望山楚簡作"𨑷";又如鐘字,王孫誥鐘作"鐘",曾侯乙鐘作"鐘",屬羌鐘作"鐘",中山王𗼰鼎童字作"𤰔",皆是童、重相通作的例證。故"繨"疑即"緟"字。"緟"字見於《説文》"緟,增益也,從糸,重聲"。字亦見於《廣韻》去聲用韻下:"緟,繒縷。"簡文云:"紫繨(緟)之縢。""繨(緟)"在簡文中可能就指"繒縷"。

《江漢考古》1996-3,頁 73—74

○何琳儀(1998)　緮,從糸,复聲。《玉篇》:"緮,絹緮。"隨縣簡緮,絹。

《戰國古文字典》頁 255

纀

𰂍曾侯乙 129　　𰂍曾侯乙 138　　𰂍望山 2·13　　𰂍包山 271　　𰂍仰天湖 15

○饒宗頤(1957)　緈疑"纀"。即襥,《釋名·釋衣服》:"襥,緣也,青絳爲之緣也。"《廣韻》:"襥,緣也。"

《金匱論古綜合刊》1,頁 64

○中大楚簡整理小組(1977)　纀,揚雄《蜀都賦》:"自造奇錦,紕、纀、緀、繀。"以爲四種錦名之一。字書有把纀解釋爲"繩索",爲"縋索",簡文"文纀"非此意。

《戰國楚簡研究》4,頁 7

○滕壬生(1995)　絑。

《楚系簡帛文字編》頁 933

○朱德熙、裘錫圭、李家浩(1995)　"纀"從巽聲,"纂"從算聲,古音極近(古"選、算"二字通)。

《望山楚簡》頁 120

○何琳儀(1998)　纀,從糸,巽聲。《玉篇》:"纀,懸縋索。"

楚簡纀,疑讀爲"纂"。《詩·齊風·猗嗟》"舞則選兮",《文選·舞賦》注引《韓詩》選作纂。《説文》纂或作饌。是其佐證。《漢書·景帝紀》"錦綉纂組",注:"今五采屬綷是也。"疑彩色絲線所編之縧。

《戰國古文字典》頁 1356

○**李零**（1999）　　从巽不从坐，非"緻"字。

《出土文獻研究》5，頁 162

○**劉信芳**（2003）　　字又見仰天湖簡、曾侯乙簡，字讀爲"纂"。《漢書・景帝紀》："錦繡纂組。"《注》引應劭曰："纂，今五采屬綷是也。"

《包山楚簡解詁》頁 272

繸

曾侯乙 31　　曾侯乙 66

○**何琳儀**（1998）　　繸，从糸，虘聲。隨縣簡繸，讀纑。《説文》："纑，布縷也。从糸，盧聲。"

《戰國古文字典》頁 449

繡

石鼓文・吳人　　集成 287 曾侯乙鐘

方氏　　包山 159　　郭店・緇衣 37　　璽彙 1932　　天星觀

天星觀　　天星觀　　包山 190　　上博四・曹沫 36　　上博六・莊公 4 下

集成 4649 陳侯因資敦　　上博七・凡甲 15　　包山 150

○**徐中舒**（1933）　　練、統同。古東、充同爲東部字，得相通。

《徐中舒歷史論文選輯》頁 410

○**裘錫圭、李家浩**（1981）　　鐘銘所見的國名（下一 2），也寫作（下二 4、中三 4、7）。1955 年壽縣發現蔡侯墓，所出銅器爲蔡侯所作。上引國名與蔡侯名顯然是一個字。我們認爲這個字就是西周金文中屢見"䜌"字的變體。即柬（東）字之省。戰國時代韓國兵器銘文中有"敕"（敕＝造）字，所从的"東"有時省作，可證。在上引這個字的幾種寫法裏，下層一組 2 號鐘从二""二"田"，比較近古，从四""的寫法當是由此演變出來的。西周金文的"䜌"字，我們讀爲"申"（裘錫圭《史牆盤銘解釋》，《文物》1978 年 3 期 31—32頁注⑩），當爲紳束之"紳"的古字。壽縣蔡侯墓，多數同志認爲是蔡昭侯墓，蔡昭侯正名申。把曾侯墓鐘銘中的這個字讀爲申息之申，也很合理。關於這個問題,許青松同志有專文討論,將發表於《歷史博物館館刊》。

○**李純一**(1981)　其中有一個國(地)名凡四見,寫法都略有變化:![字],![字],![字],![字]。此字爲金文所首見,又爲《説文》所無。第一種寫法的所從之![字]蓋係田之繁體,象形,亦聲;艸、虫蓋表田能生草生蟲之意,故此字迪即田之別體。古田、陳二字音同相通。陳乃嬀姓,國於宛丘,其地在今河商(編按:"商"爲"南"之誤)淮陽,公元前 478 年爲楚國所滅。又《説文》謂陳字从臼(編按:"臼"爲"𨸏"之誤)从木,申聲,其古文作阩,是古陳、申音同。然則此字又可能假爲申字。申國姜姓。其地在今河南南陽北,公元前 688 年淪爲楚有。

　　第二種寫法和壽縣蔡侯墓墓主之名作![字]或![字]者很相近。陳夢家以爲後者就是文獻上蔡昭侯名之作申或甲者,皆甫字之誤。如依陳説,則前者當指甫國而言。甫又稱爲呂,其地在今河南南陽西,公元前 584 年以前併於楚爲邑。統觀全部鐘銘中从甫之字,如顧、鎛等凡數十見,其甫中一豎之上端幾乎皆彎曲如鉤(只有一個例外),因知![字]乃从中从田而非甫。第三種寫法下半所從之屯亦與田義有關。看來它當是从田得聲之字。鑒於金文中嬀姓陳國的陳字皆作"敶",所以暫定它是"申"的通假字。

○**裘錫圭、李家浩**(1992)　鐘銘中屢見一個寫作"![字]"或"![字]"的國名。我們在參加曾侯乙墓文字考釋工作之初,就把這個字讀爲"申"。這是以我們對西周金文的"![字]"字的研究爲根據的。在看到曾侯墓文字資料之前,我們曾在《史牆盤銘解釋》一文中把金文的"![字]"字讀爲"申"。讀此字爲"申",對有關的銅器銘文都是合適的。不過我們當時所以這樣讀,主要是受了《尚書・君奭》"割申勸寧王之德"句的"申"字,《禮記・緇衣》引作"田",《緇衣》鄭注引"今博士"本又作"亂"的啟發,並無很確鑿的證據。

　　50 年代曾在壽縣發掘過一座春秋晚期的蔡侯墓,在出土的銅器銘文裏可以看到,墓主蔡侯之名是一個從"夊"從四"屮"的字(《金文編》279 頁 0660號)。孫百朋先生早就指出這個字跟"![字]"是一個字(安徽省博物館編《壽縣蔡侯墓出土遺物》21 頁),而從各方面來看,此墓墓主最合理的人選正好是古書所記的名"申"的蔡昭侯(參看陳夢家《壽縣蔡侯銅器》,《考古學報》1956 年 2 期。又于省吾《壽縣蔡侯墓銅器銘文考釋》,《古文字研究》1 輯)。這本是"![字]"當讀"申"的有力證據。但是我們讀"![字]"爲"申",是把它所從的"田"看作聲旁的,而用作蔡侯之名的那個字卻不從"田";所以當時還不敢確信二者爲一字異體，没有把這個證據用上。曾侯鐘銘中寫作"从糸从二申二田"或"从又从四申"的國名，跟壽縣蔡侯墓銅器銘文中的蔡侯名顯然是一個字。看到這個字有从"田"的寫法，我們才對它是"䌶"字異體這一點有了較大的把握。讀此字爲"申"，對蔡侯墓和曾侯墓的銅器銘文都十分合適，這大大增強了讀"䌶"爲"申"的説法的可靠性。許青松同志發表在《中國歷史博物館館刊》第 2 期（1980）"筆談《湖北隨縣曾侯乙墓出土文物展覽》"欄裏的文章，對此已經作了很好的闡述。此後，在考古刊物上又發表了在申國故地（今南陽市）出土的"南䌶伯太宰"和"䌶公"的銅器。這就完全證實了"䌶"确應讀爲"申"（詳下文）。但是現在仍有不少人懷疑此説。例如影響很大的《金文編》的 1985 年新版，就仍從孫詒讓等人的舊説釋"䌶"爲"緟"（861 頁 2113 號），還把从四"申"和从二"申"二"田"的"䌶"字異體當作未識字附在"叓"部之末（279 頁 0660 號。1959 年版附此字於"又"部之末，見 151 頁 0374 號）。所以有必要把我們對"䌶"字的看法比較全面地闡述一下。

　　西周金文中屢見一個从"爰"从"田"的字（《金文編》894 頁 2204 號），大多用作人名，只有㝈方彝銘用作動詞，文曰"用㽙文考烈"（《録遺》510）。郭沫若認爲這個字是"䌶字之省文"（《大系考釋》10 頁䌶卣考釋）。郭氏以"㽙""䌶"爲一字，允爲卓識。但是從已著録的銅器銘文來看，"㽙"在西周早期銘文中就已出現，而"䌶"則始見於西周中期銘文。與其説前者是後者的省文，還不如説後者是前者的繁文妥當。"㽙"所從的"爰"或於"幺"形之中加一横畫（如《金文編》所收㽙父盉"㽙"字），與"胥"相似，所以"䌶"就大多變而从"胥"了（伊簋"䌶"字仍从"爰"，見《金文編》861 頁）。至於加注"東"旁的原因，將在討論了"㽙"字的本義之後加以説明。

　　從漢字結構的通例看，"㽙"似應是一個从"爰""田"聲的字。"田"字古音與"申"很相近。《詩·周頌·有瞽》"應田縣鼓"句鄭玄箋，謂"'田'當作'朄'"，"聲轉字誤，變而作'田'"。"朄"字即从"申"聲（參看《説文通訓定聲》"朄"字條）。"田、陳"二字古音極近（《周禮·地官·稍人》鄭玄注："'甸'讀與'惟禹敶之'之'敶'同。""甸"从"田"聲，"敶"據《説文》从"陳"聲。"惟禹敶之"見《詩·小雅·信南山》，今本毛詩作"維禹甸之"。齊國的陳氏，《史記》等書稱田氏。《史記·田敬仲完世家》："敬仲之如齊，以陳氏爲田氏。"《索隱》："據如此云，敬仲奔齊，以'陳、田'二字聲相近，遂以爲田氏。"戰國時齊君所造銅器的銘文仍自稱陳侯），而"陳"字在《説文》中被分析爲"从阜从木，申聲"（《説文》之説有誤，但反映出"陳""申"二字音近），其所收古文且徑作"从阜，申聲"之形。這些都是"田""申"音近之證。"𤲬"字以象兩手持絲或繩索形的"𢏚"爲形旁，以與"申"音近的"田"爲聲旁，應該就是申束之"申"的本字。《説文》以"七月陰氣成體自申束"釋"申"字，似以約束爲"申"字本義。但據大多數古文字學者的意見，"申"本象閃電，應是"電"之初文，則約束當是"申"的假借義。《説文》訓"紳"爲"大帶"。我們懷疑"紳"就是"𤲬"的後起字，本義爲約束，大帶乃其引申義，爲了述説方便，下文就把"紳"字當作"𤲬"的後起字來用了。

"申"字在古書中除訓爲約束外，又多訓爲"重"（chóng）。銅器銘文中的"𤲬"字也多應訓爲"重"（詳下文）。大帶名紳，也顯然與"紳"有重義有關。古人穿在裏面的衣服有小帶，外面的衣服上束革帶，大帶加在革帶上，是身上的最後一重約束（《禮記·雜記上》："公襲……朱緑帶，申加大帶於上。"鄭玄注："朱緑帶者，襲衣之帶……申，重也，重於革帶也。"正義："云'申，重也'者，《釋詁》文。云'重於革帶也'者，謂於革帶之上重加此大帶。知非對小朱緑帶爲重者，以朱緑小帶散在於衣，非是摠束其身。若摠束其身，唯有革帶、大帶，故知對革帶爲重者。"這裏所説的是死後之制，但反映了生時用帶的方法）。這樣看來，"紳"的確切本義應該是加以多重約束或是在約束之上再加約束的意思，所以才會引申出"重"義，並被用作大帶的名稱。

"𤲬"變爲"𤲬"，除變"𢏚"爲"𢿐"外，還加了一個"束"旁。古文字的"束"字本象囊外有繩索纏束之形。林義光認爲"束""束"古本同字（《文源》6·50上），其説可從。過去我們曾懷疑"𤲬"字从"束"跟與之音近的"陳"字之从"束"這兩件事應有聯繫。許青松同志進一步提出了"𤲬"字从"陳"省聲的看法（上引許文22頁）。現在我們懷疑"𤲬"所从的"束"不是加注的音符，而是加注的意符。因爲"束"本有"束"義，正與"紳"的本義相合。前面提到過的"𢾭"字，《説文》作"𢾬"，解釋爲"擊小鼓引樂聲也"。説不定這個字本來是从"束"或"束"的（林義光認爲"束"本有"束"義，見《文源》6·50下），也是"繡"的後起字，《説文》所釋並非本義。

寫作"𤲬""𤲬"等形的"紳"字，後來又演變出了"从𢏚从四𡳾、从糸从二𡳾二田"和"从又从四𡳾"等異體。對"紳"的本義來説，从"𢏚"比从"𢿐"合理。這大概是从"𢿐"的寫法後來被淘汰的原因。从"糸"和从"又"都是由从"𢏚"的寫法省變而成的。"𡳾"應是"束"的省寫。上引許文指出漢印"曹"字所从的二"束"或省作二"𡳾"（21頁）。我們在發表於《音樂研究》1981年1期的《曾侯乙墓鐘磬銘文説明》中，也曾指出"戰國時代韓國兵器銘文中有'敄'

（戠，即造）字，所從的‘東’有時省作‘宀’”（19頁）。這些都與“龘”字所從的“東”省作“宀”同例。重疊“宀”旁“田”旁，既可能是爲了求字形美觀，也可能是爲了把“紳”字的多重約束之義表示得更爲形象化。從四“宀”的寫法有可能是由從二“宀”二“田”的寫法訛變的。（中略）

　　總之，“𢑚、龘”是紳束之“紳”的初文（如果謹慎一點，可以只説是申束之“申”的本字），在古文字資料中一般應該讀爲“申”（實際上是古文字資料中用“龘”字表示的詞，古書中一般都假借“申”字表示）。曾侯鐘銘中寫作“從糸從二宀二田”或“從又從四宀”的字，是“龘”的異體，應該讀爲申國之“申”。這個結論大概不會有很大問題。

　　曾侯乙墓竹簡文字中有“緉”字，也作“紳”或“靭”。這是“靷”的異體，跟紳束之“紳”無關。在這裏説明一下，以免誤會。

《古文字論集》頁 422—427

○**湯餘惠**（1993）　✦93　繻・繡　此字又見於 159 簡，159 簡釋“繡”是。金文和古璽均見此字，寫法繁簡不一，古璽作✦、✦（《古璽文編・附錄》第 20 頁）者與簡文寫法相近，裘錫圭曾指出右上偏旁爲“東”之省，今以 121 簡東字作✦例之，其説可信。繡，省體作練，陳侯因㳄敦“卲練高且皇帝”，《説文》作緟，“增益也。從糸，重聲”。重本從東得聲，是“練”與“緟”聲類相同。古音“東”在端紐，“田”在定紐，“申”在書紐，俱屬舌音，故“練”之繁體可復從田聲作“繻”而用爲“申”。有的學者由形、音推測，“繡”（西周金文作“龘”）爲“紳”本字，而不主張釋“緟”。其實，紳、緟二字很可能都是從龘、繡孳乳分化而來的，其大略是：

✦包山簡　　　　　　✦《説文》

✦牆盤　✦伊簋——✦蔡侯鐘——✦因㳄敦

✦古璽　　　　　　✦《説文》

《考古與文物》1993-2，頁 71

○**劉信芳**（1996）　壽縣蔡侯鐘銘“蔡侯✦”（以下代以“△”），裘錫圭、李家浩先生據曾侯乙墓鐘銘“✦”爲申國之申，論定“✦”爲“△”之省寫，“蔡侯△”即蔡昭侯申。王輝先生最近著文，證明陝西鳳翔縣南指揮村秦公大墓出土編磬殘文“龘用無疆”即“申用無疆”，這些結論都是對的。但將△直接釋爲“紳”，卻存在以下兩個問題。

　　其一，蔡昭侯之五世祖文侯名“申”，則蔡昭侯不當與其祖同名。此一疑點學者們多已指出,但一直未有令人信服的解釋。

其二,包山簡一〇一"秀𦅾",𦅾字又見簡九三、一四五、一九〇、一五〇、一五九,多用作人名(其字有𦅾、𦅾、𦅾諸形),若依"△"即"紳"之例,則諸字盡應隸作"紳"(已有數位學者如此主張)。然包簡另有"紳"字,見簡二七一、牘,其字作"𦅾",是"紳"字無疑。"△、𦅾"與"紳"字形絕不相類,釋爲一字,亦須有説。

今按:包簡"𦅾"从糸从二東省,"𧶠"即重字,諸字俱應隸定爲"緟",本讀"重"之平聲,又讀如"申"。重、申二字古有通用之例,《爾雅・釋詁》:"申,重也。"《尚書・益稷》:"天其申命用休。"《史記・夏本紀》轉録爲:"天其重命用休。"太史公多改六國繁難字爲兩漢通用字,此亦一例。"申"用如"重",漢儒多知之,上引《尚書》"申命用休",孔傳云:"又重命用美。"《史記集解》引鄭玄注:"天將重命汝以美應。"是《尚書》"重"本作"𧶠",漢儒俱讀如"申",釋爲"重"。它如《詩・小雅・采菽》"福禄申之",《大雅・假樂》"自天申之",《商頌・烈祖》"申錫無疆",毛傳皆釋云:"申,重也。"

申、重古本二字,其讀音亦很難説是通假,因其聲韻俱不相涉。但戰國文字"緟、𦅾",典籍多作"申",漢儒釋作"重",則可論定"重"在古代有"重"(平聲)與"申"二讀。漢以後文獻中"申、重"音義判然有別,"重"之讀"申"遂漸近絕迹。

綜上可知:孫詒讓、王國維釋"緟"爲"緟"是正確的,近來學者謂字讀如"申",補足了該字的釋讀。只是需要明確,緟之讀申是歧讀而不是通假。"△"應隸定作"緟",讀如"重"(平聲),歧讀如"申";楚簡"𦅾"亦是"緟"字,依例應有"申、重"(平聲)二讀。蔡昭侯名"緟",與蔡文侯"申"本不同名;楚簡"𦅾、紳"亦是二字而不可牽混爲一。如此,以上提出的兩個問題方能得到合理解釋。

《考古與文物》1996-2,頁83

○**何琳儀**(1998)　緟,甲骨文作𦅾(類纂二九七二)。从又从東(束之初文),會以手約束之意。典籍以申字爲之。《淮南子・原道》"約車申轅",注:"申,束也。"引申訓重。緟所从東亦聲。申,透紐;東,端紐。透、端均屬舌音,緟爲東之準聲首。或作𦅾(英國二四一五反),疊加田爲音符。《詩・周頌・有瞽》"應田縣鼓",箋:"田當作朄。"朄从申聲。《書・君奭》"割申勸寧王之德",《禮記・緇衣》引申作田。可資參證。西周金文作𦅾(師兑簋),从疊屬繁化。

或作 🔲，省東屬簡化。春秋金文作 🔲（申王之子叔姜匜），鬲省上爪。或作 🔲（蔡侯申鐘），從四岜（東之省文）屬繁化。秦系文字承襲西周金文，從鬲從畱。楚系文字多從糸，或從又，均鬲之省。《説文》失載。

　　楚簡繡，讀申，姓氏。見申字。曾樂律鐘繡，讀申，古國名。《詩·王風·揚之水》"不與我戍申"，傳："申，姜姓之國。"在今河南陽（編按："陽"上漏"南"字）北。

　　石鼓"繡₌"，讀"申申"。見旃字。

《戰國古文字典》頁 1121—1122

○李守奎（1998）　在古文字中，有下列四組字形：

一	🔲 申公彭宇	🔲 蔡侯紳	🔲 曾侯乙鐘
二	🔲 包簡 93	🔲 包簡 159	🔲 古璽 1932	🔲 包簡 150
三	🔲 天簡	🔲 天簡	🔲 包簡 192	🔲 天簡
四	🔲 曾簡 43	🔲 曾簡 61	🔲 望 M2 簡 6	🔲 包簡 271

　　第一組字裘錫圭、李家浩等先生考定爲紳束之"紳"，可參閱裘先生的《史牆盤銘解釋》與裘先生、李先生合作的《談談隨縣曾侯乙墓的文字材料》等文章。

　　第二組字在《包山楚墓》所附的釋文與考釋中或釋爲"繮"，或隸作"繡"，釋爲"紳"，無定釋，後出的字表或釋爲"繮"，或釋爲"紳"，或僅隸作"繡"。

　　第三組滕壬生先生釋爲"繮"。

　　第四組衆字表均列於"紳"字頭下。

　　上列四組字除第一組已釋定，爲大家所信從外，其餘尚需詳辨。

　　第二組字衆釋不一，當都有所依據。

　　把第二組字釋爲"紳"或隸作"繡"的各家，均未説明理由，我們可以歸結爲如下幾點。

　　一、曾侯乙鐘銘 🔲 即鼺字之異寫，從"糸"之省寫，從二"畱"；"繡"字從"糸"從"畱"，所從聲旁相同。古文字偏旁單複常常無别，既可以説"鼺"是申公彭宇臣之"鼺"字的變形繁化，又可以説"繡"是"鼺"的簡化。

　　二、在包山楚簡中，疆字凡十一見。有"🔲"（包簡 87）、"🔲"（包簡 153）等形，所從"畺"旁無一例作"畱"。

　　三、在辭例中，"繡"字或用爲姓氏，或用爲人名，在銅器銘文均有例證。

　　把第二組字釋爲"繮"字,是因爲它與第三組字有同用之例。

　　天星觀卜筮簡中有人名𦆯𦦝,"𦆯"字釋"繮"可信。疆字古文字中習見,多作𤲮(屈子赤目臣)形。但在𪏚鐘中,字作𤲶;在郘陵君鑑中,字又簡化作𤲬,可以清晰地看到疆字右半部分的演化軌迹。𦆯字右部與郘陵君鑑的疆字右部同形,可以分析爲从糸、从疆省聲。

　　同一人名繮𦦝,繮字異寫如上所列,又作𦆯形,與第二組字形全同,這就爲把第二組字釋爲"繮"提供了證據。

　　我們以爲把第二組字和第三組字分開更合理,第二組字是第一組字的簡化,即"紳束"之"紳"的本字,在簡文或璽文中,用作姓氏或人名。"紳"字見於《説文》。

　　第三組字是"繮"字。在簡文中用作姓氏,古代似有繮氏,《漢語古文字字形表》中繮字頭下有"繮□信璽"。"繮"字亦見於《説文》。

　　簡文中"紳"與"繮"的區别有如下幾點:

　　一　紳字所从"𤰇"爲"畫"之省形,又可省作"𤰈"。

　　二　繮字所从"畺"旁本應作畕或畺,訛變爲𤲮、𤲶、𤲬、𤲘諸形,在二"田"旁的上下,或多或少的保留了"畺"字的横筆。

　　三　繮字作𦆯,下从土,這是與紳字的最突出的區别。前文説該字可分析爲从疆省聲,那是照顧到《説文》的傳統説法。其實,從古文字繮、疆等字的構形來看,很可能畺或壃是畕的異體。《説文》以疆爲畺之或體,𦆯也可視爲从畺聲或畕聲。

　　四　繮與紳所从聲旁偶然同形,不能作爲同字的絶對依據。《楚系簡帛文字編》所列的"繮𦦝"之"繮"十一例中,二例从土作𦆯,七例有一至兩筆横筆界畫。只有兩例與第二組紳字同形。這種情形與世(編按:"世"字疑衍)弋、戈二字有别,但有時相混很相似。二字可通過辭例加以區别。

　　總之,第二組字是第一組字的簡化,可以隸定爲"繐",釋爲紳束之"紳",與《説文》之"紳"是異體。它與第三組繮字有所區别,有時又混爲同形。

　　既然第三組繮字是紳束之"紳",第四組又當是何字? 𥾊字顯係从糸,申聲,隸作"紳"毫無疑問,但在楚文字中,它與紳束之"紳"的本字𪑩或繐的形體明顯不同,而且辭例用法全然不同,肯定不會是一字異寫。

　　裘錫圭、李家浩二位先生在《曾侯乙墓竹簡釋文與考釋》《望山 1、2 號墓竹簡釋文與考釋》中對"緷"與"紳"均有詳論,望山竹簡考釋如下:(中略)

　　曾侯乙墓竹簡中"縸"與"紳"用法相同,字又作"鞇",並爲一字之異。就現有繡與縸(紳)的所有用例來看,二者用法從不相混。

　　"繡"全部用作國名、姓氏和人名。

　　"縸"或"紳"全部出現在遺册簡中記載車馬器的文例中。曾侯乙、天星觀、望山、包山等墓所出的竹簡中均有此字。不論是在"膡紳、刹(漆)紳、革紳、紫紳"中,還是在"顯(靐)、靾、紳、衡、厄"中,"紳"均是車器中引軸之"鞇"。

　　從字形上看,《説文》"鞇"字籀文也與曾侯墓竹簡中的"縸、鞇"相近,"紳"是二字的異寫。可以説,在楚文字中,縸與縬與繡字無涉。當隸作"縸"或"紳",釋爲"鞇",與《説文》"紳"字是同形字。

　　綜上所述,楚系銅器銘文中的"纞"在楚簡中省變爲"繡",在《説文》中寫作"紳",用爲國名、姓氏和人名,在傳世典籍中寫作"申"。楚簡中有"縄"字與繡字形近易混。楚簡中的"縸""鞇""紳"並爲《説文》"鞇"字的異寫。楚簡中的"紳"與《説文》的"紳"是同形字。

　　　　　　　　《吉林大學古籍整理研究所建所十五周年紀念文集》頁77—81

○**劉信芳**(2003)　　縄:字又見簡101、145、150、159、190等,多用作人名。壽縣蔡侯鐘銘"蔡侯鐘",考釋者歧説紛出,字又見曾侯乙鐘銘,用爲"申"國之"申",學者因謂"蔡侯縄"即蔡昭侯申。這一結論是符合史實的,但將該字直接隸定作"申",卻存在以下兩個問題。

　　其一,蔡昭侯之五世祖文侯名"申",則蔡昭侯不當與其祖同名。此一疑點學者多已指出,應當得到合理的解釋。

　　其二,若隸"縄"爲"紳",包簡另有"紳"字,見簡271、牘,"縄"与"紳"字形絶不相類,隸定爲一字,亦須有説。

　　按:簡文"縄"字從系從二東,二東重疊即"重"字,本讀"重"之平聲,歧讀如"申"。重、申二字古有通用之例,《爾雅·釋詁》:"申,重也。"《尚書·益稷》"天其申命用休",《史記·夏本紀》轉録爲"天其重命用休"。太史公多改六國繁難字爲西漢通行字,此亦一例。"重"用如"申",漢儒多知之。上引《尚書》孔《傳》云:"又重命用美。"《史記集解》引鄭玄《注》云:"天將重命汝以美應。"是《尚書》"重",漢儒皆讀爲"申",釋作"重"。它如《詩·小雅·采菽》"福禄申之",《大雅·假藥》"自天申之",《商頌·烈祖》"申錫無疆",毛《傳》俱釋云:"申,重也。"

　　"申、重"古本二字,其聲、韻不相涉,不可能是通假。但戰國文字既多用

“重”如“申”,則可論定“緟”在古代有“重”(平聲)與“申”二讀,自太史公等人將讀如“申”之“重”改寫作“申”,漢以後文獻“申、重”之音義判然有別。“重”之讀“申”遂漸近絶迹。

　　綜上,楚簡从糸从二東之字應隸定作“緟”,與“紳”不是一字。蔡昭侯名“緟”,與蔡文侯“申”本不同名。如此,以上提出的兩個問題均能得到合理解釋。

《包山楚簡解詁》頁 89—90

○臧克和(2006)　正是由於相關構造成分的混淆,使得原本具備的表音功能不能明確,就有必要增加表音的成分。陳阽異體,而阽从申讀,𦃕𦃖異體,而𦃖从申讀;陳田古音相同,故𦃕字就是增加田符而構成的紳字,或者説,戰國楚簡𦃕字,可以分析爲从紳田聲的結構。紳寫作从東,大概當時讀音就已不能明確,於是增加田符加以强調,這可能就是𦃕形增加田符構造的原由。既然田符功能只在於表音,那就可加可不加,於是也同時使用無需加田符的𦃘。楚簡文字系統中,有的通過增加聲符,有的通過增加形符,或借用或分化的基礎上,給出“本字”。正因爲如此,我們在楚簡文字系統中,會看到不少後出“本字”。本字的補出,有助於整個形音義系統關係趨於明確對應,這當然需要一定的字符使用量。

《古文字研究》26,頁 289

△按　李守奎《楚文字編》放棄釋“緟”之説,併入“紳”字條。

繷

曾侯乙 26

○何琳儀(1998)　緋。

《戰國古文字典》頁 1557

△按　此字从“糸”,“聳”聲。“聳”象手持二箭之形,李天虹謂即“摺”之初文。字在簡文中或从“丙”,或但作“聳”,朱德熙、裘錫圭、李家浩謂指席一類的東西。

緳

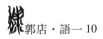郭店·語一 10

○**黄德寬、徐在國**（1998） 語一 10 有字作⿰糸類，原書隸作"纅"。我們認爲此字似應釋爲"繢"。楚簡"遺"字或作⿰⿱⿱，⿰⿱⿱（《簡帛編》145 頁），所从"⿱"象兩手捧一物下有遺漏之形。"⿰糸類"所从"⿱"與"⿱"形近，故"⿰糸類"字可釋爲"繢"。《説文·系部》："繢，織餘也。从糸，貴聲。"段注依《韻會》於"織餘也"後補"一曰，畫也"。《周禮·考工記·畫繢》："畫繢之事，雜五色。"賈公彥疏："畫繢並言者，言畫是總語。"《漢書·食貨志下》："乃以白鹿皮方尺，緣以繢，爲皮幣。"顏師古注："繢，繡也。繪五采而爲之。"簡文："又（有）勿（物）又（有）緜又（有）繢，而句（後）諺生。""繢"字似亦訓爲"畫"。

《吉林大學古籍整理研究所建所十五周年紀念文集》頁 107

繐

⿰糸⿱信陽 2·7

○**中大楚簡整理小組**（1977） 繐，《史記·貨殖列傳》："夫山西饒材、竹、穀、繐、旄、玉石。"《集解》引徐廣曰：繐，"紵屬，可以爲布"。《説文》段注："績之而成縷，可以爲布，是曰繐。"（**中略**）"一繐緅衣"是指一件苧麻織物的青赤色上衣。

《戰國楚簡研究》2，頁 18

○**商承祚**（1995） 繐，即繐。

《戰國楚簡彙編》頁 19

○**郭若愚**（1994） 膚从虎从角，見《古璽文編》，是爲鄲。其文字演變迹象如下：

⿱膚（膚） → ⿱潭（潭） → ⿱鄲（鄲）
《古璽》3123   《古璽》2878   《古璽》2107

此處用爲墰。《類篇》："同壜，甀屬。"《集韻》："壜，甀屬，或作罎。"今作罈。

《戰國楚簡文字編》頁 72

△**按** "膚"見於仰天湖簡、包山簡、望山簡等。《上博四·昭王》6 有"襦衣"，"襦"字作⿱，"繐"與"襦"當爲一字之異寫。

繝

⿱繝天星觀

○何琳儀（1998）　緪，从糸，闐聲。疑綢之繁文。《集韻》：“緪，錦文也。唐有大緪錦。通作襺。”天星觀簡緪，讀綢。

《戰國古文字典》頁 913

緉

望山 2・48

○朱德熙、裘錫圭、李家浩（1995）　此字右旁从“目”从“虫”。戰國文字“蜀”字多如此作。《汗簡》“蜀”字有作“蛊”者。仰天湖一三號簡有“一僵筁（席）”，“僵”疑讀爲“蓐”。信陽二一四號簡有“柔殛”，當讀爲“蒸燭”（《儀禮・既夕》“二燭俟于殯門外”，鄭注“燭用蒸”），或謂當讀爲“承燭”。本簡“緉”字當讀爲“襡”，指收藏器物的囊或套子。《禮記・内則》“斂簟而襡之”，鄭注：“襡，韜也。”信陽二一九號簡“衵，若（席）皆緅褆（襡）”，字从“衣”作。

《望山楚簡》頁 126

○何琳儀（1998）　緉，从糸，蜀聲，緉之省文。《集韻》：“緉，襟綴帶謂之緉，或省。”

望山簡緉，讀緉。《玉篇》：“緉同緉。”

《戰國古文字典》頁 379

緃

璽彙 1216

△按　古璽緃，用爲人名，義不詳。

緂

仰天湖 9　仰天湖 37

○饒宗頤（1957）　見簡 9“緂緈有二……”又簡 37 亦有此二字。《汗簡》奉作，與緈旁同。《廣雅・釋器》：“緂，索也。”緈疑讀爲縫。《詩》“羔羊之縫”，又“素絲五緎”，傳：“緎，縫也。”《説文》：“縫，以鍼紩衣也。”緂緈，殆謂以絲索縫袟也。

《金匱論古綜合刊》1，頁 64

○**中大楚簡整理小組**（1977）　從倉，與《鄎王鑒（劍）》的倉所從同，繪或訓“繩索”，見《博雅·釋器》，恐非此意。縪亦不見於字書，“韠繪縪”，當是一件器物，其上附有二鐶，鐶上繫以紅色的組緌。

《戰國楚簡研究》4，頁 11

○**郭若愚**（1994）　繪，揚子《方言》：“欙，關東謂之繪。”《博雅》：“繩室也。”《廣雅·釋器》：“繪，索也。”縪，當爲韠。《玉篇》：“軍器也。”《詩·小雅》：“鞞琫有珌。”《釋文》：“琫又作韠。必孔切。佩刀鞘上飾。”“繪縪”均爲刀鞘附件或飾物。

《戰國楚簡文字編》頁 119

○**何琳儀**（1998）　繪，從糸，僉聲。《廣雅·釋器》：“繪，索也。”仰天湖簡繪，索。

《戰國古文字典》頁 1461

繲

上博三·周易 37　　　上博三·周易 37

○**李守奎、曲冰、孫偉龍**（2007）　帛書、今本皆作“解”。“繲”疑爲“解”之繁文，《廣韻·卦韻》有“繲”字。蓋與此同構而非同字。

《上海博物館藏戰國楚竹書（一—五）文字編》頁 591

纏

![上博六·用曰 16]
上博六·用曰 16

△**按**　字從糸，𥄂聲。在文中讀爲“質”或“實”。

縅

包山 259

○**劉彬徽、彭浩、胡雅麗、劉祖信**（1991）　縅，通作厭。《儀禮·既夕禮》：“冠六升,外繚,纓條屬厭。"注:"通屈一條繩爲武,垂下爲纓,屬之冠。厭,伏也。"疏:"厭伏者,以其冠在武下過,向上反縫著冠,冠在武下,故云厭也。五服之冠皆繐。"

《包山楚簡》頁 61

○劉信芳(1992)　原簡應斷作:"一桂冠。組綏;一生□之繐。"原釋將"繐"作爲桂冠的附屬物,誤。依楚簡例,凡前標有數詞者,一般別爲一件器物。"繐",此指喪冠。《儀禮・既夕禮》所述爲喪制,這是應該首先明白的。《禮記・曲禮下》:"苞屨、扱衽、厭冠,不入公門。"鄭玄注:"此皆凶服也。厭,猶伏也,喪冠厭伏。"孔穎達疏:"厭冠者,喪冠也。""生",同青,《釋名・釋采帛》:"青,生也,象物生時色也。"厭冠之形制,原釋已悉,此不贅。

　　二號墓以喪冠入葬,應是墓主邵郎之父或母死未及三年,尚居喪守孝之故。明確這一點,對於我們討論相關墓葬的下葬年代具有重要意義。

《江漢考古》1992-3,頁 77

○何琳儀(1998)　繐,從糸,厭聲。包山簡繐,讀厭。《周禮・夏官・大司馬》:"若師不功,則厭而奉主車。"注:"鄭司農云,厭謂厭冠,喪服也。""玄謂,厭伏冠也。"《禮記・曲禮下》:"厭冠不入公門",注:"厭,猶伏也。"

《戰國古文字典》頁 1440

緋

璽彙 1908

○何琳儀(1998)　緋,從糸,裴聲。疑裴之繁文。《説文》:"裴,長衣皃。從衣,非聲。"晉璽緋,人名。

《戰國古文字典》頁 1293

纏

仰天湖 2　仰天湖 10

○羅福頤(1954)　緶。

《文物參考資料》1954-9,頁 89

○**史樹青**（1955）　繐字作穗帶解，因爲斿的本義就是旌旗上面的飄帶。

《長沙仰天湖出土楚簡研究》頁 22

○**饒宗頤**（1957）　釋"綖"。

《金匱論古綜合刊》1，頁 63

○**中大楚簡整理小組**（1977）　隸作"縷"。云：是一種衣料名稱。

《戰國楚簡研究》4，頁 7

○**郭若愚**（1994）　繸　《汗簡》："𨽻，隨，出王庶子碑。"故𨽻爲隨字。《淮南子·説林》："懸垂之類，有時而隧。"注："隧，墮也。"故繸可通縋。當爲"縋"字。《集韻》："都果切，音朵。縋子綾，出《字林》。知其爲綾之一種。""繸純"爲綾繒之衣緣。

《戰國楚簡文字編》頁 115

○**趙平安**（1997）　"繸純"的"純"是邊緣的意思，這裏指"韋（幃）"的邊緣。"繸"是"純"的修飾語，指"純"的質地而言。仰天湖楚簡有一簡説："一紫綸之筶（篇），繢緄文繸之純。"（簡八）其中"繸之純"即"繸純"。

《第三屆國際中國古文字學研討會論文集》頁 716

○**何琳儀**（1998）　中君之一綖（疏）衣，△純，絅（綱）縞之綪（紃）（2）

一綖（疏）布之繢，大襈（襌）之韓（韍），△純，又（有）紅組之緌（綏），又（有）骨夬。（15）

促（疏）羅，△之緅（繡）。（10）

一紫綸（錦）之筶（席），繢（黄）緄（裏），大△之純。（11）

以上"△"分別作下列各形：

羅福頤、史樹青均釋"繐"，饒宗頤釋"綖"，余鎬堂釋"綂"，中山大學古文字研究室釋"縷"，郭若愚釋"繸"，至爲紛歧。

羅福頤最早注意到仰天湖簡"和魏三體石經上的古文、宋代郭忠恕所著《汗簡》上的書體也很接近"，頗有見地。檢"隱"字傳抄古文作：

《汗簡》下之二·七七　　　《古文四聲韻》上聲十五

後者右旁與上揭 10 號簡"△"右旁形體吻合無間，故"△"應隸定"緰"。

《説文》："𣂑，所依據也。从爪、工。讀與隱同。"然而楚簡文字"緰"右下並不从"又"，卻从"止"。這類"又、止"相混的現象古文字中習見，茲僅舉楚文字二例：

叙　〔会害鼎〕　〔信陽101〕　　　　　　寺　〔包山234〕　〔包山232〕

下面將秦系文字、楚系文字、傳抄古文中的"㝵"旁字做一番比較：

〔十鐘3〕　　　　　　〔秦編994〕　　　　　　〔説文〕

〔仰天11〕　　　　　　〔仰天2〕　　　　　　〔仰天10〕

〔汗簡下2.77〕　　　　〔四聲韻上15〕

從中不難看出"㝵"中閒"工"旁可能是由"干"旁演化而成，即：

羊──屮──工　　　壬──土──工

迄今尚未發現殷周文字"㝵"，（散盤〔〕舊釋"㝵"，不一定可信。）因疑"㝵"本從"㪗"從"干"會意。"干"金文作〔〕，象盾形。《詩·大雅·公劉》"干戈戚揚"，箋："干，盾也。"戰國文字"干"增飾筆作〔〕、羊等形，"㝵"表示雙手持盾，與《說文》所謂"依據"正相通。另外，"㝵"的同源字"隱"《説文》訓"蔽"，"干"的同源字"扞"《左·成十二年》注亦訓"蔽"。"㝵"與"干"的内在聯繫不言而喻。仰天湖簡11壬形，《汗簡》〔〕雖均收縮中閒豎筆，尚能保存羊或〔〕的主體部分。雲夢秦簡"干"借用"爪"左旁一筆，"〔〕"猶未失原義，秦、楚文字"㝵"所從"干"最後都演變爲"工"，被小篆承襲。秦陶文中還有省"工"的"隱"作"〔〕"（《陶彙》5368），則被隸書承襲。

仰天湖簡"縉"即"繿"。檢《廣雅·釋詁》二："繿，絣也。"王念孫云："繿者，《衆經音義》卷十四引《通俗文》云，合伕曰繿。《説文》云，紩，縫也。"檢《集韻》："繿，一曰縫衣相合。"

2號簡"繿純"，謂疏衣有縫合邊緣。15號簡"繿純"，謂韍有縫合邊緣。仰天湖墓中出土"皮帶"一件，"由兩層皮革合製而成，皮帶的邊緣有縫合的針孔"。即所謂"韍"之"繿純"。"繿純"猶"紩緣"，見《急就章》"鍼縷補縫綻紩緣"，補注："細刺謂之紩，純邊謂之緣。"10號簡"促羅繿"，謂疏羅有縫合邊緣。11號簡"大繿之純"，謂席子四周有縫合的寬緣。

《簡帛研究》3，頁105—106

○**李家浩**（1999）　此字原文作A：

A〔繿〕

舊有"緂、繡"等不同釋法，皆不可信。按"厚"字《説文》古文和宋版《古文四聲韻》上聲厚韻引《古尚書》作如下之形：

〔〕《説文》　　　　〔〕《古尚書》

《玉篇》土部所收古文"厚"有兩種寫法,一種从"后"作"㖄",一種从"石"作"厔"。商承祚《説文中之古文考》説:"《玉篇》有厔云:古文厚。其字从土上石,厚意也。古文石作,省之則爲,遂與后形同矣。厔从石土會意,非从后聲也。"上引《古尚書》"厚",正作从古文"石",可證商説甚是。包山楚簡中有一個从"辵"之字,作 B1、B2 二形:

B1 《包山》圖版四二·99　　　　　　B2 《包山》圖版七七·170

其所从偏旁與古文"厚"形近。《包山楚簡》把這兩個字都釋寫作"遲",顯然認爲 B 所从偏旁爲"厚"字古文"厔"。郭店楚簡"厚"或作如下二形:

《郭店》三·五　　　　　　《郭店》五二·三九

前者从"石",後者从"石"省。在古文字中,獨體的"石"也有省去"口"的:

《曾侯乙墓》上册 146 頁圖六六、147 頁圖六七·1

此省寫的"石"見於曾侯乙墓裝石磬的木匣上,原文説:"姑洗十石又三才(在)此。"意思是説姑洗律的磬十三枚裝在此匣裏。《尚書·舜典》"予擊石拊石",僞孔傳:"石,磬也。"按古文字方向不很固定,正寫、反寫無别。例如郭店楚簡的"可、方"二字,既有正寫的,又有反寫的。據此,疑 A 的右旁从反古文"石"的省寫,从"土"从"止",可以釋寫作"緷"。"止、辵"二字作爲形旁,可以通用。"緷"所从的"坴",與 B 當是同一個字的異體。

　　以上説的是"緷"的字形,現在説"緷"的字義。《廣雅·釋器》:"縠,綃也。"王念孫説:"《説文》:'綃,生絲也。'《衆經音義》卷十五引《通俗文》云:'生絲繒曰綃。'縠,曹憲音苦木反。《論衡·量知篇》云:'染練布帛,名之曰采,無染之治,名之曰縠粗。''無染之治',即所謂生絲也。'縠'與'縠'通。"根據前面所説,"緷"字當从"厚"字古文"厔"聲。"縠"从"後"聲。上古音"厚、後"都是匣母侯部字,可以通用。例如《戰國策·東周策》:"收周最以爲後行。"《史記·孟嘗君傳》記此事,與此相當的一句,"後行"作"厚行"。《釋名·釋語言》:"厚,後也,有終後也,故青徐人言厚如後也。"疑簡文"緷"即"縠"字異體。"縠純",指用生絲繒作的緣邊。

《著名中年語言學家自選集·李家浩卷》頁 301—304,2002;原載《中國古文字研究》1

○李守奎(2003)　編　从歸省聲。

　　　　　　　　　　　　　　　　　　　　　　　　　　　《楚文字編》頁 751

△按　諸家所釋,於形均有未合。細審其右上部件實即"匋(匐)",故字當隸爲"緷",疑爲"繃、綳"之異體。

繀

璽彙 3660

〇**徐寶貴**（1994）　按此字所从的“寅”是“寅”字。“寅”，《説文》篆文作“寅”，籒文作“寅”。金文只秦公毀一見，作“寅”，从“月”，古“月、夕”二字於形旁中通用。籒文所从之“寅”作“寅”，是秦公毀“寅”字所从之“寅”省去“彡”所剩下的“寅”形的訛變。“寅”字戊寅鼎作“寅”，古璽文作“寅”（《古璽彙編》3841、5642），均與此古璽文所从之“寅”下部同。“寅”是从“夕”，从“寅”省，而將“夕”字與“寅”字的直畫連爲一筆書寫而成，古陶文亦有“寅”字作“寅”（《古陶文彙編》3・488），與此古璽文寫法正相脗合。

通過以上的論證，可以證明“繀”是从“糸”，“寅”聲的“繀”字。字書無“繀”字，而有“繀”字。“繀”與“繀”均从“寅”得聲，其音相同。所以，“繀”當是“繀”字的異構。《玉篇》：“繀，余忍切。”《集韻》：“引也。”《廣韻》：“長也。”

《考古與文物》3，頁 103—104

〇**何琳儀**（1998）　繀，从糸，寅聲。（《説文》：“寅，敬惕也。从夕，寅聲。”）疑繀之繁文。《集韻》：“繀，長也。”

齊璽繀，人名。

《戰國古文字典》頁 1219

繬

繬信陽 2・2

〇**何琳儀**（1998）　繬，从糸，劌聲。疑繬之異文。《集韻》：“繬，徽也。”信陽簡繬，讀繬。《集韻》：“繬，徽也。”《説文》：“徽，一曰，三糾繩也。”

《戰國古文字典》頁 738

〇**白於藍**（2010）　信陽二號墓竹簡中還見“繬”（簡 2-02）字，从糸从豪，可隸作“縤”。該字出現在“一兩（緉）縤鞸（韠）縷（屨）”的文句當中。典籍中“文”亦可指繪繡之類的絲織品。《書・禹貢》：“厥篚織文。”孔穎達正義：“文者是綾錦之別名。”《楚辭・招魂》：“被文服纖。”王逸注：“文，謂綺繡也。”《漢書・貨殖傳》：“文采千匹。”顏師古注：“文，文繪也。”簡文之“縤”，蓋即用作此義,因其是指絲織品,故字从糸表義。"一兩(緉)緕(文)韃(韃)纑(屨)"蓋即一雙由繒繡之類的絲織品製作而成的韃屨。

《古文字研究》28,頁 517

緗

集成 12107 辟大夫虎符　　新收 1559 貴將軍符節

○**張亞初**(1993)　　《集成》18.12107 著録了一件辟大夫虎符,全銘 11 字,是没有發表過的新資料,銘文爲:"辟大夫仗節,堳丘爲堘屍唯。"倒數第二字从糸从🦊。後者形同戰國早期者汈鐘銘文之祇字(參《金文編》10 頁)。《説文》示部:"祇,地祇,提出萬物者也。从示,氏聲。"糸部:"紙,絮一箈也。从糸,氏聲。"屍字从糸、从祇省聲,故即紙字初文。(祇、祇古本一字。)

　　紙是中國的四大發明之一,目前所見最早的實物是西漢時期出土的紙。1990 至 1991 年,在甘肅敦煌市與安西縣之間發現的漢代郵驛懸泉置遺址,被評爲 1991 年十大考古新發現之一。這裏出土了大量西漢宣帝、元帝時期(公元前 73 年—公元前 34 年)的麻纖維紙。尤其是 4 件有墨書文字的紙的出土,不僅大大提前了紙的發明時間,而且證明,早在西漢時期紙就開始成爲書寫工具,並在西北邊郡廣泛使用,足證當時造紙數量已較多,紙的使用傳播已相當普及(據《中國文物報》1992 年 2 月 2 日第 5 期《甘肅漢懸泉置遺址》,1992 年 1 月 5 日第 1 期第 1 版《漢懸泉置遺址發掘重大收穫》等報導)。紙的實際發明時間當早於此。

　　紙最初是指平滑如砥石的方絮(廣義講,用於書寫的縑帛亦可稱紙)。兩漢時期用植物纖維造出來的嚴格意義上所説的紙張,與這種平滑的方絮,是有一定的淵源關係的。二者名稱相同,便可見其端倪。方絮之紙應可看作是紙的前身。這種紙的製取是這樣的,先用絲縣在水中拍打,然後用竹箈去撈取分散游離的絲縣,待這些絲縣涼乾後,從箈上便可揭下一張平滑的絮紙。戰國文字中的紙,當即指此。

　　在戰國晚期的雲夢秦簡中,已發現過从糸从氏的紙字。這表明,戰國晚期已經有紙。辟大夫虎符的年代較雲夢秦簡要早,時間可能不晚於戰國早中期之交。紙字从糸从祇這一點,就説明文字形體較簡文爲早。銘文中出現的原始紙字,表明我國原始紙的歷史已經可以上溯到戰國早中期了,這一點,對

探討我國造紙術的起源,是很有意義的。

　　《説文》中另有紙字。訓絲滓。紙、紙二字音義皆同,原本爲一字。在古
文字中,氏、氏同源,故在偏旁中常可通作。例如,西周早期何尊中的睨即頤,
西周中期九年衛鼎的羝字從氏,春秋早期居簋之睯即賑,春秋戰國之際的《侯
馬盟書》之睨即何尊之睨。這些都是氏、氏古本一字因而在古文字偏旁中相
通的例證。紙從氏聲,聲亦包義,故有底著、附著的字義。紙即附著於箔上的
絲滓,也就是原始的絮紙。分化爲凡物滓之稱的字,應該是較晚的事。許慎
不明白這種孳乳分化關係,所以不能齊其本而只齊其末。

　　過去因受資料的局限,有的學者曾斷言,先秦時期没有紙字(潘吉星《中
國造紙技術史稿》4頁)。現在,戰國時期的紙字已經不止一次地出現,如果説
雲夢秦簡的紙字保存得比較模糊的話,那麼,書寫清晰,年代更早的銘文中的
紙字的發現與考定,一定會受到科技史學界應有重視的。

《第二屆國際中國古文字學研討會論文集》頁295—297

繐

陶彙3·1048　　陶彙3·1049

○**金祥恆**(1964)　　繹。

《匋文編》頁83

○**高明、葛英會**(1991)　　纑。

《古陶文字徵》頁185

△**按**　此字右旁與楚簡中讀"文"之"廈"(😊、😊)同形,故隸作"繐",疑"紋"之
異體。

繡

上博六·用曰4

○**張光裕**(2006)　　繡。

《上海博物館藏戰國楚竹書》(六)頁289

△**按**　簡文"紅之亡繡",其義待考。

繢

信陽 2·23　　信陽 2·7

○**劉雨**（1986）　繢。

《信陽楚墓》頁 130

○**郭若愚**（1994）　繢，《漢書·孝平王皇后傳》：“賜皮弁素繢。”注：“素繢，謂素裳也。”

《戰國楚簡文字編》頁 73

○**李家浩**（1996）　（1）“組繢”之“繢”，原文所从“㕚”旁寫作从“來”从“貝”，與《古璽文編》119 頁著録的 0112 號印“㕚”字寫法相似。“繢”字還見於信陽 2-07 號簡：

（2）一繡緻衣，綿紨之夾，純德（絼），組緣（繸），弁（辮）繢。

此簡文自“綿紨之夾”之後，記的都是“繡緻衣”上的裝飾。“組繢”與此“辮繢”文例相同，義亦相近，當是指桃枝席上的裝飾，《廣韻》職韻：“繢，緯也。”簡文“繢”當非此義。

《簡帛研究》2，頁 5

△**按**　此字釋“繢”或“繢”均不無可疑。字以“來”爲基本聲符，疑即“綵”之繁構。《玉篇》：“綵，强毛也。”《説文》作“氂”，云：“彊曲毛，可以箸起衣。”

爇

包山 47　　　包山 97

○**劉樂賢**（1997）　包山楚第 47 號簡中有一個尚未釋定的地名，《包山楚簡》和《包山楚簡初探》的釋文都作“朝（？）易”（《包山楚簡初探》脱“易”字）。細審照片，“易”前的字當釋爲“爇”，和第 97 號簡中被釋作“爇”的字，是同一個字。

該字在第 97 號簡中用作人名，不必多説。第 47 號簡中用作地名，下面略加考證。爇的聲旁可能是臬，而楚文字中臬作偏旁使用時往往又寫作炅。大家知道，炅字在秦漢簡帛和《素問》等古書中，都讀作熱。近來，李零先生又指出，長沙子彈庫楚帛書的“寅㬎”，應讀作“熱氣”。看來，臬、炅、熱三字在古代的讀音極爲相近。爇从臬得聲，也應和炅、熱的讀音相近。據裘錫圭等先生的分析,上面所説的炅字,應是一個从日得聲的形聲字。這些,都使我們想到也許可以把繠讀爲另一個从日得聲的涅字。馬王堆漢帛書《老子》乙本卷前古佚書《經》(以前多稱爲《十大經》或《十六經》,現從李學勤先生之説)的《姓爭》篇有:"夫天地之道,寒煜燥溼,不能並立。"寒煜,即寒炅、寒熱。《周禮·考工記·輪人》鄭注:"槷,讀如涅。"這兩個例子説明,炅、熱、涅三字的確可以通假,讀繠爲涅是可信的。

簡文的繠易,應即古書中的涅陽。《史記·項羽本紀》:"封吕勝爲涅陽侯。"涅陽漢屬南陽郡,在今河南省鎮平縣南。涅陽在戰國時代當屬楚國,故亦見於包山楚簡。

《第三屆國際中國古文字學研討會論文集》頁 630—631

○**劉信芳**(2003)   繠陽:或釋作"朝陽",非是。劉樂賢讀爲"涅陽",馬王堆漢墓帛書《十六經·姓爭》"寒煜即寒炅、寒熱",《周禮·考工記·輪人》鄭《注》:"槷,讀如涅。"《史記·項羽本紀》:"封吕勝爲涅陽侯。"涅陽漢屬南陽郡,在今河南省鎮平縣南(《楚文字雜識》[七則],《第三屆國際中國古文字學研討會論文集》,香港中文大學 1997 年)。按釋"繠易"爲"涅陽"可備一説。僅就其字形而言,"繠"从糸作,應是"織"之異構,包 139"戴"即"熾"之古文,天星觀簡"繠車"即"織車"。包 82"鼂",85"鼁",103、115"鼁鼁",124、125"鼁",194"鼉"應是一字之異,諸字並以"衾"爲基本聲符。包 179"鄭人鄧倉",疑即涅陽人鄧倉。

《包山楚簡解詁》頁 56

緪

上博五·鮑叔 3   上博五·鮑叔 3

○**何有祖**(2007)   4.命有司箸作浮,老弱不刑,歔緪緰(短),田緪長。百糧箽命。(《鮑》簡 3)

歔,原釋作"故",今從徐在國先生釋。

本簡兩見,原皆作"緪",應即"緪"字。《玉篇》:"緪,索也。"《莊子·駢拇》:"約束不以緪索。"《戰國策·韓策》"段干越人謂新城君"章:"子緪牽長。故緪牽於事,萬分之一也,而難千里之行。"

《出土文獻研究》8,頁 14

△**按**　何釋可從。

儇

上博二·容成 44

○**李零**(2002)　儇木　即"圜木",圓木。

《上海博物館藏戰國楚竹書》(二)頁 284

繆

仰天湖 10　郭店·老甲 21

○**黎廣基**(2002)　"繆",《郭店楚墓竹簡》整理小組讀爲"穆"。魏啓鵬説:"穆,和美也。重言爲穆穆,《楚辭·大招》王注:'和美貌。'《揚雄傳上》集注:'靜也。'《爾雅·釋詁》:'敬也。'故'敂(悦)穆',謂莊敬肅穆也。"侯才説:"……穆,《釋訓》:'敬也。''敂繆',當爲威儀、莊肅之貌。"二説皆與《老子》義旨不符,非是。

　　按:"繆",讀爲"穆"。《説文·禾部》:"穆,禾也。"于省吾云:"甲骨文⿰禾字本象有芒穎之禾穗下垂形。《説文》:'穎,禾末也,从禾頃聲。'段注:'渾言之則穎爲禾末,析言之則禾芒爲秒。'《説文》'穆'字段注:'凡言穆穆、于穆、昭穆皆取幽微之義。'……實則,由於禾穎微末,故引申爲幽微之義。"其説近是。考甲骨文禾字有作禾(乙 4867),與禾字形類,皆象垂穗之形,其別僅在於芒穎之有無。是穆字从禾,當無可疑。《説文繫傳》:"禾垂穗,顧本也。"張衡《思玄賦》:"既垂穎而顧本兮,亦要思乎故居。"李善注:"言禾垂穎以顧本,猶人之思故居也。"王念孫云:"莠與禾絕相似,雖老農不辨。及其吐穗,則禾穗必屈而倒垂,莠穗不垂,可以識別。"可見芒穎下垂,正是禾之特徵。竊疑甲骨文之禾字,義本於此,而旨在突出其穎芒部分,故與禾字之取義略別。這一點在金文中愈益明顯。金文禾字,左下悉增彡或彡,彡當非飾筆或花紋,而應看做是標識符號,其作用正在於彰顯微小的穎芒,以表顯字義。李孝定認爲穆字"細文乃其本誼,訓禾則別一誼也",可備一説。

　　"穆"字取義於禾穗之穎芒,實與"秒"字義近。《説文·禾部》:"秒,禾芒也。从禾,少聲。"朱駿聲云:"纖鋭之禾芒曰秒。"考"穆"屬明紐覺韻,"秒"屬明紐宵韻,二字雙聲,宵覺旁對轉,聲同韻近。且“秒”字不見於甲文及金文,疑其爲“穆”字之後起形聲字。徐鍇云:“秒之言妙也,微妙也。”

本文“穆”字,即此微妙、幽微之義。《詩·大雅·烝民》:“穆如清風。”毛傳:“清微之風,化養萬物者也。”竹添光鴻云:“穆,深遠之貌。”而深微之極,則鄰於無形。《楚辭·九章·悲回風》:“穆眇眇之無垠兮。”王逸注:“天與地合,無垠形也。”汪瑗《集釋》:“穆,深微貌。”又《淮南子·原道訓》:“所謂無形者,一之謂也……穆忞隱閔,純德獨存。”高誘注:“‘穆忞隱閔’,皆無形之類也。”是其證。又穆字,古通作“繆”,亦有微義。《集韻·幽韻》:“繆,細也。”

由此可見,“莜”爲草芒,“穆”取義於禾芒,皆寓微小之義。“敓繆”,讀爲“莜穆”,乃近義連字詞,義爲微妙無形之貌。本文上句“又(有)𥅎蟲(蚰)成,先天𡐥(地)生”,下句“未智(知)其名,𡥈(字)之曰道”,似可與今王弼本首章“無名天地之始”並參。首章下文云:“故常無欲,以觀其妙。”王弼注:“妙者,微之極也。萬物始於微而後成,始於無而後生。”其義實與本文“莜穆”之訓釋對應。

考“莜穆”,字又作“悦穆”。“莜、悦”二字古音並屬喻紐月韻,例可通假。《文子·精誠》:“夫道者,藏精於内,棲神於心,静漠恬淡,悦穆胸中,廓然無形,寂然無聲。”默希子注:“言聖人懷天心,施德養道,内韜精神,外無人物,都無兆朕,豈有形聲?”按:“廓然無形,寂然無聲。”正承上文“静漠恬淡,悦穆胸中”之義,古書中多有此例。“静漠”即“寂然無聲”,“悦穆”即“廓然無形”。《莊子·天地》:“機心存於胸中,則純白不備。”“悦穆胸中”,猶言胸懷沖虚,心存無形。注文“都無兆朕”,正釋此旨。“兆朕”即形迹之義。“無兆朕”,即無形迹。《淮南子·兵略訓》:“凡物有朕,唯道無朕。”又《俶真訓》:“是故聖人托其神於靈府,而歸於萬物之初,視於冥冥,聽於無聲。”正與《文子》之文義對應。知《文子》“悦穆”一詞,義爲無形,與本文同。

又通作“沈寥”。《説文·水部》謂“沈”字“从水从穴,穴亦聲”。考“穴”屬匣紐質部,“兌”屬定紐月部,質月旁轉,韻近通假。故古書从“兌”之字,或假爲“穴”。《文選·風賦》:“枳句來巢,空穴來風。”注引《莊子》作“空閲來風”,是其證。“寥”,假爲“繆”;“繆”與“穆”古通。《玉篇》:“沈,沈寥,空貌。”《楚辭·九辯》:“沈寥兮天高而氣清。”王逸注:“沈寥,曠蕩空虚也……秋天高朗,體清明也。言天高朗,照見無形。”是“沈寥”亦空虚無形之義。

“沈”,或通作“忽”。考“沈”屬曉紐質韻,“忽”屬曉紐物韻,二字雙聲,質物旁轉,聲同韻近。而“忽”,古與从“勿”之“汹、物、芴”諸字並通,故“沈寥”

或作“沕穆”。《漢書·賈誼傳》:“形氣轉續,變化而嬗。沕穆無閒,胡可勝言!”顏師古注:“沕穆,深微貌。”《廣韻·物韻》:“沕,沕穆,微也。”字又作“物穆”。《淮南子·原道訓》:“迫則能應,感則能動,物穆無窮,變無形象。”又作“芴漠”,蓋“穆、漠”明紐雙聲,古韻覺、鐸旁轉,例可通假。《莊子·天下》:“芴漠無形。”

由此可知,“菲穆”之與“悦穆、沕窲、沕穆、物穆、芴漠”,乃一聲之轉,音近義通。此皆本文讀爲“菲穆”,解爲幽微無形之證。

最後,值得注意的是,《莊子·天下》中的“芴漠無形”,《經典釋文》云:“芴,元嘉本作寂。”今傳《古逸叢書》覆宋本與之同,可見“芴漠”別本作“寂寞”。而本文“敓縷”,景龍碑本、遂洲碑本、敦煌本斯 0798 及 6453 亦作“寂漠”。《淮南子·俶真訓》:“有未始有夫未始有有始者,天含和而未降,地懷氣而未揚,虛無寂寞,蕭條霄霓,無有仿佛,氣遂而大通冥冥者也。”這除了可以更充分地佐證“敓縷”一詞的意義,亦可窺見這許多不同來源的異文之閒,實有錯綜複雜的淵源關係,有待進一步的研究。

《中國文字研究》3,頁 210—213

纘

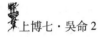
上博七·吳命 2

△按　此字整理者釋爲“賨系”二字。復旦大學古文字研究生讀書會《〈上博七·吳命〉校讀》(復旦大學出土文獻與古文字研究中心網 2008 年 12 月 30 日)隸爲“纘”,讀爲“裸”,可從。

綾

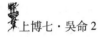(綾)包山 275

○張桂光(1994)　綾字諸家多隸作縆,按楚文字垂、夌形近,襄陵之陵過去多誤釋爲陲,此字仍當以釋綾爲妥,較字諸家亦隸作縆,實當釋輘,《集韻》:“郎鄧切,音倰,軸也。”或借爲綾,亦通。

《古文字論集》頁 169

○劉信芳(1998)　包山簡 275:“二綾綃。”267:“鹽馬之綾綃。”

簡影清晰,縺字作“”。

“縺絹、縺絹”並讀如“垂絹”,“絹”是句中中心詞,所述爲車馬器,應讀如“鞙”,《說文》:“鞙,大車縛軛靼也,从革,肙聲。”《釋名・釋車》:“鞙,縣也,所以縣縛軛也。”

《容庚先生百年誕辰紀念文集》頁 608

○湯餘惠等(2001)　縺。

《戰國文字編》頁 867

△按　劉信芳指出此字右旁與簡 267 所從同,甚是。其右上所從字應是“棗”,戰國文字“棗”作（酸棗戈）,从“棗”之“早”作（中山王鼎）、（郭店・語三 19）可證。故字可隸定爲“縺”,“棗”當是聲符。

繻

包山 268　　望山 2・8

○何琳儀(1998)　繻,从糸,需聲。疑禮之異文。《集韻》:“禮,衣光也。”望山簡,讀禮。包山簡“繻光”,讀“靈光”。

《戰國古文字典》頁 815

纜　續

天星觀

天星觀　　望山 2・2　　望山 2・8　　望山 2・23

○朱德熙、裘錫圭、李家浩(1995)　“續”字右旁上半與簡文“鞏”字上半形同,字當从“糸”从“貝”,“乘”聲,在此疑讀爲“縢”。黃縺組之續,當是用黃色的絲織物編織成的繩或帶。

《望山楚簡》頁 116

○劉釗(1998)　釋“纜(綴)”。

《出土簡帛文字叢考》頁 12,2004;原載《東方文化》1998-1、2

○李守奎(2003)　疑爲縢字異體。

《楚文字編》頁 745

△按　戰國文字中"乘"之省體與"叕"混同,但天星觀簡此字下"几"形或存,知確从"乘",故不可釋爲"繀"。

緐

曾侯乙 56

───────────

○**裘錫圭、李家浩**(1989)　"緐"字當从"敶"聲。"敶"見《説文・攴部》,爲陳列之"陳"的本字。

　　　　　　　　　　　　　　　　　　　　《曾侯乙墓》頁 507

○**何琳儀**(1998)　緐,从糸,敶聲。敶,春秋金文作(陳公子甗)。《説文》:"敶,列也。从攴,陳聲。"緐,疑紳之異文。《説文》:"紳,大帶也。从糸,申聲。"　　隨縣簡緐,讀"紳"。《廣雅・釋詁》:"紳,束也。"

　　　　　　　　　　　　　　　　　　　《戰國古文字典》頁 1133

縭

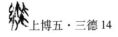璽彙 2608

───────────

○**何琳儀**(1998)　《説文》:"縭,以絲介履也。从糸,离聲。"晉璽縭,人名。

　　　　　　　　　　　　　　　　　　　　《戰國古文字典》頁 871

△按　此字"糸"旁居右,《璽彙》《古璽文編》將"糸"旁屬之右字,印面格局看有失勻稱,《戰典》以"糸"旁屬左,可從。

繩

上博五・三德 14

───────────

○**李零**(2005)　"繩繩",疑讀"繩繩",是綿綿不絶之義。

　　　　　　　　　　　　　《上海博物館藏戰國楚竹書》(五)頁 298

纏

郭店・老丙 7

───────────

○荊門市博物館（1998） “銛纆”疑讀作“恬淡”。帛書甲本作“銛襲”,整理者云:“銛、恬古音同,襲、淡古音相近。”

《郭店楚墓竹簡》頁122

○裘錫圭（1999） 簡文“銛”下一字從“糸”,“𩰲”聲。“𩰲、龔”同音,與“工、功”都是見母東部字。此從“糸”、“𩰲”聲之字似當讀爲“功苦”之“功”。（中略）銛功爲上,就是説兵器以堅利爲上。“𩰲、龍”上古音相近,《説文·三上·廾部》説“𩰲”從“龍”聲。所以帛乙本的從“心”、“龍”聲之字也可讀爲“功”。帛甲本的“襲”應是從“龍”聲之字的形近訛字。“襲、淡”二字上古音相距不遠。“襲”屬邪母,“淡”屬定母。“襲”本以從二“龍”之字爲聲旁,此字即屬定母。“襲”屬緝部,“淡”屬談部,兩部有旁對轉關係。可能有人將“銛襲”一類異文讀爲“恬淡”,遂爲今本所襲用。

《道家文化研究》17,頁51

○魏啟鵬（1999） “襲”:讀爲“鈒”（sè）,二字同隸緝部,其聲邪、心旁紐,故得通借。《急就篇》第十八章:“鈒戟鈹鎔劍鐔鍭。”顏師古注:“鈒,短矛也。”（中略）又帛書乙本之“憬”非“𩰲”字異體,憬（lǒng）,《廣韻》:“憬悢,不調。力董切。”或帛書之“憬”爲“憽”字異體,音lóng,《集韻》:“憽,憽忽,遽兒。盧東切。”古音皆從龍得聲,東部。（襲、𩰲,從龖得聲,緝部）。憬讀爲鏦（cōng）,二字古韻同隸東部,其聲舌齒鄰紐,故得通借。（中略）總上所述,襲（鈒）、憬（鏦）,皆爲短矛,古義存乎聲,不拘於形也。可見帛書甲、乙本的“銛（銛）襲（鈒）、銛（銛）憬（鏦）”,其義皆爲“長矛和短矛”。簡文“銛纆”實同於帛書乙本“銛憬”（“纆”字亦從龍聲孳乳而出,或爲“纙”字的繁構）,其義亦同。

《道家文化研究》17,頁256—257

○李零（1999） 下字從𩰲,古書從龍之字多在東部,當然與“淡”字的讀音相差較遠（“淡”是定母談部字）,即使如馬甲本作“襲”,讀音也有差距（“襲”是邪母緝部字）,但古書有“𧫢”字,是章母葉部字,與“淡”字讀音相近,馬乙本從心從𩰲的字也可能是這個字（古文字心旁、言旁往往互易）,照後一種情況,讀“淡”也是可以的。

《道家文化研究》17,頁475

○劉釗（2000） 我認爲“纆”可讀作“愉”,“鏞纆”應讀作“恬愉”。“愉”從“俞”聲,古音在喻紐侯部,與來紐東部的“龍”聲皆爲舌音,韻爲陰陽對轉,所以“纆”讀爲“愉”於音理上沒有問題。

《郭店楚簡國際學術研討會論文集》頁76

○**何琳儀**（2001）　　至於簡文“緂”，帛書甲本作“襲”，帛書乙本作“襱”，王弼本作“淡”，則兼有形訛和音變。首先，“襱”誤作“礱”（形符相通互換），而“礱”屬盍部，遂與談部對轉。其次，“襲”屬邪紐緝部，“淡”屬定紐談部。邪、定均屬舌音（錢玄同説），緝、談例可旁轉。

《簡帛研究二〇〇一》頁 160

○**廖名春**（2003）　　楚簡之“緂”字帛書甲本作“襲”，而乙本作“襱”。我意“襲”爲本字，“緂”爲異體，从“糸”與从“衣”同，又繁化加“廾”爲義符，而“襱”爲借字，它們都以“龍”爲聲符。“襲”有掩蓋、掩藏義……而“銛襲”猶言兵鋭襲藏，也就是説要掩藏兵鋒。“銛”字後人誤爲“恬”，應無問題。而要説“襲”與“淡、惔、憺”音近相通，於音理有礙。我意是義近通用……“襲”訓掩藏，“襜、袡”訓遮蔽，義近通用，故“襲”可寫作“襜、袡”，後人又假借爲“憺、澹、淡、惔”。

《郭店楚簡〈老子〉校釋》頁 543—544

○**劉樂賢**（2005）　　按照文字結構分析，簡本後一字从龔聲，龔又从龍聲；帛書甲本後一字寫作“襲”，襲从龘省聲。龍、龘二字古音相距甚遠，在讀音上是無法通假的。因此，在這二者之閒必須有所取捨。按照通常的原則，似乎是時代越早的越可靠，因此，學者多以簡本爲據。但是，如上文所説，按簡本讀，會導致與傳本“淡”字在讀音上差距太大，看來不一定合理。相反，如果我們換一種讀法，即按照帛書甲本讀，則問題就能獲得較爲圓滿的解釋。

　　馬王堆帛書整理小組已經指出，帛書甲本的“襲”與傳本“惔”古音相近；帛書乙本的“襱”似即“礱”之異體，與“礌”音義略同，也與傳本“惔”讀音相近。所以，帛書甲、乙本的寫法雖異，讀音實同，且與傳本作“惔”或“淡”在讀音上有通假關係。

　　但是，這並不是説，簡、帛本《老子》的異文應按今本讀爲“恬淡”。我們認爲，“銛”仍當讀本字，是鋒利之意。《廣雅·釋詁》：“銛，利也。”其後一字，讀音與“淡”相近，這裏可讀爲“錟”或“剡”。《史記·蘇秦列傳》：“强弩在前，錟戈在後。”《正義》引劉伯莊曰：“錟，利也。”據學者研究，這種用作鋭利之意的“錟”字，實爲“剡”的假借字。《説文解字》：“錟（編按：“錟”爲“剡”之誤），鋭利也。从刀炎聲。”《爾雅·釋詁》：“剡，利也。”《廣雅·釋詁》：“剡，鋭也。”

　　要之，簡、帛本《老子》的上述三種異寫，都可讀爲“銛錟”或“銛剡”，如論本字，則當寫爲“銛剡”。“銛錟”或“銛剡”，是鋒利、鋭利之意，“銛錟爲上”就是兵器以銳利爲上。

《長沙三國吳簡暨百年來簡帛發現與研究國際學術研討會論文集》頁 270—271

○王志平（2010）　多數學者認爲“龍、襲、淡”音韻遠隔。其實，從“龍”得聲之字與“襲”字等的異文，不僅僅見於郭店楚簡與馬王堆帛書甲乙本，傳世文獻中從“龍”得聲之字與“襲”字等互爲異文並不罕見。如：

“龍”與“襲”：《孔子家語・子路初見》：“王事若龍，學焉得習。”《説苑》卷七《政理》：“王事若襲，學焉得習。”

“龍”與“襲”：《古文苑》卷四揚雄《蜀都賦》：“龍明衣，表玄縠。”宋章樵注：“龍假借作襲。襲，重也。”

“龍”與“襲”：《金樓子・雜記下》：“公孫龍下車拊矢曰：君以鴈射人，無乃虎狼也？”《新序・雜事二》作“公孫襲”。《藝文類聚》卷一百《災異部・旱》引《莊子》：“其御公孫龍下車撫矢。”《太平御覽》卷四五七《人事部九十八・諫諍七》引《莊子》、《困學紀聞》卷十《莊子逸篇》並作：“其御公孫龍下車撫其心。”又《太平御覽》卷八三二《資産部十二・獵下》引《莊子》：“其御公孫龍撫轡曰。”

“壟”與“襲”：《管子・立政》：“脩生則有軒冕、服位、穀禄、田宅之分，死則有棺槨、絞衾、壙壟之度。”《春秋繁露・服制》：“生則有軒冕之服位、貴禄、田宅之分，死則有棺槨、絞衾、壙襲之度。”

“襱”與“襲”：《急就篇》：“襜褕袷複襲綺緷。”顏本作“褶袴褌”。注云：“褶，徒頰反，音牒。又音習。一作襲。”又顏師古注：“褶謂重（丈龍反）衣之最在上者也。其形若袍，短身而廣袖，一曰左衽（人禁反）之袍也。（黄氏曰：褶音習，袴也。）……袴之兩股曰襱。”高二適《新定急就章及考證》云：“此襲亦誤，當作襱字，移衣於下兆也。《説文》：襱，絝跊也。與襲爲左衽袍不同字。襱從龍聲，襲從𧝓省聲，形音誼俱別。”而馬敘倫《説文解字六書疏證》卷十五則以爲“襲、襱”或本一字。

“龍”與“聾”：《孔子家語・子路初見》：“王事若龍，學焉得習。”王肅注：“龍宜爲聾。前後相因也已。”劉樂賢《睡虎地秦簡〈日書〉“龍”字試釋》一文也據此認爲睡虎地秦簡《日書》的“龍日”中“龍”當讀爲“聾”，訓爲忌；“龍日”是忌日的意思。

“籠”與“攝”：《史記・魯仲連鄒陽列傳》：“今欲使天下寥廓之士攝於威重之權，主於位勢之貴，故回面汙行，以事諂諛之人。”《漢書・賈鄒枚路傳》：“今欲使天下寥廓之士籠於威重之權，脅於位埶之貴，回面汙行，以事諂諛之人。”《新序·雜事第三》:“今使天下寥廓之士籠於威重之權,脅於勢位之貴,回面汙行,以事諂諛之人。”“攝”爲書母葉部字。

傳統古音學認爲,“龍”是東部字,是收-ng尾的;“襲”是緝部字,“聾、攝”是葉部字,它們是收-p尾的,諸字的韻部相距太遠,其音韻關係也不易解釋。

但是以上從“龍”聲之字與“襲”字等構成的異文,仍然爲數不少。如果把所有這些從“龍”聲之字都視爲“龖”字的訛誤,顯然例外過多,並不妥當。何況章樵明確説,“龍假借作襲”,如果二者之間没有語音關係,章樵爲何説“假借”呢? 除非是認爲有兩個同形的“龍”字,而這又與馬王堆甲、乙本“襲、懂”同見是矛盾的。所謂“襲”所從爲“龖”、“懂”所從爲“龍”的説法,實際上把有同時同地之比的甲、乙本完全對立起來了,這是我們不能贊同的。

其實,《説文》中不少疊文都與原形有着密切的音義關係,一些甚至完全相同。如八、仌;余、籴;魚、鱻;水、林;希、絺;炎、焱;泉、灥;等等。我們認爲龍、龖也是這樣。過去大家之所以認爲“龍”爲“龖”之誤字,就是無法解釋龍、龖二字的古音關係,如劉樂賢所説,“龍、龖二字古音相距甚遠,在讀音上是無法通假的”。

其實,如果我們仔細考察一下“龍”字的古音,就會發現“龍”字的韻尾有一個-m>-ng的過程。“龍”是三等鍾韻字。在敦煌出土于闐文《金剛經》中,漢語的鍾韻字多對譯于闐文的-m。周祖謨也認爲同爲鍾韻的“雍”字可能原來也收-m,後來分化入東部。陸志韋《古音説略》曾經把東三構擬爲 ɪwəm;ɪɯm,冬構擬爲 ɯm。針對屈原韻文東、中(冬)叶韻,他認爲,“也許在東南方言裏,有些鍾韻系字還保存古音,也許整個東部全收-m”。事實上,從“龍”聲之字確實與冬部、侵部、談部等收-m尾之字頗多通假、異文。

1.異文

龍、隆:《左傳·成公二年》:“齊侯伐我北鄙,圍龍。”《史記·晉世家》、《魯周公世家》“龍”作“隆”。“隆”爲來母冬部字。

寵、隆:《荀子·禮論》:“故禮上事天下事地,尊先祖而隆君師。”《大戴禮記·禮三本》:“故禮上事天下事地,宗事先祖而寵君師。”

龍、隆:《周易·大過·九四》:“棟隆吉。”馬王堆帛書本“隆”作“龍”。

龍、陰:《山海經·大荒北經》:“西北海之外、赤水之北,有章尾山。有神人面蛇身而赤,直目正乘,其瞑乃晦,其視乃明。不食不寢不息,風雨是謁。是燭九陰,是謂燭龍。”又《海外北經》:“鍾山之神名曰燭陰。視爲晝,瞑爲夜。吹爲冬,呼爲夏。不飲不食不息,息爲風。”郭璞注:“燭龍也。是燭九陰,因名云。”“陰”爲影母侵部字。

隴、斂：《左傳·文公二年》：“公孫敖會宋公、陳侯、鄭伯、晉士縠，盟於垂隴。”《公羊》《穀梁》作“垂斂”。“斂”爲來母談部字。

2.通假

龍、隆：銀雀山漢簡《六韜》682：“毋（無）衝龍（隆）而功（攻），毋（無）渠詹（幨）而守。”整理者注：“宋本作‘無衝機而攻，無溝壍而守’。《治要》‘溝壍’作‘渠壍’。簡文以‘衝龍’與‘渠詹’對舉。《淮南子·氾論》‘晚世之兵，隆衝以攻，渠幨以守’，以隆衝與渠幨對舉。隆衝爲攻城之械，《淮南子·兵略》稱爲衝隆（‘故攻不待衝隆雲梯而城拔’），即簡文之‘衝龍’（‘龍、隆’音近）。”

籠、隆：銀雀山漢簡《尉繚子》481：“無衝籠而攻。”整理者注：“《六韜·武韜·發啟》有‘無衝機而攻，無溝壍而守’語，銀雀山本作‘毋衝龍而功，毋渠詹而守’，此簡‘衝籠’即‘衝龍’。”

3.諧聲

西周金文有個常見字“龕”，也應該分析爲一個從今從龍的雙聲字。（詳見後）

4.押韻

《漢書·王莽傳中》晉灼注：“剛卯，長一寸，廣五分，四……采絲茸其底，如冠纓頭蕤。刻其上面，作兩行書。文曰：正月剛卯既央，靈殳四方，赤青白黃，四色是當。帝令祝融，以教夔龍，庶疫剛癉，莫我敢當。其一銘曰：疾日嚴卯，帝令夔化。順爾固伏，化茲靈殳。既正既直，既觚既方。庶疫剛癉，莫我敢當。”

類似文字亦見《續漢書·輿服志》及《居延漢簡甲乙編》8153：446.17C 及 9382：530.9C 等。融、龍、當，冬、東、陽合韻。

又《中山王壺》：“其會如林，馭右和同，四牡汸汸。”林、同、汸，侵、東、陽合韻。

5.音義

龍、隆：《孟子·公孫丑下》：“有私龍斷焉。”《音義》：“丁云：案龍與隆聲相近。”

6.轉注

檻、櫳：《說文》：“檻，櫳也。从木，監聲。一曰圈。”“櫳，檻也。从木，龍聲。”檻（匣母談部）、櫳（來母東部）互爲轉注。

7.聯綿詞

　　籠、隆:《方言》卷九:"車枸簍(郭璞注:即車弓也),宋魏陳楚之閒謂之
篌,或謂之簻籠。"錢繹《箋疏》云:"《説文》'輨'字注作'穹隆','穹隆'與'簻
籠'同。《廣雅·釋器》:'簻籠,籥也。'《釋名·釋兵》:'弓,穹也,張之穹隆然
也。'"可見籠、隆音近。

　　而"隆"(冬部字)與侵部字頗多通假,如"林慮"即"隆慮",《毛詩·大
雅·皇矣》:"以爾鉤援,與爾臨衝,以伐崇墉。"《音義》:"臨,如字。韓詩作
隆。""臨"爲來母侵部字。又銀雀山漢簡《六韜》638:"會繒重餌。"整理者注:
"宋本作'繒隆餌豐'。""會"爲影母侵部。

　　此外,從炎聲之字也有與東部字通假之例。除了大家熟悉的《史記》等
"同子參乘""張孟同"即"談子參乘""張孟談"之外,如《儀禮·士昏禮》:
"婦車亦如之,有裧。"鄭注:"裧,《周禮》謂之容。"裧,昌母談部;容,喻母
東部。

　　又《書·洛誥》:"無若火始燄燄。"此"燄"即火焰之"焰",或作"炎"。
《漢書·藝文志》:"人之所忌,其氣炎以取之,訞由人興也。"顏師古注:"炎謂
火之光始燄燄也,言人之所忌,其氣燄引致於災也。炎,讀與燄同。"朱駿聲
《説文通訓定聲》認爲"炎"假借爲"燄"。"燄"其實應該分析爲一個雙聲字。
而《漢書·梅福傳》引《書》曰:"毋若火始庸庸。""燄",喻母談部字;"炎",匣
母談部字;"庸",喻母東部字。

　　除此之外,還有一些東部字與侵、談部字通假的例子。如《急就篇》"坎
侯"即箜篌,坎,溪母談部;箜,溪母東部;出土文獻中"子贛"即"子貢",贛,見
母侵部;貢,見母東部。一些同源詞如:《説文》:"拱,斂手也。從手,共聲。"
"撿,拱也。從手,僉聲。"拱,見母東部;撿,見母談部。某些經籍異文如:《韓
詩外傳》卷一:"傳曰:水濁則魚喁。"《淮南子·主術》:"水濁則魚噞。"高誘
注:"魚短氣出口於水,喘息之謂也。噞音奄。"《淮南子·繆稱》、《説山》同。
喁,疑母東部;噞,影母談部。如此等等。

　　但是按照傳統古音構擬,談部字-am 與東部字-ong 的通假確實不能得到
圓滿解釋。我們研究發現,東部字確實與冬、侵、談部這些收-m 尾之字頗多通
假、異文關係。這説明在先秦兩漢的某些方言中,一些東部字仍然保留了-m
尾的異讀;從詞彙擴散的角度來説,這時它還沒有產生-m>-ng 的音變。因此,
在它還保留着-m 尾的情況下,可以與冬、侵、談部這些-m 尾字發生關係,自然
也就可以與緝、葉部這些-p 尾字發生關係了。

　　雖然一些東部字仍然保留了-om(>-ong)的音讀,我們仍然需要解釋-am

與-om 的元音差異。傳統古音學只把-m 尾字分爲侵、談兩部,同樣-p 尾字也只分爲緝、葉兩部,但是黃侃最早提出其實應該分爲覃、談、添、合、盍、帖六部。俞敏先生通過梵漢比較,也指出侵部字亦應再分爲甲乙兩部,侵甲爲 im;侵乙爲 um、om。而鄭張尚芳、包擬古、白一平、潘悟雲等把傳統的侵、談部又細分爲ɯm、um、im;am、em、om。例如,潘悟雲就把傳統的談部字分爲 am、em、om 三組。趙彤也把戰國楚方言的侵部構擬爲 om;談部構擬爲 ɔm。我們認爲類似構擬是可取的。

假如尊重語言事實,承認有關現象,不妨認爲在某些方言中,談部字的元音 a 受到閉口音 m 的影響,逐漸圓脣化,産生了-am>-om>-um 的音變,而這也是合乎語音規律的。

這樣一來,我們就可以綜合考慮諸字之間的通假關係了:

"龍"字的古音,潘悟雲構擬爲*[g]rong。我們根據歷史演變,改擬爲*grom> *grong。

隆,鄭張尚芳構擬爲*g·ruung,潘悟雲構擬爲*[g]rum。我們改擬爲*grum。

斂,鄭張尚芳構擬爲*g·ram?,潘悟雲構擬爲*[g]rom?。潘悟雲認爲,從"僉"得聲的諧聲系列帶韻母*-om,這個諧聲系列中的重紐三等字"儉驗檢"應帶韻母*rom。我們改擬爲*grom。

陰,鄭張尚芳、潘悟雲構擬爲*qrɯm。("陰"爲重紐三等字,日語吳音 on。由於日語沒有-m,考慮到"龍、陰"通假,上古漢語方言中"陰"有讀爲*qrom 的可能。)

今,鄭張尚芳、潘悟雲構擬爲*krɯm。("今"亦爲重紐三等字,日語吳音 kon。考慮到"龍、今"諧聲,上古漢語方言中"今"有讀爲*krom 的可能。)

下面比較一下相關諸字:

龍 *grom　　隆 *grum　　斂 *grom

陰 *qrɯm　　今 *krɯm

那麼,從"炎"聲諸字如何構擬?"炎"聲字除了與東部字通假,還與幽部字互通。《説文》:"棪,讀若三年導服之導。"惠棟《讀説文記》以爲"棪音淡"。"導服"即"禫服"。導,幽部字,潘悟雲構擬爲*g·du> *du;禫,侵部字,潘悟雲構擬爲*g·dum> *dum。

棪,談部字,鄭張尚芳、潘悟雲構擬爲*lam?;考慮到它與東部字以及幽部字"導"、侵部字"禫"*dum 的關係,我們把一些與東部、幽部字相通的談部字構擬爲*om 或*um。這樣一來：

炎，潘悟雲構擬爲*Glam，我們改擬爲*lom（<*glam）。對比：庸，鄭張尚芳、潘悟雲構擬爲*long，我們改擬爲*lom（>*long）。

談，可構擬爲*dom（<*dam）。對比：同*dom（>*dong）。

淡，潘悟雲構擬爲*g-laam；我們改擬爲*glom（<*glam）。對比：龍*grom（>*grong）。

袍，鄭張尚芳構擬爲*lhaamʔ，潘悟雲構擬爲*kh-laamʔ；我們改擬爲*khlom（<*khlam）。對比：容，鄭張尚芳構擬爲*long，潘悟雲構擬爲*g·long。我們改擬爲*glom（>*glong）。

下面我們順帶談一談龍、龘、襲、詟的關係：

龍*grom。

龘，潘悟雲構擬爲*lɯɯb，但《説文》"讀若沓"。沓，鄭張尚芳、潘悟雲構擬爲*duub。

襲，鄭張尚芳、潘悟雲構擬爲*ljɯb。

詟，鄭張尚芳構擬爲*ʔljob，潘悟雲構擬爲*kljob。

按照我們修正後的潘悟雲構擬，龍*grom 與詟*kljob 的古音就很接近了。從這個角度來説，睡虎地秦簡《日書》中"龍日"的"龍"讀爲"詟"，完全可以視爲通假，不必一味地以爲誤字了。同樣，龍*grom 與龘*lɯɯb、襲*ljɯb 的古音雖不完全切合，但是它們的古音距離並不很遠，龍*grom 與龘*lɯɯb 仍然可以視爲文字的孳乳和分化，而這種孳乳和分化有時聲音並不完全相同的。

總之，我們不能因爲簡文中"恬淡"的釋義不夠理想，從而就否定今本讀爲"恬淡"的語音理據。抛開釋義不談，僅就音韻來説，讀爲"恬淡"也是完全可以成立的。

《古文字研究》28，頁 613—617

緈

左冢漆梮

○黄鳳春、劉國勝（2006）　緈（興）。

《荆門左冢楚墓》頁 230

△按　從糸，興聲，"繩"字異體。

素 🔡

🔡 天星觀　　🔡 上博二·容成 47

○**何琳儀**（1998）　素，甲骨文作🔡（粹一一六一黐作🔡），象絲緒分披之形。借體象形。西周金文作🔡（默簋黐作🔡），春秋金文作🔡（秦公鐘黐作🔡）。戰國文字承襲兩周金文，糸之上略有變化。或易糸爲市。《説文》：“🔡，白緻繒也。从糸、乑，取其澤也。（桑故切）。”

《戰國古文字典》頁 585

○**李守奎**（2003）　楚簡借索爲素。

《楚文字編》頁 751

○**李零**（2002）　素耑：即“素端”，見《周禮·春官·司服》等書，是凶事所服，其服作縞冠，白布衣，素裳，素屨。兵事爲凶事，故文王服之。

《上海博物館藏戰國楚竹書》（二）頁 288

△**按**　參看卷六“索”字條。

緯 🔡 綽

🔡 璽彙 5575　🔡 璽彙 2920　🔡 璽彙 0496　🔡 上博八·蘭賦 3

○**何琳儀**（1998）　綽，从糸，卓聲。緯之省文或異文。《説文》：“緯，絼也。从素，卓聲。綽，緯或省。”

晉璽綽，人名。

《戰國古文字典》309

△**按**　戰國文字“綽”从糸，不从素。

緩 🔡 緩

 十鐘　🔡 印典

🔡 包山 76　🔡 包山 96　🔡 上博二·容成 1　🔡 上博二·容成 6　🔡 湖南 15

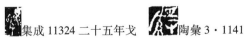 集成 11324 二十五年戈　🔡 陶彙 3·1141

○**何琳儀**(1998)　緩,从糸,爰聲。繛之異文。《説文》:“繛,緟也。从素,爰聲。緩,繛或省。”楚器緩,人名。

《戰國古文字典》頁 938

○**李零**(2002)　（編按:上博二·容成6)甚緩:指爲政寬和。

《上海博物館藏戰國楚竹書》(二)頁 255

△**按**　《上博二·容成》6:“甚緩而民備(服)。”此義之“緩”,古書多作“寬”,“緩、寬”音義俱通。《上博二·容成》1“軒緩”讀“軒轅”。

絲 絲

　　[字形]睡虎地·日甲 119 反

　　[字形]璽彙 2662　[字形]郭店·緇衣 29　[字形]信陽 2·2　[字形]信陽 2·15　[字形]望山 2·6

　　[字形]上博一·緇衣 15

○**裘錫圭**(1983)　戰國印文裏有“絲”字:

閆[字形]王譜 5·6 下

這個字很像“絲”字,不過它那道連結兩個“糸”的橫畫是一般的“絲”字所沒有的。明代印譜把這個字釋作“絲”。《補補》把這個字釋作“系”,並解釋説:“許氏説‘系,繫也’……此上(即象連繫之形)。”單就“絲”字本身看,釋“絲”或釋“系”似乎都不是没有道理的。但是如果結合古印裏的从“絲”諸字作全盤考慮,就可以看出“絲”既不是“絲”字也不是“系”字。

　　在古印从“絲”諸字裏,比較常見的是从“車”的“轟”字:

　　[字形]和古徵 13·2 下　　　　　　[字形][字形]尊集一 5·6

　　[字形][字形](牙?)尊集二 4·28　　[字形]亡(無)忌只齋　　晨[字形]賓釋

　　上引諸例所从的“絲”字都省作“玆”形,古文字常常省“糸”爲“幺”,戰國文字裏這種現象尤其常見。例如:古印“孫”字多作[字形],“繯”字或作[字形],“綽”字或作[字形],《説文》古文“糸”字作[字形],“繭”字作[字形](絸),“綫”字作[字形](線)。上海博物館藏的長陵盉上的六國刻銘部分裏“轟”字兩見,一从[字形],一从[字形]。可證“玆”確是“絲”的省文。

　　《古徵》和强運開的《三補》都把“轟”字釋作“彎”,黄賓虹的《賓釋》則把它釋作“轡”。我們認爲黄氏是正確的。

古印裏有一個跟"鸞"字很相似的字：

　　🔲伏選 1·10 下　　　　　🔲洲同上

這個字所從的"絲"顯然就是"絲"的省文，東周時代的樂季陶墨刻銘有🔲字，吳大澂、方濬益都釋作"樂"。這個字的省略方法跟"絲"字相似，彼此可以互證。上引印文的兩個"絲"字都用作姓氏。漢印裏也有用作姓氏的"鸞"字：

　　鸞最衆漢徵 14·8 上

這也是"絲"當釋"鸞"的一個證據。

　　"鸞"字不見於《說文》。《賓釋》認爲"鑾、鸞一字"，其說可從。《說文·金部》："鑾，人君乘車，四馬鑣八鑾鈴，象鸞鳥聲和則敬也。從金，鸞省。"鑾是附著於車馬上的金屬物品，所以其字既可從"金"，也可從"車"。

　　"絲"字在古印裏用作姓氏，上引的幾個"鸞"字，絕大多數也都用作姓氏。它們的字形和用法都這樣相似，應該是一字的異體。"絲"既然確是"鸞"字，黃氏釋"鸞"爲"鸞"就應該是正確的。如果把古印裏其他幾個從"絲"之字一起考察一下，釋"鸞"爲"鸞"的正確性就完全可以肯定下來。

　　古印裏有從"肉"從"絲"的一個字：

　　王🔲古徵附 5 上，補補 4·6 下　　　鄧🔲尊集一 3·38

又有從"心"從"絲"的一個字：

　　王🔲古徵附 54 下，三補 3·3 上　　　🔲睪（釋）之衡藏 3·13

這兩個字，《古徵》把它們當做未識字而收在附錄裏。《補補》釋"臠"爲"胤"，《三補》釋"慈"爲"戀"，都難以相信。但是按照釋"鸞"爲"鸞"的辦法，這兩個字都可以順利地釋出來："臠"即是"臠"，"慈"即是"戀"。

　　古印裏還有從"邑"從"絲"的一個字：

　　🔲柁古徵附 6·6 上　　　🔲□同上

　　這個字應該釋作"欒"。春秋時晉國有欒邑，晉、齊都有欒氏，皆見於《左傳》。在東周金文裏，欒邑、欒氏字多作"絲"。戰國印裏有"絲"氏，漢印裏"絲、欒"二氏並見。大概"絲、欒"本是一氏，後來才分化爲二。戰國人常常在用作地名、姓氏的文字上加注邑旁，造成專用字。例如古印"呂"氏字多作"郘"，"左"氏字多作"邼"，"魯"氏字多作"鄯"，"齊"氏字多作"鄑"，"胡"氏字或作"鄗"，"曹（曹）"氏字多作"鄵"，"梁"氏字多作"鄹"，"秦（秦）"氏字多作"鼀"。"欒"字應該是欒邑、欒氏之"樂"（絲）的後起專用字。

　　總之，把"絲"字看作"絲"字的替代者，古印裏的從"絲"諸字全都能順利地釋出來。但是如果把"絲"釋作"絲"或"系"，這些字就難以認識了。由此可見"絲"絕不會是"絲"字或"系"字。那麼"絲"究竟是什麼字呢？爲什麼"蠻、孌、戀"等字的聲旁"絲"可以用"絲"代替呢？這是我們應該回答的問題。

把"絲"看做"絲"字的簡體"絲"進一步簡化的產物，是很容易想到的一個解決辦法，但是事實卻並不是這樣簡單。

《説文·言部》："絲，亂也，一曰治也。一曰不絶也。从言、丝。{glyph}，古文絲。""絲"字从"絲"的意思《説文》没有明確交代，後人作了很多解釋（見《説文解字詁林》"絲"字下），都比較牽强，難以使人信服。如果仔細考察一下古文字裏"絲"字的寫法，就可以發現"絲"字所从的根本不是"絲"字，而正是"絲"字。

西周春秋時代金文裏的"絲"字，見於《金文編》的共有二十多個。其字作{glyph}{glyph}{glyph}等形，所从的兩個"糸"幾乎都連綴在"言"字中竪兩側的斜筆（有時連成直線）或頂部的橫畫上，只有絲書缶作{glyph}，中伯作變姬盨變字偏旁作{glyph}，是例外。中伯盨"絲"字所从的"言"根本没有中竪兩側的斜畫。這顯然是作範時偶然的疏失所造成的。所以真正的例外只有絲書缶一例。"絲"字兩"糸"連綴在"言"字上的現象，其例外既然少到這個程度，就絕不會僅僅是由於書寫上的習慣而造成的。尤其值得注意的是，中伯作親姬絲人壺第一器的"絲"字寫作{glyph}，《金文編》未收的絲左庫戟的"絲"字寫作{glyph}，它們顯然是由"言、絲"兩個偏旁所組成的。由此可知"絲"字本是从"絲"的，西周金文時人書寫"絲"字時，把兩個"糸"連綴在"言"字的斜筆或橫畫上，是由於要借用它們兼充"絲"字頂端的橫畫。

在西周春秋金文裏，把"言"字中竪兩側的斜筆改成直筆的現象，是極少見的。但是"絲"字"言"旁中竪兩側爲兩個"糸"所附綴的斜畫，卻往往變斜爲正，連成直横。這也反映出書寫者確是想借用"言"字的筆畫來兼充"絲"字頂端的橫畫。

在戰國時代的文字裏，如石鼓文"鑾"字偏旁作{glyph}，古印"絲"字或作{glyph}、{glyph}，三年隴令劍"隴"字偏旁作{glyph}，都還保持舊的作風。但是在許慎作《説文》時，"絲"字字形無疑久已訛變，因此他就把"絲"字誤析爲"从言、絲"了。

我們在《釋胎……》篇裏已經指出，有些形聲字的聲旁，在戰國文字裏要比在小篆裏簡單，小篆的聲旁本身就是以戰國文字的聲旁爲聲旁的一個形聲字。現在我們已經知道古印裏的"蠻、孹、慈"諸字都應該釋爲小篆裏相應的從"䜌"聲之字,並且又證明了"䜌"字本從"絲"而不從"絲"。根據這兩點,並結合前面指出的那種現象來考慮,可以肯定"䜌"字本身就是一個從"言"、"絲"聲的形聲字。"䜌、孌、戀"諸字在古印裏寫作"䜌、孌、戀",跟"時"在古印裏寫作"峕"、"璽"字在古印裏寫作"埍",是同類的情況。

"䜌"字在古印裏就有"䜌(䜌)、䜌"兩體。這跟"均"字在古印裏有"均(均)、均"兩體是相類的。

以上把"絲"字所以能够用作"䜌、孌、戀"等字的聲旁的道理講明白了。但是我們還沒有説明"絲"究竟是什麽字。"絲"字在秦漢以後顯然是失傳了。在已發現的古文字裏,關於"絲"字本身的資料也很貧乏。因此對於這個問題目前只能作些推測。

根據"䜌"從"絲"聲這一點,可以肯定"絲"字的讀音一定跟"䜌"相同或相近。"絲"字象兩"糸"相連,因此它的字義應該跟"聯、系"等字相同或相近。《補補》把"絲"釋作"系",是由於只看到了後一點。如果同時考慮到語音的條件,"絲、系"爲一字的可能性就不存在了。但是"絲"跟"聯"的關係則值得我們注意。"聯、䜌"二字都是來母元部字,古音很接近。可見"絲"跟"聯"無論在意義上或語音上,關係都是十分密切的。

尤其值得注意的是,根據古印文字來看,"聯"字正好也是從"絲"的。古印裏有從"耳"從"絲"的一個字:

旂𢓜尊集一 5·34

《三補》把這個字釋作"聯",是正確的。但是强氏不知道"絲"和"絲"是兩個字,他根據小篆"聯"字的字形,把印文"聯"字説成"從絲省",這卻是錯誤的。《説文·耳部》:"聯,連也。從耳,耳連於頰也。從絲,絲連不絶也。""絲"跟"聯"在語音上的密切關係,是"絲"字所没有的。"絲"跟"聯"在意義上的聯繫,也比"絲"直接得多。從漢字構造的原則來看,"聯"字從"絲"很合理。從"絲"則有些勉强。《説文》小篆"聯"字從"絲",無疑是字形訛變的結果。這跟"䜌"字所從的"絲"在小篆裏訛變爲"絲",是同類的情況。

根據"聯"字本來的字形分析,它的結構應該是:從耳從絲,絲亦聲。形聲字的聲旁如果在意義上跟形聲字也有顯著的關係,往往就是這個形聲字所從派生出來的詞根,或這個形聲字的初文。前者如"合"和"祫"(合祭曰祫)、"非"和"誹"(以言非人曰誹),後者如"冓"和"遘"。"絲"跟"聯"的關係大概也不出這兩類。它可能是跟"聯"字音義並近,並且爲"聯"所從派生的一個字,也可能是"聯"的初文。

　　不過以上的推論是以承認《説文》以"連"爲"聯"之本義的説法爲前提的。其實許慎所説的本義不見得一定可靠。許慎以"耳連於頰"來解釋"聯"字的從"耳",顯然很牽强。因此他以"連"爲"聯"之本義也可能有問題。説不定"聯"字另有已經佚失的本義。"絲"才是聯接之"聯"的本字。"聑"(聯)字所以有聯接的意義,乃是由於假借爲"絲",就跟本爲草名的"蒙"假借爲冢覆的"冡",端直的"端"假借爲開尚的"耑"一樣。

　　下面把見於金文的幾個從"絲"之字附帶討論一下。

　　商代金文裏有一個寫作🐛、🐛等形的字,這個字也屢見於甲骨文,寫法大致相同。清代人多據《説文》"繼"字古文🐛釋此字爲"孿",近人多據"系"字籀文"絲"釋此字爲"系"。甲骨文"雞"字聲旁或作"系",似即"系"字所從出,"絲"大概是"系"的繁文。我們討論的這個字顯然是從"絲"的。甲骨卜辭裏既有"不🐛",也有"不🐛"。又子組卜辭數見"丁(方?)𢇍"之語,"𢇍"有時也寫作"𢇍"。可見"𢇍"一定是跟"絲"同音或音近的一個字。"繼"字古文有可能就是這個字的變體,但是它跟"孿"字大概只是由於同音或音近而通用的關係,並非真的是一個字。"爪"本象抓物的手。《説文·手部》有從"手""孿"聲的"攣"字,訓爲"係也"。丁山認爲"𢇍"就是"攣"的古字,可能是正確的。但是他認爲"攣"的本義應爲"纂",似乎缺乏根據。

　　西周後期的弔噩父簋銘裏有從"隹"從"絲"的一個字:

　　弔(叔)噩父乍(作)🐛姬旅段。(《三代》7·19上、8·16下、8·17上)《金文編》把這個字釋作"鵝",根據上文討論的結果,這個字顯然應該釋作"鸞"。《三補》把"鷄"字收入附錄,加注説:"從'隹'與從'鳥'同,疑即古文'鸞'字。"這個懷疑是正確的。但是《三補》在"聯"字下説"🐛"是"絲"省,在"彎"(當釋"孿")字下説"🐛古絲字也",與此自相矛盾。

　　西周金文裏還有從"止"或"辵"、從"卩"從"絲"的一個字:

　　戎伐馭,戜達(率)有嗣(司)追🐛戎于畍林。(戜簋,《文物》1976年6期57頁圖一七)

　　南淮尸(夷)遷叟(?),内(入)伐湢鼏曑泉裕敏陰陽洛,王令敔追🐛于上洛炋谷。(敔簋,嘯堂下·55,歷代14·141上—142下)商器🐛鬲、🐛簋銘文裏的作器者名,大概也是這個字,只是"止"旁寫的有些走樣。

　　前代學者對這個字的意見頗爲分歧,近人則多以爲是"御"字。《敔簋》

"遚"字宋人釋"迎",劉心源釋"絶",孫詒讓及郭沫若、唐蘭等釋"御",商器"鄄"字吳大澂疑是"顯"字,《金文編》釋爲"御"。近出戜簋銘"鄄"字,一般也都釋爲"御"。釋"御"的說法是建築在"𢆶"爲"𠃑"之形訛的猜測之上的,其實並無可靠的根據。其他各說更不足信。目前我們對這個字還提不出肯定的意見來。不過如果"鄄"字所從的"絲"是一個音符,或是兼有表音作用的意符的話,這個字就很可能是遮闌之"闌"的古字。《説文》"闟"讀若"闌",可證"絲、闌"古音相近。《廣雅・釋詁二》:"闌、閑、亢、閾、徼、逆,遮也。""追闌"猶言追蹤徼擊。

70 年代在平山中山王墓中發現的"兆域圖"有從"辵"從"絲"的一個字:

不行王命者,龰(殃)𢓓子孫。

這個字當從"絲"得聲,似應讀爲"連",詳朱德熙先生和我合寫的《平山中山王墓銅器銘文的初步研究》(《文物》1979 年 1 期 51 頁)。

最後還需要對古文字裏"絲、絲"二字有時混而不分的現象做些解釋。

"絲、絲"二字用作表意偏旁時往往可以通用。例如:"㝠"字所從的"絲",金文往往作"絲"。"幽"字所從的"丝",金文偶爾也有作"兹"的。這類現象是不是可以看做"絲、絲"二字有別的反證呢? 答案是不能。唐蘭先生曾經指出:"凡同部(即由一個象形文字裏孳乳出來的)的文字,在偏旁裏可以通用——只要在不失本字特點的時候。例如大、人、女全象人形,所以在較早圖形文字常可通用。欠、卩、卪、尾、企等字本是有區別的,在偏旁裏卻常可通用……""絲、絲"二字作爲表意偏旁可以通用,是唐蘭先生指出的現象的又一個實例。

解放後發現的楚簡裏有**字,外形象"絲"字,但是從文義上看似乎應該釋作"絲"。這怎麼解釋呢? 我們知道,在小篆裏獨立的"絲"字已經不存在,從"絲"的"聯"字和"戀"字也都已經訛變爲從"絲"。由此可見戰國時代正是"絲"字由通行到廢棄的過渡時期。在這一時期的文字資料裏出現少量"絲、絲"二字不分的現象,是不足怪的。這也不能證明這兩個字本來就沒有區別。

《古文字研究》10,頁 85—93

○**黄德寬**(1999)　其次,我們討論"絲"之音義與構形由來。從上文"涇、至、隰、遚"等字,我們可以肯定𢆶(絲)作爲音符古屬邪母緝部,讀與"隰、襲"同。戰國印文的"絲",單獨使用,《補補》以爲即《説文》"系"字,並説:"許氏説:'系,繫也'……此上⌒即象連繫之形。"由於裘錫圭先生考釋出戰國文字"戀"作偏旁時的寫法與此相同,認爲"'絲'字的讀音一定跟'戀'相同或相近”，“考慮到語音條件，‘絲、系’爲一字的可能性就不存在了”。因此提出“絲”可能是跟“聯”字聲義並近，並且爲“聯”字所從派生的一個字，也可能就是“聯”字初文。誠然，如果釋“絲”爲“系”，“系”上古爲匣母支部字，與“孌”的讀音（來母元部）確實遠隔。根據上文所論，“絲”作爲聲符的字屬邪母緝部，同樣與“孌”的讀音相差很大。如何解釋這一現象呢？下面我們來看金文“顯”字，《説文》以爲“顯”的聲符是“㬎”，而金文字形表明這個聲符無疑是從“絲”的。“顯”上古音屬曉母元部，與“隰、襲”的讀音差別與“孌”等相似。考《説文》及後世字書，以“㬎”爲聲符（或省聲）字按讀音可分爲兩組：濕、隰、㙙（塯）、溼（㬎省聲）爲一組，其讀音屬緝部，顯、韅（䡺）爲另一組，其讀音屬元部。《廣韻》㬎、隰、溼、濕、聶、㙙、曐、㬎、嗫、碟等字分列緝、合二韻；㬎（又音）、顯、韅等屬銑韻；聯、孌等屬仙韻，先仙同用，先銑爲平上關係，此爲一組。這樣看來，以“絲”爲聲符的字，早就分列兩個韻部。依古音三十部分，兩部之間只有“旁轉——對轉”關係，才能從音理上勉强説得通。但是《廣韻》銑、合二韻均列“㬎”，認爲這個字兩讀。如果按這個線索，也許“絲”在古文字中本來就有邪母緝部和來母元部兩讀，考慮到“絲”與“㬎、孌”存在着較爲複雜的讀音關係，因此，“絲”也就未必是“聯”的初文了。因此，正如裘先生所言，這種初文的關係的推論，不僅是建立在“聯”與“孌”讀音相近的關係上，還是“以承認《説文》以‘連’爲‘聯’之本義的説法爲前提的。其實許慎所説的本義不見得一定可靠。許慎以‘耳連於頰’來解釋‘聯’字的從‘耳’，顯然很牽强”。由於“絲”讀“孌”音不是唯一的，就不能僅僅以音作爲基本依據，主要還應該從字形方面尋找線索。

　　“絲”字甲骨文作⿰，甲骨文與商代金文中又有⿰、⿰、⿰字，學者釋作“系”或“孌”，對“⿰”字，裘先生認爲丁山釋“攣”可能是正確的。《説文》“系”下列籀文⿰；“𡚁”下謂“絲，籀文系字”。《補補》釋古印文“絲”爲“系”，顯然參照了《説文解字》籀文形體。從甲骨文⿰與⿰可通用來看，將“絲”與“絲”相比較，釋作“系”是很合理的。因此《補補》的考釋有成立的可能。高鴻縉説：“按系字初文俱象手持絲形，與許書籀文合……金文⿰字見‘顯’字、‘溼’字偏旁，亦象二絲聯系形。小篆作⿰，殆又省之耳。”姚孝遂先生認爲：“契文‘系’字作⿰、⿰、⿰、⿰，象聯聚衆絲之形。《廣雅·釋詁》‘聯、系’均訓‘連’。此當爲‘系’之本義。《説文》以‘聯’爲‘從耳，耳連於頰也’，殊牽傅。‘聯’當爲‘絲’之衍化。”按照這些説法，“絲、絲”即“系”字，本象“聯聚衆絲”形，故《説文》謂“系，繫也”可從。

　　釋“絲”爲“系”之説，從字形上看雖比較合理，但是還缺乏十分直接有力的證據。《説文》提到的从“系”的“孫”和从“系”省聲的“奚”，在古文字資料里，可以提供一些佐證。許慎認爲“孫”从子从系，“系，續也”。這是就小篆字形而言的。金文“孫”字常見，似無明顯从系之形。但細審金文諸“孫”字，其所从“系”往往與“子”之一臂相聯繫，這種寫法與“絲”所从兩系幾乎都連綴在“言”字中豎兩側的斜筆（有時連成直線）或頂部的橫畫上完全一致。金文“孫”字都寫作、，少有例外。有些寫法則明顯的要强調連綴關係，如（女尊）、（縣改簋）、（子璋鐘）、（王子午鼎）、（子畬盆）等等，“系”與“子”相聯繫的意圖十分清楚。這一點清人王筠早已發現，他曾指出：“若謂糸即絲字，孫、絲雙聲，則嫌迂曲，惟銘文之作、者最多，檜妃彝作，糸皆在臂之下，因得繫屬之義，而知小篆之从系，非漫改古文也。”“孫”从“系”，“系連”於臂的寫法與“絲”的寫法的一致性當不是偶然的巧合。由此出發，將“系、絲”解釋爲一字之異也是順理成章的。

　　《説文》謂“奚”字“从大絲省聲；絲，籀文系”。此字見於甲骨文，作、，乃“媟奴”之本字。就甲骨文而言，許慎説从絲省聲並不確。不過金文中有一個字，可能是“奚”的異體，加注聲（也可能是加注奚聲），這個字應是一個兩體皆聲字。如果確是“奚”的異體，則從另一個方面證明許慎以爲“奚”與“系”讀音相同是有所依據的。“雞”从“奚”聲，甲骨文或从，秦漢隸書中也多有其例，寫作、、等，“系”當即“絲”省，也就是“系”的異體，“奚、系”上古均屬匣母支部，“雞”屬見母支部，讀音近同，故“奚、系（糸）”作聲符可互換。古文字資料中，“糸（系）、絲（絲）”作爲“奚”的加注聲符或互換聲符的存在，不僅爲許慎“奚”爲“絲”省聲説提供了某些佐證，也表明“絲（絲）”釋作“系”在讀音上也是可以成立的。

　　據上所述，則《補補》釋“絲”爲“系”可從。“絲”當即“聯繫”之“繫”的古體，原象聯聚衆絲之形，故可有“連繫、連屬”和“連續”等義。釋“絲”爲“系”，“系”古音爲匣母支部，與“隰、溼、邐（襲）”及“絲、顯、聯”等讀音均相差較遠，以現有古音學研究的成果，很難做出合理的解釋。林澐先生曾論述過古文字中“一形多用字”現象，他認爲如同納西象形文字一樣，商代文字體系中，存在着用一個字形代表兩個讀音不同、用法有別的字，如：位與立、外與卜、月與夕、王與士等字，本來都是一形兩用，然後才分化爲兩字的。“一形之所以能有多用,是因爲在用以形表意的方法記録語詞時,某種事物符號,既可以用來記録該事物本身的名稱,又可以從象徵、借喻等角度記録其語詞。這樣,同一字形的讀法就不固定,其正確的誦讀,只能依靠上下文的字符的提示作用。”林先生所説的一形多用字,字形字義都有聯繫,但其讀音不同,也就是取一字形義與另一詞的某種聯繫,借用爲另一詞的書寫符號,這樣同一符號就産生了兩種用法和音讀。如“月”和“夕”字形本來不分,“立”和“位”更是如此,一形兩用,讀音不同,完全依靠上下文來判定。但它們彼此之間在字形字義兩方面的聯繫還是很容易看出來的。隨着文字體系的日趨嚴密,通過構造專用字(分化字),這種一形多用的現象就不復存在了。按照林澐先生的這一觀點,對“絲”的讀音分歧,我們似乎可以做出如下推測:“絲”爲“系”的本字,因象聯聚衆絲之形,又用此形表示“聯”,讀作“聯”;“戀、顯、聯”等字正是以此音作聲符的,所以古文字中“絲”及從“絲”聲諸字與“系”形同而音異。其後以“戀”取代“絲”並派生出“聯”字,它們與“系”就徹底分化了。“㬎、隰、溼、邐”等以“絲”爲聲符與“系”的音讀分歧,可能也是這種一字多用、音讀不一造成的,有待於進一步考察。

《中國古文字研究》1,頁 323—325

○**何琳儀**(1998)　絲,甲骨文作𢇛(後下八·七),象二束絲上下有絲緒之形。金文作𢇛(㝬鼎),省上下之絲緒。秦國文字承襲金文,楚國文字分筆書寫。絲與兹古本一字,絲突出絲緒,兹則由上有絲緒之𢇛演化。絲爲蠶絲,兹爲代詞,因用各有別,遂分化爲二字。今將舊之絲聲首附於兹聲首之後。《説文》:“絲,蠶所吐也。從二糸。(息兹切)。”

睡虎地簡“絲絮”,見《孟子·梁惠王》上:“麻縷絲絮輕重同,則價相若。”

《戰國古文字典》頁 92

△**按**　戰國文字“絲”或上加連線作“絲”。“絲”形在古文字中可能有多個音義來源,但戰國時代獨體的“絲”大概是被當作“絲”的異寫來使用的。

變　戀

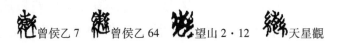

𢆉曾侯乙7　　𢆉曾侯乙64　　𢆉望山2·12　　𢆉天星觀

○**裘錫圭、李家浩**(1989)　“變”,原文作“𢆉”,從“絲”從“更”,與望山二號墓竹簡和石鼓文“變”字寫法相同。“變、更”古音相近,古文字“變”當從“更”

聲。《説文》篆文"轡"所從"叀",疑是"叓"的訛誤。57 號、92 號等簡云:"四
靾,六轡。"《説文·革部》:"靾,車駕具也。"段玉裁注:"《晉語》'吾兩靾將絶,
吾能止之',韋曰:'靾,靷也。'按韋注以《左傳》作'靷',故以靷釋之。其實靾
所包者多,靷其大者。《封禪書》言'雍五畤路車一乘,駕被具;西畤、畦畤禺車
各一乘,禺駒匹,駕被具'。'被'即'靾'字也。"

《曾侯乙墓》頁 510—511

○**何琳儀**(1998)　 繐,從絲,惠省聲。疑繐之異文。《説文》:"繐,細疏布也。
從糸,惠聲。"或説,轡之初文。與《廣韻》引《説文》轡作繸形近。

　　戰國文字繐,讀轡。《集韻》叀或作轊,是其佐證。《説文》:"轡,馬轡也。
從絲從叀。與連同意。《詩》曰,六轡如絲。"叀亦聲。

《戰國古文字典》頁 1181

絲

陶彙 9·12

○**顧廷龍**(1936)　 絲。

《古匋文香録》卷 13,頁 2,2004

○**高明、葛英會**(1991)　 絶　 此陶文從刀從二絲,構形如班、嗣諸字,皆從刀
會意。

《古陶文字徵》頁 180

蘇

新收 1187 蘇兒缶

○**陳萬千**(1988)　 本器的銘文常見,這裏不再贅述,唯"蘇兒"之"蘇"字屬金
文僅見,當是國名"都"之同音字,此與國名"邾"寫作"鼄、侏、朱"相類。因
"都"分"上都"和"下都","下都"之"都"字,在金文中,若下從蚰作"蘇",或
從單虫作"蟴",本字作"蘇"。蘇、蟴、蘇諸字相通。

《考古與文物》1988-3,頁 75

虫

集成 980 魚鼎匕　　　璽彙 1099　　　睡虎地·日甲 34 背貳

○**何琳儀**（1998）　　虫，甲骨文作（乙八七一八），象蛇類爬虫之形。虺之初文。《爾雅·釋魚》"蝮虺"，釋文，虺作虫。《山海經·南山經》"多蝮虫"，注："虫，古虺字。"《老子》五五"蜂蠆虺蛇不螫"，漢帛書乙本虺作虫。是其佐證。《説文》："虺，虺以注鳴。《詩》曰，胡爲虺蜥。从虫，兀聲。"虫、虺一字之孳乳。兀爲虫之疊加音符，均屬脂部。許慎謂"兀聲"，稍欠精確。《詩·小雅·斯干》"維虺維蛇"，箋："虺，蛇之蟲。"《國語·吳語》："爲虺弗摧，爲蛇將若何。"注："虺，小；蛇，大也。"金文作（偏旁中習見）。戰國文字承襲金文，或加飾筆作。《説文》："虫，一名蝮。博三寸，首大如擘指，象其臥形，物之微細，或行或飛，或毛或羸，或介或鱗，以虫爲象。"

　　魚顛匕虫，讀虺。《詩·小雅·正月》"胡爲虺蜴"，疏："陸機《疏》云，虺蜴，一名蠑螈，水蜴也（水字據《校勘記》所補），亦名蛇醫。""水虫"，讀"水虺"，即"水蜴"。

　　睡虎地簡虫，蟲。《詩·召南·草蟲》釋文，蟲，本或作虫。《廣韻》："虫，鱗介總名。"

　　　　　　　　　　　　　　　　　　　《戰國古文字典》頁 1173—1174

雖 雖

　　　集成 12108 新郪虎符　　　睡虎地·效律 21

○**何琳儀**（1998）　　《説文》："雖，似蜥蜴而大。从虫，唯聲。"
　　新郪虎符雖，縱。《玉篇》："雖，詞兩設也。"

　　　　　　　　　　　　　　　　　　　　《戰國古文字典》頁 1205

虺

陶彙 9·82　　　珍秦 59

○**高明、葛英會**（1991） 蚖。

《古陶文字徵》頁 210

○**楊澤生**（1996） 210 頁"蚖"字引《陶彙》9.82，據字形可釋爲"虺"，不過"蚖"和"虺"本爲一字，應予説明。

《江漢考古》1996-4，頁 85—86

○**何琳儀**（1998） 《説文》："虺，虺以注鳴。《詩》曰，胡爲虺蜥。從虫，兀聲。"虫疊加音符兀則爲虺，實爲一字之孳乳。秦璽虺，從元，兀、元亦一字分化。又《説文》："蚖，榮蚖，它醫，以注鳴者。從虫，元聲。"蚖乃虺之音變。參元部蚖字。

　　秦璽虺，人名。

《戰國古文字典》頁 1174

蚰 蚰 蟲

包山 21

○**劉彬徽、彭浩、胡雅麗、劉祖信**（1991） 蟲。

《包山楚簡》頁 18

○**湯餘惠**（1993） 《説文》："蚰，蛞蚰也。"蚰，異體作蝹，《説文》"蠹"或體作"蝱"，又"蟊"或體作"蟦"，當和"蟲"之作"蚰"類同。

《考古與文物》1993-2，頁 69

○**何琳儀**（1998） 蟲，從蚰，出聲。疑蚰之繁文，蝹之異文。《集韻》："蚰，或從屈。"《説文》："蝹，虫名。蜘蛛也。從虫，屈聲。"

　　包山簡蟲，人名。

《戰國古文字典》頁 1237

晝 晝 蠹

晝包山 81　　晝侯馬 16：2

○**李裕民**（1981） 晝《侯馬盟書》宗盟類二之二○○：六六。

　　《侯馬盟書・字表》釋蠹。按：即晝之繁文。古代虫、蚰通作，如蝘蠤、强彊、蚳䘌、蛾蠹通作。《魚鼎匕》蚩作蠹，《邾公鈃鐘》蝹作輯，《説文》蚯字漢印作蚳(《漢印文字徵》十三・八)。《説文》:"畫,蠪也。从虫,圭聲。"此係参盟人名。

《古文字研究》5,頁 296

○劉彬徽、彭浩、胡雅麗、劉祖信(1991) 蠹,畫字。

《包山楚簡》頁 45

○何琳儀(1998) 蠹,从蚰,圭聲。疑畫之繁文。《説文》:"蛙,蠪也。从虫,圭聲。"

　　戰國文字蠹,人名。

《戰國古文字典》頁 740

○劉信芳(2003) 蠹:即《説文》"畫"字,又作"黿",《莊子・秋水》:"井黿不可以語於海者。"俗字作"蛙"。

《包山楚簡解詁》頁 79

蚳  蟁

集成 11383 郾侯奪作戎戈

○沈融(1994) "𢀖生子自洹來"分置於内兩面,應合爲一句。𢀖生,可能是燕國的敵對勢力之一,洹,水名,在燕國疆域以南。這則銘文有詛敵之意,大意是𢀖生不敢再从洹水一帶前來侵犯。

《考古與文物》1994-3,頁 92

○林清源(1997) 戈銘"蟁生不(丕)自洹來",屬於記事性質。"生"上一字,爲姓氏字,原篆作"𢀖",上半寫法與散盤"氏"字全同,字的下半,沈融以爲从二"巾",黄盛璋以爲从二"虫"。"巾"字多作"𣎓"形,形體相去較遠。此字姑从黄盛璋説,隸定爲"蟁"。(中略)

　　戈銘"蟁生不(丕)",有可能是使者之名。

《第三屆國際中國古文字學研討會論文集》頁 429

○何琳儀(1998) 蟁,从蚰,氏聲。蚳之繁文。《集韻》:"蚳,蟲名。或从蚰。"《説文》:"蚳,畫也。从虫,氏聲。"

　　蟁生丕戈蟁,讀蚳,姓氏。《孟子・公孫丑》下有"蚳黿"。

《戰國古文字典》頁 756

蠆　𧍷　蠿

𧍷 包山 185　　𧍷 包山 190　　𧍷 郭店·老甲 33　　𧍷 侯馬 92:20

○**劉彬徽、彭浩、胡雅麗、劉祖信**（1991）　（編按：包山 185"𧍷"）蠚。

（編按：包山 190"𧍷"）蠚。

《包山楚簡》頁 31

○**湯餘惠**（1993）　（編按：包山 185"𧍷"）字上从萬，梁十九年鼎"萬年丕承"字作𧍷，古吉語印"宜又千萬""又千百萬"寫法亦略同。此與侯馬盟書人名𧍷同字，《説文》作蠆，"毒虫也"。《廣雅·釋蟲》："蠆，蠍也。"190 簡此字又釋爲"蠚"，亦誤。

《考古與文物》1993-2，頁 74

○**何琳儀**（1998）　蠿，从蚰，萬聲。蠆之繁文。《集韻》："蠆，或从蚰。"《説文》："蠆，毒蟲也。象形。蠿，蠆或从蚰。"萬、蠆、蠿一字孳乳。

戰國文字蠿，人名。

《戰國古文字典》頁 960

○**荊門市博物館**（1998）　（編按：郭店·老甲 33"蟲蠆蟲它弗蓋"）蟲（蜽）蠆蟲它（蛇）弗蓋（蜇）。

《郭店楚墓竹簡》頁 113

○**李零**（1999）　（編按：郭店·老甲 33"蟲蠆蟲它弗蓋"）"虺蠆蟲蛇"，原文第一字，上與鬼、胃所从相同，下爲二虫；第二、三字爲合文，上从萬，下亦二虫，第四字作"它"，整理者讀"蜽蠆蟲蛇"，裘按讀"蝟蠆虺蛇"。按王弼本作"蜂蠆虺蛇"（馬甲、馬乙本除用通假字，略同），似即裘按所本，但其第一字無論从鬼从胃，讀音均與"虺"字相近（馬乙本"虺"字从虫从畏，情況同，"虺"是曉母微部字，"蜽、蝟、蝛"是影母微部字），似原讀是以第一字爲虺，第三字爲蟲。

《道家文化研究》17，頁 466—467

○**李零**（2002）　（編按：郭店·老甲 33"蟲蠆蟲它弗蓋"）簡文第二、三字是合文，上从萬，下从二虫。裘按讀"蠆虺"，可能是把這個合文的下半釋爲"蚰"，再讀爲"虺"（"蚰"是曉母文部字，"虺"是曉母微部字，讀音相近）。按《説文》卷十三上以"虫"爲"虺蛇"之"虺"，"蚰"爲"昆虫"之"昆"，"蟲"爲"有足之蟲"。這種區分是從什麼時候才有，值得研究。古文字偏旁重疊，往往與獨體無別。

如中、艸、芔、茻,《說文》是分爲四個字(許慎對這幾個字的解釋非常相似,特別是艸、芔、茻),各有讀音,但在早期文字中,作爲偏旁,它們幾乎没有區別。特別是"艸"和"芔",古書中的辭例(也包括楚帛書的辭例),"百卉"和"百草"、"卉木"與"草木"、"花卉"與"花草",根本没有區別。區別只在於,"芔"是吳楚方言字(參看揚雄《方言》和劉逵《吳都賦》注),而"草"則是秦系文字的寫法(從古文字材料看)。在古文字中,和虫有關的字,情況類似。作爲獨體,魚鼎匕有"誕有蚰人"和"出游水虫",似乎有所不同(似可試讀爲"誕有昏人"和"出游水虺"),但作爲偏旁,單虫、雙虫和三虫好像没有區別。所以我們把這個合文讀爲"蠆虫"。

《郭店楚簡校讀記》(增訂本)頁 14

○**丁四新**(2010)　(編按:郭店・老甲 33"蠚蠆蟲它弗蠚")簡文"蠆"字下部原從二虫,即《說文》"蠆"字或體,帛甲作"𧍙"、帛乙作"蠤",皆"蠆"之假。字下有合文符號,裘《按》讀作"虫(虺)",其説與帛乙、弼本等合,當從之。帛甲從虫從畏,當讀作"虺"。《說文・虫部》:"蠆,毒蟲也。"同部:"虺,以注鳴者。《詩》曰:'胡爲虺蜥。'"許慎説以"虺"爲蜥蜴之屬。不過,《爾雅》以"虺"爲毒蛇。是古人以"虺"有二義。《爾雅・釋魚》:"蝮虺,博三寸,首大如擘。"《詩・小雅・斯干》"維虺維蛇"孔穎達《疏》引舍人云:"蝮,一名虺。江淮以南曰蝮,江淮以北曰虺。"《孔叢子・嘉言》:"梁丘子遇虺毒……三旬而後瘳。"

《郭店楚竹書〈老子〉校注》頁 226

强 𢏳

𢏳睡虎地・雜抄 8

○**何琳儀**(1998)　强,從虫,弜聲。《說文》:"强,蚚也。從虫,弘聲。疆,籀文强從蚰從彊。"小篆弘乃弜(弜)之訛變。參弜字。

　　睡虎地簡强,見《廣韻》"强,暴也"。

《戰國古文字典》頁 648

○**陳秉新、李立芳**(2004)　《說文》:"强,蚚也。從虫,弘聲。疆,籀文强,從蚰從彊。"按:戰國古璽作𢏳(《十鐘》3・22),睡虎地秦簡(日書 1090)作𢏳,從虫,弜聲。弜是强弱之强的初文,見《殷墟書契前編》(六・六七・六)和《續編》(三・三一・三)及盟弜卣、亳父乙鼎,裘錫圭先生釋爲强弱之"强",他説:"拉弓需要很强的力,所以古人在'弓'字上加區別性意符'口'造成'弖'(弜)字來表示强弱之'强'這個詞。"金文、璽文有弜字,璽文有弢字,也是强弱之"强"的古文。强的本義釋"蚚也",蚚是米中小蟲。睡虎地秦簡和繹山碑、漢印的"强"字均从虫从弘,不从弘。以上均證明《説文》説强从弘聲是錯誤的。

《説文學研究》1,頁 99

△按　張舜徽《約注》:"孔廣居曰:'弘聲不諧,不但秦刻石从口,即漢隷亦皆从口。愚意强,米中蛀蟲也,从虫、口,會意;弜省聲。'按:籀文从彊聲,則强當从彊省聲明矣,《玉篇》'强'下云:'米中蠹小蟲。'此本義也。此蟲形小色黑體堅,米穀中多有之,湖湘閒名之爲鐵蠹牛,喻其强有力也。"傳世文獻、秦簡"强"用爲强弱之强乃其假借用法。另,楚簡則以"弨"表强弱之{强},參見弓部。

蜀　𧎜　量

石鼓文·吾車　　　上博一·詩論 16

郭店·老甲 21

○**何琳儀**(1998)　蜀,甲骨文作𧏢(明二三三〇),象爬蟲目、身之形。借體(目)象形。金文作𧏢(班簋),蟲身上端加一飾筆似人形,左下加虫旁表示蟲類。戰國文字承襲金文,或省蟲身作𧏢、𧏢,與《汗簡》下二·七二作𧏢吻合。目旁或作𧏢、𧏢、𧏢形,多有省變。《説文》:"蜀,葵中蠶也。从虫,上目象蜀頭形,中象其身蜎蜎。《詩》曰,蜎蜎者蜀。"

晉璽蜀,姓氏。帝嚳支子封蜀爲蜀侯,其後以國爲氏。見《路史》。

天星觀簡蜀,古國名,今四川成都附近。律管蜀,讀爲濁,見濁字。

石鼓蜀,讀犢。《集韻》:"犢,或从蜀,幼獸。"秦兵蜀,地名。秦設蜀郡,郡治在今四川成都。

《戰國古文字典》頁 376—377

○**荊門市博物館**(1998)　蜀(獨)立不亥(改)。

《郭店楚墓竹簡》頁 112

○**王輝、程學華**(1999)　據尹顯德説,此戈"刻銘筆畫細如髮絲,極淺,無法墨拓。刻時有滑刀現象。如第一行'邦'向左滑一刀至第二行'守'字;'造'字向下滑占去約一個字面積。第二行第二個'守'末筆一橫過去,穿過豎筆,粗看極似一‘牢’字,但考慮到同一個‘守’字相類,於文義亦以‘守’爲確;‘蜀’字上部從‘目’,參照涪陵小田溪‘廿六年蜀守武’戈及漢‘李蜀之印’中‘蜀’字從‘目’之例,釋爲‘蜀’”。

九年相邦呂不韋戟

(近出 1199)

今按尹氏所釋“蜀、造”諸字皆是,然摹本亦有個別字不能無疑。如“蜀”字背面鑄銘作“𩵋”,湖南出土的“蜀西工”戈(《湖南考古輯刊》第一輯圖版拾三,5)、《小校》10.15 著録的“蜀西工”戈“蜀”字略同,二十六年蜀守武戈“蜀”字作“𩵋”,此戟“蜀”字上部“目”不應作“曰”,下“虫”字亦不應作“夂”。

《秦文字集證》頁 58

○馬承源(2001)　(編按:上博一·詩論 16“緜緜之情,以其蜀也”)下句讀爲“以其獨也”。“蜀”在此不能解釋爲字的本義,當讀作“獨”,若假借爲“篤”也可;“蜀、篤”聲韻皆通轉,“篤”乃言情之厚。

《上海博物館藏戰國楚竹書》(一)頁 145

【蜀守】

○童恩正、龔延萬(1976)　將“蜀月”改讀爲“蜀守”,可以使我們確定兩件事實。一是此戈爲四川本地所造,而非外地輸入;二是爲我們重新考證此戈的時代,提供了新的線索。原報告將“廿六年”定爲秦昭王廿六年,可能也與歷史事實不符。據《華陽國志·蜀志》的記載,秦滅巴蜀以後,先置巴郡,而在蜀封侯,以張若爲蜀國守,實行了封侯置守並行的過渡政策。在以後的三十年中,蜀的奴隸主殘餘勢力連續發動了三次叛亂,企圖復辟。直至秦昭王廿二年(公元前 285 年),在鎮壓了蜀奴隸主的最後一次叛亂以後,秦才正式廢蜀侯而設蜀郡,以張若爲郡守。張若爲郡守的下限,雖已不可詳考,但直至昭王三十年(公元前 277 年)時,歷史上還有“蜀守若伐取巫郡及江南,爲黔中郡”的記載,足證昭王廿六年時,蜀守只能是張若,而非這戈銘記載的名“武”之人。再就銘文字體來看,亦可證明此戈決非昭王時物。按秦銘中在昭王之世及其以前,“工師”的“師”字均作“帀”,至戰國末期才改作“師”,此戈正作“師”字,其晚於昭王時代甚爲明顯。戰國時代,秦王有廿六年者僅昭王和秦始皇二人,此戈既晚於昭王,就只能定在秦始皇廿六年(公元前 221 年),即秦統一中國的那年了。

《文物》1976-7,頁 84

○饒宗頤(1983)　四川涪陵小田溪 1972 年出土一柄銅戈,文云:

武二十六年皐月武造,東工師宦,丞業,工簇。

此據《文物考古工作三十年》頁 352 所記錄,原物未見。但據《文物》1974
年第五期頁 68 簡報,該銅戈釋文作"武,廿六年蜀月武造,東工師宦,丞業,工
□"。並説是秦昭王二十六年所製。近年徐中舒先生在《古代楚蜀的關係》
(《文物》1981 年 6 期頁 24)一文中,引用這一材料,亦釋作"武二十六年蜀月
武造",但未加以説明。細審該戈影本(見上引簡報頁 74),字形作𩥝,應是從
白(《説文》古文白作𦥑,中作兩橫,秦戈此字上半作𧰼,以釋白爲是)從本,本
即《説文》從大從十讀若滔之𡴀,故知蜀月的"蜀"字,恐有訛誤。我認爲必須
讀爲皐月,才講得通,因爲皐月是用《爾雅》所記的月名。

今本《爾雅·釋天》:"五月爲皐。"在長沙楚帛書四周圖繪十二月所代表
的神像,五月作三首豎髮手足如牛蹄形狀的人物,其側記着"畝出睹"三字。
畝字聲旁作"𠯑",與"皐"同音。敦煌寫本原列伯希和編號 4024 與 4042 爲唐
月令,我在法京時,曾將它綴合爲一紙,其中所記五月月名亦作皐。又《周
禮·𧮫簇氏》賈公彦疏亦作皐月。惟《經典釋文》卷二十九《爾雅》"皐"下注
云:"或作'高',同。"高與皐、畝皆同音,和涪陵秦戈月名作皐,正是一樣。

《爾雅》十二月名雖完全見於楚帛書,但根據雲夢秦簡的日書和昭固墓楚
簡,楚人的月名事實上有另外一套。

秦戈上出現《爾雅》的月名,非常值得注意。當是秦人亦采用《爾雅》月
名,和楚國無異,所以滅蜀以後,才在兵器上紀著皐月名號。這説明《爾雅》十
二月名在戰國時已被秦、楚普遍地使用。《周禮》的𧮫簇氏,是對付妖鳥(如梟
之類)的專職,他的任務在於辟除邪魅,故列於秋官司寇,《周禮》説他所管的
工作爲:"以方(版)書十日之號(即自甲至癸),十有二辰之號(自子至亥),十
有二月之號(鄭玄注云"從娵至荼"),(編按:通行本尚有"十有二歲之號")二十有八星
(從角至軫)之號,懸其巢上,則妖鳥自去(編按:此句通行本作"則去之")。"

𧮫簇氏他書無記載。《晏子春秋》雜下云:"(齊)景公使柏常騫禳鴞,築
新室,爲置白茅,夜用而鴞死。"在古代,有書寫十日、十二辰、十二月名號作爲
禳除惡鳥的習俗。

又《周禮·馮相氏》:"掌十有二歲,十有二月,十有二辰,十日,二十有八
星之位,辨其敘事以會天位。"

馮相氏屬春官。鄭注:"馮,乘也;相,視也。世登高臺,以視天文之次
序。"鄭注又云:"若今曆日,太歲在某,月某,日某,甲、朔日值某也。"這裏馮相
氏所掌十二月的"月某",其十二月之名,當亦如《爾雅》所見之月名。考古材

料有這些月名的,至目前所知,已有楚帛書和秦戈。《周禮》的十二月名應如鄭玄所說,即是《爾雅》的十二月名。《漢書·劉向傳》載向疏云:"孔子對魯哀公並言:夏桀殷紂暴虐天下,故曆失制,攝提失方,孟陬無紀。"這正是大戴禮用兵篇文句。陬爲《爾雅》正月名,同見於楚帛書及《離騷》,是魯人亦用陬以紀時月。那麼這十二個月名,魯與秦楚還是沿用周人的舊稱,亦可由此推定了。

　　涪陵戈中皋月一名甚爲重要,希望四川文物部門能將原物放大印出,以供同好研究。

《文物》1983-1,頁 73—74

○陳平(1985)　首先,從字形上講,該戈銘第五、六兩字應釋爲"蜀守"而不是"蜀月",更不是"皋月"。爲弄清字形,筆者特索得沖洗較爲清晰真切的該戈銘照片一幀,另據之摹一盡可能忠實於原刻的銘文摹本一份,同饗讀者(圖一:3)。據該照片和摹本,戈銘第五字應作□。它與在饒文中被整過容的□,實在是貌近神離、大相徑庭的。銘文□字當爲"□"與"□"上下兩部分,而不是像饒文那樣析爲□與□兩部。該字上部所從之□與甲骨文"□"字形相合,其上部之"□"當即甲文□上部形□(目)形之遞變,而其下部之"□"當即甲骨文下部之演進。甲骨文□乃後世蜀字之初文,這學人早有定論。後世蜀字,則再於其下增加一形符"虫"而成。而上部,與饒文所說皋字上部所從之"白"字的《説文》古文決不相同(按:《説文》白之古文作□,與饒文所繪之形亦小異)。□下部所從之□,正是虫字。它與甲骨文、金文虫字作□、□等形同科,也與《説文》虫字的古文契合(按:《説文》虫下雖未附古文,但根據帶虫

3

字的古文,足見虫的古文應作□)。□之上部□形既同甲骨文蜀字之□,下面□又正是虫字之古文,其字當爲蜀字甚明。□下所從之□與饒文所説皋字下部所從音讀若滔的□字既不相關,□也絕非□下所從之十。即令可如饒文所析,將□分爲□、□兩部,其下部之□也決不是皋字下所從之□。因爲□還缺□字上部之一橫畫,其下部之□也作曲筆而作平筆與"十"相違。這些皆與皋下之□相異,故□絕非皋字。秦獵碣石鼓田車篇中的蜀字作□,與戈銘第五字的字形也完全契合。貞松續下·22·2 著録有一傳世戰國秦戈銘文拓片,經陳邦懷先生考釋爲丞相觸戈。其銘中觸字,

右偏之蜀正與涪陵秦戈第五字作𤇾字形完全吻合。這些佐證可進一步論定涪陵秦戈第五字當爲蜀字無疑。該戈出土於戰國晚期秦國蜀郡治下的枳地（今涪陵戰國晚期爲秦蜀郡的枳邑），亦可作爲其戈銘第五字應釋爲蜀的佐證。

《文博》1985-5，頁 50

○**黄家祥**（1992）　　"蜀守"，《華陽國志·蜀志》："周赧王元年，秦惠王封子通國爲蜀侯，以陳壯爲相。置巴郡。以張若爲蜀守。"《史記·秦本紀》載："昭王……蜀守若伐取巫郡及江南爲黔中郡。"周赧王元年應是秦惠王二十四年，即前 314 年。昭王三十年即前 277 年。任"蜀守"一職見於記載的還有李冰。《華陽國志》載："秦孝文王時以李冰爲蜀守。"《風俗通》記載："秦昭王使李冰爲蜀守……"李冰任蜀守一職的年代，據徐中舒先生推定，應在昭王三十年至五十六年之間，即前 278—前 252 年。（**中略**）

　　另外，戈銘中得"蜀守宣"，填補了蜀守一職在文獻記載上的不足。

《文物》1992-11，頁 93、95

○**吳鎮烽**（1998）　　此戈爲蜀守監造，成、邛、陝是三個置用地。蜀郡，本蜀國，秦滅蜀置郡，轄區約爲今四川省邛崍山以東，西充、内江以西，峨眉山以北地區。蜀郡的設置時間目前有三説。其一，蒲孝榮《四川政區沿革與治地今釋》："蜀郡，戰國時，周慎靓王五年，即秦惠文王更元九年（前 316 年）置。"此説是以秦滅蜀之年爲設郡之始，實無文獻根據。其二，《水經注·江水》："秦惠文王二十七年遣張儀與司馬錯等滅蜀，遂置郡焉，王莽改之曰導江也，儀築成都以象咸陽。"所謂"秦惠文王二十七年"就是秦惠文王後元十四年（前 311年），其年並非張儀與司馬錯滅蜀之年。據《史記·秦本紀》載，此年陳壯殺蜀侯通，次年即秦武王元年（前 310 年）秦使甘茂定蜀，誅陳壯。又《張儀列傳》載惠文王後元十四年張儀在燕，説燕王事秦。歸報，未至咸陽，而惠文王卒。秦武王立，武王不悦張儀，儀懼而之魏。武王元年五月，張儀死於魏。因此，張儀不可能參與討伐陳壯和築成都之事。成都築城的主持者應爲蜀守張若，時間亦不應在惠文王後元十四年，故此説概不能成立。其三，《華陽國志·蜀志》載："周慎靓王五年秋，秦大夫張儀、司馬錯都尉墨等從石牛道伐蜀。蜀王自於葭萌拒之，敗績……冬十月，蜀平。司馬錯等因取苴與巴。周赧王元年，秦惠王封子通國爲蜀侯，以陳壯爲相。置巴郡。以張若爲蜀國守。戎伯尚强，移秦民萬家實之。三年，分巴、蜀置漢中郡……三十年，疑蜀侯綰反，王復誅之，但置蜀首。"依此，秦在滅蜀後的當年並未置蜀郡，第三年既封蜀侯，設蜀相,又置蜀守。第五年,又分巴、蜀設立漢中郡,説明當時秦對蜀的統治方式是分封制與郡縣制並用,至秦昭襄王二十二年(周報王三十年,前285年)誅蜀侯綰,但置蜀守,郡縣制才在蜀完全確立。

《容庚先生百年誕辰紀念文集》頁565—566

蝼 纊 蠹

信陽2·3

○劉雨(1986)　蠹。

《信陽楚墓》頁128

○郭若愚(1994)　邊土蠹

《汗簡》有字,注曰"仙"。同僊。蠹从虫䒤聲。是爲蟬字。《後漢書·輿服志》:"侍中、中常侍如黃金璫,附蟬爲文,貂尾爲飾。"《古今注》:"貂者取其有文采而炳焕,蟬鄧其清虛識變也。"按蟬之幼蟲居土中,故稱"土蟬"。此謂櫃之以蟬爲邊飾也。

《戰國楚簡文字編》頁68

○何琳儀(1998)　蠹,从虫,婁聲。蝼之繁文。《説文》:"蝼,蝼蛄也。从虫,婁聲。一曰,螗天蝼。"

信陽簡"土蝼",獸名。

《戰國古文字典》頁337

○李家浩(1998)　"蝼"字原文寫作从"虫"从"婁"省。"婁"旁省寫的形式,與戰國中山王銅器銘文"謰"字所以从"婁"旁的省寫相似,可以比較。按古文字往往把"虫"旁寫作"虫"。(中略)所以我們過去徑把此字釋爲"蝼"。

《簡帛研究》3,頁16

蠪 龏

璽彙2730　　睡虎地·日甲50背壹

○睡簡整理小組(1990)　(編按:睡虎地·日甲50背壹"夏大暑,室毋故而寒,幼蠪處之")蠪(龍)。

《睡虎地秦墓竹簡》頁212

○**劉樂賢**（1994）　（編按：睡虎地·日甲 50 背壹“夏大暑,室毋故而寒,幼蠶處之”）按：整理小組讀蠶爲龍,其實蠶字用其本義即可。又按：《莊子·達生》:“東北方之下者,倍阿鮭蠪躍之。”疏:“人宅中東北牆下有鬼,名倍阿鮭蠪,躍狀如小兒,長一尺四寸,黑衣赤幘,帶劍持戟。”疑本簡之蠶與倍阿鮭蠪相類。

《睡虎地秦簡日書研究》頁 237

○**何琳儀**（1998）　《説文》:“蠶,丁螘也。从虫,龍聲。”

晉璽蠶,姓氏。

《戰國古文字典》頁 428

蠰　𧒋　蠰

𧒋 望山 1·2

○**朱德熙、裘錫圭、李家浩**（1995）　苛蠰,人名。

《望山楚簡》頁 88

○**何琳儀**（1998）　蠰,从蚰,襄聲。疑蠰之繁文。《説文》:“蠰,蟷蠰也。从虫,襄聲。”

望山簡蠰,人名。

《戰國古文字典》頁 692

蠃　𧕦　蠃

𧕦 集成 291 曾侯乙鐘

○**何琳儀**（1998）　蠃,从蚰,羸聲。疑蠃之繁文。《説文》:“蠃,螺蠃也。从虫,羸聲。一曰,虒蝓。”

曾樂律鐘“蠃𦞤”,即“嬴亂”。見嬴。

《戰國古文字典》頁 873

△**按**　音律名用字,另參卷十二女部“嬴”字條。

蜂　𧌌　蠭

𧌌 上博五·鬼神 7

𧌌 集成 980 魚鼎匕

○**李零**（1998）　（編按：魚鼎匕）參蚩尤命。

《李零自選集》頁 78

○**何琳儀**（1998）　蚩，从虫，寺聲。蚩之繁文。《説文》："蚩，蟲也。从虫，之聲。"

　　魚顛匕"蚩蚘"，讀"蚩尤"。《書·吕刑》："蚩尤惟如作亂，延及于平民。"傳："九黎之君，號曰蚩尤。"

《戰國古文字典》頁 46

郭店·老甲 33

○**荆門市博物館**（1998）　蓳，"蚩"字異體。《説文》："螫也。"字亦作"蠚"。

《郭店楚墓竹簡》頁 116

餓 餦 蝕

睡虎地·答問 65

包山 227

○**睡簡整理小組**（1990）　蝕，疑讀爲食，《漢書·谷永傳》注："猶受納也。"

《睡虎地秦墓竹簡》頁 109

○**劉彬徽、彭浩、胡雅麗、劉祖信**（1991）　蝕，餓，字亦作蝕。《史記·天官書》："日月薄蝕。"集解："虧毁爲蝕。"

《包山楚簡》頁 55

○**何琳儀**（1998）　蝕，从蚰，飤聲。疑餓之繁文。《説文》："餓，敗創也。从虫、人、食，食亦聲。"《集韻》："餓，《説文》敗創也。或省。"

　　包山簡"蝕犬"，讀"蝕犬"，疑日蝕、月蝕之神。《史記·天官書》："日月薄蝕。"

《戰國古文字典》頁 66

○**劉信芳**（2003）　字即"蝕"之異構。《史記·天官書》："月蝕（歲）星，其宿地饑若亡。"《正義》引孟康曰："凡星入月，見月中，爲星蝕月；月掩星，星滅，爲月蝕星也。”“蝕祢”,謂太一所在之星爲月所掩。

《包山楚簡解詁》頁 226

△按　秦簡《法律答問》65 簡:“内(納)奸,贖耐。今内(納)人,人未蝕奸而得,可(何)除。”曹旅寧《何四維〈秦律遺文〉與〈岳麓秦簡(三)〉》(武漢大學簡帛網 2013 年 10 月 15 日)指出:“注釋小組認爲指容使壞人入内。荷蘭漢學家何四維認爲‘蝕’當讀爲‘食’,是性交的意思,懷疑是性關係方面的犯罪,意思是通奸未遂。李學勤先生認爲這也是有可能的(何四維《秦律遺文》頁 138,萊頓 1985 年。李學勤《何四維〈秦律遺文〉評介》,《中國史研究》1985 年 4 期)……我們在《岳麓秦簡》(三)奏讞書案例十一‘得之强與弃妻奸案’讀到有‘欲强與奸,未蝕’及‘未蝕奸’的話語,結合案例中的上下文,足以證實二十八年前何四維先生的見解是相當有遠見的。”

蟄

陶彙 5·384

○郭子直(1986)　蟄字左从坴作。按蟄字上半所從之埶,即種藝之本字,甲文及殷金文左上均从屮或米,如（《乙》九○九一)、（父辛簋)、（《前》四·二三·五),西周晚期始於木下增土,如（克鼎)右从犬、（盠方彝),（毛公鼎)右下增女,本銘作埶正與秦刻石之（石鼓·吳人)全合。《説文》作,云“从丮、坴,丮持種之”(三下丮部據段本)則從小篆立説,左旁改从坴,不見所持之中。木,種藝之義已不完備。本銘左从中、土,猶存古文造字之精義。《説文》蟄“从虫,執聲”十三上虫部已改聲符爲執,取與“直立切”之蟄聲近之“之如切”執以爲聲旁。

《古文字研究》14,頁 189

○何琳儀(1998)　《説文》:“蟄,臧也。从虫,執聲。”
　秦陶蟄,人名。

《戰國古文字典》頁 910

虹

石鼓文·馬薦

○**何琳儀**（1998）　《説文》：“虹,螮蝀也。狀似蟲。从虫,工聲。《明堂月令》曰,虹始見。〔虹〕,籀文虹从申。申,電也。”

石鼓虹,不詳。

《戰國古文字典》頁 414—415

蚝

集成 9734 㝈蚝壺　　璽彙 2615

○**李學勤、李零**（1979）　蚝字,見壽縣朱家集楚國青銅器及許多戰國璽印。《廣韻》亦收之,云：“蟲似蜘蛛。”

《考古學報》1979-2,頁 160

○**張政烺**（1979）　蚝,从虫,次聲,《玉篇》及《廣韻》皆云“蟲,似蜘蛛”。故宫舊藏唐寫本《刊繆補缺切韻》（1925 年唐蘭寫印本）去聲八至“次,七四反”下有蚝字,注云：“《爾雅》云:蚝蟗,蜘蛛別名。”按今本《爾雅·釋虫》作次,不从虫。古人率單名,偶有二名者其二字必有義,構成一個詞,或是聯綿字。二名不偏諱,因爲偏諱就不成其爲名。㝈蚝二字無義,故知作壺者是單名,蚝不與㝈相聯。蚝當是中山王𧤛的後人,作壺時𧤛初死未葬,新君未即位故稱胤嗣㝈,而不稱嗣王。

《古文字研究》1,頁 233—234

○**何琳儀**（1998）　蚝,从虫,次聲。《廣韻》：“蚝,蟲名,似籠竈。”

晉器蚝,人名。

《戰國古文字典》頁 1256

○**湯餘惠等**（2001）　𪐴。

《戰國文字編》頁 869

△**按**　字用爲人名,參見卷十四子部“㝈”字條。

蚍

侯馬 85:35

○**何琳儀**（1998）　蚍,从虫,此聲。《廣韻》：“蚍,蟲,似蟬。”

侯馬盟書蚩，人名。

《戰國古文字典》頁 766

蜆

陶彙 3・458

○**高明**(1990)　賏。

《古陶文彙編・目録索引》頁 25

○**何琳儀**(1998)　蜆，从虫，貝聲。貝之繁文。《正字通》："蜆，俗貝字。"又疑規之殘字。

　　齊陶蜆，人名。

《戰國古文字典》頁 948

蝥　蟊

秦駰玉版　　　　璽彙 2944

○**羅福頤等**(1981)　蟊。

《古璽彙編》頁 279

○**何琳儀**(1998)　蟊，从蚰，𠂤聲。疑蝥之異文。《爾雅・釋蟲》："蟥蚓，蟊蟊。"

　　晉璽蟊，姓氏，疑讀堅。見弨字。

《戰國古文字典》頁 1127

【蝥蝥】秦駰玉版
○**曾憲通、楊澤生、蕭毅**(2000)　"蝥蝥"，可能同"賢賢"，指善良或辛勞。《禮記・内則》："若富則具二牲，獻其賢者於宗子。"鄭玄注："賢，猶善也。"《詩・小雅・北山》："大夫不均，我從事獨賢。"毛傳："賢，勞也。"也可能同文獻裏的"簡簡"和金文裏的"柬柬"，指盛大、衆多，《詩・周頌・執競》："降福穰穰，降福簡簡。"毛傳："簡簡，大也。""柬柬"見於王子午鼎、王子誥編鐘和王孫遺者鐘等，也是盛大的意思。

《考古與文物》2001-1，頁 52

○**連劭名**(2001)　"堅"，原文从虫不从土，讀爲"堅"，《廣雅・釋詁》一："堅：

强也。"《尚書·皋陶謨》云:"强而義。"鄭注:"强,謂性行堅旨。""堅堅"猶言"乾乾",《周易·遯》六二:"執之用黃牛之革,莫之勝説。"虞注云:"乾爲堅剛。"《周易·乾》九三云:"君子終日乾乾,夕惕若,厲無咎。"

《中國歷史博物館館刊》2001-1,頁 52

○王輝(2001)　蟁疑讀爲擊。《説文》:"擊,固也。从手,臤聲。讀若《詩》'赤舃擊擊'。"段玉裁注:"'擊擊'當依《豳風》作'幾幾',傳曰:'幾幾,絢貌。'擊在十二部,幾在十五部。云'讀若'者,古合音也。"段説是。上古音擊真部溪紐,幾脂部見紐,見溪旁紐,脂真陰陽對轉,二字通用在讀音上完全不成問題。《説文》引《詩》見《豳風·狼跋》,《毛詩》"擊擊"作"幾幾",朱熹《集傳》:"安重貌。"毛傳所謂"絢貌"之"絢"本鞋頭裝飾,亦讀爲拘。《儀禮·士冠禮》:"屨,夏用葛,玄端黑屨,赤絢繶純。"鄭玄注:"絢之爲言拘也,以爲行戒。"依毛傳、鄭注,"幾幾"就是拘束忠厚的樣子。

《考古學報》2001-2,頁 149

蚕

睡虎地·日甲 47 背叁

○睡簡整理小組(1990)　鬇,脱落的頭髮。

《睡虎地秦墓竹簡》頁 219

○張守中(2003)　蚕。

《睡虎地秦簡文字編》頁 198

蟗　䖄

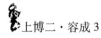
楚帛書

上博二·容成 3

○饒宗頤(1985)　憂字下從虫,爲繁形。當讀爲擾。《史記·曆書》:"九黎亂德,神民雜擾。"自九黎亂德以來,祭享失序,神民相擾雜。重黎乃序天地,使神居上而民在下,神、民異業。敬而不瀆,故有"下民"之稱,所謂絕地天通。帛書於敬義再三致意,與《楚語》觀射父之語,正可參證。

《楚帛書》頁 66—67

○李零(1985)　　蠹,與《字彙補》所收憂字的古文曇略同,上從悪,即憂之本字,下從虫,仍是憂字。這裏的蠹應讀爲擾亂的擾。

《長沙子彈庫戰國帛書研究》頁 63

○劉信芳(1996)　　《史記・曆書》:"九黎亂德,神民雜擾。"亦即《國語・楚語下》"民神雜糅"。

《中國文字》新 21,頁 9

○何琳儀(1998)　　蟪,從虫,悪聲。

帛書蟪,參《史記・曆書》"神民雜擾"。

《戰國古文字典》頁 196

○李零(2002)　　(編按:上博二・容成 3"蠹者漁澤")蠹者　或可讀爲"疣者",指長有贅疣的人。

《上海博物館藏戰國楚竹書》(二)頁 252

○劉信芳(2004)　　(編按:上博二・容成 3"蠹者漁澤")現在再來看《容》3"蠹"字,讀爲"煩"或"疢",可謂文從字順。"煩"爲四肢顫動之疾,《數盡》"疔"爲"跳動"之疾,於文義亦合。

《古文字研究》25,頁 326—327

蠟

包山 268

○何琳儀(1998)　　蠟,從虫,鼠聲。蟒之異文。《集韻》:"蟒,蟲名。或從鼠。"

包山簡蠟,讀鼠。

《戰國古文字典》頁 527

蠰

郭店・忠信 5

○裘錫圭(1998)　　(編按:郭店・忠信之道 4—5"不期而可蠰者")"者"上一字,其上部疑是"要"之變體。此字似即當讀爲"要"。要,約也。

《郭店楚墓竹簡》頁 164

○陳斯鵬(1999)　　(編按:郭店・忠信之道 4—5"不期而可蠰者")該字簡文作,從黽從虫从土甚明，整理者隸定爲"蝗"，至確。裘説誠非。"蝗"實即"蠅"字，所从之"土"恐係無義贅加。此處"蠅"當讀爲"繩"。《爾雅·釋器》："繩之，謂之縮之。"郭注："縮者，約束之。《詩》曰：'縮版以載。'"由以繩束物，引申而爲抽象意義上的約束。如《史記·秦始皇本紀》："諸生皆誦法孔子，今上皆重法繩之。"又《鹽鐵論·大論》："杜大夫、王中尉之事，繩之以法，斷之以刑，然後寇止奸禁。"簡文"蠅"即用此義。"不期而可繩"，言天時之運行，自有自然之規律制約着，無需期約也；正與同篇簡2"至信女（如）眚（時），北至而不結"相應。

《中山大學學報論叢》1999-6，頁147

○**李零**（2003）　（編按：郭店·忠信之道4—5"不期而可蝗者"）讀爲"遇"。

《郭店楚簡校讀記》（增訂本）頁102

○**李鋭**（2003）　（編按：郭店·忠信之道4—5"不期而可蝗者"）簡文確是从黽从虫从土，黽字頭部稍有訛，與虫有筆畫共用，依形可以隸定爲"鼀"。疑从"蠅"聲，讀爲"承"。"蠅"與"繩"、"繩"與"承"古通，"蠅"古音爲喻紐蒸部字，"承"爲禪紐蒸部字，"蠅"當可以讀爲"承"。《尚書·湯誥》："以承天休。"

《華學》6，頁90

○**劉釗**（2003）　（編按：郭店·忠信之道4—5"不期而可蝗者"）"墿"字从"土"，"婹"聲，應即"墺"字的繁文，在此讀爲"要"，訓爲"約"。

《郭店楚簡校釋》頁164

○**禤健聰**（2008）　（編按：郭店·忠信之道4—5"不期而可蝗者"）按，此字釋讀的關鍵是對其上部所从𦉪旁的認定。𦉪與楚簡"要"字的寫法有較大差異，應非"要"之變體。金文"黽"字作（師同鼎），戰國文字舊釋爲"黽"的字如（鄂君啟車節），形體與𦉪均有明顯差別，"黽"字下部是絕不分叉的。郭店《成之聞之》簡30有字作，《楚文字編》繫之於"鼂"字下，以爲上从"黽"，其實是从"寅"。凡此可知，上揭之字不能隸定爲"蝗"。𦉪亦非"禺"，其上部作，並非蟲頭，而是"目"旁，與《古文四聲韻》卷五引《古老子》"目"字寫法相同。本篇"親"字寫作（簡2），其上所从之"目"亦與此形同；與本篇字形相近的《唐虞之道》，"目"字也寫作（簡26），可爲明證。新出上博楚簡"寅"字或體寫作（《采風曲目》簡2）若（《昭王毀室·昭王與龔之脾》簡7），其上均作目形，與𦉪顯然是同一個字。楚簡"寅"字从目，實由商周金文"寅"字或體訛變而來：

元年師兌簋　　　克鐘　→　　師趞鼎　→　　宴簋

包山簡182有人名作，當隸定爲"遾"。

既知𩨆是“寅”字,則𩨆無疑應隸定爲螾。“螾”疑是“蚓”之異體(“螾”之繁構),簡文中與“養”對文,故可讀爲“演”。《國語・周語》:“夫水土演而民用也。水土無所演,民乏財用,不亡何待?”韋昭注:“水土氣通爲演,演猶潤也。”王引之《經義述聞》:“演,潤也,土得水則潤,潤則生物,而民得用之。若水竭,則土無所演,不能生萬物,而民失其用矣。”本篇簡6—7云:“忠之爲道也,百工不楛而人養皆足;信之爲道也,群物皆成而百善皆立。”正與之對應。

《古文字研究》27,頁370—371

蚰 

集成980魚鼎匕

○**李零**(1998)　誕又(有)蚰(昏)人(**中略**)

從前有個糊塗人。

《李零自選集》頁78

○**何琳儀**(1998)　蚰,甲骨文作𧈧(京津六二三)。从二虫,會二虫之意。虫亦聲。蚰,見紐諄部;虫,曉紐脂部。曉、見爲喉、牙通轉,脂、諄爲陰陽對轉,蚰爲虫之準聲首。春秋金文作𧈧(曾仲大父蛕簋蛕作𧈧)。戰國文字承襲商周文字。《説文》:“蚰,虫之總名也。从二虫。讀若昆。”

魚顛匕“蚰尸”,讀“昆夷”,西戎之國名。《漢書・成帝紀》:“則草木昆字,咸得其所。”注:“許慎《説文》云,二虫爲蚰,讀與昆同。”是其佐證。《孟子・梁惠王》下:“文王事昆夷。”《竹書紀年》帝乙二年:“王命南仲,西拘昆夷。”亦作“混夷”(《詩・大雅・緜》“混夷駾矣”)、“畎夷”(《史記・匈奴傳》“周西伯昌伐畎夷”)、“犬夷”(《史記・齊世家》“文王伐崇、密須、犬夷”)、“串夷”(《詩・大雅・皇矣》“串夷載路”)。

《戰國古文字典》頁1174

蠶 

上博四・采風3

○**馬承源**(2004)　蠶亡　曲目。《説文・蚰部》:“蠶,任絲蟲也。从蚰,朁聲。”小篆“蠶”字與簡文同。古代有祭蠶神之儀,后妃享先蠶,爲蠶祈福。《禮記・祭

統》:“是故天子親耕於南郊,以共齊盛;王后蠶於北郊,以共純服;諸侯耕於東郊,亦以共齊盛;夫人蠶於北郊,以共冕服。”“蠶亡”疑是育蠶曲詞的首二字。

《上海博物館藏戰國楚竹書》(四)頁 167

蝨(蚤) 蚤 蚘

蚤 睡虎地·日乙 135

郭店·尊德 28　　望山 1·9

上博五·鬼神 7　　集成 980 魚鼎匕

○**容庚**(1985)　蚘 《説文》所無,《玉篇》蚘與蚘同,《廣韻》:“人腹中長蟲也。”《集韻》:“蚩蚘,古者諸侯號。通作尤。”

《金文編》頁 874

○**朱德熙、裘錫圭、李家浩**(1995)　(編按:望山 1·9“尚毋爲大蚤”)此字簡文作“蚤”,漢隸“蚤”字亦多從“又”。疑“蚤”當讀爲“慅”,憂也。以上是貞問之辭,大意説:恕固有病,不能進食,希望不至於成爲大問題吧。

《望山楚簡》頁 90

○**何琳儀**(1998)　蚘,從虫,尤聲。蚘之異文。《集韻》:“蚘,《説文》腹中長蟲。或作蚘。”

魚顛匕“蝨蚘”讀“蚩尤”。《集韻》:“蚘,蚩蚘,古者諸侯號。通作尤。”

《戰國古文字典》頁 14

蚤,甲骨文作竹(類纂一八五〇)。從虫從又,會蟲嚙人手之意。本應隸定蚼或蚉。檢《字彙補》:“蚉,與蚤同。見漢逢童碑。”戰國文字承襲商代文字。馬王堆帛書作蚤(秦漢一三·一九),與戰國文字一脈相承。小篆上誤從叉。叉、爪古本一字。《説文》:“蝨,齧人跳蟲。從蚰,叉聲。叉,古爪字。蝨,蝨或從虫。”許慎誤會意爲形聲。叉應歸爪聲首,蚤應爲獨立聲首。

望山簡蚤,讀早。《儀禮·士相見禮》“問日之早晏”,注:“古文早作蚤。”《詩·豳風·七月》“四之日其蚤”,《禮記·王制》注引蚤作早。均其佐證。

《戰國古文字典》頁 226

○**裘錫圭**(1998)　(編按:郭店·尊德 28—29“惪之流,速唐檔蚤而逯命”)此句讀爲“惪(德)之流,速唐(乎)檔(置)蚤(郵)而逯(傳)命”。《孟子·公孫丑上》:“孔子曰：德之流行，速於置郵而傳命。”

《郭店楚墓竹簡》頁 175

○**陳劍**（2004） 這樣看來，這例（_{編按}：郭店・尊德 28—29“惪之流，速唐楮蚤而逹命”）以“又”爲聲符的“蚤”字，跟殷墟甲骨文一直到秦漢文字裏從“又”從“虫”會意的“蚤（蚤）”字，顯然是不同的。

再回過頭去看前引望山楚簡的“蚤”字，它無疑也應該改釋爲以“又”爲聲符的“蚤”，讀爲“尤”。同類用法的“尤”古書常見，舊注多訓爲“過”。占卜而說“尚毋爲大尤”，跟卜筮之書《周易》裏也數見“無尤”相合。“爲大尤”的說法見於《左傳・襄公二十二年》：“敝邑欲從執事，而懼爲大尤。”“又、尤”古音相近。《尊德義》中以“蚤”爲郵驛之“郵”，“郵”字在古書裏也常用爲“過郵”之意，在這個意義上它跟“尤”表示的是同一個詞，兩字通用的例子極多，請參看高亨、董治安《古書通假會典》第 372 頁“尤與郵”條。

通過以上討論我們可以得到這樣的認識：在戰國出文字裏，“蚤”是一個以“又”爲聲符、可表示“郵”或“尤”的字（楚文字裏這類“蚤”字結構的分析有兩種可能：第一，它就是一個從“虫”，“又”聲的字，跟“蚤（蚤）”字本無關係，二者只是偶然形成的同形字。關於同形字問題，參看裘錫圭《文字學概要》，商務印書館 1988 年版。另一種可能是，因爲“蚤（蚤）”字中包含有“又”這個偏旁，所以就可以也念作“又”。戰國文字中這類現象也有不少例子，參看李家浩《從戰國“忠信”印談古文字中的異讀現象》，《北京大學學報》1987 年 2 期）；而在秦漢人筆下，“蚤”卻是後來的“蚤”字。

《新出土文獻與古代文明研究》頁 138

○**禤健聰**（2008） 新蔡簡有與上舉望山簡“蚤”字用法一致的字，作 ：
　　尚毋爲蚤。（甲三 143）
字又作愁、忎、訧、忧：
　　不爲愁。（甲三 10）
　　解訧懌愁。（甲三 61）
　　毋爲忎。（甲三 198+199-2）
　　不爲訧。（零 204）
　　不爲忧。（零 472）
諸字皆從尤聲，實爲一字異寫，在簡文中讀爲“尤”。頗疑望山、郭店簡之“蚤”，爲“蚤”換用聲符而來。“尤、又”作爲聲符換用楚簡有迹可尋，如“友”字或作 （郭店《語叢三》簡 6），所從之“又”增飾筆，與《說文》“友”字古文作

"芔"同；又作🐛（郭店《六德》簡 30）、🐛（上博《天子建州》乙簡 10），變从
"尢"。郭店《六德》簡 16"勞其🐛🐛之力弗敢憚也"，第四字釋爲"憂"或"蚤"，
均無不可。又，新出上博《競公瘧》簡 10"古、蚤以西"，即《左傳·昭公二十
年》之"姑、尤以西"。"蚤"既寫作"蚤"，遂與甲骨文一直到秦漢文字裏从
"又"从"虫"會意的"蚤（蚤）"同形。上揭陳文分析楚簡"蚤"與"蚤（蚤）"的
關係有兩種可能：同形或異讀。現在我們知道，當以前一種爲是。"尢"是在
"又"上增筆指事，故《離騷》之"騷/蚤"也可能是由"蚤"字訛變。

　　新出上博《鬼神之明·融師有成氏》簡 7"蚩尤"之"尤"作🐛，所从"尤"當
是魚鼎匕🐛字所从之"尤"與新蔡簡"尤"符寫法的結合。

　　　　　　　　　　　　　　　　　　　　　　　《古文字研究》27，頁 372

△按　戰國楚簡之"蚤"或以又爲聲，或从尤得聲，與跳蚤之｛蚤｝爲同形字。

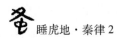
螽 𧒂 蚤

蚤 睡虎地·秦律 2

○睡簡整理小組（1990）　螽（音中），蝗蟲。

　　　　　　　　　　　　　　　　　　　　　　《睡虎地秦墓竹簡》頁 20

○湯餘惠等（2001）　同螽。

　　　　　　　　　　　　　　　　　　　　　　　《戰國文字編》頁 872

蠹 蠹

蠹 睡虎地·效律 42

○睡簡整理小組（1991）　蠹突，被蟲嚙穿。

　　　　　　　　　　　　　　　　　　　　　　《睡虎地秦墓竹簡》頁 73

蠡 蠡

蠡 集粹

△按　《説文》："蠡，蟲齧木中也。从䖵，彖聲。"

蠹

郭店・語四 18

○**荆州市博物館**(1998)　讀爲"蛩"。

《郭店楚墓竹簡》頁 217

○**裘錫圭**(1998)　蛩,除解釋爲蚰蜒外,亦有解釋爲百足蟲的。

《郭店楚墓竹簡》頁 218

蝨

陶彙 3・143

○**楊澤生**(1997)　《陶徵》二一〇收録如下一字:

　　　　E1 [古陶字]《古陶》3.143　　　　E2 [古陶字]《古陶》3.144

此字原書釋爲"蝨"。按"民"字金文作[字]、[字]等形,其豎畫不出頭,與 E 上部不同,故將其釋"蝨"非是。E 其實從"蚰"從"女","女"旁豎畫下部加一短橫,與璽文"女"作[字](《古璽》0177"迠"字所從)、陶文"母"作[字](《古陶》3.733)同類。《玉篇》虫部收有"蝨、蝨"二字,皆訓爲"蟲名"。按"蚰、虫"二字作爲形旁可以通用,《説文》"蝘"或作"蝘"、"蚳"或作"蝨"是其例。如、奴二字皆從女聲,故女、如、奴三字古通。例如"忞"字,《説文》以爲是"恕"字的古文,魏正始石經以爲是"怒"字的古文。據此,E 既可能是"蝨"字的異體,也可能是"蝨"字的異體。不過,"蝨、蝨"音近義同,很可能就是同一個字的異體。

《中國文字》新 22,頁 251—252

○**何琳儀**(1998)　蝨,從蚰,女聲。疑蝨之異文。《玉篇》:"蝨,虫名。"
　　戰國文字蝨,人名。

《戰國古文字典》頁 561

蝨,從女,蟲省聲。蚤與蚰形音均不同。

　　楚簡"蝨舍",讀"鬻熊"。《爾雅・釋獸》:"猶如麂。"釋文:"猶,舍人本作鬻。"猶、由音義相通,典籍習見。而由與融通。《左・昭五年》:"吳子使其弟子蹶由犒師。"《韓非子・説難》下"蹶由"作"厤融"。此融(嫸)、由、猶、鬻相通之旁證。“鬻熊”,楚先祖名,見《史記·楚世家》。

《戰國古文字典》頁 276

氓

集成 11383 鄾侯奄作戎戈

△按　“蚔”之異體,參見“蚔”。

蠢

郭店·語一 49

○**陳偉武**(2000)　蠢字原篆作,整理者隸定可靠,而無說釋。今按,此字實從本,蚰聲,表“根本”義,即“根”之異體字。《老子》甲 21 號簡“又(有)(狀)蟲〈蚰〉成”,把“蚰”誤寫爲“蟲”,整理者注釋已指出:“‘蚰’即昆蟲之‘昆’的本字,可讀爲‘混’。”睡虎地秦簡《田律》“蚤(蚤)蚰”之“蚰”即用爲蟲類總稱。蚰,見紐文部字,故見紐文部字的“根”可以之爲聲符另造新字“蠢”。

《華學》4,頁 77

○**劉桓**(2005)　凡勿(物)又(有)蠢又(有)卯,又(有)終又(有)絧(始)(《語叢一》)

　　蠢、卯即本、末。卯可讀末,古從卯聲字可與從未或末聲字相通假。如柳與昧通,《書·堯典》“曰昧谷”,《尚書大傳》作“柳穀”,《史記·五帝本紀》“曰昧谷”,《集解》引徐廣曰:“一作柳谷。”末與未聲字相通,如《史記·外戚世家》“而桀之放也以末喜”,索隱:“《國語》:‘桀伐有施,有施以妹喜女焉。’”故卯可讀末。簡文此語,實見於《禮記·大學》“物有本末,事有終始,知所先後,則近道矣”,可相印證。

《簡帛研究二〇〇二—二〇〇三》頁 62

△按　“蠢”若釋爲“本”,則無法解釋何以從蚰。

可蚰

上博二·容成 19

○**李零**（2002）　嚞，即“苛”，與“簡”相反，是煩瑣之義。

《上海博物館藏戰國楚竹書》（二）頁 265

蚰

包山 21

△**按**　“蚰”之異體，參見“蚰”字條。

䖵

陶彙 5·508

○**何琳儀**（1998）　䖵，从蚰，台聲。蛤之繁文。《廣韻》：“蛤，《説文》云，黑
貝，亦珠蛤。”

古陶䖵，人名。

《戰國古文字典》頁 58

蟲

包山 81　　侯馬 16：2

△**按**　“畫”之異體，參見“畫”字條。

蚰

集成 980 魚鼎匕

△**按**　“蚩”之異體，參見“蚩”字條。

蟲

郭店·老甲 33

○**荆門市博物館**（1998）　蝱（蜾）蠆蟲它（蛇）弗蘁（蠚）。

○**裘錫圭**（1998）　（編按：郭店·老甲33"蝱蠆虫它弗蘁"）疑"弗蠚"之上字當釋爲"蝟蠆虫（虺）它（蛇）"。

○**李零**（1999）　見卷十三"蠆"字條。

○**劉國勝**（1999）　（編按：郭店·老甲33"蝱蠆蟲它弗蘁"）《老子》甲組三三號簡有字作"𩑔"，原釋作"蜾"。應隸作蝱，讀爲蜂。此字从囱从蚰，囱旁寫法與楚簡"思"字所从囱形同。《説文》："思，容也。从心，囱聲。"此字从蚰會形，从囱得聲。囱屬清紐東部字，夆屬並紐東部字。囱、夆古音相近。此字帛書《老子》乙本作"蠡"，甲本作"逄"。今通行本大多寫作"蜂"。蜂指的是一種尾部有螫針的毒蜂虫。

○**黄錫全**（2000）　（編按：郭店·老甲33"蝱蠆蟲它弗蘁"）這一句見於今本《老子》55章。

　　　　河上公本作"毒蟲不螫"。
　　　　王弼作"蜂蠆虺蛇不螫"。
　　　　傅奕本作"蜂蠆不螫"。
　　　　帛書甲本作"逄（蜂）𧒅（蠆）畏（虺）地（蛇）弗螫"。
　　　　帛書乙本作"蠡癘（蠆）虫（虺）蛇弗赫（螫）"。

　　第一字作𩑔，釋文隸定爲蝱，不誤，釋爲"蜾"，則非。郭店簡从鬼之字有作如下之形：

　　　　畏（褽）作　𩇓 𩇓《老子》乙5
　　　　畏（愧）作　𩇓　《老子》丙1

　　其中的區別是，"鬼"在鬼頭的下文一般有兩筆或一筆，而𩑔字没有。《説文》蜾，"蛹也。从虫，鬼聲。讀若潰"。蛹，"繭蟲也"。段玉裁注即繭中蛹。

　　如釋蝟，也有一定困難。郭店楚簡胃多作如下形：

　　　　𩇓《老子》乙5、《五行》1—3等　　　　或作𩇓（䏮）《語叢》三：15

　　𦧝、𦧝與𩑔所从之𦧝有所區別。蝟即《説文》彙或字，"似豪猪而小"（據段注），即刺猬。

　　不論是釋蜾，還是釋蝟，其意與此句文義不大貼切。

　　此字上部从⊕即由,與包山楚簡中的由形相同。此形與上舉郭店簡“畏”字所从小有區別,當是書寫習慣不同之故。楚簡的“由”形多與此同,是其佐證。《説文》由,“鬼頭也。象形”。鬼字上部雖是由,但二字讀音有別。

　　𪘚字从由聲,字書不見。由屬幫母,物部。蠭从夆聲,古屬並母東部。幫、並同屬脣音。由、丰一聲之轉。因此𪘚,可以讀爲蠭,而且有可能就是蠭字異體。《説文》:“蠭,飛虫螫人者。从蚰,逢聲。”古文作𧑟。

　　《方言》十一:“蠭,燕趙之閒謂之蠓螉。”《廣雅・釋蟲》:土蜂,“蠮螉也”。蠓螉疊韻連語,蠮螉雙聲連語。《禮記・檀弓》:“范則冠而蟬有緌。《内則》:“爵鷚蜩范。”鄭注並云:“范,蜂也。”范屬並母談部,蠭、范一聲之轉。《左傳》僖公二十二年:“蠭蠆有毒。”

　　故《老子》蜂,郭店楚簡也可以作𪘚。

　　第二字蠆,下从二虫,同《説文》或體,就是蝎子一類的毒虫。

　　第三字就是第二字下部所从的虫,帛書甲本作畏,應該讀爲虺,就是古書所説的一種毒蛇。

　　第四字它,即蛇。《詩・小雅・節南山》:“胡爲虺蜴。”“虺蛇”如同“虺蜴”。

　　第六字从虫从若,就是《説文》的蒻,“螫也。从虫,若省聲”。

　　此句的意思是:蜂蠆、虺蛇之類的毒虫不會來螫傷。

《郭店楚簡國際學術研討會論文集》頁 457—458

○**劉釗**(2003)　（編按:郭店・老甲 33“𪘚蠆蟲它弗蓋”）“𪘚”从“鬼”省,古音“鬼”在見紐微部,“虺”在曉紐微部,韻部相同,聲爲喉牙通轉。

《郭店楚簡校釋》頁 23

△**按**　“𪘚蠆虫它”當從裘錫圭讀爲“蝟蠆虫(虺)它(蛇)”,唐杜甫《前苦寒行》之一:“漢時長安雪一丈,牛馬毛寒縮如蝟。”仇兆鰲注引《炙轂子》:“蝟似鼠,性獰鈍,物少犯則毛刺攢起。”蝟,今作“猬”。

蚰
蟲

上博二・容成 5

△**按**　“蟲”之異體,參見“蟲”字條。

蚰

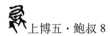上博五·鮑叔 8

○陳佩芬（2005）　（編按：上博五·鮑叔 8“公蚰亦不爲害”）“蚰”，从君从蚰。《説文通訓定聲》：“从二虫，會意，讀若昆，經傳皆以昆爲之。昆，衆也。”《大戴禮記·夏小正》“昆小蟲抵蚳”，鄭玄注：“昆者衆也。”“公衆”，泛指一般人民而言。

《上海博物館藏戰國楚竹書》（五）頁 190

△按　“蚰”所从之蚰，應爲形符，而非聲符，陳説非也。

螽

侯馬 156：26

○何琳儀（1998）　螽，从蚰，舍聲。蛞之繁文。蛞又蝓之異文。《集韻》：“蝓，蟹醢。或从舍。”

晉器螽，人名。

《戰國古文字典》頁 535

蟁

璽彙 1868

○何琳儀（1998）　蟁，从蚰，疾聲。蛟之繁文。《集韻》：“蛟，水蟲。似龍，出南海。”《方言》八：“守宮，東齊海岱謂之蝘蜓。”

古璽蟁，人名。

《戰國古文字典》頁 333

螱

包山 227

△按　“螽”之異體，參見“螽”字條。

蟲

信陽 2・3

___

△按　"螻"之異體,參見"螻"字條。

螽

陶彙 3・105

___

○**高明**(1990)　螽。

《古陶文彙編》目録索引,頁 12

○**何琳儀**(1998)　螽,從蚰,敓聲,疑蜕之繁文。《説文》:"蜕,蟬蛇所解皮也。從虫,兌聲。"

齊陶螽,人名。

《戰國古文字典》頁 1033

蠆

包山 185　　郭店・老甲 33　　侯馬 92:20

___

△按　"蠆"之異體,參見"蠆"字條。

盦

信陽 1・4

___

○**中大楚簡整理小組**(1977)　☐[相]迿,如盦相保,如芥毋倨。桷☐☐

迿如之間有絤痕。迿同附。盦,字書未見,當即虺。春秋戰國時的青銅器,常飾以蟠虺紋,其狀或若虺之蟠繞,或若干虺形相連接,或虺形蟠曲如圓球(參考容庚《商周彝器通考》上册 148 頁)。簡文言"如盦相保",乃以蟠虺爲喻。

《戰國楚簡研究》2,頁 12

○**何琳儀**(1998)　盦,從蚰,會聲。疑蛤之繁文。《説文》:"盒,蜃屬,有三,皆生於海。千歲化爲盒,秦謂之牡厲。又云,百歲燕所化,魁盒,一名復累,老服異所化。从虫,合聲。”

　　信陽簡盒,讀蛤。

《戰國古文字典》頁 894

蠅

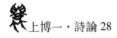上博一·詩論 28

────────────

△按　“蠅”之異體,參見“蠅”字條。

蟲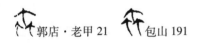

　　○**荊州市博物館**(1998)　“蚰”即昆蟲之“昆”的本字,可讀爲“混”。

《郭店楚墓竹簡》頁 116

　　○**何琳儀**(1998)　蟲,金文作 (師虤鼎纍作)。从三虫會意。《説文》:“蟲,有足謂之蟲,無足謂之豸。从三虫。”

　　包山簡蟲,人名。

《戰國古文字典》頁 275

【有狀蟲成】

　　○**楊澤生**(2001)　三、有狀融成,先天地生。(《老子》甲組 21 號)

　　簡文“狀”字原字形从“首”“爿”聲,整理者曾懷疑釋作“道”,現在學者們大多將它釋作“狀貌”之“狀”。這是很對的。關於“狀”字的意義,裘錫圭先生認爲就是見於《老子》第十四章“無狀之狀”的“狀”,趙建偉先生則讀作“象”,並認爲“狀與象音義本相通”。

　　“融”字原作“蟲”。整理者認爲是寫作兩個“虫”形的“昆”的錯字,讀爲“混”。用作意符的“蟲”和“昆”雖然可以相通,但其用作單字時未見相通之例,所以整理者把簡文“蟲”看作是“昆”的錯字;而將“昆”讀作“混”則可以跟帛書本和今本對應起來。這似乎是文從字順的。但“蟲”爲“昆”的錯字只能是一種可能。我們懷疑簡文“蟲”應讀作“融”。《説文》“融”字籀文从“鬲”,“蟲”聲,“融”是個从“蟲”省聲的字,因此“蟲”和“融”相通是沒有問題的。關於"融"字的意義,《說文・鬲部》:"融,炊氣上出也。"徐鍇《說文解字繫傳》:"氣上融散也。"張舜徽《說文解字約注》:"融之本義爲炊氣上出,經傳中多假蟲爲之。《詩・大雅・云漢》:'蘊隆蟲蟲。'毛傳云:'蟲蟲而熱。'正義云:'是熱氣蒸人之貌。'熱氣蒸人,無有甚於炊氣上出者,《詩》曰'蟲蟲',猶云'融融'也。"今本"混成"的意義,或說是"渾然而成;指渾樸的狀態";或說"混"爲"豐流",指"水勢盛大","引申對'涌現之狀'的描述"。"融成"之"融"則爲熱氣蒸騰的狀態,似乎和今本的"混"相差不大,只是更爲生動形象。

《中國文字》新 27,頁 165—166

○王輝(2001)　"有狀蟲(蚰)成",正說的是天地鴻蒙、混沌未開時的狀態。對此學者多有認同。陳鼓應說:"'混成',混然而成,指渾樸的狀態。"劉信芳雖然把"有"看作一種句詞主語,但也說:"'有'既已生,則作爲一種狀態而存在。"

古書中也有關於渾敦(沌)之狀的描寫,《山海經・西次三經》云:"又西三百五十里,曰天山,多金玉,有青雄黃……有神焉(或作鳥),其狀如黃囊,赤如丹火,六足四翼,渾敦無面目,是識歌舞,實爲帝江。"畢沅云:"江讀如鴻……帝鴻氏有不才子……天下謂之渾沌。"

蟲與蚰古文字多混用。《老子》簡本甲 33 簡"螝(虺)蠆蚰它(蛇)弗惹"傳世范應元本作"毒蟲虺蛇弗螫","蠆蚰"即"毒蟲"。又如蠱字甲骨文又作"𧌩"(《合集》264)、"𧌥"(《合集》301)。《說文》:"蚰,蟲之總名也,讀若昆。"昆又讀爲混。簡本"蟲"字帛書甲、乙本作"昆",王弼本作"混",正反映了秦漢魏時人們的這一理解。讀"蟲"爲同。似過於迂曲。

"狀"字帛書本、王弼本均作物,也不是沒有原因的。在戰國秦漢之閒,狀、物二字形近易混。狀字始皇詔作"𤕝",帛書《相馬經》作"𤕟",睡虎地秦簡 14.87 作"狀",《漢印文字徵》作"𤖝";物字睡虎地秦簡 23.1 作"物",帛書《戰國縱橫家書》作"物",武威簡《儀禮・燕禮》作"物",左、右二部分皆易混淆。王本之"物"爲"狀"之訛。再說,以"物"代"狀",在字義上也勉強講得下去,因爲"物"也可代指道。《老子》二十一章說:"道之爲物,惟恍惟忽。"所謂"道之爲物"就是"道這個東西",二者是一致的。

《簡帛研究二〇〇一》頁 170—171

蠢　𧍙

𧋈
璽彙 3845

○**何琳儀**（1998）　蚩，从虫，非聲。蠚之省文。《説文》：“蠚，臭蟲，負蠜也。从蟲，非聲。蚩，蠚或从虫。”

　　燕璽蚩，人名。

蠱 蠱 盅

盅 侯馬 105:1

盅 上博三·周易 18

○**何琳儀**（1998）　蠱，甲骨文作盅（京都四五四）、盅（佚七二三）。从虫或从蚰，从皿，會聚蟲於皿中生成蠱毒之意。戰國文字从蟲，與小篆同形。《説文》：“蠱，腹中蟲也。《春秋傳》曰，皿蟲爲蠱。晦淫之所生也。臬桀死之鬼亦爲蠱。从蟲从皿。皿，物之用也。”

　　侯馬盟書蠱，人名。

風 鳳

鳳 睡虎地·效律 42　　鳳 楚帛書

○**曾憲通**（1983）　全銘最末一字作鳳，當是風字。《説文》：“鳳，从虫，凡聲，古文作鳳。”凡聲之凡，篆文作凡，古文作凡。戰國楚帛書作凡，殆即《説文》古文所從出。鐘銘鳳字與古文甚近，中閒豎筆，或即凡之旁畫内移，否則僅是飾筆而已。《汗簡》引碧落碑文風字作鳳，頂端稍殘，而中閒亦一豎筆。鐘銘之“風”，宜讀爲諷。諷者誦也，是詅諷即吟誦。

○**何琳儀**（1998）　《説文》：“風，八風也。東方曰明庶風，東南曰清明風，南方曰景風，西南曰涼風，西方閶闔風，西北曰不周風，北方曰廣莫風，東北曰融風。風動蟲生，故蟲八日而化。从虫，凡聲。鳳，古文風。”

　　帛書“風雨是於”，讀“風雨是謁”。《山海經·大荒北經》：“不食不寢不息，風雨是謁。”謁，喝或鳴之借字。“風雨是謁”謂呼風喚雨。帛書“風雨”，見《書·洪範》：“月之從星，則以風雨。”

睡虎地簡風，風吹。《孟子·公孫丑》下：“有寒疾不可以風。”《廣雅·釋言》：“風，吹也。”

○**曾憲通**（1999）　“風”字何以从虫？其古文何以从日？這個問題，自許慎以來似乎還没有人説得清楚。儘管有人懷疑過《説文》“風動蟲生，故蟲八日而化”的解釋，想從先秦文字中找到反證；可是長沙楚帛書中卻偏偏出了個从虫，凡聲的“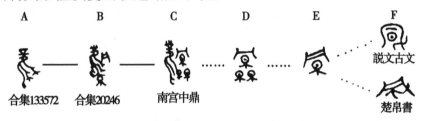”字，可見《説文》所收的篆文有所本，問題在於對風字的形體結構作何解釋。

近讀黄錫全同志所著《汗簡注釋》，很受啓迪，深信要揭開楚帛書字及其古文之謎，實有賴於對甲骨文、金文資料的細緻分析。黄錫全同志指出：“甲骨文假鳳爲風，《説文》風字古文作，當由、等形省變。”綜觀先秦風字的資料，其形體演變的軌迹略如下表：

表中甲骨文例 A 以鳳爲風，例 B 是在 A 的基礎上加“凡”爲聲符。例 C 爲金文，已將鳳尾紋飾與鳳體分離，且移置聲符“凡”之下，形成左右式並列結構，其右旁之，則爲風字之濫觴。例 D 是 C 的省簡，由偏旁獨立成字，例 E 是 D 的進一步簡化，即由聲符和單個鳳尾紋飾所組成。此形體爲風字的分化提供了條件。D、E 二形雖然尚無出土資料的實證，然而卻合乎字形發展的一般規律，應是可信的。漢夏承碑風字作，孟孝琚碑作，皆是形的變體，並可作爲字存在的旁證。例 F 和 G 則分別是 E 的分化和省變，即在聲符“凡”之下，《説文》古文取鳳尾紋飾之上部“⊙”而成字；楚帛書取尾飾之下部“”而成字。兩相對照，若合符節。由此可見，風字自甲骨文時代至今皆假鳳爲之，不過後代分別以其尾飾之局部代替鳳體，故不易爲人所覺察。尾飾之，猶孔雀尾端之錢斑，是鳳鳥別於其他鳥類的主要特徵，故以之代表鳳之整體。其本與虫、日無關，許慎以其字形與虫、日相類，遂以“風動蟲生，故蟲八日而化”强爲之解，是不足爲據的。

它 〔图〕

〔图〕睡虎地・答問 25　〔图〕郭店・老甲 33

○何琳儀（1998）　它，甲骨文作〔图〕（前二・二四・八），象蛇首、身、蜷尾之形。蛇之初文。西周金文作〔图〕（菲伯簋），蛇身雙鉤且於中閒加一紋飾。春秋金文作〔图〕（鄭伯匜），省紋飾。戰國文字承襲春秋金文。或收縮蛇身作〔图〕、〔图〕、〔图〕，或訛變作〔图〕、〔图〕、〔图〕（筆畫穿透）。秦系文字或作〔图〕，右上豎筆穿透橫畫之上，遂與小篆也字作〔图〕形近。戰國文字也作〔图〕、〔图〕，與它不同。也，定紐；它，透紐；均屬舌音。也、它形體雖來源非一，但因小篆已誤以它爲也，且音亦近，故典籍二字每多通用。小篆〔图〕應據秦刻石改作〔图〕。《説文》：“〔图〕，虫也。从虫而長，象冤曲垂尾形。上古艸居患它，故相問無它乎。蛇，它或从虫。”

　　趙方足布“貝它”，讀“貝地”，地名。參坨字。趙方足布“冊它”，讀“貫地”，地名。趙尖足布“陽它”，讀“陽地”，地名。中山王雜器它，讀佗。《集韻》：“佗，美也。”

　　包山簡“它人”，習見人名。參見合文“它人”。

　　秦璽“它人”，習見人名。睡虎地簡它，猶彼。

《戰國古文字典》頁 863

○袁國華（1998）　“它”字見簡本《六德》第 16 簡，字形作〔图〕。《釋文注釋》未作隸定亦無任何説明。此字字形頗爲奇特，然而若將此字以順時針方向稍微移動，字形便會變作〔图〕，將之與楚簡常見的“它”字作一對比，便不難發現〔图〕字，無疑也是“它”字了。《郭店楚簡》“它”字作：

　　　　〔图〕見《忠信之道》簡 7　　　〔图〕見《六德》簡 14　　　〔图〕見《老子》甲簡 33

此外，還有一些从“它”的字，如“坨”“塦”“窪”及“沱”等，字形分別作：

　　　　〔图〕見《語叢》四簡 16　　　〔图〕見《窮達以時》簡 5

　　　　〔图〕見《語叢》一簡 12　　　〔图〕見《五行》簡 17

如仔細觀察“它”字的結構，便會發現“它”字的書體可分爲兩類：一作“〔图〕”；一作“〔图〕”，細微的分別在於“〔图〕”下的筆畫。“〔图〕”下作“〔图〕”，左邊一筆較長，从左上方向右下方延伸；“〔图〕”下作“〔图〕”，右下一筆較長，从右上方運筆至左下方，然後再折返而止於右下方。“〔图〕”的構形，與後者相同。

　　“它”與“施”通假。簡本《忠信之道》第 7 簡“君子其它（施）也忠”，以及

《六德》第14簡"因而它(施)禄焉"兩處"它"與"施"通假之例,可以爲證。

將《六德》第13、14、15、16、17簡,合而觀之,便知把""讀作"它",與"施"通假不誤。簡文云:

> ……子弟大材藝者大官,小材藝者小官,因而它(施)禄焉,使之足以生,足以死,謂之君,以義使人多。義者,君德也。非我血氣之親,畜我如其子弟,故曰:苟濟夫人之善它(它/施),勞其𥅆恣(?)之力弗敢憚也,危其死弗敢愛也,謂之以忠事人多。忠者,臣德也。

此即簡本《忠信之道》"君子其它(施)也忠"等觀念的一種擴充説法。

《中國文字》新24,頁144—145

毦

毦 璽彙1446

○**羅福頤等**(1981) 毦。

《古璽彙編》頁154

○**何琳儀**(1998) 毦,从它,取聲。
晉璽毦,人名。

《戰國古文字典》頁387

𧍛

𧍛 天星觀

○**何琳儀**(1998) 𧍛,从它,則聲。疑蝍字異文,亦作蟙。《集韻》:"蟙,或从則。"《廣韻》:"蟙,食禾節虫,亦作賊。"

《戰國古文字典》頁95

𧏨

𧏨 天星觀

○**何琳儀**(1998) 𧏨,从它,龍聲。疑䲨之異文。見䲨字。

天星觀簡𪔊,不詳。

《戰國古文字典》頁 428

珍秦 142　　　集成 12110 鄂君啟車節　　　郭店·緇衣 46

上博一·緇衣 24

○**郭沫若**(1958)　　(編按:鄂君啟車節"毋載金革𪔊箭")"毋載金革罶箭":禁止私行運輸武器。《管子·地員篇》"五位之土……皆宜竹箭求罶",尹知章注云"求罶亦竹類也"。說者多以爲非,謂"求罶"均係誤字(參看《管子集校》924—925頁)。今此金節"罶箭"亦連文,足見《管子》書至少"罶"字並不誤。唯"求罶"或"罶"究係何物,苦難確定。以此銘求之,金與革既異類,則罶與箭必異類,故尹知章以爲"亦竹類",並不足信。疑是做弓幹之材料,《考工記·弓人》"幾取幹之道七:柘爲上,檍次之,檿桑次之,橘次之,木瓜次之,荊次之,竹爲下",無一相合者。但求罶要是植物,留以待考。

《文物參考資料》1958-4,頁 5

○**殷滌非、羅長銘**(1958)　　(編按:鄂君啟車節"毋載金革𪔊箭")罶,借爲萌。金革萌箭是製造武器的原料,禁止運往東方,恐其資敵。

《文物參考資料》1958-4,頁 10

○**于省吾**(1963)　　(編按:鄂君啟車節"毋載金革𪔊箭")"毋載金革罶箭"殷、羅謂罶借爲萌,未可據。罶應讀作箶,以聲求之,罶與箶同屬明紐。以韻求之,罶字的古讀屢有轉變,以"罶勉"謰語也作忞慲、瞀勉、閔勉證之,則入諄部,箶屬脂部,脂與諄陰陽對轉。典籍中的箶字也作篃或薇。《廣雅·釋草》:"箭、篃,籔也。"《説文》:"薇,竹也。"段注謂薇、箶古今字。晉戴凱之《竹譜》注謂箶"生非一處,江南山谷所饒也,故是箭竹類"。《山海經·中山經》謂"求山多箶"。《西山經》謂英山"其陽多箭篃",郭注:"今漢中郡出篃竹,厚裏而長節。"郭文謂《管子·地員篇》"五位之土……皆宜竹箭求罶",尹注訓"求罶"爲竹類,說者多以爲非;又謂"'求罶'或'罶'究係何物,苦難確定"。按《管子》的"求罶",當即《中山經》"求山多箶"的"求箶",蓋當時的求山以多箶著稱,則移植於他處,因而名之爲"求箶"或"求罶",也即胡麻、邛竹之比。《竹譜》謂箶竹"江南山谷所饒",則楚境實多產之。《西山經》和《廣雅》均以"箭篃"爲言,可爲節文“簹箭”連稱之證。節文言“毋載金革簹箭”：這都是軍用物資，故在禁運之列。獨於車節言之者，因爲陸行北通上國，意在防其資敵謀反。

《考古》1963-8，頁 445

○許學仁（1984） （編按：鄂君啟車節“毋載金革黽箭”）諸家考釋皆作黽，而説義多不可解。殷、羅二氏借“黽”爲萌；郭某以“‘黽’究係何物，苦難確定”疑爲弓幹之材料。或以“黽箭”連讀，謂以黽竹所作之箭。獨海城于思泊氏讀爲“簹”字，最爲允當，其説可從。錢大昕云：“凡輕脣之音，古讀皆爲重脣。”知微紐之字，古音皆讀明紐。如《詩・谷風》“黽勉同心”，韓詩作“密勿”，謑語亦作忞慔、文莫、暋勉、閔勉、蠠没。故簹字典籍或作“簢、薇”，然古讀皆如“黽”。

《廣雅・釋草》：“箭、簢，籦也。”《説文》：“薇，竹也。”段注：“按薇簹古今字也。如《禮經》古文眉作微，《爾雅》湄作溦之比。《西山經》‘英山其陽多箭多簹’，今本作‘簢’。郭云：‘今漢中郡出，厚裏而長節，根深，筍冬生。’戴凱之云：‘生非一處，江南山谷所饒也，故是箭竹類。’”又《山海經・中山經》：“求山多簢。”《管子・地員篇》：“五位之土，在岡在陵，在墳在衍，在丘在山，皆宜竹箭求黽。”竹箭求黽對舉，尹知章注云“求黽，亦竹類”不誤，簡文：“金革黽箭”，黽箭即求黽箭竹，皆主爲矢。《管子》名“求黽”，明其所自，簡文單稱“黽”者，明其用途。

故知簡文“黽”字，即《説文》之“薇”，《山海經》之“簢”，戴凱之《竹譜》之“簹”，乃箭竹一類，用作弓矢之材料也。

《中國文字》新 7，頁 147—148

○李零（1989） （編按：鄂君啟車節“毋載金革黽箭”）“黽箭”，《管子・地員》：“五位之土……皆宜竹箭求黽。”于省吾先生指出“求黽”即《山海經・中山經》“求山多簢”的“求簢”，“黽”應讀爲簢或簹，簹箭是竹材名。金屬、皮革和竹材，均屬禁運物資。

《古文字研究》13，頁 371

○何琳儀（1998） 黽，商代金文作（父丁鼎），象蛙類動物之形。西周金文作（師同鼎），主體訛作它（）形，四足省作兩足。春秋金文作（邵鐘鼉作）。戰國文字承襲兩周金文，兩足與腹部相連演變作、、、，它或訛作形，或於黽下加曰爲飾。《説文》：“，鼀黽也。从它，象形。黽頭與它頭同。凡黽之屬皆从黽。，籀文黽。”

《戰國古文字典》頁 732

○**裘錫圭**（2003）　上 24　“我🐛既厭”，“我”下一字郭 16 作🐛，今本作“黿”。《上博》和《郭簡》都把我們按原形摹出的字釋爲“黿”。這从文義看是對的，但從字形看則有問題。劉釗《讀上海博物館藏戰國楚竹書（一）》（發表於簡帛研究網站），指出上舉上 24 之字是古文“昆”字，甚確；但認爲此字以音近通“黿”，恐非。此字上舉郭 46 之字形近，後者其實是“黽”字。它們二者都應該看作“黿”的形近誤字。

《華學》6，頁 51

○**馮勝君**（2005）　（編按：鄂君啟車節“毋載金革黽箭”）我們認爲鄂君啟車節銘文中的“黽”字也是用作“黿”字的，“金革黽箭”即“金革黿箭”。《周禮·天官·内府》：“凡四方之幣獻之金玉、齒革、兵器，凡良貨賄入焉。”疏引《覲禮》：“一馬卓上，九馬隨之，黿、金、竹、箭，分爲三享。”《儀禮·覲禮》：“四享，皆束帛加璧，廳實唯國所有。”鄭注：“初享或用馬，或用虎豹之皮。其次享，三牲魚腊，籩豆之實，黿也，金也，丹、漆、絲、纊、竹、箭也，其餘無常貨。”從上引文獻可知，諸侯在覲見天子的時候，要用革、金、黿、箭等物品爲贄，如果把鄂君啟車節銘文中的“黽”讀爲“黿”，則“金革黿箭”恰好都是諸侯朝見天子時必備的貢品，這也證明我們把“黽”讀爲“黿”是合理的。“金革黿箭”是當時諸侯國君經常要用到的珍貴禮品，所以禁止自由買賣。

《漢字研究》1，頁 478

黽

郭店·窮達 7　　　包山 270

○**劉彬徽、彭浩、胡雅麗、劉祖信**（1991）　（編按：包山 270“二黽皷”）黽，鼉字異體，借作貅。

《包山楚簡》頁 66

○**劉信芳**（2002）　（編按：包山 270“二黽皷”）如果將“黽”字隸定爲“貅”，那麼“黽皷、黽髮、黽韅靯”等辭例中的“黽”是指“皷、韅靯”的質地而言的，但實際情況並不是如此。我們先看以下辭例：

削韅、靯（曾 3）

鞎韅、靯（曾 10、21、64、69）

削紫緑之靯（曾 98）

紫髮,紃約,紫韄靱(包 267—268、又 271)

紫髮,紉約,紫韄靱(包牘 1)

丹鰍之戴安(鞍)(望 2-8)

紫鞁(望 2-32)

紫髮(望 2-19)

　　削、鞁、紫、丹皆是用在器物名詞前面表示顏色的形容詞,據此包簡“鼂”亦應該是表示顏色的用語。包簡整理者謂“鼂”乃“黽”字異體,應是正確的意見。郭店簡《窮達以時》7“鼂卿”即“朝卿”,作爲顏色用語而又讀音如“朝”者,可知“鼂”應讀爲“草”。“草”之本義是一種可以染皁的植物果實(即橡實),因而所染之顏色亦稱之爲“早”,俗字作“皁”或“皂”。《釋名·釋采帛》:“皁,早也,日未出時,早起視物皆黑,此色如之也。”《廣雅·釋器》:“早,黑也。”又:“緇謂之早。”

　　包山二號墓所出漆奩上所繪之馬,其驂馬頸、背之服帶是紫色的,此所謂“紫韄、靱”;而服馬頸、背之服帶是深紅色的,此所謂“鼂韄、靱”。包簡之“鼂”與信簡之“雀”、天星觀簡之“小”、曾簡之“削”讀音相通(詳下條),作爲表示顏色的形容詞,以鄭玄所謂“黑多赤少”爲近是(詳下條引文)。

《古文字研究》24,頁 375

【鼂卿】

○**荊門市博物館**(1998)　斁(釋)板桎而爲鼂(朝)卿。

《郭店楚墓竹簡》頁 145

○**馮勝君**(2005)　(編按:郭店·窮達 7“釋板桎而爲鼂卿”)考慮到戰國楚文字材料中,“黽”字無論獨體還是偏旁,都是用作“黿”的,似乎還沒有發現確定無疑的用作本字的例子,所以我們認爲上引簡文中的“鼂”所从之“黽”有可能用爲“黿”。《莊子·逍遙遊》:“宋人有善爲不龜手之藥者。”“龜”應該讀爲“皸”,“皸”从“軍”聲,則“鼂(龜)卿”似乎可以讀爲“軍卿”。《左傳·襄公二十五年》“自六正、五吏、三十帥”,杜注:“皆軍卿之屬官。”據典籍記載,百里奚在秦,經常率兵征戰,在崤之戰中曾爲晉人所俘,秦穆公三十五年,百里奚帥師伐晉,以報崤之役,第二年“奚伐晉,濟河焚舟,取王官及郊,晉人不出(《左傳·文公三年》)……三十七年,用戎人由余謀,伐戎王。益國十二,開地千里,遂霸西戎(《史記·秦本紀》《左傳·文公三年》),奚之力也”。可見百里奚在秦以武功著稱,所以簡文稱之爲“鼂(軍)卿”。

《漢字研究》1,頁 479

鼈 鼈 蚩

鼈睡虎地·秦律 5

龍上博二·容成 5

○李零（2002）　魚蠱（鼈）獻。

《上海博物館藏戰國楚竹書》（二）頁 254

蠅 蛇 蠅

蠅上博一·詩論 28

○馬承源（2001）　青蠅　疑爲今本《詩·小雅·甫山之什》篇名《青蠅》。

《上海博物館藏戰國楚竹書》（一）頁 158

○何琳儀（2002）　"青蠅"，《考釋》疑爲今本《詩·小雅·青蠅》，甚確。然而未能釋出該字其上所從。按，該字上從與旁，已見楚簡：

蠅上海簡《詩論》二十八　　　蛇郭店簡《窮達以時》五

　　郭店簡"興"，釋文誤釋"遷"之所從。其實郭店簡此字與上海簡"蠅"有共同的偏旁，均應釋"興"。郭店簡《窮達以時》載呂望"興而爲天子師"，文義條暢。"興"與"蠅"均屬蒸部，故簡文"青蠅"，讀"青蠅"，即《詩·小雅·青蠅》。

《上博館戰國楚竹書研究》頁 256

鼂 鼂

鼂珍秦 172

○何琳儀（1998）　鼂，從黽，早省聲。《説文》："鼂，匽鼂也。讀若朝。揚雄説：匽鼂，蟲名。杜林以爲朝旦，非是。從黽從旦。鼂，篆文從皀。"

　　秦璽鼂，人名。

《戰國古文字典》頁 227

黿

包山 199　　新蔡乙四 130

○劉彬徽、彭浩、胡雅麗、劉祖信（1991）　黿。

《包山楚簡》頁 32

○何琳儀（1998）　黿，从黽，林聲。疑黿之異文。

包山簡黿，亦作黿。林、靁均屬來紐，聲系可通。"訓黿"，卜具。

《戰國古文字典》頁 1412

○賈連敏（2003）　黿（黿）。

《新蔡葛陵楚墓》頁 209

黿

天星觀

○何琳儀（1998）　从黽，發聲。

天星觀黿，即包山簡二七三之"黽發"，馬具。其詳待考。

《戰國古文字典》頁 953

黿

新蔡乙三 43　　新蔡甲三 204

○賈連敏（2003）　黿（黿）。

《新蔡葛陵楚墓》頁 193、195、204

黿

天星觀　　望山 1·88

○中大楚簡整理小組（1977）　黃黿占。黿，从黽，靁聲，爲黿之異體。《集韻·龜部》："黿，音靈，黃黿，龜名。"占，《說文》："視兆向也。"簡記在問神時，

以黃靁龜灼兆，視其吉凶。

《戰國楚簡研究》3，頁 15

○**朱德熙、裘錫圭、李家浩**（1995）　（編按：望山 1·88"☑病以黃靁瑨之"）"靁"即"靁"字異體。《集韻》"靁"字注："黃靁，龜名。"《禮記·禮器》正義引《爾雅》郭注"今江東所用卜龜黃靈、黑靈者……"黃靈即黃靁。

《望山楚簡》頁 98

卵 𡖉

𡖉包山 265　　𡖉上博二·子羔 11

○**金祥恆**（1972）　𡖉　卵，《說文》："𡖉，凡物無乳者卵生，象形。"段注本補卝古文卵云："各本無，今依《五經文字》《九經字樣》補，《五經文字》曰卝，古患反，見《詩·風》，《字林》不見，又古猛反，見《周禮》。《說文》以爲古卵字。《九經字樣》曰，《說文》𡖉隸變作卵，是唐本《說文》有此無疑。但張引《說文》古文卵，刪去文字，未安。張之意當云，𡖉卵上《說文》下隸變，乃上字誤舉其重文之古文，非是。然正可以證唐時《說文》之有卝，漢簡以卝爲古文卵字，與𡘖爲古文風、𢆶爲古文龜皆據本書，郭氏所見《說文》尚完好也。"按段語是也。竹簡卵，與古文同。出土器物中有竹笥内盛有雞卵殼四十餘。

《中國文字》46，頁 5164

○**中大楚簡整理小組**（1977）　卵作𡖉，象形，小篆作𡖉是其形變。《說文》徐箋："卵之言孌孌然也。蓋本作𡖉，象形。卵殼外澤圓而内缺，故造字象其缺，中有點，卵黃也。二之者，卵生不一也。"卵形橢圓而小，此簡云"卵缶、卵盞"，亦即取其小而橢圓之意。楚故都紀南城鳳凰山西漢墓出土簡牘亦屢見"卵"，字作𡖉，或云"小卵檢"，實物爲朱繪云紋小橢圓奩（八號墓），或云"卵小檢"，實物爲素面小圓漆奩（一六八號墓）；或云"卵檢"（一六九號墓），可證楚地器物而言"卵"者皆言其小而圓或橢圓。

《戰國楚簡研究》3，頁 55

○**商志𩾌**（1989）　卝，應釋作卵，楚簡作𡖉，漢簡中，馬王堆一號墓竹簡作"𡖉"，江陵鳳凰山 8 號、168 號、169 號等墓皆作"𡖉、𡖉"，馬王堆 3 號墓帛書作"𡖉"。在宋代的郭忠恕《汗簡》卷下作"卝"，夏竦《古文四聲韻》作"𡖉"。然今本《說文解字》卷九卻云："礦，銅鐵樸石也。从石，黃聲，讀若穬。卝，古文磺,《周禮》有卝人。"同書卷十三又有卵字。在唐代的張參《五經文字・丷部》言:卝,"《説文》以爲古卵字"。唐玄度《九經字樣・雜辨部》亦云:卝,卵字。注云:"上《説文》,下隸變。"由此可知唐本《説文》還將卝釋作卵,段玉裁《説文解字注》據上述而更正"卝"爲古礦字之誤。商承祚先生《説文中之古文考》嘗謂:卝乃古卵字,"後人見《周禮》卝人,删此益彼,而不明其引申與假借"。言之甚明。

諸儒皆云卝爲古患反,讀貫聲。陳奂《釋毛詩音》卷一言:卝"貫音宦",並引《禮記・内則》鄭注:"卵,或作攔。"段玉裁《説文解字注》亦言卝"古音如關,亦如鯤",都是正確的。《詩・齊風・甫田》"總角卝兮",《穀梁傳》昭十九年作"羈貫成童",是卝貫通假。在湖北雲梦睡虎地出土的秦簡中有"麋鸞殼"。鸞即卵,從絲聲字。

卵爲象形字,段玉裁注:"卵未生而腹大。"朱駿聲亦云:"蟲之大腹者似之,故黽從此。"可引申爲器之鼓腹,此器口徑 16.4、底徑 16.6、而腹徑則爲 31.8 釐米,腹部甚鼓,故稱卝缶。此外,江陵望山 2 號墓竹簡之遣策第 23 簡有"卵缶、卵盞"。商承祚先生曰:"此簡云'卵缶、卵盞',亦取其小而橢圓之意。楚故都紀南城鳳凰山西漢墓出土簡牘亦屢見'卵'字作卝,或云'小卵檢',實物

圖一　次□缶

爲朱繪雲紋小橢圓奩。"時人曾以爲竹簡或竹筐木牌中,書"卵笥、卵答",在其内有雞蛋之外殼遺物,而深信之;然對"卵檢"内不見蛋殼,卻迷惑不解,今知此卵字可釋作大腹、鼓腹之物。

《文物》1989-12,頁 53—54

○朱德熙、裘錫圭、李家浩(1995)　"卵盞"疑當讀爲"盥盞"。

四六號簡有"二卵缶、卵盞三",五三號簡有"三卵缶"。中山大學古文字研究室的同志説,"卵形橢圓而小,此簡云'卵缶、卵盞',亦取其小而橢圓之意"(《戰國楚簡研究》[三]55 頁)。按此墓竹簡所記之缶有"卵缶"、"迅缶",信陽簡所記之缶有"圓缶"(二〇一號簡)、"迅缶、淺缶"(二一四號簡),兩相對照,"卵缶、圓缶"應該是同一種缶的不同名稱,中大同志的意見是可取的。1983 年江蘇丹徒出土一件徐嘘君之孫缶,銘文自名爲"卵缶"。這件缶腹部較圓(商志𧦬《次□缶銘文考釋及其相關問題》,《文物》1989 年 12 期)。此墓出銅"尊缶"一和陶"尊缶"二,其形態與徐嘘君之孫缶相似,疑即簡文之"卵缶"。墓經盜掘,故缶數比簡文所記各少一件。考釋[九四][九七][一四〇]

懷疑“卵缶、卵盍”當讀爲“盥缶、盥盍”，非是。

《望山楚簡》頁 125、132

○**何琳儀**（1998）　卵，甲骨文作 𡉚（類纂三三二八卿作 𡉚），象睾丸之形。附體象形。《太玄·難》“卵破石毈”，注：“陰物也。”《難經》：“足厥陰氣絶，即筋縮，引卵與舌卷。”戰國文字截取甲骨文部分形體，爲與卯區別，或作 𠂤形（填實睾丸），或作 𠂤（中加短橫）。《説文》：“卵，凡物無乳者卵生。象形。”“卵生”爲卵之引申義。《汗簡》下二七三卵作 𠂤（丱），屬音近假借。

楚簡卵，橢圓形如鳥卵。卵亦訓大。《禮記·内則》“桃諸梅諸卵鹽”，注：“卵鹽，大鹽也。”

五十二病方“丰卵”，讀“蜂卵”。

《戰國古文字典》頁 1035

【卵缶】

○**劉彬徽、彭浩、胡雅麗、劉祖信**（1991）　卵，借作盥。卵缶即盥缶。北室有二件小口圓腹缶。

《包山楚簡》頁 63

○**陳秉新**（1991）　次又缶銘文“自作 𠂤缶”，缶前一字，周曉陸、張敏和商志䭲均釋卵，尤以商説爲詳。他説：“丱，應釋作卵，楚簡作 𠂤，漢簡中，馬王堆一號墓竹簡作‘𠂤’，江陵鳳凰山 8 號、168 號、169 號等墓皆作‘𠂤、𠂤’，馬王堆 3 號墓帛書作‘𠂤’……然今本《説文解字》卷九卻云‘磺，銅鐵樸石也。從石，黄聲，讀若穬。丱，古文磺，《周禮》有丱人’。同書卷十三又有卵字，在唐代的張參《五經文字·丫部》言：丱‘《説文》以爲古卵字’。唐玄度《九經字樣·雜辨部》亦云：丱，卵字。注云：‘上《説文》，下隷變。’由此可知唐本《説文》還將丱釋作卵。段玉裁《説文解字注》據上述而更正‘丱’爲古礦字之誤。”又説：“卵爲象形字，段玉裁注：‘卵未生而腹大。’朱駿聲亦云：‘蟲之大腹者似之，故黽從此。’可引申爲器之鼓腹，此器……腹部甚鼓，故稱丱缶。”

我們看 𠂤及商志䭲先生所引各形，均不象卵形，也不象“卵未生而腹大”或“蟲之大腹者”之形，不可能是卵的古文。從字形和故訓考察，應當是丱的古文。父辛觚有 𡸫字，李孝定先生云：“字象人首上出丫角之形，不審當於今之何字。”周法高先生云：“如李説，象人總角之形，則丱字也。《詩·齊風·甫田》‘總角丱兮’，傳：‘總角，聚兩髦也。丱，幼稚也。’朱駿聲曰：‘按剪髮爲髯，似之。’父已簋有 𡸫字，周法高先生云：“與 2034 意同，象人總角之形。”今按：周説是，然意有未盡。《甫田》"總角卝兮"，毛傳訓卝爲幼稚，並非確詁。鄭箋："卝然而稚。"以卝爲形容詞，與毛傳異，但卝字究是何義，亦付闕如。我以爲此卝字當讀如貫，貫字金文作𫢏（中方鼎），象貫貝之形，其本義即爲貫貝。"總角貫兮"，即以貫貝形容總角。總角是古時兒童髮式，即於囟門兩旁束髮如兩角，俗稱扎角。如一角束兩結，則極象貫形，由此總角也就有了貫的名稱。《穀梁傳·昭公十九年》：羈貫成童，不就師傅，父之罪也。范寧集解："羈貫，謂交午剪髮以爲飾。"這樣解釋也不全面。《禮記·内則》："剪髮爲鬌，男角女羈。"鄭注："鬌，所遺髮也，夾囟口角，午達曰羈也。"《穀梁傳》之"羈貫成童"，指男女而言，羈是指女童的髮式，貫則是指男童的髮式，這是總角稱貫的明顯例證。總角象貫，亦稱貫，但指稱總角的貫，初文當如上舉父辛觚、父已簋二字形，楚簡的𣪠、卝（丁福保《古錢大辭典》721、1226）等，均是其省形，與𫵟省作𬥻同例。關字，子禾子釜作𨳲，從門，卝聲，卝的寫法與本銘同。鄂君啟節關字作𨵶，從門，串聲，串與貫同源。《説文》關從門，䈕聲，䈕從絲省、卝聲。關、卝、串、貫、䈕古音均見毋元部。可證本銘的𣪠𣪠即卝字，本讀如貫。卝、卝本一字，《詩·甫田》"總角卝兮"，阮元校勘記："唐石經卝作卝。"《集韻》："卝，束髮也。"《説文》："卝，古文礦。《周禮》有卝人。"卝即卝字，《周禮》乃借卝爲礦，卝和礦，見紐雙聲，元陽通轉，依例可通。

卵字，《説文》作𫝹，乃由𣪠和卝形演變，只是虛與實之別。卵形雖可象，但與○（圓的初文）易混，因此古人未造出象形的卵字，而是借卝爲卵，後世用各有別，才分化爲二字，但我們不能因此説卝（卝）是卵的古文，總角之卝（卝）是借卵爲之，那樣就顛倒文字演進的源流關係。至於張參《五經文字》、玄度《九經字樣》所見《説文》以卝爲古卵字，也不足以證明卝是卵的本字，這是因爲《説文》所説某爲某之古文，有不少是假借字，並非本字。

至於卝缶，則當從周曉陸、張敏先生之説，讀爲盥缶。《説文》："缶，瓦器，所以盛酒漿。秦人鼓之以節歌。"《易·比·初六》："有孚盈缶。"釋文："缶，瓦器也。鄭云：'汲器也。'"《左傳·襄公九年》："具綆缶，備水器。"杜注："缶，汲器。"釋文："汲水瓦器。"安徽壽縣蔡侯墓出土的缶，有兩件自名尊缶，乃盛酒之器。另有兩件自名盥缶者：一件是 21 號盥缶，銘曰："蔡侯紳之盥缶。"一件是 22 號盥缶，銘曰："蔡侯紳作大孟姬𡞵（媵）盥缶。"報告説：21 號盥缶"腹兩側有提鏈"，22 號盥缶"出土時内有一瓢"，把出土文物和文獻記載結合起來考察，可知盥缶是用來汲水、盛水以供洗的器皿。21 號盥缶有提鏈，可以繫綆，可以挈提；22 號盥缶内有一瓢，其用途當是盥洗時用來從缶中取水的。總之,蔡侯墓出土的兩件盥缶,从其形制和自名看,都是盥洗器。次又缶與蔡侯墓出土盥缶相似,把此卝缶讀爲盥缶,定此器爲盥洗器,是有充分根據的。

《東南文化》1991-2,頁 150—151

○王人聰(1996)　缶蓋銘之卝缶亦見於包山楚簡,簡文云:"大兆之金器:一牛……二卝缶。"簡文與缶蓋銘之卝,均應釋作《詩·甫田》"總角卝兮"之卝,阮元《校勘記》云:"唐石經卝作卝。按,各本皆誤,唐石經是也。"卝,《廣韻》"古患切",缶蓋銘與簡文之卝,當假借爲盥,卝與盥古音均屬見母元部,音同例得相通,卝缶即係盥缶。1995 年壽縣蔡侯墓出土之銅缶,其銘文即自名爲盥缶,可以爲證。盥,《説文》云:"澡手也。从臼、水,臨皿。春秋傳曰:奉匜沃盥。"《左傳·僖公十三年》"奉匜沃盥",孔疏:"盥,謂澡手也。"可知盥缶爲盥洗之器。1978 年河南淅川下寺春秋楚墓出土之鄬子倗銅缶,器形與此缶相類,其銘文則自名爲"浴缶"。浴當即浴之繁體,《説文》:"浴,洒身也。"《廣雅·釋詁》:"浴,灑也。"《廣韻》:"浴,洗浴。"説明浴缶之功用亦與盥缶相同,同屬盥洗之器,爲水器之一種。

《南方文物》1996-1,頁 110—111

○唐鈺明(1998)　有時照字面即可通解,但識者卻迂回破字,反而招致誤釋。例如《包山》第 38 頁有"二卵缶、二迅缶",第 63 頁注作:"卵,借作盥。卵缶即盥缶。北室有二件小口圓腹缶。"其實"卵"字所指正是隨葬小缶的圓腹而言,"卵缶"就是腹如卵形之缶。丹徒背山頂出土的次□缶稱"自作卵缶",該缶正是"方脣,平口,直頸,鼓腹"(見《文物》1989 年第 12 期)。江陵望山二號墓楚簡遣策稱"四盌,有蓋。二卵缶,有蓋",同墓所出正有兩個橢圓腹之缶。江陵鳳凰山漢簡有"小卵檢",報導者誤以之爲盛蛋之器,卻又爲"出土有小漆盒一件但不見蛋"而困惑,其實該"卵檢"就是"橢圓盒",所謂"卵"無非是指其形如卵罷了。包山竹簡整理小組在早期的報導中也説:"卵缶即圓腹環紐銅缶,因腹部較圓而得名。"不知何故,正式整理出書時反而誤注,殊覺可惜。

《容庚先生百年誕辰紀念文集》頁 489

躷

懂 曾侯乙 137

○**何琳儀**(1998)　鴄,从卵,夷聲。

随縣簡鴄,人名。

《戰國古文字典》頁 1240

二 二 弍 䢐

睡虎地·效律 3　　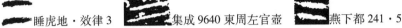集成 9640 東周左官壺　　燕下都 241·5

郭店·語三 67　　上博三·彭祖 8

上博六·季桓 11

○**何琳儀**(1998)　二,甲骨文作二(菁三·一),表示二物。指事。西周金文作二(盂鼎),春秋金文作二(洹子孟姜壺)。戰國文字承襲商周文字。《説文》:"二,地之數也。从偶一。弍,古文。"

戰國文字二,數目字。

《戰國古文字典》頁 1254

弍,从戈,二聲。二之繁文。《説文》二古文作弍,戈旁訛作弋旁。

襄安君鈚弍,讀二,數目字。

信陽弍,再。

《戰國古文字典》頁 1254

○**陳劍**(2008)　(編按:上博六·季桓 11"賜與仁人䢐者也")"䢐"字原作如下之形:䢐
整理者原摹而未釋。其除去"辵"旁後的部分从"戈"形很明顯,梁靜(2008)
將這部分釋爲"或"。其"戈"旁的長橫筆上多出一飾筆,梁靜(2008)已舉出
《上博(二)·民之父母》簡 13"或"字作弎爲證,甚確。但其"戈"旁下方、
"止"旁的上方是一長橫筆,跟"或"形的區別還是頗爲明顯的。此字除去
"辵"旁後的部分就是"弍(弍)"字。"(弍)"字《説文》古文从"弋"形,但古文
字中本多从"戈"作"弍"。簡文"此与(與)悬(仁)人䢐(弍/貳/二)者也",
"二"意爲"兩樣、不同、相反"。《荀子·儒效》(又《王制》有略同之語):"言
道德之求,不二後王。道過三代謂之蕩,法二後王謂之不雅。"

《出土文獻與古文字研究》2,頁 176—177

【二天子】

○**連劭名**(1997)　"上天子",包山楚簡中有"二天子",當是上下天子,即商

周金文中的"上下帝",晚商《𨙸其卣》銘文云:

　　　在正月遘于妣丙彡日大乙爽,唯王二祀,既卲于上下帝。

　　西周早期《井侯簋》銘文云:

　　　魯天子造厥頻福,克奔走上下帝無冬命于有周。

　　"上下帝"又稱"上下",即兩義,《周易·繫辭》云:"太極生兩儀,兩儀生四象。"上下又代地,《鶡冠子·度萬》云:"陰陽者,氣之正也,天地者,形神之正也……所謂天者,非是蒼蒼之氣之謂天也,所謂地者,非是膞膞之土之謂地也。所謂天者,言其然物而無勝者也,所謂地者,言其均物而不可亂者也。"《史記·封禪書》中有"陰陽使者",其意義應與"二天子"相同。

《學術集林》12 卷,頁 158—159

○李零(1998)　　二天子。不詳。但簡文列於"大水"和"坐山"之間,似屬地祇。

《李零自選集》頁 63

亟 亟

亟 睡虎地·秦律16　　　集成2811 王子午鼎　　　亟 郭店·唐虞19　　　亟 侯馬 156:21

○高明、葛英會(1991)　　班簋亟作亟,與此同。

《古陶文字徵》頁 13

○何琳儀(1998)　　亟,甲骨文作亟(簠雜一三〇)。从人从二橫。上橫表示天,下橫表示地(參見互字)。會人極於天地之意。極之初文。《爾雅·釋詁》:"極,至也。"西周金文作亟(牆盤),加口爲飾。或作亟(毛公鼎),加攴繁化兼有行動之意。春秋金文作亟(曾大保盆)。戰國文字承襲兩周金文。或上加短橫爲飾,或下加口旁爲飾,或省攴旁爲卜旁,或省攴旁,或省口旁。小篆省攴爲又旁。《說文》:"亟,敏疾也。从人从口从又从二。二,天地也。"

　　盟書"亟睍",讀"極視",竭盡視力。《神仙傳》:"封衡愛嗇精氣,大言極視。"

　　帛書"四亟",讀"四極"。

　　石鼓"憐亟",敬愛。《方言》一:"亟、憐、憮、俺,愛也。東齊海岱之間曰亟。自關而西,秦晉之間,凡敬愛謂之亟。陳楚江淮之間曰憐。"

《戰國古文字典》頁 32

恆 頤

　包山 197　　 集成 11327 六年格氏令戈

郭店・魯穆 1

○**中大楚簡整理小組**(1977)　第 1 字爲死字之殘。死，古文恆。《説文》：“常也。又卦名。”《易・恆卦》：“恆，久也。”從第 23 簡看，“恆貞”，可能指“久貞”，反復貞問。

《戰國楚簡研究》3，頁 15

○**朱德熙、裘錫圭、李家浩**(1995)　《周禮・春官・序官》“占人”注：“占蓍龜之卦兆吉凶。”簡文“占之”以下是占卦以後判斷吉凶之辭。三九號等簡有“占之恆貞吉”之語，此簡“貞吉”二字據之補。《周易》爻辭有“永貞”：

　　……永貞悔亡。（萃・九四）

　　……利永貞。（艮・初六）

　　……勿用永貞。（小過・九四）

高亨《周易古經今注》：“貞問長期之休咎謂之永貞。”恆貞當與永貞同義。《書・洛誥》：“視予卜休恆吉，我二人共貞。”疑“恆吉”即“恆貞吉”之意。

《望山楚簡》頁 90

○**陳偉**(1998)　五、而亟以行　《緇衣》三二

亟，注［八一］云：“亙（下從止），其上部爲《説文》‘恆’之古文，疑讀作‘恆’。在楚簡中，‘亟’字往往寫作‘亙’。老子甲“至虛，亙也”，注［五七］云：“亙，各本均作‘極’。（中略）從此章用韻看，當以作‘極’爲是。”這處簡文恐亦是“亟”字。今本《緇衣》此句作“而禁人以行”。鄭玄注：“禁，猶謹也。”從“亟”得聲之字有“㥄”。《説文》：“㥄，急性也。從心，亟聲。一曰謹重貌。”字義與“禁”相關。又“禁”有“忌”的意思，而從“亟”得聲的“極”與“忌”在占書中屢見通假。（中略）

　　七、亟稱其君之惡者　《魯穆公問子思》1-1、2、3、5 等

　　先秦古書有“亟（或極）稱、亟（或極）言”的用例。《穀梁傳》文公十三年：“人室屋壞……極稱之，志不敏也。”《孟子・離婁下》：“仲尼亟稱於水曰：‘水哉，水哉！’”孫奭疏解“亟稱”爲“數數稱道”。《左傳》昭公二十一年：“宋華費遂生華貙、華多僚、華登。貙爲少司馬，多僚爲御士，與貙相惡，乃譖諸公曰：

‘貙將納亡人。’亟言之。”孔穎達疏云：“服虔云：‘亟，疾也。疾言之，欲使信。’則服虔讀爲亟也。或當爲亟，亟，數言之。”依此，簡文“亟稱”存在兩種可能，一是“屢次稱述”，一是“急切指出”。後一種可能性似更大。“亟”字釋文原讀“恆”。“恆”訓“常”，常常指出君主的過失，語義似不如讀“亟”。又先秦古書似不見“亟稱”用例。

《江漢考古》1998-4，頁 68

○**何琳儀**（1998）　亙，甲骨文作𠄣（粹七八）。从月从二，會月在天地閒永恆之意。恆之初文。《説文》：“恆，常也。从心从舟，在二之閒。上下心以舟施恆也。𠄭，古文恆从月。《詩》曰：如月之恆。”金文作𠄢（恆鼎）。戰國文字加卜爲飾作𨑑、𨑒、𨑓等形。《説文》：“椆，竟也。从木，恆聲。𠄢，古文椆。”亙，六國文字作𨑑，秦國文字作𠄢（參恆所从月訛作舟形）。《説文》以𠄭爲恆之古文，以亙爲椆之古文，實則應合二爲一建恆聲首。

　　韓兵亙，讀恆，姓氏。楚大夫恆思之後。見《風俗通義》。

　　包山簡“亙思”，讀“恆思”，本人名。恆氏，楚大夫恆思公之後，見《世本》（引自《通志·氏族略》五）。亦地名，疑“期思”。期，見紐之部；鄙，匣紐蒸部。匣、見爲喉牙通轉，之、蒸爲陰陽對轉。《左·文十》：“楚期思公復遂爲右司馬。”在今河南固始西北。

　　包山簡亙，讀恆。《説文》：“恆，常也。”

　　帛書“尚亙”，讀“常恆”。

《戰國古文字典》頁 135

○**周鳳五**（1999）　求之於己爲亟（第一簡）：

　　亟，簡文作亙，《郭簡》讀作“恆”而無説。按，當讀作“亟”。楚文字有因音轉而“一字歧讀”的現象，如：巽，讀坐，又讀危；厚，又讀重；通，又讀戚；能（从羽），讀一，又讀代。皆其例證。《説文解字》：“亟，急也。”《詩·大雅·靈臺》：“經始勿亟，庶民子來。”鄭箋：“亟，急也。”《左傳·昭公二十一年》：“言之亟。”《正義》引服虔曰：“亟，急也。”簡文意謂治民者當以反求諸己爲急務。下文“雖有其亙而可能終之爲難”（第二九簡、第三零簡），《郭簡》未斷句，且讀亙爲恆。按，《禮記·祭義》：“養可能也，敬爲難；敬可能也，安爲難；安可能也，卒爲難。”則簡文當以“可能”二字連讀，意謂雖能積極努力，卻難於有始有終。簡文以下有“知而求不疾”（第二一簡）、“凡物在疾之”（第二二簡），與此可以參看。

　　亙可以讀作亟，另外還有一個證據。包山與郭店竹簡見地名“亙思”當讀作“亟思”，即文獻所見的“期思”。這是楚人特殊的用字習慣，不是寫錯字，也不是“形近易混”。另外馬王堆帛書《周易・繫傳》“易有大亙”，據此也當徑讀作“易有太極”，與今本並無不同，且更可以窺見《易傳》出於先秦楚國抄本的地方特色及其學術淵源。

《古文字與古文獻》（試刊號）頁 42—44

○**黃人二**（1999）　（亙）、亙（亟）：整理小組釋文作“恆、亙”，無説，意爲“常也”。按：此誤，應讀爲“亟”。楚國簡牘“恆”字有兩讀，陳偉先生云：先秦古書有“亟（或作極）稱、亟（或作極）言”的用例。《穀梁傳・文公十三年》：“大室屋壞……極稱之，志不敏也。”《孟子・離婁下》：“仲尼亟稱於水曰：‘水哉！水哉！’”孫奭《疏》解“亟稱”爲“數數稱道”。《左傳・昭公二十一年》：“宋華費遂生華貙、華多僚、華登。貙爲少司馬，多僚爲御士，與貙相惡，乃譖諸公曰：‘貙將納亡人。’亟言之。”孔穎達《疏》云：“服虔云：‘亟，疾也。疾言之，欲使信。’則服虔讀爲亟也。或當爲亟，亟，數也，數言之。”依此，簡文“亟稱”存在兩種可能，一是“屢次稱述”，一是“急切指出”。蓋“亟稱”指“直言極諫”。好的君王，錯誤少；不好的君王，錯誤多，但都需要嚴色正辭地“亟稱其惡”，義之所在，諫必往之。好的君王會改正他的錯誤，不好的君王則會討厭“亟稱其君之惡”的臣子，故下云：“亟稱其君之惡者，遠禄爵也。”《孝經・諫諍章》云：“父有爭子，則身陷於不義。故當不義，則子不可以不爭於父，臣不可以不爭於君。故當不義則爭之，從父之令，又焉得爲孝乎？”可爲此注腳。一字二音情況，本篇就有“昏、亞、亙”多例，詳後。

《張以仁先生七秩壽慶論文集》頁 398

○**李零**（1999）　“恆”（原無心旁），馬甲、馬乙本和王弼本作“極”。按，戰國秦漢文字，“恆、極”相近，常被混淆，如馬王堆帛書《繫辭》中的“太恆”，今本作“太極”，就是類似的例子。這種混用孰爲本字，似有兩種可能，一種可能是字本作“恆”，後改爲“極”；一種可能是字本作“極”，用“恆”代替。此類現象值得重視。它不僅有別於同音換讀的通假字和通義換用的互訓字，也有別於通常所説的異體字和偶爾發生的字形訛誤，是屬於當時認可的混用。簡文抄寫，此類情況很多，但這種情況並非早期獨有，而是各個時期都存在。如唐人每每把“段”字寫成“叚”字，就是類似的例子。它的認可是由書寫習慣來決定，因此也隨書寫習慣而改變。

《道家文化研究》17，頁 466

○**裘錫圭**（2000）　《説文・十三下・二部》：“恆，常也……古文恆從月，

《詩》:‘如月之恆。’。”簡文<u>亟</u>字寫法與《説文》“恆”字古文相合。楚簡“恆”字大都如此寫(參看滕壬生《楚系簡帛文字編》頁 959—961,湖北教育出版社 1995 年)。(中略)嚴格説,此字實應釋作“亙”,讀爲“恆”。

《中國哲學》21,頁 180—181

○**顔世鉉**(2000)　(編按:郭店·緇衣 32“君子道人以言,而恆之以行”)

　　或“𢙨”也可讀爲“兢”(竸),《説文》:“競,竸也……一曰:競,敬也。”恆爲匣紐蒸部,競爲見紐蒸部,旁紐疊韻。《老子》七十八章“木强則兵”。“兵”字帛書甲本作“恆”,乙本作“競”,此爲“恆、競”通假之例。《詩·小雅·小旻》:“戰戰兢兢,如臨深淵,如履薄冰。”毛傳:“兢兢,戒也。”鄭箋:“人皆知暴虎馮河立至之害,而無知當畏慎小人能危亡也。”“兢兢”即“戒慎”之意,《爾雅·釋訓》:“兢兢、憴憴,戒也。”郭注:“皆戒慎。”《書·皋陶謨》“兢兢業業”,傳:“兢兢,戒慎。”故簡文“𢙨”讀作“兢”,訓爲“戒慎”,而今本作“禁”,訓爲“謹慎”,兩者意近相通。

《郭店楚簡國際學術研討會論文集》頁 103

○**劉信芳**(2003)　或釋作“恆思”(整理小組、劉樂賢),或釋作“期思”(陳偉、徐少華)。按“思”前一字與簡 137 反“恆”,218、220“亙”字形不合,隸定爲“恆”尚存有疑問。或謂楚無地名“恆思”,劉樂賢謂楚曾設過“恆思”縣,引《風俗通》佚文:“恆氏,楚大夫恆思公之後,見《世本》。”又《戰國策·秦策》亦有地名“恆思”。知釋“恆思”不爲無據。釋“期思”者則將“亞”字隸定作“亟”,讀爲“期”。然郭店《唐虞之道》簡 19 有“亟”字,與此字形亦不合。不過郭店《窮達以時》簡 8“孫叔三謝䣄思少司馬”,“䣄思”即文獻所記“期思”,此無可疑者。是字有歧讀與?一地而二名與?抑或楚人讀爲恆思,魯國史官記爲期思與?類似者如馬王堆漢墓帛書《繫辭》“易有大恆”,今本作“易有太極”,有關問題還值得進一步研究。至於“期思”之地望,《左傳》文公十年記有“期思公復遂”,杜預《注》:“復遂,楚期思邑公,今弋陽期思縣。”《漢志》汝南郡有期思縣。《水經注·淮水》:“又東過期思縣北。縣故蔣國,周公之後也。《春秋》文公十年,楚王田於孟諸,期思公復遂爲右司馬。楚滅之以爲縣。”期思故城遺址在今河南淮濱縣的淮河和白露河合流處,城平面呈長方形,東西長 1700 米,南北寬 500 米,曾出土郢爯、蟻鼻錢及銅、陶器等(參李紹曾《期思古城遺址調查》,《中原文物》1983 年特刊)。

　　《戰國策·秦策三》:“亦聞恆思有神叢與?恆思有悍少年,請與叢博,曰:吾勝叢,叢籍我神三日;不勝叢,叢困我。乃左手爲叢投,右手自爲投,勝叢,叢籍其神。"《補注》云:"尚左,尊神也。"楚人尚左,則此"恆思"確爲楚地名。

《包山楚簡解詁》頁 121—122

恆貞:

猶言永貞。《易·賁》:"永貞吉。"《易·序卦》:"恆,久也。"《詩·小雅·白駒》:"以永今朝。"鄭玄《箋》:"永,久也。"《周禮·春官·大祝》:"祈福祥,求永貞。"鄭玄《注》:"永,長也。貞,正也。永多福曆年得正命也。"簡文凡問一年之吉凶者,均用"恆貞吉",僅見簡 207 用"貞吉",而該簡涉及的時間範圍從遠柰之月至䎽屎之月,僅一月餘。由此可知問長期吉凶且得吉兆者用"恆貞吉",非問長期吉凶而得吉兆則用"貞吉",如果未得吉兆,則用"恆貞",簡 249:"占之,恆貞,不死。"而該次占卜後不久左尹即去世。

《包山楚簡解詁》頁 212

○**饒宗頤**(2003) 馬王堆帛書《道法》云:"天地有恆常,萬民有恆事,貴賤有恆立(位),畜臣有恆道,使民有恆度。天地之恆常,四時、晦明、生殺、輮(柔)剛……"此云"恆常",即帛書之"常恆"。"恆"之觀念,從天道論之尤爲重要。《易繫辭傳》:"易有太極,是生兩儀。"馬王堆帛本作"易有大恆"。上海楚簡有"恆先"篇,共十三簡,四百九十七字。"恆"之觀念,其重要性可以見之。大恆等於太極,故"建恆"可解爲"建其有極"。

《饒宗頤二十世紀學術文集》卷 3,頁 342

○**陳偉**(2003) 極,原釋爲"亙"。楚簡中寫作"亙"的字常常用作"亟"。據文意,此處亦應釋爲"亟",讀爲"極"。《左傳》成公十六年:"民生厚而德正,用利而事節,時順而物成,上下和睦,周旋不逆,求無不具,各知其極。故《詩》曰:'立我烝民,莫匪爾極。'"《大戴禮記·誥志》引孔子説:"知仁合則天地成,天地成則庶物時,庶物時則民財敬,民財敬以時作,時作則節事,節事以動反,動衆則有極,有極以使民則勸,勸則有功,有功則無怨,無怨則嗣世久,唯聖人。"可證"極"字之讀。《左傳》文公六年:"古之王者知命之不長,是以並建聖哲,樹之風聲,分之采物,著之話言,爲之律度,陳之藝極,引之表儀,予之法制,告之訓典,教之防利,委之常秩,道之禮則,使毋失其土宜,衆隸賴之,而後即命。"杜預注:"藝,準也。極,中也。"孔穎達疏:"藝是準限,極是正中。"《左傳會箋》云:"藝,極一也。《魯語》曰'貪無藝也',《晉語》曰'貪欲無藝'。韋注並曰:'藝,極也。'"是極與藝同義。藝極猶曰節度。楊伯峻先生也説:"藝極亦爲同義詞連用,猶言準則也。陳之藝極,猶言制定各種標準而公用之。"簡文"極"亦指標準、準則。養(字本作"羕"),亦就"心"而言。養心,涵養心性。《孟子・盡心下》記孟子説:"養心莫善於寡欲。"《荀子・不苟》:"君子養心莫善於誠,至誠則無它事矣,唯仁之爲守,唯義之爲行。"可參看。

《郭店竹書别釋》頁 168—169

【恆山】

○**周曉陸、陳曉捷**(2002) 恆山侯丞。《史記・封禪書》記:"北岳,恆山也。"秦祠名山"於是自殽以東,名山五……恆山……"恆山侯丞殆祠恆山時軍候也,參見《集》一・四・28"泰山司空"。

《秦文化論叢》9,頁 268

【恆作】

○**睡簡整理小組**(1990) 恆作,當指爲官府經營手工業。

《睡虎地秦墓竹簡》頁 40

亘 回 亙

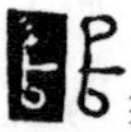集成 321 曾侯乙鐘

集成 328 曾侯乙鐘

○**曾憲通**(1983) 字與隨縣曾侯乙編鐘之(宣)、三體石經之古文(咺)、《汗簡》之(桓、中之二 55)、(宣、下之 61)所从之亘形體甚近。、本是城垣女牆的象形,初當横寫作、、(虢季子白盤字所从),後來爲了與偏旁配合而竪寫作,鐘銘又、之變,今訛作亘。上海博物館藏有吴王光逗戈,銘作"大(吴)王光逗自乍用戈"八字。容希白師云:"光,吴王名,《左傳》又稱爲闔廬,楚子西稱爲吴光,此稱光逗,未見他書。"按戈銘逗字作,疑爲吴王光之字或號。古書上以名字或名號連稱的並不少見,如《竹書紀年》:"翳三十三年遷于吴,三十六年七月,太子諸咎弒其君翳,十月粵殺諸咎粵滑。吴人立子錯枝爲君。"(《史記・越世家》索隱所引)從《紀年》文可以看出,諸咎爲越太子之名,粵滑爲其號,諸咎粵滑則是名號連稱。據此,則吴王光逗戈的"光逗",亦有可能是吴王闔廬的名號連稱。

《古文字學論集》(初編)頁 362—363

○**何琳儀**(1998) 亘,甲骨文作(佚三二九)。从回,上加短横分化爲亘。回亦聲。回,匣紐脂部;亘,匣紐元部。亘爲回之準聲首。(亘之古音,徐鉉"須緣切",《廣韻》讀"古鄧切",段玉裁讀若桓。茲據段説定匣紐。)西周金文

作 ⊿(牆盤逗作 ⊿)、⊿(虢季子白盤趙作 ⊿)。春秋金文作 ⊿(秦公簋趙作 ⊿)。戰國文字承襲兩周金文,多有省簡。或省作 ⊿,與官之省文易混。秦系文字作 ⊿,爲隸書所本。《説文》:"⊿,求亘也。从二从 ⊿。⊿,古文回,象亘回形,上下所求物也。"

曾樂律鐘亘,或作珥、宣、洹、匫,均讀圜。《易・屯》"磐桓利居貞",帛書本桓作遠。《文選・魏都賦》"淇洹之筍",注:"洹或爲園。"是其佐證。"亘鐘",讀"圜鐘"。《周官・春官・大司樂》:"凡樂圜鐘爲宮,黄鐘爲角,大簇爲徵,姑洗爲羽。"

《戰國古文字典》頁 1051

竺 竹

仰天湖 7　 侯馬 1:7

○**饒宗頤**(1957)　簡 7。"竺 ⊿骨 ⊿"。竺,《廣雅・釋竹》云:"竹也。"殆房字。所从之户,與《汗簡》户作 ⊿出《演説文》者形近。竺房指竹製之房,《詩・閟宮》"籩豆大房"是也。

《金匱論古綜合刊》1,頁 65

○**何琳儀**(1998)　竺,从竹从二。二爲分化符號。《説文》:"竺,厚也。从二,竹聲。"竹、竺古本一字,許慎誤析字形,且誤以管之訓厚移於竺下。

仰天湖簡竺,讀竹。

《戰國古文字典》頁 192

○**李家浩**(1998)　"竺"字見於《説文》竹部,訓爲"厚也",古籍中多作"篤"。不過從形、音、義三個方面來説,"竺"與"竹"本是同一個字的異體。從字形來説,古文字下面加二横跟不加二横,往往無別,例如"齊"字作 ⊿或 ⊿。從字音來説,《玉篇》説"竺""又音竹"。從字義來説,《廣雅・釋草》訓"竺"爲"竹也"。

關於"竺"與"竹"本是同一個字的異體這一點,我們還可以從信陽 2-022 簡的"笚"字得到證明:

(4)二笚。

此簡的"笚"字原文作從"竺"從"甲"。仰天湖楚墓竹簡一二號也有"笚"字,原文作從"竹"從"甲"。於此可見,信陽楚簡"笚"字所從的"竺"旁是作爲

"竹"來用的。朱德熙先生和裘錫圭先生在考釋仰天湖一二號竹簡時說"筲"應當讀爲"柙"或"匣"。(4)的"筲"是器物之名,也應當讀爲"柙"或"匣"。

古代有樂器叫"筑"。《説文》説"筑"所從"竹亦聲",所以"竹"與"筑"可以通用。《説文》竹部:"筝,鼓弦竹身樂也。"《太平御覽》卷五七六引此,"竹身"作"筑身"。《爾雅·釋草》"竹,萹蓄",陸德明《釋文》:"竹,本又作筑。"九店楚墓竹簡13號下欄"凡建日,大吉,利以……竺室";57號"☒☒不竺東北之遇(寓)"。此二"竺"字皆讀爲"築","築"從"筑"聲,據此,簡文"竺"應當讀爲"筑"。

"荳"字見於《玉篇》竹部和《集韻》侯韻等,是"豆"字的異體。簡文"荳"與此字當非一字。"荳筑"是一種筑名,跟簡文"簫竽"是一種竽名同類。

筑這種樂器早已失傳。關於它的形制,文獻裏有零星的記載,例如:

《説文》竹部:"筑,以竹曲五弦之樂也。從竹從巩。巩,持之也,竹亦聲。"

《淮南子·泰族》"荆軻西刺秦王,高漸離、宋意爲擊筑",許慎注:"筑曲二十一弦。"

《漢書·高帝紀》"上擊筑",顏師古注:"鄧展曰:'筑音竹。'應劭曰:'狀似琴而大,頭安弦,以竹擊之,故名曰筑。'師古曰:'今筑形似瑟而細頸也。'"

郭沫若在1942年曾寫過一篇《關於筑》的文章,對筑的形制作過考證。郭氏根據有關文獻和他在日本見到的一種用半邊竹子做的古樂器,勾畫出了筑的大致輪廓。郭氏認爲筑是半邊竹子製作的,設有音箱,並且還認爲筑"既是打擊樂器,弦就應該是金屬弦"。這些意見都是可取的。不過我們對筑真正的認識,還是20世紀70年代考古發現的實物。

1976年廣西貴縣羅泊灣一號漢墓曾出有一件木質筑,發掘報告是這樣描述的:"標本M1:600,出於椁室。殘存筑身一段,細長條狀,正面平,上部兩側起棱,形成納弦的槽道。筑頭往後頭彎,已殘去,但仍存弦孔部分,有弦眼五孔。下端殘。殘長42.4,寬2.9—3釐米……木牘'從器志'載有'越筑',可能即指此。"據此筑的弦眼,其弦數與《説文》所説是一致的。

此外,還有學者指出,長沙馬王堆漢墓彩繪漆棺和連云港西漢侍其繇墓漆奩的繪畫中,都有擊筑的圖像。圖像中的筑,頭部往下彎曲,跟羅泊灣漢墓殘筑形制相合。

現在讓我們回過頭去,再看上引《説文》對筑的形制的説解。説解開頭的

“以竹曲”三字不太好懂，所以注釋《説文》的人有不同的説法。根據上述羅泊灣漢墓出土的筑的實物和漢漆器畫像中的圖像，我們認爲在《説文》諸注釋家裏，當以朱駿聲的解釋符合原義。朱氏説：“按曲其竹以受弦，以竹尺擊之成聲。似箏，細項圓肩。”大概筑原以竹爲之，以其頭部彎曲爲特徵，故《説文》説“以竹曲五弦之樂也”。《文選》卷五左太沖《吳都賦》“蓋象琴筑並奏”李善注引《説文》“以竹曲”作“似箏”，慧琳《一切經音義》卷六二引《説文》“以竹曲”作“以竹擊之成曲”，都是不明白“以竹曲”三字之義而改的。跟《説文》對照，上引《淮南子・泰族》注“筑曲”二字當是“竹曲”之誤。

　　根據以上所説，筑這種樂器原本以竹爲之，頭部彎曲，五弦。大概因爲五弦音域不廣，後來增加到十三弦或二十一弦，筑身或以木爲之。

　　在信陽一號楚墓出土的隨葬物中，未見到像筑這樣的樂器。該墓在發掘之前，農民打井時曾穿透過墓葬，墓内的器物受到破壞，有可能筑在被破壞之列。

《簡帛研究》3，頁 7—9

○**李家浩**（2000）　《説文》説“築”從“筑”聲，而“筑、竺”二字都從“竹”聲，故“竺”可以讀爲“築”。下五六號簡“☐不竺東北之遇（寓）”之“竺”，也讀爲“築”。

《九店楚簡》頁 69

凡 凡 凸

睡虎地・語書9

包山4　上博四・曹沫25

上博二・從甲9

○**何琳儀**（1998）　凡，甲骨文作（前七・二八・四）。象盤之形，盤之初文。或説，象帆船之形，帆之初文。金文作（曶鼎）、（散盤）。戰國文字承襲商周文字。或加飾筆作、、、。《漢徵》一三・十凡作，應由此類附有飾筆之戰國文字所演變，許慎遂誤以爲從二。《説文》：“凡，最括也。從二，二，偶也。從乃，乃，古文及。”

　　晉璽凡，姓氏。周公第二子凡伯之後。見《通志・氏族略・以國爲氏》。
　　楚系器凡，見《玉篇》：“凡，計數也。”或《廣雅・釋詁》：“凡，皆也。”

《戰國古文字典》頁 1422

○**李家浩**（2000）　此墓竹簡“凡”字皆作形。按包山楚墓竹簡“凡”字有
、兩種寫法（四號、一三七號、一五三號、二○四號）。西周金文“凡”作𠙵
（《金文編》881頁），是在的右側筆畫上加一斜畫而成，則是在所加
的斜畫上又加一飾畫而成，字形比較特別。

《九店楚簡》頁68

土　土　垄

土　睡虎地·日甲58背貳　　土　包山233　　土　郭店·緇衣13

土　集成2782哀成叔鼎　　土　陶彙3·499　　土　貨系3395

土　集成9734鈰盗壺

○**丁福保**（1941）　《東亞錢志》曰：“土，杜省。”《詩經》“自土漆沮”，《齊詩》
作“自杜”。《漢書·地理志》右扶風郡有杜陽縣，在今陝西省鳳陽府麟遊縣之
西北。

《泉幣》7，頁25

○**曹錦炎**（1997）　“土”字上部裝飾了鳥形，鳥足又與下面豎筆相連，幾度彎
曲，容易給人造成錯覺，誤以爲也是字的筆畫，其實看同劍的“王”字，中間的
豎筆也作相同的盤繞，就可以理解這是裝飾的。

《第三屆國際中國古文字學研討會論文集》頁391

○**何琳儀**（1998）　土，甲骨文作𝕆（前五·一○·二），象地面土塊之形。西
周金文作𝕃（盂鼎）、𝕃（亳鼎），春秋金文作土（公子土斧壺）。戰國文字承襲
兩周金文。齊系文字𝕃，晉系文字𝟙（穿透筆畫）、𝟙（加橫爲飾）、土（彎曲筆
畫），各有特點。《説文》：“土，地之吐生物者也。二象地之下地之中，物出
形也。”

燕璽土，姓氏。共工氏句龍爲后土，子孫爲氏。見《萬姓統譜》。

晉璽土，姓氏。韓方足布“土爻”，讀“土崤”。《水經注·穀水》：“穀水又
東逕土崤北。”在今河南澠池西。趙器“土勻”，讀“土軍”，地名，見《地理志》
西河郡。在今山西石樓。

信陽簡“土螻”，見《山海經·西山經》昆侖之丘“有獸焉，其狀如羊而四
角，名曰土螻，是食人”。楚簡“侯土、句土”，均讀“后土”，土神。帛書“土
事”，又見阜陽簡《日書》“日月星辰皆大凶，不可祭祀作土事，起衆益地”。

《禮記·月令》"土事毋作",疏:"土地之事勿得興作。"

睡虎地簡"土攻",讀"土功"。《書·益稷》"惟荒度土功",傳:"以大治度水土之功故。"

《戰國古文字典》頁 527—528

○**李家浩**(1998)　"余"邊上一字,曹文釋爲"土",《東周》《集成》釋爲"王"。按越王諸器鳥篆銘文的"王"字,大致有兩種寫法:一種寫作二橫,一種寫作三橫。不論是寫作二橫的還是寫作三橫的,豎畫的中部都作橫 S 形。前一種寫法的"王",橫 S 形位於二橫之間;後一種寫法的"王",橫 S 形位於上二橫與下一橫之間。根據複合劍銘文的字形,此字橫 S 形之上沒有橫畫,之下作一短橫和一長橫,跟上面所說的兩種寫法的"王"字都不相同。於此可見,曹文把這個字釋爲"土"顯然是正確的。

《北京大學學報》1998-2,頁 221—222

○**李家浩**(1998)

第八字的"土"的寫法,與越王州句複合劍的"土"相似,唯鐘銘的豎畫上部作兩個橫 S 形,比劍銘多一個。我們過去把這個字釋爲"王"是有問題的,因爲鳥篆的"王"字沒有像這樣寫的。

《北京大學學報》1998-2,頁 224

【土勻】貨系 2006-2014

○**鄭家相**(1958)　文曰踐土,踐王,踐土王。踐省作戔。按踐土,見《僖·二十八年》,杜注"鄭地"。《彙纂括地志》云:"滎澤縣西北十五里,有王宮城,城內東北隅,有踐土臺。"此布文有作踐王,踐土王者,蓋合王宮踐土而爲文也。

《中國古代貨幣發展史》頁 100

○**黃錫全**(1989)　軍勻並从勻聲,二字音近可通。如方足布"土勻",以及"土勻"鐘之"土勻",即"土均",亦即典籍之"土軍"。

《古文字研究》15,頁 144

○**黃錫全**(1993)　土勻,土軍,山西石樓縣。

《先秦貨幣研究》頁 355,2001;原載《第二屆國際中國古文字學研討會論文集》

○**石永士**(1995)　戰國晚期青銅鑄幣。流通於三晉及燕等地。面文"土勹",形體多變。無背文。"土勹",爲古地名。

《中國錢幣大辭典·先秦編》頁 294—295

○**吳良寶**(2000)　《大系》收錄有"土勻"方足布(2006—2013 號)。"土勻"

也見於山西省出土的土匀鍿中。土匀可讀作土軍,地在今山西省石樓縣,戰國時爲趙國轄地,《漢書·地理志》隸於西河郡。

《大系》收録一枚"郜"方足布(2006 號,圖三·1),或改隸爲"郊",讀爲"郜",均不可信。我們認爲幣文應隸作"坿匀",即"土匀"繁文。地名用字加"邑"旁,戰國文字中習見。同書 2014 號"土肴"布(圖三·2)也應改釋爲"土匀"。"匀"寫作"爻"只不過是筆畫斷裂所致,連筆的"匀"字可參看圖三·3"土匀"布(《大系》2003 號)。張頷《古幣文編》將二者均釋爲"匀"字是十分正確的。圖三·1 幣文之所以被誤釋,除了"彡"被誤識爲"爻(肴)",還漏讀了"坿"字所從的"土"旁,以致面文被誤認爲一字。細審拓片,"土"旁與幣面中線並不重合,而且"匀"字是作"彡"形。因此,2019 號幣文應釋爲"坿(土)匀"。

上引圖三·3 左邊一字,《大系》及《古幣文編》釋爲"王"或"丰",亦誤,應改釋爲"土"字。"土"字寫作"王"或"丰"形,可參閱商承祚等《先秦貨幣文編》"垣、隰"等字所從的"土"旁以及張頷《古幣文編》"土"字(13 頁)。同理,《大系》2005 號方足布也應釋爲"土匀"(圖三·4)。"匀"字筆畫方折且穿出,故有些難以辨識。同書 2004 號有一枚方足小布(圖三·5),幣文原書未釋。曾有學者從借筆的角度釋爲"王自(官)",可備一説。我們懷疑它可能也是"土匀"二字。"土"作"王"形見上所述;幣文左邊一字是"匀"字筆畫斷裂、變形所致。以之與《古幣文編》所收録的山西原平及陽高出土的"土匀"布面文相比(第37頁,第7、第8欄"匀"字),便可一目了然。另外,《大系》2011 號方足布面文也應釋"土匀"(圖三·6),《中國錢幣大辭典·先秦編》置之於"土匀"條下是十分正確的。幣文左邊一字孤立地看似可釋作"尋"字,然"土尋"或"尋土"於文獻無徵。對比同書 2014 號幣文等,可知是將"匀"字筆畫彎曲變形所致。

《大系》曾收録了下列兩種方足小布(圖三·7、8),編號爲 2015—2018。原文釋爲"于囗、于肴"(第508頁),均誤。我們認爲也應該釋作"土匀"。需要説明的是,面文"土"字倒書或反書,且中閒一豎筆均作方折彎曲狀,與普通寫法有異。這種變直筆爲彎筆(或斜筆)的情況,黃錫全先生曾有過論述,此不贅引。

丁福保《古錢大辭典》曾收録一枚方足小布(摹本,第81號,圖三·9),釋爲"平工"(該書下編第5頁),《中國錢幣大辭典·先秦編》改釋爲"平匀"(該書第297頁)。我們認爲幣文應釋爲"土匀"。幣文"土"字倒書,且增加"八"

形飾筆,《大系》2253 號"貝坨"(坨,省成"土"字,見圖二·4)也如此作,屬同一性質的現象:""勺"字與《大系》2003 號寫法相同,毋庸置疑。另外,從幣文辭例上看,將它們分別釋爲"土勺、貝坨"也比較適合。因此我們傾向於將幣文改釋爲"土勺"。

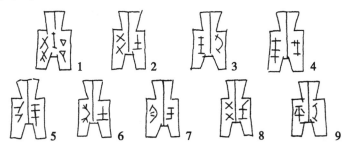

圖三

《古文字研究》22,頁 135—137

○**何琳儀**(2002)　讀"土崤"。《水經注·穀水》:"穀水又東逕土崤北。"在今河南澠池西。

《古幣叢考》(增訂本)頁 203

○**吳良寶**(2005)　圖 8-2 之 10 土勺(2006、2011):也見於太原揀選的"土勺鍴",可讀作土軍。《水經·河水》:"(河水)又南過土軍縣西。"《元和郡縣圖志》:"石樓縣,本漢土軍縣也,屬西河郡,晉省。"地在今山西石樓縣。

《貨系》2014"土爻"、2011"土尋"布,可能是"土勺"布的異體。《貨系》2019 的所謂"崤"字布,從原拓看,實即"邙勺"。

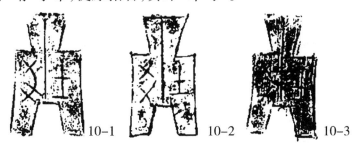

《中國東周時期金屬貨幣研究》頁 180

【土身】楚帛書

○**李零**(2000)　"土身",疑與《淮南子·地形》所説"正土之氣"有關。

《古文字研究》20,頁 168

【土事】楚帛書

○**李零**(1985)　《禮記·月令》:"(仲冬之月)土事毋作。"是説冬十一月不宜動土,土事指農事。又《漢書·天文志》:"填星所居,國吉。未當居而居之,若已去而復還居之,國得土,不乃得女子。當居不居,既已居之,又東西去之,國失土,不乃失女,不,有土事若女之憂。"則是指土地得失。這裏是用前一義。

《長沙子彈庫戰國楚帛書研究》頁 63—64

○**劉樂賢**(1994)　　土事指建築動土一類的事。《禮記·月令》仲冬之月:"土事毋作。"《漢書·揚雄傳》:"土事不飾,木功不雕。"

《睡虎地秦簡日書研究》頁 113

【土螻】

○**李家浩**(1998)　　"螻"字原文寫作从"蚰"从"婁"省。"婁"旁省寫的形式,與戰國中山王銅器銘文"謱"字所以从"婁"旁的省寫相似,可以比較。按古文字往往把"虫"旁寫作"蚰"。(中略)所以我們過去徑把此字釋爲"螻"。

根據文義,位於"土螻"之前的"威盟之柜□"大概是"土螻"的修飾語,其義待考。

位於"土螻"之後的"青黄之象"是對"土螻"的説明。"青黄之象"還見於下列同墓竹簡:

(12)二圉(圓)監(鑑),屯青黄之象。　　(2-01 號)

(13)一□□□□,劽(漆)青黄之象。　　(2-028 號)

上文曾指出,簡文"象"應該讀爲《莊子·達生》"豚楯"之"豚",訓爲"畫飾也",舊讀爲"緣",非是。古書中屢見"青黄"之語。例如:

當今之主……暴奪民衣食之財,以爲宫室臺榭曲直之望。青黄刻鏤之飾。(《墨子·辭過》)

百年之木,破而爲犧尊,青黄而文之(成玄英疏:犧,刻作犧牛之形,以爲祭器,名曰犧尊也……既削刻爲牛,又加青黄文飾……)。(《莊子·天地》)

百圍之木,斬而爲犧尊,鏤之以剞劂,雜之青黄,華藻鎛鮮,龍蛇虎豹,曲成文章(高誘注:青黄,采色文飾)。(《淮南子·俶真》)

譬若芻狗土龍之始成,文以青黄,絹以綺綉,纏以朱絲,尸祝衬袥,大夫端冕以送迎之。(《淮南子·齊俗》)

"青黄之豚"猶言青黄之飾,是説繪有青黄彩色的紋飾。

根據以上所説,位於"瑟"之前的"樂人之器"叫"土螻"。在古文獻裏,樂器有土鼓,另外還有泥土燒製的樂器塤、缻、缶等,未見有與"土螻"相當的。但是,在古文獻裏卻有一種神獸叫"土螻",與簡文文字完全相同。《山海經·

西山經》説:“昆侖之丘……有獸焉,其狀如羊而四角,名曰土螻,是食人。”因爲這種神獸似羊,所以“土螻”之“螻”或从“羊”作“𦎫”。《廣韻》卷二侯韻“𦎫”字下説:“土𦎫,似羊,四角,其鋭難當,觸物則斃,食人。出《山海經》。”

　　假設簡文的“土螻”,就是文獻中的“土螻”,看看在信陽一號楚墓出土物中能否找到跟它相合的東西。我們對該墓出土物作了一一考察,發現只有鎮墓獸可能是簡文所記的“土螻”。《信陽楚墓》對該鎮墓獸作了如下的描述:“標本 1-694 出於後室,是一個極大的彩繪木雕鎮墓獸。獸身高 128 釐米,作蹲坐狀。頭頂插有兩個殘長 15 釐米的彩繪鹿角,角外髹以成組的黑色捲雲紋……兩耳翹起,頭部似獸,雙目圓大,張口吐舌,舌垂至腹,胸部繪出雙乳,背部雕有四個對稱的捲雲紋。前肢上舉,兩爪持蛇,作吞食狀……全身除眼、舌髹紅漆,耳、爪髹黄漆外,其餘各部皆髹褐漆並有紅、黄相閒的鱗紋。雙尾外捲,雕法精巧,色彩鮮艷。”

　　把文獻和簡文所記的“土螻”跟鎮墓獸比較,不難發現有許多相似之處。第一,土螻和鎮墓獸都有角,唯角的數目不同而已。第二,簡文所記的土螻和鎮墓獸都有彩漆繪畫的花紋。第三,土螻不僅其角鋭利難當,觸物則斃,而且還食人,用它來作鎮墓獸是十分合適的,鬼魅見之不敢入,能達到避除土咎令禍殃不行的目的。除了這三點外,還有一個情況也值得注意。有人曾作過統計,楚墓中出土的鎮墓獸近 300 件,往往有鼓伴隨出土。反過來説,“凡出土有鼓的墓葬必然出‘鎮墓獸’”。這説明鎮墓獸跟樂器鼓有一種特殊的關係。簡文正是把“土螻”和“鼓”記在一起的,跟鎮墓獸與鼓同出的現象是一致的。根據這些情況,簡文所記的“土螻”,很可能是指該墓出土的鎮墓獸。

　　關於鎮墓獸的内涵和意義,長期以來爭論不休,到目前爲止,也没有一個統一的認識。如果我們對簡文的“土螻”就是鎮墓獸這一推論符合事實的話,那麼對於認識鎮墓獸的真正面目,無疑是具有十分重要意義的。

《簡帛研究》3,頁 16—17

地坳　塑墜陞塚

秦嶧玉版

包山 219　　郭店·老甲 18

郭店·忠信 4　　侯馬 156:22　　集成 9734 郘䣅壺

［字形圖］侯馬 75：4

［字形圖］璽彙 1793

○**嚴一萍**（1967）　　（編按：楚帛書）墜从阜从土，也聲，此地字。（中略）《説文》：“地，从土，也聲。”當是墜之省。

《中國文字》26，頁 11

○**徐中舒、伍仕謙**（1979）　墜，《説文》：古文地。《漢書·郊祀志》：“周官天墜之祀。”

《中國史研究》1979-4，頁 94

○**吳振武**（1982）　　［字形圖］（地）：

　　《説文》謂地字“从土也聲”。按地字金文《卯簋》作［字形］（《金文編》釋隊，誤），《侯馬盟書》“晉邦之地”的地字作［字形］或［字形］，古璽文地字既作［字形］又作［字形］（《古徵》附録 21 下），戰國楚簡作［字形］（《類編》456 頁），可知作［字形］者是在［字形］上又加注音符“也”。小篆地字作［字形］，已由“注音形聲字”變爲“義類形聲字”。

《吉林大學研究生論文集刊》1982-1，頁 60

○**李零**（1985）　　地字的寫法值得注意，與《説文》地字的古文墜有別，从陁从土，應即後世地字所本。地字，過去我們在西周金文或更早的殷代文字材料中没有發現過，見於春秋戰國時期的文字材料，例子也很有限（如《行氣玉銘》）。這些年來，新的材料有所增加，如《侯馬盟書》中地字出現很多，平山三器中也有地字出現。但這些地字的寫法都是采用《説文》地字古文的寫法，無與後世地字相同者。因此，這個地字是很重要的線索。藉此，我們可以明白爲什麼近年出土的秦漢簡帛書籍往往都把地字寫成上也下土，其實這樣的寫法正是保留了它从墜字省形的痕迹。另外，由帛書地字，我們對地字的古音讀法也有新的瞭解。《説文》地字，古文从隊，隊所从得聲的彖，《説文》説是“讀若弛”，最近出土的獣簋銘文有“墜于四方”一語，張政烺師考爲《書·洛誥》“勤施于四方”的“施于四方”。弛、地等字本來都是从歌部的也字得聲，但在先秦兩漢韻文中卻往往是與支部字叶韻，段玉裁因謂地字乃是介於今所謂支、歌二部之間。但帛書地字从土从陁聲，卻説明地字在楚字中仍然是保留了歌部字的讀音，這與《楚辭·天問》以歌、地二字叶韻是一致的。

《長沙子彈庫戰國楚帛書研究》頁 53

○**吳振武**（1991）　在齊陶文用作人名的字裏，有下列一字：

季52下　　　季39下

這個字丁佛言《補補》釋爲“附”（14·5上），顧廷龍先生《蜇錄》隸定爲“陉”（13·4上），李學勤、朱德熙、裘錫圭三位先生則釋爲“陞”。高明先生《古文字類編》（1980年）既隸作“陉”（426頁），又編入“陞”字條下（452頁）。其實，從侯馬盟書“墬”（地）字作（侯307頁）和古璽中同樣用作人名的“墬”（地）字作、（璽彙3549、2737）來看，此字似當釋爲“墬”（地）。其所從的或也是“彖”（彖）之省。黃賓虹《陶鉨文字合證》收錄的一件齊印戳陶文中也有這樣寫法的“墬”（地）字：

平都邨左□□男鉨（璽）

“墬（地）邨”義不詳。

《考古與文物》1991-1，頁69

○**湯餘惠**（1993）　陘，古文地。字從豚省聲，商周金文豚字多從又作腏（參看新版《金文編》卷九669頁），此省月（肉）旁作“犭”，侯馬盟書“晉邦之地”字作陘、墬，後例復省又旁，字均從古文豚省，與《說文》籀文地從象聲作墬者有異。以往學者多誤，以此字從象，隸定爲墬，不確。象聲古音在喻四，當歸舌頭定母，地、豚古音並在定母，象在元部，豚在文部，陽聲旁轉，古聲至近。故古文地可從象聲，亦可從豚聲。新地，與前文“新土”同義。

《戰國銘文選》頁41—42

○**曹錦炎**（1996）　璽文地名後之“冢”，或作“塚”，如三晉官璽“胡匋塚”（2737）。《爾雅·釋詁》：“冢，大也。”璽文之“冢”當和齊璽一樣，也應是職官名，即地方長官之意。

《古璽通論》頁159—160

○**何琳儀**（1998）　墬，從阜從土，彖聲。或加又旁繁化，參豚作。或省土旁簡化，與隊同形。或土旁訛爲止旁，或阜旁訛爲彳旁。阜、土二旁均訛作辵，遂與逐（）字相混。墬，地之異文。《字彙補》：“墬，同地。”《韻會》：“墬，古文地字。”地，晉系文字作墬、坨，楚系文字作埅，秦系文字作地。《說文》地籀文作墬。墬爲墬之繁文。

晉器墬，讀地。《史記·田敬仲完世家》“潛王地”，索隱“《系本》名遂”。是其證。

《戰國古文字典》頁1223

墬,从隊,它爲曡加音符(豕、它均屬舌音)。隊(地)之繁文,參楚系文字地作墬。

晉璽墬,人名。

《戰國古文字典》頁 1224

【地主】

○**朱德熙、裘錫圭、李家浩**(1995)　"墬"即"地"之異體,从"阜",與"地"字異體"墬、墬"同。"地"本从"它"聲,从"也"乃形訛。"地"下一字从"宀"从"主",用爲"主"字。三體石經古文"主"作𩰍,《古文四聲韻》麌韻引《古老子》作𩰍,《華岳碑》作𠆆,並與簡文"宔"字相近。"宔"字又見於侯馬盟書、温縣盟書、中山王銅器及馬王堆漢帛書,均用爲"主"字(參看黄盛璋《關於侯馬盟書的主要問題》,《中原文物》1981 年 2 期)。"地主"即掌土地之神祇。《國語・越語下》:"皇天后土,四鄉地主正之。"

《望山楚簡》頁 99

○**李零**(1998)　地主。類似後世的"土地爺",有"野地主"和"宫地主"之分。

《李零自選集》頁 63

△**按**　《説文》:"坔,元氣初分,輕清陽爲天,重濁陰爲地,萬物所陳列也。从土,也聲。墬,籀文地从隊。"戰國文字的"地"字形多變。晉系文字"地"皆以"豕"爲基本聲符,湯餘惠認爲晉系"地"字是"从豚省聲"。或从阜从豕,作𨸏(《侯馬》35:6);或纍增形符土,作𡎡(《侯馬》3:1),與《説文》古文結構相近;或增加裝飾符號又,作𡎡(《侯馬》194:2),均爲具有地域特色的字形。戰國時期,楚系文字"地"作"坨"若"陀",以它爲聲符;秦系文字作"地",从土从它,與《説文》小篆結構相同。

坤　坤

𡘊坤璽彙 1263

○**羅福頤等**(1981)　坤。

《古璽彙編》頁 139

○**何琳儀**(1998)　《説文》:"坤,地也。《易》之卦也。从土从申,位在申。"戰國文字坤,从立,申聲。坤,或歸諄部,則申非聲。

晉壐坤,人名。

《戰國古文字典》頁 1120

塿 塿

仰天湖 30　　郭店・窮達 8

○**饒宗頤**(1957)　簡言疏布二塿,塿猶偶,殆指加茵二重以藉棺耳。

《金匱論古綜合刊》1,頁 62

○**史樹青**(1955)　"一塿"就是一偶。

《長沙仰天湖出土楚簡研究》頁 32

○**中大楚簡整理小組**(1977)　禺爲偶之初字。偶,配也,對也。"一禺"即一對。仰天湖簡寫作塿,下從土。據《長沙發掘報告》記載,出土文物有大銅盤一件,熏爐一件,都非一對。

《戰國楚簡研究》4,頁 22

○**何琳儀**(1998)　《説文》:"塿,塿夷,在冀州陽谷,立春日日值之而出。從土,禺聲。《尚書》曰:宅塿夷。"

仰天湖簡塿,讀偶。一對。《正字通》:"偶,凡數雙曰偶,隻曰奇。"

《戰國古文字典》頁 353

○**李家浩**(2000)　"塿"字原文作"塿","土"旁在"禺"旁之下。"塿、寓"二字皆從"禺"得聲,故簡文的"塿"可以讀爲"寓"。像本簡"塿"這樣寫法的"塿",還見於長沙仰天湖楚墓竹簡四號、三〇號等(湖南省文物管理委員會《長沙仰天湖第二五號木椁墓》圖版肆,《考古學報》1957 年 2 期),用爲集體量詞"偶"。

《九店楚簡》頁 86

坡 坡 坡

集成 10478 中山兆域圖

包山 188　　壐彙 2161

○**何琳儀**(1998)　《説文》:"坡,陂也。從土,皮聲。"

兆域圖坡,陵堂臺基之土坡。

《戰國古文字典》頁 886

△按　古文字中从"立"與从"土"常通用無別。

坪 坲

集成 286 曾侯乙鐘　集成 2305 坪夜君成鼎　包山 203　郭店·老丙 4

集成 2793 平安君鼎

集成 11020 高平戈　貨系 2320　楚帛書

上博一·詩論 2　上博一·詩論 4

○**裘錫圭**（1979）　戰國時代的楚國文字裏有一個寫作、等形的字。

九州不　（長沙帛書）

阿　（古印，《簠集》20 上，爲反文）

夜大夫□鉨　（同上 14 下）

夜君成之載貞（鼎）　（《三代》3.11 下）

秦（?）王卑命競王之定救秦（?）戎　（枝江出土銅鐘，《文物》1974 年 6 期 86 頁）

過去我們就設想這個字是的變體，應該釋爲"坪"，讀作"平"，"九州不平"是很通順的，與帛書上下文義也相合，西漢時沛郡有平阿侯國，在今安徽懷遠縣一帶，戰國時正在楚國境内，"夜、輿"古音相近，"平夜"可以讀爲"平輿"，平輿也是楚邑（見前）。但是最後那條鐘銘卻讀不通，因此這個設想就落實不了。在曾侯墓的文字材料裏，不但簡文出現"坪夜君"，而且見於鐘銘的律名"坪皇"，在石磬上就寫作"皇"，這就確鑿地證明這個字應該釋作"坪"。至於那條鐘銘未能讀通，當別有原因，有待進一步研究（原編按：嚴一萍早在 60 年代就已釋出了楚帛書和平夜君鼎的"坪"字，參看本文所附《談曾侯乙墓鐘磬銘文中的幾個字》）。

《古文字論集》頁 414—415，1992；原載《文物》1979-7

○**饒宗頤**（1981）　先論字形，曾侯乙鐘、磬銘中重皇字寫法殊不一致，仍當釋重。試觀下表，可明其字形演變之故。

1.當陽鐘文　2.楚帛書　3—5.曾侯乙磬文　6.曾侯乙簡文　7.曾侯乙鐘文

余曾細察磬銘，"皇之鑮、皇之壴、皇□商"三句，三重字微有不同，但無一作𣎵者;鐘文則一作𣎵,同於簡文重夜君之作𣎵。故知作𣎵者乃訛變,中閒由用省變作屮,作屮,復變而爲屮、爲𠂤。由是言之,𠂤皇自當釋甬皇。

《文物》1981-5,頁 76

○李零(1985)　坪,即楚字平,各家中只有嚴一萍把此字讀對。這個字應釋爲平已爲許多出土材料所證實,參看裘錫圭《談談隨縣曾侯乙墓的文字資料》(《文物》1979 年 7 期),舊釋塝、重皆誤。

《長沙子彈庫戰國楚帛書研究》頁 70

○高明(1985)　𡎨字商承祚釋塝,李學勤釋重,均不確。此字曾見於《坪夜君鼎》《秦公鐘》《曾侯乙石磬》等,乃坪字之古體,在此當讀作平,均也。《易經・乾卦》:"雲行雨施,天下平也。"孔穎達疏云:"言天下普得其利,均平不偏陂。"

《古文字研究》12,頁 379

○何琳儀(1986)　"塝",原篆作"𡎨"。其"旁"省簡一撇筆,與甲骨文"𠂤"或作"𠂤"(《甲骨文字釋林》)屬同類現象。《集韻》去聲宕韻"塝,地畔"乃楚方言。在楚文字中均讀"坪"或"平"。"旁、平"音近可通。隨縣新出鐘律名"坪皇",石磬則作"塝皇",是其證。參裘錫圭《談談隨縣曾侯乙墓的文字資料》(《文物》1979 年 7 期)。

《江漢考古》1986-2,頁 81

○裘錫圭、李家浩(1992)　跟磬銘"皇"上一字寫法相同或極爲相似之字,前此已屢見於帛書、銅器銘文與古印等古文字資料中:

　　(1)九州不𡎨　(長沙楚帛書)

　　(2)秦(?)王𤰞命競𡎨王之定救秦(?)戎　(當陽出土鐘銘,《文物》1980年 10 期圖版叁・4)

　　(3)𡎨夜君成之載貞(鼎)　(鼎銘,《三代》3.11 下)

　　(4)𡎨夜大夫□鈢　(印文,《古璽彙編》0102)

　　(5)𡎨阿(阿字亦爲反文)　(印文,同上 0317)

(1)的第四字,饒宗頤先生初釋"坒",後改釋"重"(參看饒宗頤、曾憲通《楚帛書》247 頁字表 188 號條)。曾侯鐘銘"重皇"之釋即承此而來。但是從字形上看,釋"坒"或釋"重",根據都不充分。早在 60 年代,嚴一萍在《楚繒書新考(中)》一文裏已將此字釋作"坪",讀爲"平"。"九州不平"可謂文從字順,跟帛書上下文義也完全相合。上引(3)的第一字,清人或釋"墉"(如吳大澂《説文古籀補》收此字於附錄,注曰"疑古墉字"),日人高田忠周《古籀篇》也釋作"墉",近人多承用之。嚴氏把這個字也改釋作"坪",讀爲"平"(嚴文載《中國文字》第 27 期,合訂本第七卷 3022—3023 頁)。可是在當時,釋"坪"之説從字形上看也是根據不足的,因此並未得到應有的重視。曾侯墓鐘磬銘文告訴我們🔣和🔣是一個字。此外在同墓所出竹簡所記的贈車人名中有"🔣夜君"(191 等號簡),這跟上引(3)的"🔣夜君"也無疑是一回事。在古文字裏,從未見過"甬"或"旁"有跟"🔣、🔣"相似的字法;而《説文》"平"字篆文作🔣(五上·于部),則顯然跟它們是一個字。可證嚴氏之説是完全可信的。上舉(2)(4)(5)三條中的從"土"之字,無疑也都是"坪"字。我們在發表於《文物》1979 年 7 期上的《談談隨縣曾侯乙墓的文字資料》一文裏,釋出了上舉的那些"坪"字。由於當時尚未讀到嚴文,未能指出嚴氏首先釋出此字之功,十分抱歉。

我們在那篇文章裏曾指出,"夜""與"二字古音相近(二字聲母皆屬喻母四等。"與"爲魚部字,"夜"爲繹部字,有陰入對轉的密切關係),"平夜君"和古印文"平夜大夫"(見上引第 4 條)的"平夜"可讀爲"平與",戰國時爲楚邑;古印文"平阿"(見上引第 5 條)也是地名,與西漢時沛郡的"平阿侯國"當爲一地,在今安徽懷遠縣一帶,戰國時也是楚邑;從而斷定"坪"字作🔣是楚國文字的獨特作風,曾國文字也用此形當是由於受了楚國的影響。戰國時代存在各國"文字異形"的現象。饒先生在《隨縣曾侯乙墓鐘磬銘辭研究》中,根據春秋戰國時代其他國家"坪"字的寫法來否定釋"🔣"爲"坪"之説(26 頁),這是不妥當的。饒先生還把"重夜君"看作"宋夜姑"一類的人名(同上 25 頁),把"重夜大夫"讀爲"重射大夫"(同上 26 頁)。同一個"坪夜"作兩種解釋,也是不妥當的。曾侯墓竹簡所記贈車之人,多用官爵稱呼,坪夜君顯然是坪夜之地的縣君或封君。見於印文的坪夜大夫無疑就是坪夜之地的大夫,如讀爲"重射大夫",是無義可説的。

上引當陽出土鐘銘(見第 2 條),是鑄在一套編鐘上的一篇銘文中的一段(參看《文物》1974 年 6 期 86 頁及 1980 年 10 期 35 頁有關報導),語意不完,究竟應該怎樣解釋尚待研究,饒先生釋此銘"坪"字爲"重",以"競重"二字爲句,實際上並未真正把文義講通;認爲此鐘可能是秦昭襄王在二十九年破郢後所鑄之器(上引饒書 25 頁),更與鐘之時代及銘文字體顯然不能相合。

總之,我們認爲"坪皇"之釋並無錯誤,饒説恐不可從。

《古文字論集》頁 420—422

〇伊世同、何琳儀(1994)　圖一"坪"字比較

🔣a 203　🔣b 206　🔣c 214　🔣d 200　🔣e 240　帛書殘片

　　第 2 字是釋讀本句的關鍵,饒文釋"唇",李文闕釋。原篆形體奇譎,但可與新出土包山簡"坪夜君"之"坪"比照(圖一)。

　　a 式是標準"坪"字。b 式又見曾侯乙鐘,或據同出磬銘"坪皇"之"坪"(同 a 式)與其比照也釋"坪"。今驗之包山簡明確的辭例"坪夜君",可成定論。b 式第二橫筆與兩側豎筆相連即成 c 式,與右側豎筆相連即成 d 式。至於 e 式變化複雜,已在另文討論,茲不贅述。殘片此字介於 b 式和 c 式之間,即殘片橫筆與豎筆相連同 c 式,殘片右側增一橫筆爲飾同 b 式。后者屬於在固定位置施加贅筆現象。"坪夜君"又見坪夜君鼎、隨縣簡 67 等。"坪夜"即"平輿",地名,見《漢書·地理志》汝南郡,在今河南平輿北。另外,"坪"下"土"旁殘片豎筆非常粗壯,致使"土"上短橫(或圓點)不顯。其實無短橫(或圓點)的"土"旁在戰國文字中也司空見慣。如:十五年守相杜波劍"杜",《古璽彙編》"徒"2615、"墨"5477,《古錢大辭典》"坪"255 頁等字所从"土"旁。總之,將包山簡"坪夜君"的"平"與帛書殘片此字比照,再參考文獻"平輿"及其他有關戰國文字材料的釋讀,殘片此字無疑應釋"坪",讀"平"。(中略)

　　文字確認后,首先分析句讀。眾所周知,完整的帛書甲篇和乙篇均爲韻文,因此這件帛書殘片也可能押韻。"炳"和"光"均屬上古陽部字。"左平炳,相星光"一句一韻,音節瀏亮。

　　其次分析句式。"平"指文獻中的"平星"(詳下文)。"左平柄"與《史記·天官書》"左角李,右角將"句式類同。因此,"左平"似指平星一左方的平星二(詳下文)。

《文物》1994-6,頁 84—85

○饒宗頤(1995)　我們細看包山簡的"甬"字人名周甬,分明作𢎥(97),重即𢎥加土旁,206 簡之𢎥,上半即從𢎥形上增一橫筆,而中閒略訛變,故我認爲應釋重,不宜釋坪。且 192 簡分明作重陵君,是重陵君,而不是平夜君。𢎥上加一橫筆作𢎥,楚文字如可之作可,不之作本,例極常見。包山簡此字異形甚多,何君獨取簡 240 一形以附會楚帛殘片,其他如重形相去甚遠,則棄而不顧,恐非篤論,大前提之重既不是坪字,則平星一說自不必深辨。齊兵,平字作𡊨。坪字,"𢎥坪君相室鉢"作"𡉕"(見于豪亮《古璽考釋》),與重等形完全不同。

　　近讀黃錫全兄《湖北出土商周文字輯證》第 138 頁論季家湖出土秦王鐘說:"鼓左第二字作𦥑……淅川下寺 M10 鐘的平字作𡉕。"他是主"坪"字說的。我們看他此書的圖版 161 所收本器拓本,此字分明作𢎥,和𢎥夜君鼎(《三代》3.11)形相同,是从二从用从土,新版《金文編》入附錄 552,未定何字,甚爲謹慎,兩字均未摹失。又淅川的䵂鑄鐘 15 件,據趙世綱《銘文考索》所録,鐘銘二句有“平”字,其辭爲“龢平均(均)煌”與“遣(會)平倉倉”。驗其 M10:73 正面拓本,平字大抵作于(第 259—263 頁),另 M10:76 背面拓本有作𥃲(第 268 頁)、𥃲(第 272 頁)、𥃲(第 275 頁),實無作𥃲者,黄君所摹兩處皆不確。由於秦王及夜君鼎所見此字中實從用,故可定爲甬字,楚器慣借“甬”字爲“用”,如:吳王夫差甬(用)𨥛是其例。平陰都司徒,平字作𥃲,與銅器平安君鼎從土𥃲,仍保存平字原貌,葉其峰談齊官璽,引“𦥑𦥑左桌璽”之外,又舉“𥃲𨙻”爲“平阿”(《戰國官璽的圖別及有關問題》)。今知𥃲字見包山簡,應是𥃲字之變,則應另作解説矣。

《文物》1995–4,頁 47、49

○ **劉信芳**(1996)　　至於“九州不坪”,若以傳世典籍互證,應理解爲“九州尚未形成”,方與上引《天問》“九州安錯”相合。坪從平聲,《爾雅・釋詁》:“平,成也。”

《中國文字》新 21,頁 80

○ **何琳儀**(1998)　　《説文》:“坪,地平也。从土从平,平亦聲。”《集韻》:“坪或書作坒。”

　　高坪戈“高坪”,讀“高平”,地名。

　　燕器坪,讀平,地名後綴。燕器“坪陰”,讀“平陰”,地名。（中略）

　　趙圜錢“坒坪”,讀“廣平”,地名。魏金“坪安”,地名,待考。

　　秦王鐘坪,讀平。《春秋・隱六》“鄭人來渝平”,注:“和而不盟曰平。”或説平,平定。楚、曾器“坪夜、坪弦、坪柰、坪夏”,均讀“平輿”,地名。見《漢書・地理志》汝南郡。在今河南平輿北。楚璽“坪阿”,讀“平阿”,地名。（中略）望山簡“坪樂”,讀“平樂”。《史記・匈奴傳》:“使少者得成其長,老者安其處,世世平樂。”包山簡“坪易”,讀“平陽”,地名,疑曹魏所置之“平陽”。在今湖北鄖西西北。包山簡“坪陵”,讀“平陵”,地名。《水經注・汝女》:“汝水又東南逕坪陵亭北。”在今河南新蔡西北。包山簡“郊坪”,讀“安平”,地名。律管、曾器“坪皇(或作諻)”,樂律之名。帛書坪,讀平。《詩・王風・黍離》“原隰既平”,傳:“土治曰平。”帛書殘片坪,讀平,星名。《晉書・天文志》:“平星二星,在庫樓北。”

《戰國古文字典》頁 831

○ **曾憲通**(1999)　　帛書甲篇“九州不𥃲”。末字嚴一萍、裴錫圭、李家浩諸先生釋"坪",選堂先生釋"壑",後釋"重"。各家之説均持之有故,過去難以按斷。

郭店楚簡《老子》丙組:"執(整理者釋"執",此從裘錫圭先生按語改)大象,天下往。往而不害,安坪大。"馬王堆帛書《老子》及傳世本均作"安平泰"。"坪"字楚簡作■,與楚帛書同。由此看來,楚帛書確當釋爲"九州不坪(平)"。

《中國古文字研究》1,頁91

○**李家浩**(2000) 簡文"坪"字原文皆寫作壑。類似這種寫法的"坪"還見於長沙楚帛書、包山楚墓竹簡和古璽文字等,舊或釋爲"塝、重"等,皆不可信。關於此字的考釋,請看李棪齋《評巴納氏〈楚帛書文字的韻與律〉》(引自許學仁《先秦楚文字研究》184頁,臺灣1979年),嚴一萍《楚帛書新考》(《中國文字》第27期),裘錫圭《談談隨縣曾侯乙墓的文字資料》(《文物》1979年7期)。"坪",秦簡《日書》甲、乙種楚除皆作"平"。

《九店楚簡》頁64—65

○**季旭昇**(2002) (編按:上博二·子羔1"坪萬邦")坪萬邦:使萬邦太平,即下文所説的"使無有小大、肥瘠,使皆得其社稷百姓而奉守之"。

《上海博物館藏戰國楚竹書(二)讀本》頁30

○**楊澤生**(2009) 可見,學者們對■和■這個怪字的看法很不一致。郭店竹書"坪"字作如下之形:

壑《老子》丙4 露《尊德義》12 露《尊德義》34

兩相比較,它們的確有相似之處,但其上部也有明顯不同,所以很多學者主張改釋它字。我們懷疑此字從"土"從"雰","雰"所從的"雨"和"方"有共用橫畫;其中"雨"旁與《孔子詩論》中"雨"的寫法相同:

雨:■8 露:■21

其共同點是中間豎筆兩邊的橫點連爲一體並與兩邊的豎筆相接,郭店簡中的"雨"字和"雨"旁也有和它相同的;而"方"旁也與《孔子詩論》中"方"的寫法相同:

方:■17 忞:■9

再看古文字"旁"字的寫法:

■、■、■甲骨文 ■、■、■金文 ■楚帛書 ■秦簡

兩相比較,秦簡"旁"字和金文最後一形與此字所從的"雰"相近,但它兩邊的

豎畫與上部的横畫並不相連,其差別也很明顯,可見直接隸定作"塝"恐怕是不妥當的。"雱"在《説文》中雖然是"雱"的籀文,但其形體來源不同,實際上與"旁"是兩個不同的字;只是由於字音相近而用作"旁"而已。

既然此字从"土"从"雱","雱"又是"旁"的籀文,所以在 2 號簡中讀作"旁"是可以的,讀作"廣"也有根據。但此字或許還可以讀作"雱"或"滂"。"雱"爲雪盛貌。《詩·邶風·北風》:"北風其涼,雨雪其雱。"《毛傳》:"雱,盛貌。"朱熹《詩集傳》:"雱,雪盛也。"因此,"雱德"和"盛德"意義相近。古籍中"雱"和"滂"相通,故此字又可讀"滂"。"滂"本爲水廣大貌,如宋玉《高唐賦》:"滂洋洋而四施兮。"又泛指廣大,如《楚辭·大招》:"滂心綽態,姣麗施只。"王逸注:"言美女心意廣大,寬能容衆,多姿綽態,調戲不窮。"然則"滂德"即"廣德",也就是廣大之德。值得注意的是,《墨子·尚賢中》結合《周頌》中的詩句講到聖人的廣大之德:"《周頌》道之曰:'聖人之德,若天之高,若地之普,其有昭於天下也;若地之固,若山之承,不坼不崩;若日之光,若月之明,與天地同常。'則此言聖人之德章明博大,埴固以修久也。故聖人之德,蓋總乎天地者也。"

因此,將 2 號簡文"頌,滂德也"所講的德理解爲廣大之德也很合適。

隨着《上博二》的出版,一個字與🔲和🔲相近的字也隨之出現:

子羔 1

此字所在原句爲"故能治天下,🔲萬邦"中,其上部不是十分清楚,似乎从"土"从"旁";但是整理者説此"'坪萬邦'之'坪'和上博竹書《孔子詩論》'坪德'之'坪'形體完全一樣,故此是'坪'字無疑,讀爲'平'"。從字形演變來看,前引郭店竹書中的三個"坪"字並不完全相同,後兩者所从的"平"在斜筆下方出現筆道較細的豎筆,有可能是受"旁"字寫法的影響類化而成;而它們所从的"平"旁"爲了使偏旁成字"而有可能進一步將它改作"旁"字形;根據文義,簡文説"治天下,平萬邦"也非常順當,因此,其釋"坪(平)"似乎可以成爲定論了。然而我們换一個角度考慮,此字釋"塝"而讀爲"敷"也能講得通。上古音"敷"屬滂母魚部,"旁"屬並母陽部,聲母相近,韻部有陰陽對轉的關係,可以相通。而"敷"有治義。《詩·頌·長發》:"洪水芒芒,禹敷下土方。""敷"字一般理解爲治理。《孟子·滕文公上》:"當堯之時,天下猶未平,洪水横流,氾濫於天下,草木暢茂,禽獸繁殖,五穀不登,禽獸偪人,獸蹄鳥迹之道交於中國,堯獨憂之,舉舜而敷治焉。"趙岐注:"敷,治也。《書》曰'禹敷土',治土

也。"焦循《正義》:

　　　王氏念孫《廣雅疏證》云:"傅,治也。《孟子・滕文公篇》'堯獨憂之,
舉舜而敷治焉',趙岐注云:'敷,治也。'引《禹貢》'禹敷土',敷與傅同,故
《史記・夏本紀》作'傅土'。今本《孟子》'敷'下有'治'字,後人取注義加
之也。"按《禹貢》"禹敷土",《史記集解》引馬氏注云:"敷,分也。"敷之訓
布,布,散也。散亦分也。然則敷治即分治,堯一人獨憂,不能一人獨治,故
使舜分治之。下文使益掌火,使禹疏河,舜又使益、禹分治之。趙氏以治釋
敷,則趙本似本無"治"字,乃今本皆無"治"字者。《儀禮・喪服傳》云"故
名者,人治之大者也",注云:"治,猶理也。"《淮南子・原道訓》"夫能理三
苗",高誘注云:"理,治也。"二字轉注。《毛詩・小雅》"我疆我理",《傳》
云:"理,分地理也。"《禮記・樂記》云"樂者,通倫理者也",注云:"理,分
也。"理之訓分,則治之義亦爲分。蓋趙氏以治釋敷,即以理釋敷,亦正以分
釋敷,趙氏注經,每有此例,無礙經之有"治"字也。

上面引文中,王氏與焦氏主要有兩點不同:一是關於原本"治"字的有無,二是
關於"敷"字的解釋。我們認爲,在沒有更多堅實證據的情況下,原本有無
"治"字都有可能;而"敷治"直接解作分治是有問題的。正如焦氏所解釋,敷、
治、理都含有分的意思,但這正是敷與治、理意義相通的原因;"敷治"似乎還
是看作同義複詞比較好。可見,簡文"故能治天下,敷萬邦"也文從字順。

　　　　　　　　　　　　　　　　　　　　　　　《戰國竹書研究》頁 127—129

【坪門】

○**馬承源**(2001)　(編按:上博一・詩論 4"《詩》其猶坪門與")坪門　讀爲"平門"。春
秋吳國城門名,吳王闔閭始築城,四面八門,北面稱爲平門、齊門。又《三輔黃
圖・都城十二門》:"長安城南出第三門曰西安門,北對未央宮,一曰便門,即
平門也。"平門在簡文中可能是泛指城門。"詩其猶平門?"其意或爲詩義理猶
如城門之寬達。

　　　　　　　　　　　　　　　　　　　《上海博物館藏戰國楚竹書》(一) 頁 130

○**馮勝君**(2002)　見上"坪"字條。

○**張桂光**(2002)　見下"坪德"條。

○**許全勝**(2002)　(編按:上博一・詩論 4"《詩》其猶坪門與)"塝門"應讀爲"坊門"。
上古防水、禦敵之具皆曰坊。

　　　《禮記・檀弓上》云:"吾見封之若堂者矣,見若坊者矣。"鄭玄注:"坊,形
旁殺,平上而長。"《戰國策・秦策一》云:"濟清河濁,足以爲限;長城鉅坊,足

以爲塞。”

坊者,防也;門,猶限也。《禮記·坊記》云:“君子禮以坊德,刑以坊淫,命以坊欲。”

蓋《詩》“發乎情,而止乎禮儀”,猶孔子所謂“从心所欲而不逾矩”。簡云“詩其猶坊門與”亦同斯旨。

《上博館藏戰國楚竹書研究》頁 372

○**李鋭**(2002)　（編按:上博一·詩論 4“《詩》其猶坪門與”）簡四“塝門”,“旁、方”古通,此處“塝門”疑讀“防門”。《禮記·坊記》:“子言之:君子之道,辟則坊與,坊民之所不足者也。大爲之坊,民猶逾之。故君子禮以坊德,刑以坊淫,命以坊欲。子云:小人貧斯約,富斯驕;約斯盜,驕斯亂。禮者,因人之情而爲之節文,以爲民坊者也。”

“坊”本字作“防”。《左傳·襄公十八年》“齊侯禦諸平陰,塹防門而守之,廣里”,杜注:“平陰在濟北盧縣東北,其城南有防,防有門,於門外作塹横行,廣一里。”隄防當皆有門,《詩論》正以此喻《詩》與民之關係。

《上博館藏戰國楚竹書研究》頁 398—399

○**裘錫圭**(2003)　（編按:上博一·詩論 4“《詩》其猶坪門歟”）4 號簡“詩其猶聖門歟”的“聖門”,疑當讀爲“聲門”。“聖”讀爲“聲”之例楚簡屢見,不煩舉證。揚雄《法言·問神》:“故言,心聲也;書,心畫也。”詩當然更是心聲。從《孔子詩論》看,孔子説詩,就是要明其所言之志(參看拙文《關於〈孔子詩論〉》,《國際簡帛研究通訊》2 卷 3 期 2 頁),也就是要明詩人之用心。可以説作爲心聲的詩,是通往詩人心靈的一道門。所以簡文説:“詩其猶聲門歟?”《老子》“閉其門”(見 52、56 章),以“門”比喻人獲得知識的門路,與此“門”字用法有相似之處。

一説“聖門”當讀爲“聲聞”。《孟子·離婁下》:“故聲聞過情,君子恥之。”“詩其猶聲聞歟”,意謂詩跟詩人心志的關係,類似人的名聲傳聞跟人的關係。這句話究竟應該如何解釋,還可以進一步研究。

《華學》6,頁 53—54

○**呂文鬱**(2004)　（編按:上博一·詩論 4“《詩》其猶坪門與”）筆者認爲這兩句應當釋爲:“《詩》其猶塝(坊)門,與賤民而豫(豫)之。”塝借爲坊。坊爲街道里巷之通稱,坊門即里巷之栅門。《舊唐書·五行志》:“今暫逢霖雨,即閉坊門。”陸游詩:“霜寒裂屋瓦,月白射坊門。”坊門是普通百姓即所謂“賤民”出入之門。《詩·鄭風·將仲子》云:“將仲子兮,無逾我里!”“無逾我里”這句詩是里巷中的女子告誡追求她的仲子不要翻越我的里巷坊門來找我。大概爲安全起見，坊門在夜閒都是關閉的，若要進出只能翻越。

《新出土文獻與古代文明研究》頁 19

【坪夜君】包山等

○饒宗頤（1981）　（編按：曾侯乙遣策）簡上之🔲夜君，以夜君鼎銘證之，🔲當爲重之異體。夜君鼎之🔲，从二从用益土旁，與當陽鐘之重字形全同，故可確定爲重夜君。

　　重夜君與重之駊皆人名。《論衡・祀義篇》：“祝曰夜姑，掌將事於厲者。”又《訂鬼篇》稱“宋夜姑”，以其爲宋人。《春秋》魯有申夜姑（昭二十五年），釋文：夜本或作射。《墨子・明鬼下》：“宋文君鮑之時，有臣曰祏觀辜。”孫詒讓謂即宋夜姑之訛。古人多以夜姑爲名，殆巫祝之職。此重夜君亦如宋夜姑之比。至重之駊，則如宮之奇、燭之武，人名例如此。攻佐重則工佐之名曰重者。故合上三條觀之，重可以單言，不必以重夜二字連讀。

　　重蓋爲地名，即楚之涌。《説文》涌下云：“一曰涌水，在楚國。餘隴切。”《左傳》莊十八年：楚文王即位，巴人叛楚，取那處，其尹“閻敖游涌而逸”。《水經》：江水“東南當華容縣南，涌水入焉”。注云：“水自夏水南通於江，謂之涌口，二水之閒，《春秋》所謂閻敖游涌而逸者也。”《方言》：“沅涌溰幽之語。”郭璞注：“涌水在今南郡華容縣。”天津有涌肯玉佩，壽縣李三孤堆出土，正面鐫“涌肯”二字，陳邦懷先生考證涌是楚王熊肯初封地名，時尚爲王子，食邑於涌水。重夜君之重，殆即涌地乎。《簠齋古印集》有🔲阿，按《廣韻》上聲二腫“埇，地名，在淮泗”，不必讀爲平阿。江蘇六合程橋鎮出土編鐘，銘“坪之子肔孫”，坪字作🔲（《考古》1965年第3期）。我在濟南見平阿右同戈（戟）之平字，實作🔲。又古璽平陰右徒之平从土作🔲，平陸之平作🔲（石志廉《戰國七璽考》）。故以字形論，🔲字亦不宜釋平。至🔲夜大夫印，亦當釋重。侯馬盟書趜字偏旁有🔲、🔲、🔲諸形，實爲一文。甬夜大夫可讀爲重射大夫。至長沙帛書“九州不重”一句，不重讀爲不涌。《説文》：“洶，涌也。”“涌，滕（騰）也。”《七發》：“波涌而濤起。”九州不重謂水患已平，不復騰波，文義亦通，且可證重、涌二字之互通，不必改讀爲平。

《文物》1981-5，頁 75—76

○舒之梅、羅運環（1983）　“坪夜”，即平輿，楚邑名，“坪夜君”當是楚國的一位邑君。

《求索》1983-6，頁 169

○**饒宗頤**（1995）　　今按重夜君既被作爲與禱、罷禱、賽禱之對象，其名之前加一"文"字，殆是私諡，《周禮·諡法》："道德博聞曰文，學勤好問曰文。"夜字又作奈者，楚簡月名有習层之月，即秦之刑夷，增益示旁，故夜字可从夕，或从示。其作人者以包山簡之夏字有頭、頭、頭諸不同寫法例之。旻即晏，讀如匽，與夜音近故通，最值得注意是加上＝號，但重陵君則不注＝號。大抵＝不外表示合文、析書或連義。可能即把夜君二字應連在一起，今以簡 240 爲例解説之，應如下列所指示：

　　　　文（諡）𡘜（地名）晏君（官職名，二字連讀）子某（私名）。

　　　把"晏君"作一名詞來看，而重陵的陵字乃是通名，則重晏君者實謂重地之晏君，以是例之，重夜姑指重地之夜姑，重夜大夫指重地之射大夫，毫無扞格之處。《周禮·秋官·射人》："下大夫二人。"射人佐司馬，治射正，射與夜通用，如射姑亦通假作夜姑，故夜大夫即是射大夫，如是看來，夜不必與上字之重連在一起，重是一個獨立地名，我把它釋爲甬，全部可通，重陵和印文的重阿正同一樣文例，阿和陵都爲通名，《九歌》"陽之阿"，王逸注："阿，曲隅。"重陵，簡稱則曰重，不與夜君合稱，在曾侯乙簡本身已有極好例子，可作爲內證，何以大家完全忽視，深不可解！

　　　試看曾侯乙簡涉及重地者共有三條，除"𣌱夜君之迻（輅）車二乘"一條外，其他是：

　　　　𣌱之駜爲左驂（165）

　　　　攻佐𣌱所造行軒五乘（120）

都是單言𣌱，沒有與"夜"字連在一起，可見重字絕對是一個獨立地名，與平輿毫不關涉，這樣看來，重之非平，就可以論定了，茲更表之如次：

$$重（涌）+\begin{cases} 夜君=（射姑）\qquad 柰君、晏君 \\ 夜（射）大夫 \\ 邑 \\ 阿 \\ 陵（君） \end{cases}$$

　　　此字宜爲重，則律名均須讀作重皇。江陵雨臺山出土律名記載："重皇角爲定文王商"（《文物》1988 年第 5 期）。律名取重爲名，義本於甬鐘，若作坪皇，則無所取義矣。

　　　曾憲通《長沙楚帛書文字編》189 爲重字，重之作𡘜，上半正是包山簡甬字𣌱上增一橫筆。曾君仍存重一説，不隨流俗改讀爲坪，深有遠識。**（中略）**

　　“射姑”是不能分割的名稱。《莊子·逍遙遊》：“藐姑射之山，有神人居焉。”《山海經·海內北經》云：“列姑射在海河洲中。射姑國在海中，屬列姑射。”郭璞注：“山名也。”觀此，射姑亦可倒言曰姑射。“藐”字係加於其前的形容詞，如“文重夜君”之加“文”字，“列姑射”之加“列”字。由於射姑、姑射，是祝官，故有時可以倒稱，故知重夜君即是楚涌地的祝官。涌爲楚水名，《左傳》莊十八年：“閻敖游涌而逸。”盛弘之《荊州記》：“夏首西浮又二千餘里有涌口，所謂閻敖游涌而逸。”《水經注·江水》：“涌水自夏水南，通於江，謂之涌口。”其地在湖北監利縣東南。說詳《楚地出土文獻三種研究》第37頁，今不復贅。（中略）

　　曾侯乙墓所見此字竹簡幾乎全作𡕣形，無一作重者。書寫風格，行筆恣肆，已是近於變體。包山簡則不然，以作重爲多數，曾侯乙鐘、磬銘律名則作重皇，形較疏朗，仍循包山一路。重夜君一名，今重新統計之，曾侯乙墓簡共四處（67、160、161、191），簡67云：“所馭𡕣夜君之敝（敗）車。”前文漏記。包山簡共出現六處，具見前文所列，而字形乖異，最爲淩雜，惟181簡作重爲正體。

　　此字應爲獨立地名，包山簡諸辭所見又有下列諸名號：

　　重邑　九月戊戌邟重邑𤖗孚。卒丑（188）

　　重陵　壬申重陵敝倌。（184）

　　昜　……繁以訟。重昜之枸里人文逜，以其殹妻。（97）

　　旦重　正泟（脅）期馘（識）之。旦重爲考。（83）

　　重逆公蔡冒。（138）

見於曾侯乙墓簡者又有：

　　北𡕣北𡕣在（144）

殆是人名。

　　瞋䚕𡕣瞋䚕𡕣之騏爲左驂　（163）

　　攻（工）差（佐）𡕣　（120）

　　上舉諸簡，重邑正是一獨立地名，又有重陵、重陽之號，均與平輿無涉，其他此字置在官名之下，如旦、工佐、䚕（牙）等。至“重逆公蔡冒”句，逆即《周禮·天官·司會》“以逆邦國都鄙官府之治”，鄭玄注：“逆受而鉤考之。”與他辭“旦重爲考”皆是法讞訴訟考驗之意，旦在包山簡中繁形亦作邭或但。《淮南子·說林訓》：“使但吹竽。”“但”即官職名。所有重字，皆爲獨立人名稱謂，殆舉其地以爲氏耶？

　　曾侯乙墓簡160曰：“重夜君之兩𩡥馳，朱夜宴以乘複尹之輦（敗車）。”與重夜君駢列有朱夜宴，宴是私名，朱夜疑嘗讀爲“袜射”，袜即祝也，詳《墨子閒詁》。朱夜,亦是夜姑之義。平夜不必借爲平輿,包山簡中輿字常見,皆作畀,《漢書·地理志》平輿下注云:音預,與夜韻部亦不同。

《文物》1995-4,頁48—50

○**何琳儀**(1993)　文坪虽君(240)

坪虽即"坪夜"(200、206、214)。"坪"原篆作〔圖〕,與〔圖〕(206)、〔圖〕(200)既有形變關係,也有聲化趨勢。即坪上从"皿"聲。"坪、皿"雙聲。"虽"原篆作〔圖〕,"顕"(夏)之省。包山簡"顕"或作〔圖〕(200)、〔圖〕(115)(又見天星觀簡),是其佐證。"坪夏"即"坪夜",或作"坪柰"。"夜、柰、夏"均屬魚部。

《江漢考古》1993-4,頁60

○**劉信芳**(2003)　坪夜君:

楚國封君,簡200、203等有"文坪夜君",240有"文坪虽君"。"文"是謚號,"坪夜君"又見曾侯乙簡67、160、161、191,《三代吉金文存》三·一一·四有"坪夜君鼎",坪夜讀爲坪輿。《史記·秦始皇本紀》:"二十三年,秦王復召王翦,彊起之,使將擊荆,取陳以南至平輿。"《漢書·地理志》:汝南郡有平輿縣,其地在今河南平輿縣。

《包山楚簡解詁》頁189

【**坪皇**】曾侯乙鐘

○**饒宗頤**(1981)　先論字形,曾侯乙鐘、磬銘中重皇字寫法殊不一致,仍當釋重。試觀下表,可明其字形演變之故。

1.當陽鐘文　2.楚帛書　3—5.曾侯乙磬文　6.曾侯乙簡文　7.曾侯乙鐘文

余曾細察磬銘,"〔圖〕皇之鑣、〔圖〕皇之壴、〔圖〕皇□商"三句,三重字微有不同,但無一作〔圖〕者;鐘文則一作〔圖〕,同於簡文重夜君之作〔圖〕。故知作〔圖〕者乃訛變,中間由用省變作〔圖〕,作〔圖〕,復變而爲〔圖〕、爲〔圖〕。由是言之,〔圖〕皇自當釋甬皇。

鐘銘有云:"妥賓之宮:妥賓之在楚,是爲重皇;其在〔圖〕,是爲逘(夷)則。"據隨縣資料,楚國有自己之律名,十二律之蕤賓,於楚稱曰重皇,於〔圖〕(申疑當讀陳,陳古文作陣,字從申,因鐘銘舉楚、齊、晉、周諸國,申呂之申久已失國,故改讀爲陳較妥)則爲夷則。何以律名而稱曰重皇? 考之其他律名:

姑洗　在楚曰呂鐘,其反曰互鐘(即闉鐘)。

嬴孚(亂)即無射　新鐘。

穆音　穆鐘。

曰吕鐘,曰新鐘,曰穆鐘,均取"鐘"爲號。以當陽鐘銘"競重"即"競庸"例之,甬即大鐘之鋪。《説文》鐘或體从甬。《廣韻》三鍾:鏞,大鐘;銿同。故重皇即銿皇。皇者,鐘銘每見"元鳴孔皇"習語,舉之如下:

中韓叞(且)膓,元鳴孔皇。其音池池(訑),聞于四方。(徐王子旃鐘,録遺四)

中韓叞膓,元鳴孔皇。孔嘉元成……和遺百生(姓)。皇皇熙熙,眉壽無期。(沇兒鐘)

中韓叞膓,元鳴孔皇……煌煌趣趣,萬年無諆。(王孫遺者鐘)

自作鈴鐘,中韓叞揚,元鳴孔煌。穆穆龢鐘,用宴以喜……敦敦趣趣,萬年無諆。(許子鐘)

由上可見鐘銘常用皇字來形容聲音,或迭用曰皇皇,字亦作煌。《詩・執競》:"鐘鼓鍠鍠。"《爾雅・釋訓》:"鍠鍠,樂也。"釋文本作韹韹。《説文》:"鍠,鐘聲也。"故知重(銿)皇即取大鐘之聲爲義。其加副詞曰孔皇者,《墨子・非樂上》:"嗚呼! 舞佯佯(洋洋),黄言孔章,上帝弗常,九有以亡。"孔皇與孔章文例相同,重皇之爲律名,取義殆如此。

春秋以來,文字異體滋多,同一地域,往往一字可作若干寫法,令人不易理董。曾侯乙墓中樂器簡册文字,形變尤甚,茲舉重字論之,特其一例而已。

《文物》1981-5,頁 76—77

【坪陰】貨系 2330

○**鄭家相**(1958)　文曰坪陰。按坪陰即平陰,爲襄平之陰地所鑄,襄平平陰二布,襄字增糸旁,平字陰字增土旁,其邊疆遠地之文字歟? 且此布形制亦與襄平布同,而出土又均在燕地,其爲戰國燕強盛時代所鑄,無疑。

《中國古代貨幣發展史》頁 106

○**何琳儀**(1992)　"坪陰"。二字原篆均从"土",與燕官璽"坪陰都司徒"(《古璽彙編》0013)吻合無閒,呈典型燕文字風格。"坪陰"均讀"平陰"。

平陰,見《史記・趙世家》幽繆王"五年,代地大動,自樂徐以西,北至平陰,臺屋牆垣太半壞,地坼東西百三十步",《正義》:"樂徐在晉州,平陰在汾也。"胡三省云:"余謂上書代地震,則樂徐、平陰皆代地也,烏得在晉、汾二州界?《水經注》徐水出代郡文昌縣東南大嶺下,東北流逕郎山入北平郡界。意樂徐之地當在徐水左右。又代郡平邑縣,王莽曰平湖。《十三州志》平湖城在高柳南百八十里。《水經注》曰:代郡道入縣城北有潭,淵而不注,俗謂之平湖。平陰之地蓋在此湖之陰也。"其地在今山西陽高東南。趙方足布"平陰"

（1799），與《趙世家》“平陰”適可互證。貨幣材料説明胡氏的推斷頗有根據。或以《左·昭二十三年》“晉師在平陰”（今河南孟津）當之，則“平陰”布屬西周國貨幣，恐非是。

　　根據上文分析，文獻中代郡屬趙，又一度屬燕。“安陽”三孔布屬趙，“安陽”方足布屬燕。這與“平陰”方足布屬趙，“坪陰”方足布屬燕，屬同一現象。“平陰”二字是否从“土”，正體現了趙、燕兩國不同的文字風格。

　　總之，山西陽高之平陰，可能是趙“平陰”布和燕“坪陰”布的共同鑄造地。

　　　　　　《古幣叢考》（增訂本）頁 37—38，2002；原載《中國錢幣》1992-2

○ **梁曉景**（1995）　戰國晚期青銅鑄幣。鑄行於燕國。屬小型布。面文“坪险”，形體稍有變化。背平素。“坪险”，即平陰，古地名，戰國屬燕，地望待考，或謂在襄平之南。1956 年以來内蒙古赤峰、吉林輯安、遼寧朝陽等地有出土。

《中國錢幣大辭典·先秦編》頁 289

△ **按**　參卷五“平陰”條。

【坪德】

○ **馬承源**（2001）　（編按：上博一·詩論 2“《訟》，坪德也”）坪悳　“坪悳”一辭，古籍中未見，金文《平安君鼎》之“平”作从土从平，坪、平古通用。“坪悳”讀爲“平德”。《訟》之平德，必是指文王武王之德。伐商滅紂，奄有四方，是周初的大事，在《頌·維天之命》、《維清》和《我將》等諸篇中，都竭力頌揚“文王之德、文王之典”，《執競》之“執競武王，無競維烈”“自彼成康，奄有四方”等等亦是，平德則可以理解爲平成天下之德。

《上海博物館藏戰國楚竹書》（一）頁 127

○ **馮勝君**（2002）　（編按：上博一·詩論 2“《訟》，坪德也”）所謂“《訟（頌）》坪（平）德也”是與下文的“《大夏（雅）》盛德也”相對而言的，而“盛德”一詞我們無法確定其所指，那麼所謂“坪（平）德”似乎也應該理解爲泛稱。而且將平德解爲“平成天下之德”，也有增字解經之嫌。

　　簡文中注釋者釋爲“坪”的那個字寫作：

第二號簡　　　　　　第四號簡

而在戰國楚文字中，"坪"字很常見，寫作如下之形：

《楚系簡帛文字編》964—965 頁

所从"平"字豎筆雖然也多彎曲向左，但均爲一筆，與簡文此字顯然不同。此字應分析爲从土从旁，釋爲"塝"，在簡文中讀"旁"。《説文》："旁，溥也，从二闕，方聲。"桂馥《義證》："溥也者，本書'溥，大也'，《釋詁》：'溥，大也。'《廣雅》：'旁，大也。'《書・説命》'旁招俊乂'傳云：'廣招俊乂。'《周書・世俘解》'旁生霸'孔注：'旁，廣大也。'"可見，"旁"字爲廣大、周遍之意。"旁德"是廣大、周遍之德，與"盛德"含義相近，而又有所區別。李零先生雖然也將"旁德"釋爲"平德"，但他認爲"簡文是説《頌》的配樂（器樂）非常舒緩，歌聲（聲樂）非常悠遠……'盛德'疑指比《頌》高亢"，劉釗師懷疑"其歌紳而□"應讀爲"其歌伸而延"，從文意上看，都是很有道理的。無論是讀爲"伸而延"還是簡文所説的"深而遠"，都與"旁"字廣大、周遍的含義相應。

"塝"字又見於第四號簡：

曰詩其旁門，與賤民而□之，用心也將何如，曰《邦風》是也。

這裏的"旁"，我們懷疑應該讀爲"坊"。《説文・新附》："坊，邑里之民，从土，方聲。"坊門，是指里巷之門。

《古籍整理研究學刊》2002-2，頁 11

○**董蓮池**（2002）　（編按：上博一・詩論 2"《訟》，坪惪也"）訟坪惪也，多言迻：訟，《詩》分類名，《説文》："訟，謌訟也。""謌訟"即歌訟。今傳毛《詩》作"頌"。坪，原篆作，从土，旁聲，應隸作"塝"，讀作"溥"。《詩・北山》"溥義之下"，毛傳："大也。"惪，德的古文。"溥德"言德之盛大。"訟坪惪也"當與今傳《詩・大序》"頌者，美盛德之形容"蘊含的觀點類同，言它們均是歌訟贊美周人祖先大德的詩篇。多言迻，迻，後的異體。《考釋》認爲指文武之後，可從。"言"當讀爲延。延，及也。句謂訟時所表現的周德被及文武後人。

《古籍整理研究學刊》2002-2，頁 15

○**王志平**（2002）　（編按：上博一・詩論 2"《訟》，坪德也"）"旁"，讀爲"衡"。《國語・齊語》"以方行於天下"，注："方猶橫也。"《漢書・地理志》："旁行天下。"《荀子・修身》"橫行天下"，注："橫行天下，猶《書》所云'方行天下'，言周流之廣。"《孟子・梁惠王下》"一人橫行於天下"，注："衡，橫也。"

《上博館藏戰國楚竹書研究》頁 211

○**何琳儀**（2002）　（編按：上博一・詩論 2"《訟》，坪德也"）"塝"，《考釋》誤釋"坪

（平）"。"坪"在戰國文字中習見，與該字不同。"塝"原篆作：

塝　上海簡《詩論》二

該字从土从雱（"旁"之籀文），雨旁與方旁借用一横筆。《集韻》："塝，地畔也。"

簡文"塝"應該讀"廣"。"旁"與"黄"聲系可通。《國語·齊語》："以方行於天下。"《管子·小匡》"方"作"横"。是其佐證。另外，《廣雅·釋詁二》："旁，廣也。"亦屬聲訓。

簡文"坪德"應讀"廣德"。"廣德"，見《逸周書·太子晉解》"其執有廣德"，《老子》四十一章"廣德若不足"。簡文意謂"廣大之德"。

《上博館藏戰國楚竹書研究》頁 245

○**俞志慧**（2002）　（編按：上博一·詩論 2"《訟》，坪德也"）因該字有土旁，筆者將其隸定爲"坊"，義則仍取其本字"旁"，東漢許慎《説文解字》："旁，溥也。从二闕，方聲。"《廣雅·釋詁》："旁，大也。"同期文獻上形容美德常用"盛德、令德、明德、崇德"等詞，與此大德之義正相應合。

《上博館藏戰國楚竹書研究》頁 309—310

○**張桂光**（2002）　（編按：上博一·詩論 2"《訟》，坪德也"；又上博一·詩論 4"《詩》其猶坪門與"），見第 2 簡；，見第 4 簡。原釋文並釋爲"坪"，讀作"平"，而謂第 2 簡之"平德"爲"平成天下之德"；謂第 4 簡之"平門"爲"春秋吴國城門名"，簡文中"泛指城門"，其意蓋謂《詩》之義理"猶如城門之寬達"。考兩周文字"平"字作偏旁雖有、、、、等多種變體，卻無一如上出兩形之下部多一斜出之筆，亦無一如上出兩形之上橫畫與兩旁短豎連接得那樣嚴密的。與上列平字偏旁形體近似而又有斜出之筆者，如（《妖𦀚母簋》）、（《仲考父壺》"滂"字所从）、（石鼓文"滂、鰟"等字所从）等，諸家並釋爲"旁"。拿上出簡文與此類"旁"字相較，雖然只屬下同而上異，但拿了與《説文》"旁"字籀文之作者相比，卻是算得頗爲相像的。因此，我認爲上出簡文當以釋作"塝"（即塝）字爲宜，而簡中則以讀"旁"爲妥。"旁"有廣大義。第 2 簡之"《訟》，旁德也"與下文之"《大夏》，盛德也"正好以大德與盛德相對；第 4 簡"《詩》其猶旁門與"之以"旁門"喻《詩》的義理之寬達，於義也更妥帖。

《上博館戰國楚竹書研究》頁 336—337

○**裘錫圭**（2003）　（編按：上博一·詩論 2"《訟》，坪德也"）我懷疑這個字是"聖"字的誤摹。《孔子詩論》3 號簡的"聖"字作，如果"口"旁的左豎書寫得跟"耳"旁的右豎書貼近，"壬"旁上端斜筆又寫得偏左偏下，就有可能没有認出此字

的抄寫者誤摹成那種樣子。上舉第二例在上方加了短橫。楚簡“聖”字在
“耳”旁上方加短橫之例屢見（見《滕編》第 849 頁，上博簡《性情論》36 的
“聖”字也在上方加了短橫）。

　　把上舉 2 號簡文釋爲“頌，聖德也”，跟同簡下文“大雅，盛德也”顯然十分
相配。《大戴禮記・盛德》：“聖王之盛德，人民不疾……蠻夷懷服。”“聖德”
就是“聖王之盛德”。桓譚《新論・琴道》：“昔虞舜聖德玄遠，遂升天子。”（據
嚴可均輯本，《全上古三代秦漢三國六朝文》一第 552 頁，中華書局 1958 年）
舜是聖王，故稱其德爲“聖德”。王充《論衡》也説“聖德”，如“五帝三王皆有
聖德之優者”（《道虛》）、“舜以聖德入大麗之野”（《亂龍》）。《周頌》主要歌
頌文王、武王之德，文武之德，文武是聖王，所以説“頌，聖德也”。

《華學》6，頁 53

均 坿　埧 詢

坿 睡虎地・答問 187　　坥 郭店・老甲 19

埧 包山 43　　埧 上博四・曹沫 35

歆 璽彙 0782　　詢 璽彙 0784

○**睡簡整理小組**（1990）　均，《周禮・内宰》注：“猶調度也。”均工，關於調度
手工業勞動者的法律規定。

《睡虎地秦墓竹簡》頁 46

○**何琳儀**（1998）　《説文》：“均，平徧也。从土，匀聲。”或加口旁爲裝飾
部件。

　　晉器均，人名。

《戰國古文字典》頁 1112

壤 壤

壤 睡虎地・封診 78　　壌 三晉，頁 122

○**饒宗頤**（1985）　壤从土，於此爲動詞，讀作襄或攘。《爾雅・釋言》：“襄，除
也。”除訓治。《謚法解》：“辟地有德曰襄。”

《楚帛書》頁 13

○**荊州市博物館**（1998）　襄。

《郭店楚墓竹簡》頁 168

△**按**　《説文》：“壤，柔土也。”郭店簡、貨幣等“壤”字均讀爲“襄”，與《説文》“壤”字有别，見“襄”字條。

【壤陰】

○**鄭家相**（1958）　文曰壤陰。壤陰者，壤之陰地也。春秋壤有二，一曰狐壤，《公羊傳》：“狐壤之戰。”屬鄭地。一曰黑壤，《春秋》：“公會諸侯，宋公衞侯鄭伯曹伯于黑壤。”屬晉地。以此布出土地推之，當是黑壤，亦曰黄父。顧棟高曰：“黑壤山，在今澤州府沁水縣西北四十里。”因其在黑壤山北之陰地所鑄，故布文曰壤陰。

《中國古代貨幣發展史》頁 100

○**石永士**（1995）　戰國晚期青銅鑄幣。鑄行於魏國，流通於三晉、燕等地。

屬小型布。面文“壤陰”，形體多變。背無文。“壤陰”，即壤陰，古地名，春秋屬晉，戰國歸魏，在今山西翼城縣東。1957 年以來北京，内蒙古涼城，山西陽高，河北易縣、靈壽，遼寧凌源，河南鄭州等地有出土。

《中國錢幣大辭典·先秦編》頁 238

○**何琳儀**（2002）　讀“襄陰”，見《地理志》定襄郡，確切地望不詳。

《古幣叢考》（增訂本）頁 207

塙　塙

○**何琳儀**（1998）　《説文》：“塙，堅不可拔也。从土，高聲。”

齊陶“塙閭”，讀“高閭”。齊陶“塙闔”，讀“塙魚”，地名。《左·襄廿七年》：“齊烏于襲我塙魚。”在今山東鄆城西北。或説“塙闔、塙閭”均臨淄之城門。

晉璽塙，姓氏。

《戰國古文字典》頁 291

【塙闔】

○**孫敬明、李劍、張龍海**（1988）　“壴闔槇里朝”。“壴”从土，這是戰國文字

的特點,如丘作壵、市作坿等。闠,從門,膚聲。膚、呂古音同,闠即閭。此外
闠還作"閭、閖",如"高閭豆里曰□□□"(《益都》·12)、"壐閖蒦"(圖二:
13)。(中略)

　　戰國後期,齊城門有稱"高閒"者。由陶文可知,齊城門春秋名"高闠",戰
國早中期稱"高閭、高閖",以後則叫"高閒"。

《文物》1988-2,頁 87

壚　壚

壐彙 3328　　　陶彙 3·238

○**湯餘惠**(1986)　(編按:《壐彙》3328)左旁從虘,字下加＝爲飾筆(詳後),寫法與
山東博山香峪村出土的莒邦殘刀幣文此旁略同。幣文䒖字裘錫圭先生釋
"莒",謂"從竹,虘聲"。至確,壐文從土,虘聲,應即"壚"之古文。段注本《說
文》云:"壚,黑剛土也。"該是本義。

《古文字研究》15,頁 35

○**何琳儀**(1998)　壚,從土,虘聲。疑壚之省文。《說文》:"壚,剛土也。從
土,盧聲。"

　　齊壐壚,讀盧,姓氏。

《戰國古文字典》頁 452

坴　坴

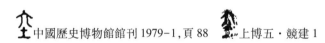

中國歷史博物館館刊 1979-1,頁 88　　　上博五·競建 1

○**何琳儀**(1998)　坴,從土,六聲。坴之省文。《說文》:"坴,土塊坴坴也。從
土,夫聲。讀若逐。一曰:坴梁。"

　　趙壐"平坴",讀"平陸",地名。

《戰國古文字典》頁 225

○**陳佩芬**(2005)　"坴",讀爲"逐",同屬室部(編按:"室"上古屬質部,"逐"上古屬覺
部),音通。《說文·辵部》:"逐,追也,從辵,豕省聲。"

《上海博物館藏戰國楚竹書》(五)頁 166

凷 凷 塊 塊

璽彙 1695

○**何琳儀（1998）**　塊，从土（戰國文字土或作立形），鬼聲。凷之異文。《説文》：“凷，墣也。从土，一屈象形。塊，凷或从鬼。”

晉璽“亡凷”，讀“無畏”，習見人名。

《戰國古文字典》頁 1185

垠，从土，畏聲。疑塊之繁文。
包山簡垠，人名。

《戰國古文字典》頁 1188

坄 坄

璽彙 2570

○**何琳儀（1998）**　坄，从土，殳聲。《集韻》“徒侯切”是其證。《説文》：“坄，陶竈窗也。从土，役省聲。”大徐本反切因“役省聲”而誤。

晉璽坄，疑讀殳，姓氏。舜臣有殳斨，後以名爲氏。見《通志·氏族略·以名爲氏》。

《戰國古文字典》頁 373

基 萁 𡉏 坅

包山 168　　上博五·三德 5

望山 1·115

○**商承祚（1995）**　（編按：望山 1·115）坅，即基，通禥、祺。《説文》：“祺，吉也。从示，其聲。禥，籀文从基。”《詩·大雅·行葦》：“壽考維祺，以介景福。”毛傳：“祺，吉也。”《漢書·禮樂志》郊祀歌有“群生噎噎，惟春之祺”。注引如淳曰：“祺，福也。”

《戰國楚竹簡匯編》頁 249

○**朱德熙、裘錫圭、李家浩**(1995)　(編按:望山 1·115)垀(社)。

《望山楚簡》頁 78

○**何琳儀**(1998)　坖,从土,丌聲。基之省文。《集韻》:"坖,基古作坖。"《説文》:"基,牆始也。从土,其聲。"

齊璽"會坖",地名。或作"會丌"。

包山簡"夜坖",地名。坖讀其,地名後綴。

《戰國古文字典》頁 24

垣　垣

垣睡虎地·日甲 138 背

垣三晉,頁 100

○**鄭家相**(1958)　文曰垣,在右,亦有傳形在左者。此圓金僅著地名一字,形大制率,而無邊緣,當屬初創之制。垣字注見垣鈗布,鑄布在先,鑄圓金在後,可證圓金遞嬗於布化。惟垣爲魏地名,垣鈗布與此圓金皆魏物也。

《中國古代貨幣發展史》頁 179

○**朱德熙、裘錫圭**(1979)　此圈銘文中"官""垣"二字皆从"阝",似乎"阝"既代表"𠂤",又代表"亘",果真如此,則𪒠既是"官"字,又是"宣"字,䊷既是"桓"字,又是"棺"字的簡寫。不過"官"和"宣"、"棺"和"桓"當時都是常用字,不應完全寫成一樣,不加區別。方壺銘和鼎銘"趄"字所从的"亘"作亘,很可能當時"宣""桓"所从的"亘"也是這樣寫的。至於"垣"字寫成从阝,可能是因爲没有"𡑞"字跟它對立,不會發生混淆的緣故。一説阝是"亘"字而非"𠂤"字,因爲"亘、官"古音相近,故銘文借"宣"爲"官",借"桓"爲"棺"。

《朱德熙古文字論集》頁 107,1995;原載《文物》1979-1

○**黄盛璋**(1989)　垣正是戰國魏地,《史記·秦本紀》:昭襄王"十五年,大良造白起攻魏取垣,復予之","十七年秦以垣爲蒲阪、皮氏",《索隱》:"'爲'當爲'易',蓋字訛也。""十八年錯攻垣,河雍,決橋取之",自此入秦,魏亦名王垣。《史記·魏世家》武侯"二年城安邑王垣",《集解》:"垣縣有王屋山也。"《索隱》:"按《紀年》'十四年城洛陽及安邑、王垣',徐廣曰:'垣縣有王屋山,故曰王垣。'"《正義》:"《括地志》云:'故城漢垣縣,在絳州垣縣西北二十里也。'"按《史記·白起傳》僅言"拔垣",未云"復予",蓋二年秦以垣易魏蒲阪、皮氏,始以垣與魏,次年又取垣,自此入秦未再入魏,故可斷定秦昭王十八年爲此鼎下限。《漢書‧地理志》河東郡有垣縣,蓋來自秦。《讀史方輿紀要》山西平陽府絳州垣曲縣下:“垣縣城,在縣西北二十里,故魏邑也。”乾隆《一統志》:垣故城在今(垣曲)縣西二十里。

　　垣又見平肩橋形布幣,文曰“垣釿”,又見於圓錢,文僅一字“垣”,“垣”字寫法與鼎全同,圓錢時代較晚,在“垣釿”布幣後,然必皆在入秦以前,此地魏蓋設有冶鑄作坊,既能鑄錢,又能鑄鼎。

《文博》1989-2,頁 28—29

○**睡簡整理小組**(1990)　魏地,今山西垣曲東南。

《睡虎地秦墓竹簡》頁 8

○**蔡運章**(1995)　【垣‧圓錢】戰國中晚期青銅鑄幣。鑄行於魏國,流通於三晉、兩周地區。圓形圓孔,錢面微鼓,周緣銳薄,背部平素。面文“垣”,爲地名,戰國屬魏。《史記‧魏世家》:魏武侯“二年,城安邑、王垣”。《索隱》按:“《紀年》十四年,城洛陽及安邑、王垣。徐廣云:垣縣有王屋山,故曰王垣。”在今山西垣曲縣東南。

《中國錢幣大辭典‧先秦編》頁 614

○**何琳儀**(1998)　《説文》:“垣,牆也。从土,亘聲。”

　　趙方足布“戴垣”,讀“襄垣”,地名。垣上官鼎、魏國錢垣,地名。《史記‧秦本紀》昭襄王:“十五年,大良造白起攻魏,取垣,復予之。”在今山西垣曲東南。魏圓錢“桼垣”,讀“漆垣”,地名。

　　秦兵“漆垣”,地名。

《戰國古文字典》頁 1053

【垣釿】

○**鄭家相**(1958)　文曰垣釿。此布薄制,大小在一釿半釿之間,圓首平肩,足間微放,形制特殊,面文不著數字,蓋亦一釿,而制不分等也。按垣見《秦策》,原作坦,在今直隸長垣縣東北二十五里,戰國屬魏。

《中國古代貨幣發展史》頁 128

○**梁曉景**(1995)　【垣釿‧弧襠方足平首布】戰國早中期青銅鑄幣。鑄行於魏國,流通於三晉、兩周等地。屬中型布。面文“垣釿”,倒書。背平素。“垣”古地名,戰國屬魏,在今山西垣曲東南。

《中國錢幣大辭典·先秦編》頁 214

△按　地名"垣"見於布幣、垣上官鼎,戰國屬魏,在今山西垣曲東南。"垣"又可用作地名後綴,如"斠垣"。

圠（圪）𡊨

𡊨 上博四·曹沫 46

○李零（2004）　圪。

《上海博物館藏戰國楚竹書》（四）頁 274

○單育辰（2008）　"圪",從李零、陳劍先生隸定。陳劍先生疑"圪"爲"壨",陳斯鵬先生釋爲"垍",並連上字"斠"讀"斠垍"爲"轄垍(管)",李銳先生又釋爲"垍"爲"自(師)",於形、音、義似無所據。蘇建洲先生把"圪"所從的"🐟"旁與上博(三)《周易》簡 44 的"气(汔)"作"🐟"相對照,認爲完全同形,從而肯定隸定爲"圪"之說。他又說:"筆者以爲或許讀作'既',楚簡的'氣',通常寫作從'既'從'火'。'🐟成',即'既成'。"我們認爲他的釋讀是正確的。不過蘇先生於此做猶疑之辭,所舉證又頗薄弱,故從來學者都未能信從。這裏我們再做如下補充:在銀雀山竹簡《十問》中,"气"常可通"既",如:"交合而舍,敵人气衆以强,勁捷以剛,鋭陳以胥,居之奈何?""彼气貴气武,三軍徙舍,三軍不相睹。""下上气亂,此擊鋭之道也。"其中的"气"都讀爲"既"。典籍中也有"气、既"相通的例子,如《論語·鄉黨》"不使勝食气",《説文》引"气"作"既",又《説文》"气"或作"槩"。《曹沫之陳》的"圪"字與"气"相比,只多了一土旁,但仍從"气"得聲("乞、气"古本一字),所以,把"圪"讀爲"既"是沒有問題的。"圪"應與下一個"成"字連讀爲"圪(既)成"。我們看第二小句的"少"字與第三小句"少"相照應,則第二小句"多"字也應與第三小句的"既成"相照應。"多"義前文已論證是"以少當多",從第二小句和第三小句相照應的角度考慮,並參以上下文,這裏的"既成"應同於《左傳·僖公二十二年》"宋人既成列,楚人未既濟"、《韓非子·外儲説左下》"三軍既成陣,使士視死如歸"之"既成"。

《簡帛研究二〇〇五》頁 45—46

堵 墿

堵 睡虎地·雜抄 40　　合 璽彙 0124

○吳振武(1983)　　1328 臧墿·臧堵。
　　3443 青肁墿·青堵坼(市)。

《古文字學論集》(初編)頁 498、516

○劉信芳(1996)　　"司堵壤"即管理城垣。

《中國文字》新 21,頁 74

○何琳儀(1998)　　《説文》:"堵,垣也。五版爲一堵。从土,者聲。𪗴,籀文从𩫖。"

　　魏璽堵,地名。《後漢書·光武紀》:"率八將軍討鄧奉於堵鄉。"即《漢書·地理志》南陽郡"堵陽"。在今河南方城東。韓方足布作"庒陽"。

　　帛書"堵壤",見《管子·版法》:"衆勞而不得息,則必有崩馳堵壤之心。"

《戰國古文字典》頁 518

壁 壂

壁 睡虎地·日乙 259　　壂 包山 218

○何琳儀(1998)　　《説文》:"壁,垣也。从土,辟聲。"
　　包山簡壁,讀避。

《戰國古文字典》頁 775

塓 塓 竭

合 璽彙 3454

竭 璽彙 3003

○羅福頤等(1981)　《汗簡》碣作圖,所從偏旁與此形近。

《古璽文編》頁 318

○何琳儀(1998)　《説文》:"塓,壁間隙也。從土,曷聲。"
　古璽塓,人名。

《戰國古文字典》頁 901

堪　堪

堪 睡虎地・日甲 72 正貳　　堪 集粹

△按　《説文》:"堪,地突也。從土,甚聲。"

堂　堂　堂　堂

堂 集粹

堂 郭店・性自 19

堂 璽彙 5422　　堂 貨系 4179

○于省吾(1963)　節文言"如檜徒屯二十檜以堂一車",堂應讀作"當",古化文有"坐十斤",即當十斤,《説文》古文堂作坐。

《考古》1963-8,頁 446

○陳邦懷(1983)　《説文》土部堂,古文作堂。段注曰:"蓋從尚省。"當説從尚省聲。周金文亦有從尚省聲之字,如賞字,舀鼎作賞;嘗字,效卣作嘗;鬯字,周卣壺作鬯。可證堂字確爲尚省聲。

《天津社會科學》1983-1,頁 63

○許學仁(1983)　堂,即堂,從土,尚聲。堂字下從土作土,與古貨文"坐十斤"之坐作坐同。坐爲《説文》"堂"之古文,借爲當。而節文堂亦借爲當。節文云"屯十目(以)堂(當)一車=",又"屯廿=檜(檐)目(以)堂(當)一車=",謂"皆以十匹駝獸或二十名挑夫抵一輛車子之載物量"。

　至於從土作土,與立字相混,乃戰國文字之變體。坤(戰國印徐茂)、坤(戰國兆域圖中山王)、坤(戰國東亞五布貨),先秦古璽坤字作坤坤坤,坡字作坡坡,土均訛變爲立,可資互證。且《古璽文字徵》所録"均事"璽有二:一作均

（十鐘山房印舉），一作🖼（凝清室所藏周秦璽印）。

《中國文字》新 7，頁 84

○高明、葛英會（1991）　竈。

《古陶文字徵》頁 147

○張德光（1992）　"堂"字較爲難辨，《古文字類編》423 頁録戰國鄂君啓節"堂"爲"𡈁"，于省吾先生摹本爲"𡫫"與戈"𡫮"的篆法略同，所以應隸定爲堂字。《説文》解堂从土，尚聲，籀文堂从高省姓，楚大夫五尚之後又複姓，秦有魯人高堂伯人，漢儒高堂生，所以堂亦爲姓氏。（中略）

　　堂爲姓，澤爲名，堂澤是工師吏的姓名，是具體負責鑄造兵器的頭目。

《文物季刊》1992-3，頁 68

○陳偉武（1995）　《文字徵》第 147 頁"竈"字下："𡊮《金泥》下，命匋正竈察乍頌墳。《説文》所無。《五音集韻》：'竈，俗竈字。'"今按，此當改釋堂。《文字徵》第 59 頁釋《陶彙》3.381 𡈁爲堂字，謂"《古文四聲韻》引古《尚書》作𡉚，从尚省聲，金文賞或作𡉚，是从尚从向通作之例。此陶文从土向省聲，即堂字。《籀韻》𡉚字與此合"。中山王兆域圖堂字作𡉚，陳邦懷先生云："《説文·土部》堂，古文作𡊮……周金文亦有从尚省聲之字……可證坒字確爲尚省聲。"論聲韻，謂𡈁爲从土向省聲、从向从尚通作更允貼；論形體，則𡊮與《説文》堂字古文及《古文四聲韻》所引古《尚書》"堂"字更切合，故可斷釋竈非是，當與𡈁同爲堂字異體。

《中山大學學報》1995-1，頁 126

○何琳儀（1998）　《説文》："堂，殿也。从土，尚聲。𡙇，古文堂。𡫫，籀文堂从高省。"

　　齊璽"高堂"，讀"高棠"，地名。

　　趙璽"堂谷"，讀"上谷"，地名。《書·多方》："爾尚不忌於凶德。"《説文》引尚作上。《詩·魏風·陟岵》"上慎旃哉"，漢石經引上作尚。是其佐證。趙璽"堂城"，讀"當城"，見《漢書·地理志》代郡。在今河北蔚縣東北。趙璽"上堂"，讀"上黨"，地名。

　　楚器堂，讀當，相當。《廣雅·釋詁》三："當，值也。"

《戰國古文字典》頁 680—681

墾　壥

🖼秦文字集證 142·147

△按 《説文》:"墍,仰涂也。从土,既聲。"封泥"安臺左墍",職官名,當爲安臺負責修飾宮室的工官。

在 𡉜

集成 9735 中山王方壺 璽彙 2378

○張政烺(1979) (編按:中山王方壺"速夐擘杜良猱貫,目輔相毕身")在,讀爲材。

《古文字研究》1,頁 213

○趙誠(1979) (編按:中山王方壺"速夐擘杜良猱貫,目輔相毕身")在,借爲材。在、材均从才聲,故得通假。

《古文字研究》1,頁 249

○徐中舒、伍仕謙(1979) (編按:中山王方壺"速夐擘杜良猱貫,目輔相毕身")𡉜,此士字,从才,士聲,謂才士也。後世以爲在字。"賢士良佐",戰國時習用語。

《中國史研究》1979-4,頁 86

○于豪亮(1979) (編按:中山王方壺)"在大夫",在讀爲士(同爲之部字)。

《考古學報》1979-2,頁 179

○吳振武(1989) 璽中"𡉜宮"之𡉜《古璽文編》釋爲"在"(319 頁),我們疑應釋爲"士"。中山王𧊒方壺銘文中的"賢士良佐、士大夫"之"士"作𡉜(《中山王𧊒器文字編》23 頁),似與此同。

《古文字研究》17,頁 271

○何琳儀(1998) 在,金文作𡉜(盂鼎)、𡉜(啟尊)。从才,士爲疊加音符。戰國文字承襲金文,士旁或訛作土形。《説文》:"𡉜,存也。从土,才聲。"

趙璽"在宮",讀"在邑"。《詩・秦風・小戎》:"言念君子,溫其在邑。"中山王方壺"擘在",讀"賢才"。

《戰國古文字典》頁 99

【在丘】

○施謝捷(2000) 顧榮木《鶴廬印存》著録有下揭一私璽:

按此璽印文不難釋認,左側一字"邕"在已知古璽中往往用爲人名,右側二字"在丘"應該是姓氏。《説文》土部:"在,从土,才聲。"實際上"在"字所从"土"旁係"士"之訛變,在金文中用作"存在"的"在"字是在"才"基礎上加注聲符"士"而造成的,用作"賢士、士大夫"

的“在”字可以看成是假借,也可以看成是在“士”基礎上加注聲符“才”而造成的。僅從“在”的構形看,它跟“㐭、貟”等相同,也可以看作“兩聲字”。

複姓“在丘”應讀作“淄丘”,亦作“菑丘”,“丘”或作“邱”。《禮記·檀弓上》“爵弁紂衣”《釋文》:“紂,本又作緇,又作純。”(作“純”當由“才”古文𠂇形傳抄致訛。)《詩·小雅·大田》“俶載南畝”鄭箋:“載讀爲菑粟之菑。”是其徵。邵思《姓解》卷二:“菑丘,《風俗通》齊有勇士菑丘訢。”鄧名世《古今姓氏書辯證》卷四:“淄丘,淄一作菑。其先以所食邑爲氏。《英賢傳》齊勇士菑丘訢。”校勘記中引宋本作“齊高士菑丘許”。《通志·氏族略三》“以地爲氏(所居附)”類:“淄丘氏,《英賢傳》齊勇士鄑丘許。”

此璽从文字風格看,應是三晉系。

《中國古璽印學國際研討會論文集》頁 35

【在行之先】集成 11718 攻吳太子姑發㒸反劍

○**商承祚**(1964) “在行之先”,猶之言凡遇有軍事行動,雖尚未與敵人交鋒,“意在行之先”,具有必勝信念。藐敵之心,威武氣概,繩諸諸樊的兄弟行中,惟諸樊足以當之。我意此劍,當爲諸樊戰爭時所服用,而非其常佩劍,玩讀其文,是因事述意,瞰然知所指,與諸樊一般使用的兵器有所區别。

《中山大學學報》1964-1,頁 94

坐 𡋯 𡉈

睡虎地·秦律 82

包山 243

○**睡簡整理小組**(1990) 坐,承擔罪責,《一切經音義》引《蒼頡篇》:“罪也。”

《睡虎地秦墓竹簡》頁 39

○**何琳儀**(1998) 坐,从卩从土,會人跽坐於地之意。秦系文字以卯易卩,應屬繁化。或訛作坐,參銀雀山《孫臏》三六坐。小篆作𡋯,上又訛作卯形。《説文》:“坐,止也。从土,从留省。土,所止也,此與留同意。𡍮,古文坐。”

信陽簡坐,讀座。《集韻》:“坐,坐具。”簡文指鐘架。包山簡坐,山名。

睡虎地簡坐,因。

《戰國古文字典》頁 881

○**李家浩**(2000) (編按:信陽 2·018“一檠坐前鐘”)“坐”大概讀爲“座”。“一牆座

棧鐘"猶言"一牆列棧鐘",相當《小胥》所説的"特懸"。墓葬的木槨是地上居
室的象徵。信陽一號楚墓編鐘出於木槨東方前室,與上引《小胥》鄭玄注所説
"特縣縣於東方"相合。

《簡帛研究》3,頁 4

填 塡

填 信陽 2・28　　塡 曾侯乙 10　　塡 楚帛書

○劉雨(1986)　(編按:信陽 2・28 塡)堂。

《信陽楚墓》頁 130

○李零(1985)　女塡,嚴一萍釋女皇,謂即女媧。按女媧,《藝文類聚》卷十
一、《初學記》卷九引《帝王世紀》説是"一曰女希,是爲女皇"。嚴説女塡即女
媧,從帛書内容看是可信的,但塡字在文字學上應該怎樣分析還是值得考慮。
我想這個字恐怕都是媧之本字,《帝王世紀》所説女希、女皇,希和皇可能都是
此字的誤寫。另外,我們還注意到《古文四聲韻》卷一第 38 頁所收完字作塡、
塡、塡,與此字有些類似,或許帛書就是借完字爲媧,也有可能。伏羲和女媧傳
説都是風姓,有些古書説兩人是兄妹,有些古書説兩人是夫妻,聞一多《伏羲
考》據我國西南民族的神話傳説推證伏羲、女媧是以兄妹結爲夫婦,這與帛書
所描述的故事是一致的。帛書此篇是講日月四時形成的神話,一上來的兩個
人物就是伏羲和女媧,這並不是偶然的。我們從漢畫像石和著名的高昌絹繪
星圖都可見到伏羲和女媧是與日月星辰畫在一起,這説明伏羲和女媧與星曆
家是有密切關係的。

《長沙子彈庫戰國楚帛書研究》頁 65—66

○何琳儀(1986)　"瑞",原篆作"塡"。李釋"堇",安、陳釋"童",嚴釋
"皇",均與字形不合。按,原篆上從"出",參甲篇。"出自黃淵"乙篇"出自
□霊",丙篇"可以出師"諸"塡"字。中從"曰",乃裝飾符號,無義。下則從
"玉",參江陵簡、仰天湖簡諸"玉"形。然則"塡"只能隸定爲"瑞"或"珊",
以聲韻求之,即"珊"。(《集韻》:"珊,玉名。")"出"或"屈"可讀若"骨"。
如《説文》頗"讀又若骨"。《左傳》哀公廿六年"掘褚師定子之墓",釋文本
或作"揖"。《左傳》昭公十七年"鶻鳩氏",《爾雅・釋鳥》:"鶌鳩,鶻鳩。"
《列子・楊朱》"禽滑釐",《漢書・古今人表》作"禽屈釐"。是其證。"咼"

也可讀若“骨”，如“膃”《説文》“讀若骩”。然則帛書“女玼”實應讀“女瑰”。“玼”，溪紐，脂部；瑰，見紐，歌部。見、溪同屬牙音，脂、歌例可旁轉。《世本·姓氏》（張澍稡集補注本）：“女氏，天皇封弟（娣）瑰於汝水之陽，後爲天子，因稱女皇。”此“女瑰”即“女媧”。“瑰”从“玉”與帛書契合，蓋取“玉”有“嘉美之意”。“女媧”亦名“女希”（《三皇本紀》）。南方少數民族稱“伏希”爲“Kuel”（芮良夫調查引自聞一多《伏羲考》）。總之，“媧、瑰、瑶、玼、希”均牙音［k］之轉讀。帛書中“女媧”作“女玼”，與“伏羲”作“🐍🐢”，“祝融”作“祝盧”屬同類現象。帛書的記載證實了在戰國楚人傳説中，伏羲和女媧確屬夫婦關係。可惜女媧出於“☒子”適有殘文，影響了對這一問題的深入探討。

《江漢考古》1986-2，頁78—79

○**裘錫圭、李家浩**（1989）　“填”，原文作墴，从“土”从“𧵏”。簡文甲胄之“甲”的單位量詞即从𧵏作𧵏、𧵏等字形。按“真”字金文作𧵏，或作𧵏（《金文編》575頁）。“貝”“鼎”二字形近，在古文字中作爲偏旁時往往混用，故金文“真”或寫作从“鼎”，又有加“丌”旁作𧵏者（《金文編》575頁），漢印文字作𧵏（《漢印文字徵》8·10下），所从“貝”旁省作“目”。貨幣文字中有一個从“貞”的𧵏字（《先秦貨幣文編》37頁，原書誤釋爲“貞”），亦見於蚉匕銘文𧵏字（《金文編》626頁，原書釋爲“頂”）左旁。古代“貞、真”二字形音俱近。“貞”的聲母屬端母，“真”的聲母屬照母三等，上古音照母三等與端母近。“貞”的韻母屬耕部，“真”的韻母屬真部，真耕二部字音關係密切。如《楚辭·離騷》以“名、均”爲韻，又《卜居》以“耕、名、身、生、真”爲韻，又《遠遊》以“榮、人、征”爲韻。“名、耕、生、榮、征”屬耕部，“均、身、真、人”屬真部。上引金文𧵏所从的●，即“丁”字。在古文字中常見在文字上加注聲符的現象，疑𧵏字所从的“丁”，即加注的聲符。“丁”屬耕部。因此，上引貨幣文字當釋爲“真”，蚉匕之字當釋爲“顛”。𧵏與上引“真”字形近，亦應當釋爲“真”。從金文“真”字的“丌”旁或有或無來看，墴應當釋爲“填”。“填”與“珥”連文，疑當讀爲“瑱”。簡文的“珥瑱”與車器記在一起，當是車飾。64號簡有“紫組珥”，與馬器記在一起，當是馬飾。此跟古書訓“珥、瑱”爲耳飾者異。

《曾侯乙墓》頁512

○**何琳儀**（1998）　《説文》：“垽，埽除也。从土，弁聲。”

信陽簡坴，讀弁。

《戰國古文字典》頁 1066

《説文》：“填，塞也。从土，真聲。”

隨縣簡填，讀瑱。《説文》：“瑱，以玉充耳也。从玉，真聲。”

《戰國古文字典》頁 1116

塡，从土，真聲。填之繁文。《龍龕手鑒》：“塡，俗填字。”

樂塡磬塡，讀寘。《集韻》：“寘，止也。”

《戰國古文字典》頁 1116

○**李零**（1999）　疑是“填”字。

《出土文獻研究》5，頁 161

○**陳斯鵬**（2007）　筆者認爲釋“填”是正確的。試論證如下。

“𡎤”字爲上下結構，上从“真”，下从“土”。唯二部相接之處墨迹稍混耳。按金文“真”字及从“真”的字作如下諸形：

真：伯真甗　季真鬲　叚簋　真盤

顛：魚顛匕

字从“鼎”或从“貝”，蓋因“鼎、貝”二形相近而訛混。其本該从“鼎”或“貝”，尚可研究，但從後來的演變看，歷史選擇了前者則是事實。至於或从“丌”或否，則僅是繁簡的不同而已。曾侯乙墓所出戰國竹簡中“真”及从“真”之字則演變爲：

真：簡 61　簡 122　簡 123　　　填：簡 10

裘錫圭、李家浩先生聯繫上舉金文材料，將它們釋爲“真”和“填”，是可信的。其字形演變主要表現在：原來的“匕”形變成“丫”形並與“鼎”形上部粘連，甚至進而分離出“之”字形來（比如簡 61）。簡 61 一文鼎足部分還訛變爲“火”形。這種現象在楚文字中也有可比證者，如“貞”字包山簡作（254），“則”字郭店簡作（《尊德義》26）、（《唐虞之道》21）、（《性自命出》25）。至此不難發現，就結體而言，帛書“𡎤”字與曾侯墓簡 10“填”字相一致；就核心部件“真”的寫法來看，則又與簡 61 最爲接近。所以，“𡎤”爲“填”字的可能性無疑是很大的。

　餘下的問題是，帛書此字上端明顯是“出”，而曾侯墓竹簡“真、填”上端是“之”，字形尚不可謂完全密合。這個疑問，我們可以從下面一則新材料得到解答。

《周易・頤》六二及六四爻辭均有“顛頤”之語。馬王堆帛書本同。而新出楚簡本與"顛"相對應的字分別寫作：

簡25　簡24

濮茅左先生隸定爲"𩂁"，應是正確的。按"𩂁"字疑爲"䪆"之異體，"䪆"《説文》云"讀若顛"，故楚簡"䪆"得與馬王堆帛書及今本之"顛"相通假。考其所從"真"，簡25一文下部鼎足之形猶存，簡24則演變爲"天"，大概是有意的變形聲化（"天、真"均爲古真部舌音字，音極接近，"天"爲"顛"之初文，而"顛"正從"真"聲）。而最可注意者，則是二文上端皆作"出"形，與楚帛書"𡍩"字毫無二致。至此，"𡍩"之爲"填"字便可完全論定了。

　　考傳説中伏羲之配，女媧而外，似無他人。"女媧"之"媧"，古籍中有異文作"瑞"（《世本·姓氏》）、"果"（睡虎地秦簡《日書》）、"過"（孔家坡漢簡《日書》）、"希"（《帝王世紀》）、"娃"（《路史》卷十一注引《成冢記》）等。考之古音，"媧、瑞、果、過"爲見母歌部字，"希"屬曉母微部，"娃"在影母支部，皆屬於音同音近的通假。"填"爲定母真部字，似乎與"媧"音相去稍遠。雖然神話傳播既久既廣，字音發生較大的變異不是完全没有可能的事，但若要從語音上直接將"填"與"媧"拉上關係，則難免勉强一些。雖然已有學者從"𡍩"以"出"字爲聲符的角度來論證其與"媧"相通，但現在既已認出其爲"填"字，"出"形不過是"真"旁的一個組成部分，則此論證思路自然需要重新斟酌。至於"真"字上部之變成"出"形，究竟是純粹的形體訛變，還是包含了語音考慮的因素，還可作進一步的探討。

《簡帛文獻與文學考論》頁2—3

【填丘】

○**李家浩**（1993）　左行"填丘"之"填"，原文與曾侯乙墓竹簡"填"字的寫法相似，唯後者將"土"旁寫在"真"旁之下，作上下重疊之形。（中略）

辟大夫虎節（集成12107）

齊國初封於營丘。《史記·齊太公世家》："武王已平商而王天下，封師尚於齊營丘……及周成王少時，管、蔡作亂，淮夷畔周，乃使召康公命太公曰：'東至海，西至河，南至穆陵，北至無棣，五侯九伯，實得征之。'齊由此得征伐，爲大國，都營丘。"

《漢書·地理志》齊郡屬縣"臨淄"下班固自注"師尚父所封"，顔師古注："臣瓚曰'臨淄即營丘也。故晏子曰'……先君太公築營之丘。今齊之城中有丘,即營丘也。"師古曰:"瓚説是也。'築營之丘',言於營丘地築城。"又《地理志》北海郡屬縣"營陵"下班固自注"或曰營丘",顏師古注引應劭曰也認爲營陵即營丘,並説"陵亦丘也"。酈道元《水經注·淄水》對這種説法進行了駁斥。原文説:"淄水又北逕其城東,城臨淄水,故曰臨淄,王莽之齊陵縣也。《爾雅》曰:'水出其前左爲營丘。'武王以其地封太公望,賜之以四履,都營丘爲齊。或以都營陵……余按營陵城南無水,惟城北有一水,世謂之白狼水,西出丹山,俗謂凡山也,東北流,由《爾雅》'出前左'之文,不得以爲營丘矣……今臨淄城中有丘。在小城内,周回三百步,高九丈,北降丈五,淄水出其前,逕其左,故有營丘之名。與《爾雅》相符。"據此可知,營丘與臨淄實爲一地。因營丘城臨淄水,故又名臨淄。其故城在今山東淄博市臨淄鎮。營丘自太公望封齊至康公十九年,除中閒胡公曾一度徙都薄姑外,一直是姜齊的都城;戰國時田氏篡齊,仍以營丘(臨淄)爲都。

值得注意的是,不僅塡丘、營丘末一字都是"丘"字,而且"塡、營"二字的古音也很相似。從聲母來説,"塡"屬定母,"營"屬喻母四等。喻母四等與定母十分接近,所以曾運乾主張上古音喻母四等歸入定母。從韻母來説,"塡"屬真部,"營"屬耕部,真耕二部字音關係密切。《詩·大雅·江漢》"來旬來宣",鄭玄箋:"旬當作營。"《淮南子·道應》記"若士者"語"視焉無眴",《論衡·道虛》記此語"眴"作"營"。"旬、眴"屬真部。古文字"真"或寫作從"貞"聲。"貞"屬耕部。《公羊傳》僖公十六年"聞其磌然,視之則石,察之則五",陸德明《釋文》:"磌,之人反,又大年反,聲響也。一音芳君反。本或作'砰',八耕反。"《穀梁傳》僖公十六年范寧注引《公羊傳》此文,楊士勳疏:"磌字,《説文》《玉篇》《字林》等無其字,學士多讀爲'砰'。據《公羊》古本,並爲'磌'字。張揖讀爲'磌',是石聲之類。不知出何書也。"呂思勉等人説"磌然"即《孟子·梁惠王上》"塡然鼓之"之"塡然"。"磌(塡)然"之"磌(塡)"讀爲"砰",當是經師相傳的舊音。"砰"屬耕部。據此,頗疑節銘"塡丘"即"營丘",在此實際上是指齊都臨淄。

《中國歷史博物館館刊》1993-2,頁51、53

坦 坦

包山157

○**何琳儀**（1998）　《説文》：“坦，安也。从土，旦聲。”

包山簡“坦倌”，疑讀“壇官”。《集韻》：“坦，或爲壇。”《説文》：“壇，祭壇場也。”《莊子·山木》：“爲壇於郭門之外。”

○**李家浩**（2000）　“坦、墠”二字古音相近，可以通用，《隸釋》卷六漢從事武梁碑“前設礲砠，后建祠堂”，洪适説：“‘礲’即‘壇’字，‘砠’即‘墠’字。”《考工記·矢人》“亦弗之能憚矣”，鄭玄注：“故書‘憚’或作‘但’。鄭司農云：讀當爲‘憚之以威’之‘憚’。”疑簡文“坦”應當讀爲“墠”。《説文》土部：“墠，野土也。”段玉裁注：“野者，郊外也。野土者，於野治地除草。”

《九店楚簡》頁 111

○**李家浩**（2000）　《説文》説“亶”从“旦”聲，所以古代“亶”字或从“亶”得聲之字，可以跟从“旦”得聲之字通用，字例見高亨《古字通假會典》201、202 頁。疑簡文“坦南”應當讀爲“壇南”。“壇”是古代祭祀用的土臺。

《九店楚簡》頁 119

堤 堤

堤睡虎地·秦律 23　　　中國歷史博物館館刊 1979-1，頁 89

○**石志廉**（1979）　匕堤渠

《中國歷史博物館館刊》1979-1，頁 89

○**何琳儀**（1998）　《説文》：“堤，滯也。从土，是聲。”

晉璽堤，人名。

《戰國古文字典》頁 751

壎 壊 塤 壦

陶彙 3·914

包山 83

○**何琳儀**（1998）　塤，从土，員聲。壎之異文。《廣韻》：“塤，《説文》作壎，樂器也，以土爲之，六孔。”

齊陶塤,讀壎,樂器。或人名。

《戰國古文字典》頁 1315

壏,从土,蓳聲。壎之異文。《玉篇》:"壏,古文壎。"蓳,見紐;壎,曉紐;曉、見爲喉、牙通轉。

包山簡壏,地名。

《戰國古文字典》頁 985

封　封　坒　嘏　坴

坒　青川木牘

坒 璽彙 0839　　坒 上博二・容成 18　　坴 璽彙 4091

坴 集成 2840 中山王鼎　　坴 貨系 2486

坴 集成 11306 二十一年啟封令癰戈

○**張政烺**(1979)　嘏,从又从坴,坴亦聲,封之異體。坴即《説文》古文邦。

《古文字研究》1,頁 219

○**黃盛璋**(1981)　旅大市新金縣後元臺發現銅戈一件,報導見《考古》1980年 5 期。戈内正、背部都有刻銘,隸定如下:

　　戈内:廿一年啟坴(封)命癰工師(合文)鈗冶者

　　背:啟封

字从丰从田,即"封"字古文,甲文作坴。《説文》"邦"下古文作"坴",最初只有"丰"字,象丰草形,甲、金文作丰,即丰字初文,傳世有康侯丰鼎,即衞康叔,文獻名"封",證明"丰"即"封"字初文。後來加土、加田,意思一樣,仍是"封"字,"封"字又是"坴"字孳乳。背銘啟封即正面之啟坴,證實"坴"確是"封"字,《説文》把坴列"邦"字古文,是不對的,儘管王國維有"邦""封"一字之説,但自從加有土、田(封)與邑(邦)形旁之後,就有所分別了。

《考古》1981-4,頁 332

○**商承祚**(1982)　封字金文皆从丰(丰)从土,此(編按:中山王鼎"坴")从田,田亦土也。《説文》从坒,乃丰之誤。

《古文字研究》7,頁 57

○**李學勤**(1982)　牘文關於封、埒的記載,十分重要,所述形制過去很少瞭解。

　　封埒的制度,與《周禮·封人》的記載有沿襲關係。《封人》云:"掌設王之社壝,爲畿封而樹之。凡封國,設其社稷之壝,封其四疆,造都邑之封域者亦如之。"周人的大塊農田,也進行封樹,楊寬先生已舉例説明。

　　《封人》鄭注云:"壝,謂壇及堳埒也。畿上有封,若今時界矣。"孫詒讓《正義》解釋:"封,起土界也。崔氏《古今注》云:封疆畫界者,封土爲臺,以表識疆境也,畫界者,於二封之閒又爲壝埒,以畫分界域也。"由牘文知道,封是高四尺的土臺,聯接兩封的埒高一尺,底基厚貳尺,這是封埒的具體形態。

　　阡陌起着地界的作用,所以封埒雖然不等於阡陌,卻與阡陌有密切的聯繫。商鞅變法以後,實行軍工益田,又允許耕田的買賣,造成富者田連阡陌的現象,在同一田主的土地內部,可能只有阡陌而不設封埒。

　　云夢秦簡《法律答問》有這樣一條:

　　　"盜徙封,贖耐。"何如爲"封"?"封"即田阡陌。頃畔"封"也,且非是?而盜徙之,贖耐,何重也?是,不重。

"盜徙封,贖耐",是秦律本文,意思是私自將封移動位置,偷占田地,應處以贖耐的刑罰。"何如爲'封'"以下,是對秦律的説明。簡文把"封"解釋成阡陌,並且舉出"頃畔"即百畝之田的田界,認爲就是律文所指的"封",如有人私自移動,當援律判處贖耐。《法律答問》成書年代在秦昭王以後,只提阡陌而不講封埒,可能《爲秦律》那種封埒當時已經很少修造了。

《李學勤文集》頁 294—295,2005;原載《文物》1982-10

○陳邦懷(1983)　（編按：中山王鼎）《説文》土部封,籀文从半作𡉣。邑部邦,古文作𨛜。考卜辭邦土之邦作𨛜(《前編》四·十七)。證知《説文》𨛜當是𨛜字之訛。並知鼎銘𨤪是邦聲。

《天津社會科學》1983-1,頁 67

○袁仲一(1987)　"封",即封疆,爲古代都邑、田邑四周的界限。古代的封疆是用封土堆和所種的樹木、矮牆連結而成。《周禮·地官·封人》:"封人,掌詔王之社壝,爲畿,封而樹之。凡封國,設其社稷之壝,封其四疆。造都邑之封域者,亦如之。"又崔豹《古今注》:"封疆畫界者,封土爲臺,以表識疆境也。畫界者於二封之閒又爲壝埒以畫分界域也。"這就是説,封是封土臺,即土堆,埒是連接二封之閒的矮垣,四周合圍起來形成田界或都邑、田邑的疆界。因封埒上多植有樹木,即所謂“封而樹之”。

　　“自桑障之封以東,北到桑匼”,這是賜給右庶長歜宗邑的南、北疆界。即南邊從桑障的封埒向東畫條東西的界線,北邊的疆界是以滿水河岸的東西向的桑匼爲標志。

　　“封一里,二十輯。”“封”字似不應該和上面的“桑匼”連讀,釋成“……北到桑匼封,一里二十輯”。而應讀成“北到桑匼,封一里,二十輯”。因爲這段話是敘述司御䫄畫宗邑的疆界。既然封疆畫界,那就必然要有四周的界限。不然,邑的大小就無法確定。瓦書中把宗邑南、北兩邊的疆界已經講得非常明確;那麼東、西兩邊的疆界在哪裏呢? 也就是説宗邑南北的長度已定,而東西的寬度是多少? 如果把“封”字和桑匼連讀,把里字釋爲居民組織的單位數量,那麼邑的東西疆界就沒有了。因而封一定要和一里連讀。“封一里”即宗邑南北兩邊的封界各長一里,也就是宗邑東西的寬度爲一里。“自桑匼之封以東”,可知桑障之封是宗邑的西界,由此向東一里畫一條南北向的封界,即是宗邑的東邊界限。這樣,宗邑四周的界限就清楚了。它是個南北長方形的地域。古代“方里而井,井九百畝”,“方十里爲成……方百里爲同”。秦王賜給歜的宗邑,因處於咸陽的京畿地區,邑的範圍較狹是可以理解的。古代的邑本來有大有小。小者有“十室之邑”,“三十家爲邑”,“四井爲邑”。歜之宗邑是在杜縣範圍内,是爲小邑。

《秦代陶文》頁 81

○梁曉景(1995)　【𡉚・平襠方足平首布】戰國晚期青銅鑄幣。鑄行於魏國,流通於三晉、兩周等地。屬小型布。面文“𡉚”。背無文。“𡉚”,古文封。《説文・土部》:“𡉚,籀文封。從丰、土。”《左傳・定公四年》:昔武王克商,分魯公以“封父之繁弱”。封父,古國名,戰國屬魏,在今河南封丘縣境。

《中國錢幣大辭典・先秦編》頁 231

○何琳儀(1998)　封,金文作🜚(召伯簋)。從又從土從丰,會手植林木以爲地界之意。丰亦聲。戰國文字承襲金文,或以攴代又。《説文》:“封,爵諸侯之土地也。從之從土從寸,守其制度也。公侯百里,伯七十里,子、男五十里。🜚,古文封省。𡉚,籀文從丰。”

　　趙三孔布“封氏”,疑讀“封斯”,地名。見《漢書・地理志》常山郡。在今河北趙縣西北。

　　啟封戈“啟封”,讀“開封”,地名。秦器封,封界。《周禮·地官·大司徒》“制其畿疆而溝封之”,注:“封,起土界也。”青川牘“封垺”,讀“封堳”。

《戰國古文字典》頁 434

　　垚,春秋金文作。从土从丰,丰亦聲。據《説文》封之籀文作![字形],知垚應爲封之省文。戰國文字承襲春秋金文,或疊加土旁。

　　齊刀“閟垚”,讀“關封”。

　　燕璽“垚人”,讀“封人”。職管封疆之官。《左·隱元年》:“潁考叔爲潁谷封人。”燕璽垚,姓氏。夏時封父列爲諸侯,以地爲氏。見《姓苑》。

　　晉璽垚,讀封,姓氏。

《戰國古文字典》頁 434

　　畫,从田,丰聲。封之異文,即邦之古文![字形]。封、邦一字分化。

　　廿一年啟封令戈“啟畫”,讀“開封”,地名。

《戰國古文字典》頁 434

【封人】璽彙 0192

○**湯餘惠**(1986)　戰國官私璽印中有以下幾個存疑的字:

a ![字形] 0329　![字形] 3295

b ![字形] 0192　![字形] 3319　![字形] 4091

例 a 丁佛言釋“邦”而無説(《補補》6·9);《古璽文編》均作爲不識的字列入附錄。按戰國文字“邦”多寫作、![字形]《先秦貨幣文編》88 頁 1·2),从邑,圭聲。圭即封字古文,《説文》古文封作![字形],籀文作![字形]。圭字从土,丰聲。![字形]字从圭聲與邦字从丰聲同。以上 a、b 各例,“圭”之上部左傾應是一種變體,它和“告、甫”二字的訛變頗相一致,試比較:

![字形]中山圓壺—![字形]《季木》7·12 貼字所从—![字形]《藝林月刊》9 期 15 頁陶文散字所从

![字形]《眷録》3·4—![字形]《古大》143—![字形]《璽》0158

![字形]《璽》1810 邦字所从—![字形]《考古》1977 年 1 期圖三 4“長邦”戈邦字所从—

![字形] ![字形]中山王鈇邦字所从　![字形]

可見這種寫法是有來源的。

　　此外,在辭例方面也有線索可循。前引 4091 一例出自一方條形印,此印人名兩刻:一作"后閿(闞)⚊",一作"后閿⚊",末尾一字毫無瓜葛的可能性不大。甲骨文邦字初文作⚊,《説文》古文邦作⚊,當即此形訛誤;璽文⚊增土旁,《古璽文編》釋"邦"可信。古文封、邦二字皆从丰聲,古讀相同,因而常常互用。古書"封域"又作"邦域","邦畿"又作"邦圻",在借字成風的時代,人名兩刻,封、邦錯互爲用,是不足爲怪的。

　　古璽⚊字釋"封",在典籍中也可以得到印證。

上引 0192 印文云:

　　　　甫易都圭(封)人

封人一職見於《周禮·地官》和《左傳》。據記載:

　　　　封人掌設王之社壇,爲畿封而樹之。凡封國設其社稷之壇,封其四疆。

　　造都邑之封域者亦如之。——《周禮·地官》

　　　　令尹蒍艾猎城沂,使封人慮事,以授司徒。——《左傳·宣公十一年》

可見封人一職不僅職掌社壇管理和邊界封疆事宜,而且有時還要參與城邑的營建。

《古文字研究》15,頁 32—34

【封氏】 貨系 2486

○**汪慶正**(1984)　"⚊⚊"——右爲"封"之異體。左爲"氏"字。"封氏"即"封斯"。《前漢書·地理志》常山郡有封斯,在今河北趙縣西北附近。

《中國歷代貨幣大系·先秦貨幣·總論》頁 20

○**程紀中、童子玉、馬漢民**(1993)　目前國內外現存的見於譜録記載的三孔布總數僅數十枚,以不同銘文計算,品種達 30 種。我們將該枚三孔布面文同所有已知的三孔布面文作了對比,該布面文雖明顯有別於其他三孔布,但又與《大系·先秦卷》中 2486 釋爲"封氏"的一枚三孔布文字有諸多相似之處(見拓片圖二)。先秦貨幣文字書寫常有隨意性,異書變體現象甚爲常見,故我們認爲此枚三孔布面文爲簡筆和異書"封氏"二字,細細審視該三孔布面文,右側之字可視作"封"字的簡筆,空首布中也有"⚊"字,釋爲"封",只是下邊不出頭而已;左側之字變化稍大,但可視爲"氏"字的異書。爲面文釋解我們曾專門請教了李學勤先生,得到了李先生的贊同。"封氏"應指戰國時地名,"封斯",地望在今河北省趙縣西北。

《中國錢幣》1993-2,頁 48

○**中國錢幣大辭典**(1995)　【鼓氏·三孔平首布】戰國晚期青銅鑄幣。鑄行

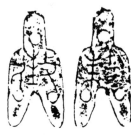

於趙國,流通於三晉等地。屬小型布。面文“鼓氏”。背部鑄“十二朱”。“鼓”爲“封”的異體,“封氏”讀如封斯,古地名,戰國屬趙。《漢書·地理志》常山郡有封斯縣,在今河北趙縣西北。

《中國錢幣大辭典·先秦編》頁 382

○崔恆昇(2002)　貨系 2486 魏三孔布:“封氏。”氏爲地名後綴。封爲戰國魏地,在今山西芮城風陵渡西南。《戰國策·燕策二》:秦召燕王章,“我下枳,道南陽、封、冀,包兩周”。吳師道補正:“封,封陵(亦稱封陸、封谷)。杜預云:在蒲州(按今山西永濟縣西南蒲州鎮)。”《史記·蘇秦列傳》引文同。索隱云:“魏之南陽郡即河内也。封,封陵也。冀,冀邑。皆在魏境。”或説封氏爲封斯,恐不確。

《古文字研究》23,頁 222

【封守】

○睡簡整理小組(1990)　查封犯人的産業,看守犯人的家屬。

《睡虎地秦墓竹簡》頁 149

【封陵】

○睡簡整理小組(1990)　封陵,魏地,《水經注》作風陵,即今山西芮城西南風陵渡。

《睡虎地秦墓竹簡》頁 8

【封疆】

○廖序東(1991)　中山王嚳鼎:“闢啟封疆。”“封”本謂聚土以爲疆界的表識,作“界”解。《説文》:“畺,界也。”“畺”即疆字。是“封、疆”同義。《周禮·地官·大司徒》“制其畿疆而溝封之”注:“疆,猶界也。封,起土界也。”《孟子·公孫丑下》“域民不以封疆之界”,則引申爲疆域。

《中國語言學報》4,頁 160

△按　《説文》:“對,爵諸侯之土也。从出从土从寸。”西周金文作(封孫宅盤),从土从丰,丰亦聲,或作(召伯簋),从丰从土从又,與《説文》小篆結構相同。戰國時期,“封”或从丰从土从攴,作(《貨系》2486),與西周金文形體結構相近;或从丰从田从又,作(中山方鼎),田與土爲義近形旁通用;或从丰从田,作(廿一年啟封令戈),與甲骨文“封”作(《合集》846)者結構相合。甲骨文舊釋爲“邦”,趙超根據廿一年啟封令戈“封”字的形體,而改釋甲骨文爲

"封"（《"邦、封""命、令"辨》，《中國語文研究》6 期 19—22 頁），其説可從。

璽 璽　坖 鈢

十鐘　　睡虎地·答問 146

璽彙 4605

璽彙 0345　　璽彙 0158　　包山 13　　璽彙 0160

○**牛濟普**（1979）　古鈢中也有从土的，如：，這又當作何解釋呢？我認爲鑄造青銅的鈢印必經陶土製範而後澆鑄方得以成，故有从"土"的"鈢"字。（**中略**）

古文中"璽"還依"坖"而从土，後由於出現玉石治印，而演變爲"璽"从玉不从土了。

《河南文博通訊》1979-4，頁 32

○**何琳儀**（1998）　《説文》："璽，王者印也，所以主土。从土，爾聲。璽，籀文从玉。"

秦封泥璽，讀璽。秦系文字作璽、鉩，六國文字作鈢、坖、尒。

《戰國古文字典》頁 1253

鈢，从金，尒聲。鈮之異文。《字彙補》："鈢，與鈮同。"《集韻》："櫺，《説文》絡絲櫺，亦作鈮。"

戰國文字鈢，讀璽。

《戰國古文字典》頁 1253

坖，从土，尒聲。疑璽之省文。（**中略**）

齊器坖，讀璽。

晉璽坖，讀璽。魏方足布"坖州"，讀"禰州"，疑即禰。地名。《詩·邶風·泉水》："飲餞于禰。"在今山東菏澤附近。

《戰國古文字典》頁 1250

○**蕭毅**（2007）　1.楚系璽字多从金从尒，作"、、"等形；金旁多作"、、"等形，其中作""爲它系所無；尒旁大多作"、"等形。

2.燕系璽字多从金从尒，較爲少見，特徵不顯；金旁四點多有省略；尒旁作"、"等形。

齊系璽字多从金从尒，作"、、"等形；金旁形體較多，以"、"形多見,其中"🔩"形多見於齊;尒旁大多作"朩、帀"等形。

　　晉系璽字多作"坏、朩"等形;或从土,或徑作尒;尒旁大多作"朩"形。

　　秦系璽字多作"🔩"形,从土;或从金。多从"爾"旁。

《簡帛》2,頁 79

【璽句】

古錢大辭典 148

○**鄭家相**(1943)　　右布文舊釋杜陽,非也,應釋杜陵。

《泉幣》20,頁 31

○**黄錫全**(1998)　　此字从土从朩。朩非"木"字。

　　戰國璽印文字中的"璽"字有下列諸形(見《古璽文編》):

坏0348　　鉌0146　　鉌0236　　橪3441　　鈏3693　　坏3927

坏0222　　坒4690　　杜0341　　尒0169　　朩4756

　　古陶文"璽"字有下列三形(見《古陶文字徵》):

坏　坏　坒

　　鉌、坏均爲古"璽"字,偏旁金或土在左在右不别。其"尒"形的變化爲尒→朩→朩→朩。因此,上列布文杜應當是"坏",即古"璽"字。

　　布文左邊一字,初看似幣文中的"州"字,如｜ｕｌ、ｉ ｌｉ、ｉ ｌｎ等(見《古幣文編》71 頁)。但仔細比較,區别也是明顯的。(**中略**)

　　布文的ⓞ應是"句"字,中閒的"◇"形,如不是没有摹準,就當是"口"形寫斜了,作"◇",故而摹成了此形。

　　璽字古本从土或金,後變从玉。《説文》正篆从土,籀文从玉。爾爲聲符。爾同尒,如同遜字。《説文》古文作建,古璽作坒。金文嫻字作嫻、嬏,或作𡜍。三體石經《多士》爾字古文作尒。《説文》爾字篆文作爾,从冂、㸚,尒聲。古从爾(尒)聲之字可以相通,如𩏶與彌、彌與籫等。句、溝古音相同(見母侯部)可通,如怐或作溝,詢或作媾等。根據方足布多屬三晉及文字音義關係,布文"坬(坏)句"當讀如"禰(祢)溝"。

　　《詩·邶風·泉水》:"出宿于泲,飲餞于禰(祢)。"鄭玄箋云:"泲、祢者,

所嫁國適衛之道所經,故思宿餞。"臧勵龢等編《中國古今地名大辭典》"祢
水"條下云:"在今山東菏澤西。《詩·泉水》'飲餞于祢'即此。《韓詩》作坭。
一名大祢溝。又名宛水。宛句縣以此名,今湮。"其地在今山東曹縣西北,菏
澤市西南一帶。此地春秋屬衛,戰國當屬魏。

《容庚先生百年誕辰紀念文集》頁 657—658

△按　《説文》:"璽,王者印也,所以主土。从土,爾聲。璽,籀文从玉。"戰國文
字中,"璽"字形體多變,地域特色明顯,詳見下表:

	秦系	晉系	楚系	齊系	燕系
尒		√	√	√	√
坾		√	√	√	
鈢			√	√	√
壐	√				
鑈	√				

由上表可知,晉系、楚系、齊系、燕系文字皆以"爾"之初文——"尒"爲基本聲
符,或从土,尒聲,作坾(《璽彙》4605)、坾(《璽彙》0341)等形;或从金,尒聲,
作鈢(《璽彙》0214)、鈢(《璽彙》0195)等形;或徑寫作"尒",爲晉系、楚系、齊
系、燕系文字所共有的寫法。秦系文字則以"爾"爲基本聲符,或从土,爾聲,
作壐(《雲夢·答問》146),與《説文》小篆結構相同;或从金从玉,爾聲,作鑈
(《璽彙》4623),所从之形符金、玉爲雙重形符。戰國文字"璽"之形符之所以
有从金、从土、从玉之别,是和璽印的質料分不開的,屬於相關形符的替換。

墨 墨

　　集成 11214 析君戟　　　　　包山 7　　　　楚帛書　　　陶彙 3·691

　　　　貨系 2525

○牛濟普(1989)　爲戰國陶文(圖七:1),拓片上部不
甚清晰,原釋爲从父从夾从土,未能識别。我細辨原拓
片上的文字,發現上部殘存筆畫應是⊗,中部字形爲夾,
下从土,我把不清晰的部分用虛線標出(圖七:2),應是
墨字,爲陶工名。

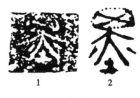

圖七

《中原文物》1989-2,頁 36

○**牛濟普**（1989）　陶文“🦫”，原文釋從父從大從土，不識其字。我依原拓識

別爲“墨”字。

○**劉信芳**（1996）　藏王之墨　楚懷王八年,懷王親自授權大莫敖屈陽發布命令:“邦人入其溺典,藏王之墨。”按“墨”謂書寫副本。《説文》:“墨,書墨也。”《周禮·地官·鄉大夫》:“獻賢能之書於王,王再拜受之,登於天府,内史貳之。”賈公彦疏:“貳,副也,内史副寫一通文書。”“溺典”既需“藏王之墨”,由楚懷王親自過目,説明楚懷王已經非常重視“溺典”所登記的人口。

○**何琳儀**（1998）　《説文》:“墨,書墨也。从土从黑,黑亦聲。”

齊器“節墨”,讀“即墨”,地名。

帛書“墨墨”,見《管子·四稱》“墨墨若夜”,注:“言其昏闇之甚也。”帛書“□墨榦”,北方神名。帛書“墨木”,北方神木。隨縣簡“墨𨍷”,讀“墨乘”,猶“墨車”。《周禮·春官·巾車》“大夫墨車”,注:“墨車,不畫也。”疏:“言墨漆革車而已,故知不畫也。”

𪅂,從墨,勹爲疊加音符。墨,明紐之部;勹,幫紐幽部。幫、明均屬脣音,之、幽旁轉。𪅂爲墨之繁文。

齊刀“節𪅂”,讀“即墨”,地名。

【墨木】

○**商承祚**（1964）　（編按:楚帛書）墨可讀黑,墨黑詞義相同。古以五色應四方中央,《史記·龜策傳》所謂“天出五色”者。木屬太陰之精,其氣可以魘禦鬼魅（如“剛卯”之用木製）,故此云云。

【墨墨】

○**嚴一萍**（1967）　（編按:楚帛書“夢夢墨墨”）此字繒書斜裂,字體變形,商氏釋“墨”甚是。古璽作🦫。左昭十四年《傳》:“貪以敗官爲墨。”注:“墨,讀如昧。”商氏謂:“夢夢昧昧,猶言精神恍惚,如今語懵懵懂懂。”非也。《淮南·俶真訓》:“至伏羲氏,其道昧昧芒芒。”高注:“昧昧,純厚也;芒芒,廣大貌也。”

○高明（1985） （編按：楚帛書"夢夢墨墨"）墨墨猶默默，《史記・商鞅傳》："商紂墨墨以亡。"《韓詩外傳》作"紂默默而亡"。《莊子・在宥篇》"至道之精，窈窈冥冥；至道之極，昏昏默默"，注謂："窈冥昏墨皆了無也。"

《古文字研究》12，頁 376

型 埅 型 塈 垄

型 集成 2840 中山王鼎 埅 郭店・老甲 16 型 上博一・緇衣 15

型 上博二・魯邦 1 埅 上博五・三德 11

垄 上博二・魯邦 3 塈 貨系 3874

○鄭家相（1958） （編按：貨系 3874"塈"）文曰城。按城即王城，今河南洛陽縣西北九里。顧棟高曰："周公營洛邑，澗水東，瀍水西，南繫乎洛水，北因乎郟山。自平王東遷，至景王十一世，皆居此。"又隰城，見隱十一年。《匯纂》："今懷慶府武陟縣西南十五里隰城是。"

《中國古代貨幣發展史》頁 43—44

○中大楚簡整理小組（1977） 型通刑。

《戰國楚簡研究》2，頁 2

○李學勤（1982） "塈"字常見於古璽、陶文，羅福頤同志《古璽文編》附於土部。按西周金文"邢侯"的"邢"照例作"井"，此字從"土"，"井"聲，是"邢"的另一寫法。古璽和陶文此字有的是地名，有的是姓氏，都應讀作"邢"。

戰國地名有兩個邢，均在三晉。

一個是西周至春秋前期的邢國，即今河北邢臺。公元前 662 年，狄人伐邢；公元前 659 年，齊、宋、曹三國救邢，把邢國遷到夷儀。戰國時，此地在趙國境內。

另一個是邢丘，在今河南溫縣東。清代學者顧觀光考訂過邢丘的所屬，云："邢丘本韓地。《水經・濟水注》引《竹書紀年》曰：'惠成王三年，鄭城邢丘。'此鄭即謂韓也。其後入於東周，而韓復取之。《韓世家》：'（昭侯）六年，伐東周，取陵觀、邢丘。'……其入魏在何年則不可考。"邢丘一地，曾先後屬於韓、東周和魏，公元前 266 年，又被秦國攻取。邢丘遺址尚存，據陶文也省稱為"邢"，與戈銘的寫法微有不同。

《文物》1982-9，頁 45—46

○**何琳儀**（1986） （編按:帛書丙"型首事"）"型"，讀"刑"，亦見信陽簡"天这于型"。《廣雅‧釋詁》三:"刑，成也。"王念孫《疏證》:"刑、成聲相近。"按"刑百事"猶"遂成百事"。《淮南子‧時則訓》"百事乃遂"，注:"遂，成也。"此可與帛書互參。

《江漢考古》1986-2，頁 85

○**黃盛璋**（1987） 此戈 1982 年北京揀選古代青銅器展覽中展出，報導見《文物》1982 年 9 期，銘刻在內，釋文如下:

十七年埜（邢）倫吳榮，上庫工師（合文）宋服，冶厜撻劑

藏即邢，邢有二，其一爲春秋之邢丘，《左傳》宣公六年"赤狄伐晉，圍懷及邢丘"，杜注:"邢丘今河内平臯縣。"故城在今温縣東南 10 公里北平臯村，據《晉、鄂、豫三省考古調研簡報》，村外周圍有古城垣，城牆屢經修補，最早可到春秋。

城内東南部高臺斷崖上到處可見東周到漢代的陶片，采集的陶文有"埜公"，"公"和字迹不清之"×公"，字確是"公"，三晉、東周假爲"宮"，《簡報》比附春秋之"邢公"，非，但據此可知邢丘可簡稱"邢"。

邢丘原屬韓，後屬魏，雲夢秦簡《編年記》昭四十一年攻邢丘，《史記‧秦本記》記此年攻魏邢丘。

其二爲春秋邢國，即今邢臺縣之前身。戈銘後綴"撻劑"，方可確定爲趙國之邢所造。冶字寫法亦屬趙。《元和郡縣志》卷十五邢州下:"周成王封周公子旦爲邢侯，後爲狄所滅，齊桓公遷邢於夷儀。按故邢國，今州城西南隅小城是也，夷儀今尤崗縣界夷儀城是也，春秋時屬晉，後三家分晉，屬趙。"乾隆《一統志》引《府志》:"今有故城在邢臺縣南百泉村，遺址尚存。"今邢臺縣城乃明因元舊址建，沈括《夢溪筆談》尚記邢州城郭進守西山時築，闊六丈，可臥牛，俗呼"臥牛城"，北宋後期尚治故城，當爲南宋陷金以後廢徙。

此戈長援長胡三穿，胡長 14.2、援長 18、周長 4 釐米，斜首三邊皆有刃，與援皆微翹，屬戰國晚期，李學勤同志以爲可能是趙孝成王十七年是也。

"邢"原只作"井"，西周金文井侯、井伯、井公、井叔等如此，戰國如下加"土"，以與"井"別，或左邊加𨸏旁，以示爲地名，但音讀仍爲"井"。中國歷史博物館藏有兩青銅短劍，劍格有刻銘，一作"十年埜疕命邦乙，下庫工師孫□長□冶□齋"，另一作"十年埜□，下庫工師孫□冶□齋"，中多脱字，李學勤同志考訂此戈爲趙之邢，是正確的，但又以爲此兩劍亦爲同一邢地所造，則屬非是，埜下明有一字，自是井陘，地亦屬趙，但與邢不同。

《文博》1987-2，頁 58

○**湯餘惠**（1993）　（編按：中山王鼎"考厇佳塑"）型，通刑，法則。

《戰國銘文選》頁 34

○**石永士**（1995）　【城·直刀】戰國中晚期青銅鑄幣。鑄行於趙國，流通於燕地。屬大型直刀。面文"城"，形體多變。"城"，古地名，地望待考。一説"城"即"成白"的簡寫。幕平素，或鑄以數字等。1963 年以來山西原平、河北易縣燕下都遺址有出土。

《中國錢幣大辭典·先秦編》頁 603

○**何琳儀**（1998）　《説文》："型，鑄器之法也。从土，荊聲。"

中山王鼎型，讀刑。《爾雅·釋詁》："刑，法也。"中山王圓壺"型罰"，讀"刑法"。《左·昭廿六》："慢棄刑法。"

信陽簡"型殹"，讀"刑殺"。信陽簡型，讀刑。《書·舜典》"撲作教刑"，與帛書"这（撲）于型"可以互證。帛書型，讀刑。《廣雅·釋詁》："刑，成也。"

《戰國古文字典》頁 819

△**按**　《貨系》3874 之■應釋爲"埕"。"■"或作"■"（《貨系》3873），兩者所從之■、口與戰國文字的"井"字更爲接近，李學勤先生將其中的十七年埕令戈之"■"釋爲埕，讀作"邢"，認爲即西周至春秋前期的邢國，在今河北邢臺一帶。

城 埥 𪔂

睡虎地·秦律 122　 集成 2840 中山王鼎　 璽彙 4043

集成 11154 成陽辛城里戈　 曾侯乙 166　 包山 261　 郭店·老甲 16

璽彙 2798　 新收 1483 燕王職壺

集成 11024 武城戈　 陶彙 3·539

○**湯餘惠**（1986）　城，中山王鼎作■，三晉"新城"布作■（《文物》1965 年第 1 期第 51 頁，圖四 6），从土，成聲。此外，晚周貨幣文字又時常寫作■（《古泉匯》元三 13·5）、■（《古大》444），以《説文》的説法，前者當是从土，成省聲；後者當是从土省，成省聲。

《古文字研究》15，頁 10

○**劉彬徽、彭浩、胡雅麗、劉祖信**（1991）　𪔂，《説文》籀文城字作■，與簡文形似，𪔂即城字。《左傳·昭公二十三年》："囊瓦爲令尹，城郢。"楚用子囊遺言，已築城郢矣。今畏吳，復增修以自固。”又，《左傳·莊公二十八年》：“邑曰築，都曰城。”城，修建都城。

《包山楚簡》頁 39

○**劉信芳**（1996）　包山簡二：“魯昜公昌楚師逡戠奠之戠。”《説文》謂“戠”爲“城”之籀文，字從𡉚作，“𡉚”爲“墉”之古文，“墉，城垣也。”知“戠”在簡文中作動詞，專指築城垣而言。

　　簡文另有“城”字，多作名詞，謂以城垣爲標志的行政區域，一五五“少司城、大司城”，一七四“鄘城”，一七五“武城”，例多見。偶亦作動詞，二〇二反“新父既城，新母既城”，“城”爲“成”之借，謂成祭祀之禮也。

《考古與文物》1996-2，頁 80

○**劉信芳**（1997）　“四城”謂爲壇四重以祭，《周禮·秋官·司儀》：“爲壇三成。”《山海經·西山經》：“東望恆山四成。”《吕氏春秋·音初》：“九成之臺。”其“成”皆作“重”（平聲）解。

《第三屆國際中國古文字學研討會論文集》頁 525

○**何琳儀**（1998）　城，西周金文作𡉚（班簋）。從𡉚，成聲。或作𡉕（元年師兑簋），成旁省作戌旁。春秋金文作𡉚（徐諧尹鉦），以土旁易𡉚旁。戰國文字承襲春秋金文。楚系文字或聲化爲從壬得聲。《説文》：“城，以盛民也。從土從成，成亦聲。戠，籀文城從𡉚。”

　　齊器城，地名後綴。

　　燕器城，地名後綴。燕璽城，姓氏。凡氏於事者，城郭園地姓也。見《風俗通》。

　　晉璽城，姓氏。晉璽“陽城”，複姓。屬羌鐘“�城”，讀“長城”，齊長城。晉器城，地名後綴。中山王鼎城，城邑。

　　楚器城，地名後綴。信陽簡城，讀成。《論語·里仁》：“君子去仁，惡乎成名。”包山簡一四〇城，讀成，成功。包山簡城，讀成。《周禮·考工記·匠人》：“方十里爲城。”《左·哀元》“有田一成”，注：“方十里爲成。”包山簡“司城”，官名。包山簡二〇二反、二一五城，讀成，祭名。見成字。隨縣簡“䲞城”，讀“陽城”，地名。

　　詛楚文城，城邑。秦陶“陽城”，地名。

《戰國古文字典》頁 810—811

戠，從𡉚，成聲。城之異文，見《説文》城之籀文。楚系文字則從𡉚，城聲。齊兵“武戠”，讀“武城”，地名。齊璽、齊陶“戠圜”，讀“成陽”，地名。

　　包山簡𩫡,讀城。《詩・小雅・出車》:"𩫡彼朔方。"《管子・輕重》下"請以令城陰里",注:"城,謂築城也。"

《戰國古文字典》頁 811

○**李家浩**(2000)　　"城",秦簡《日書》楚除甲、乙種皆作"成"。"城"从"成"聲,故"成、城"二字可以通用。

　　(編按:九店 56・26"少夫四城")"城"當從秦簡讀爲"成"。

《九店楚簡》頁 65、81

○**周亞**(2000)　　(編按:燕王職壺"𡊃")城字的寫法與傳世的戰國青銅器銘文及璽印文字中的城字相同。《三代吉金文存》卷十八第 39 頁著錄一件"洵城都"銘文的小件青銅器,戰國璽印中有"洵城都司徒、洵城都丞"兩方官印,其城字均作𡊃。此外,在山西定襄出土的"辛城"尖足布,其城字的寫法也與此類似。據黃盛璋先生考證,洵城爲燕國地名,可能是《水經注》中的臨洵城,在今河北三河縣境内。所以這種字形的城字,可能是當時主要流行於燕國的一種寫法。

《上海博物館集刊》8,頁 148

【城旦】

○**張政烺**(1958)　　這幾件上郡戈銘有一個共同的程式,首先記明哪一年,其次是上郡守某名造,再其次是某地工師某名、丞某名,最後是直接生產者"工"的名字。在工字下,人名上,二十五年上郡戈有鬼薪二字,三年上郡戈有城旦二字,二十七年上郡戈和四十年上郡戈有隸臣二字,這都是説明這些直接生產者的身份。鬼薪是刑徒,郭沫若先生的考證已經説明。城旦隸臣也是刑徒,城旦見《始皇本紀》,三十五年焚書"令下三十日不燒,黥爲城旦",集解引如淳曰"律説:論決爲髡鉗,輸邊築長城,晝日伺寇虜,夜暮築長城。城旦,四歲也"。據此,知秦的城旦是四歲刑。

《北京大學學報》1958-3,頁 180—181

○**睡簡整理小組**(1990)　　城旦,刑徒名,男爲城旦,女爲舂,參看《漢舊儀》:"城旦者,治城也;女爲舂,舂者,治米也,皆作五歲。完,四歲。"《漢書・惠帝紀》注引應劭云:"城旦者,旦起行治城;舂者,婦人不豫外徭,但舂作米,皆四歲刑也。"

《睡虎地秦墓竹簡》頁 32

【城事】

○**李家浩**(2000)　　"成事",把事情辦成。《史記・平原君傳》:"毛遂左手持槃血,而右手招十九人曰:'公相與歃此血於堂下。公等録録,所謂因人成事者也。’”

《九店楚簡》頁 101

【城家】

○**李朝遠**(2003)　（編按:上博三·仲弓 2“季氏,河東之城家也”）“城”,借爲“成”。《戰國策·楚策四》“城陽”,鮑本作“成陽”。《管子·小匡》“臣不如王子城父”,《韓非子·外儲説左》“城父”作“成父”。“成”又通“盛”。《易·繫辭上》“成象之謂乾”,《經典釋文》:“成象,蜀才作盛象。”《釋名·釋言語》:“成,盛也。”王先謙《疏證補》:“成、盛聲義互通,見於經典者甚多。”（中略）“盛家”,“盛”者,顯赫也。《孟子·公孫丑上》:“自生民以來,未有盛於孔子也。”（中略）簡文“季是(氏)河東之城(盛)豙(家)也”,謂季氏家族爲河東的顯赫之家,猶如《左傳·昭公五年》所記:“羊舌四族皆彊家也。”

《上海博物館藏戰國楚竹書》(三)頁 265

○**陳偉**(2006)　（編按:上博三·仲弓 2“季氏,河東之城家也”）對於《左傳》昭公五年的“成縣”,俞樾曾有論及。他説:“襄十四年《傳》‘成國不過半天子之軍’。杜曰:‘成國,大國也。’然則成縣亦猶大縣也。《釋名·釋言語》曰:‘成,盛也。’成與大義相近。《禮記·檀弓篇》鄭注曰:‘成猶善也。’善與大義亦相近。《詩·桑柔篇》鄭箋曰:‘善猶大也。’”《左傳》襄公十四年的相關文字爲:“師歸自伐秦。晉侯舍新軍,禮也。成國不过半天子之軍。周爲六軍,諸侯之大者,三軍可也。”這裏説的“禮”大概與《周禮·夏官·序官》中的一段記載有關,其云:“凡制軍,萬有二千五百人爲軍,王六軍,大國三軍,次國二軍,小國一軍。”杜預的注恐怕也是由此而來。值得注意的是,這裏的“成國”與“諸侯之大者”相當,而大國與次國、小國相對。相應地,“成家”亦即“大家”,是卿大夫中最有勢力的家族。

《古文字研究》26,頁 282—283

△**按**　另外,史傑鵬(簡帛研究網 2005 年 7 月 16 日)讀爲“成家”,認爲“古代有用‘成’作修飾詞來形容家邦的説法”。

【城陽】

○**顧廷龍**(1931)　城,《説文》籀文作𫑡,此从𨸏从𩇵,當即籀文城字。城圜當係地名,吳大澄説潘城圜衆。

《古匋文香録》卷 13,頁 3

○**李學勤**(1959)　城陽是故莒國地。

《文物》1959-7,頁 52

○**孫敬明**(1986)　　左郭鄙有"城圖畝里"。"圖"爲"陽邑"合文。陶文、璽印中的"陽"大都作"昜"不从阜，"圖"之"囗"字方、圓互作，與"邑"所从"囗"變化一致。于省吾先生云："古文字以𢧜爲國之初文，其亞乃邑之初文，由亞孳乳爲𨛜爲𦥛，又省作𢀺。"(《釋中國》，《中華學術論文集》)以此可證陶文"圖"爲"陽邑"合文。城圖即城陽邑，蒦陽即蒦陽邑。邑內有里，里中設軌。由上述可知齊國至少其都城周圍的鄉閭組織爲邑、里、軌三級。(中略)

　　我們認爲陶文中的城陽與文獻的並非一致。"左郭鄙城陽邑"已指明此城陽邑在齊都以東，並與城郭相近。1980年，益都縣博物館的有關同志，在進行文物普查時於益都縣北四十里的孫板村東四里發現一商周至戰國時期遺址，其面積爲200×150平方米，地面上的陶片較多，此處可能是當時的製陶遺址。在孫板村東發現陶豆、壺、罐等完整器物，豆、壺有陶文，內容即"城陽邑楚、城陽邑瘖、成陽邑晜"等。此地北十六里有古城一座，南北長1500東西寬1200總面積達17000000平方米，時代爲西周—漢。因其西南部有高臺名"臧臺"，《縣志》稱其爲春秋臧文仲所築，而稱此城爲臧臺城。"1984年春山東省文物考古研究所和山東大學聯合對該城址進行了發掘，這次發掘，鑽探出了東周至漢代的一個大型建築院落遺址。該院落圍牆寬11至13米，南北長280米左右，東西寬180米左右，並有近一萬平方米的大型活動面和與圍牆方向完全一致的房基出現"(引自夏名采《營丘初探》——山東省歷史學會1984年學術年會論文)。同時，從該遺址還獲得有文陶器兩件，印文作"城圖□里"(中略)。此處最有可能爲"左郭鄙城陽邑"故址，而孫板一帶則即城陽邑之某里。

《古文字研究》14，頁231—232

○**孫敬明、李劍、張龍海**(1988)　　城圖衆　與此相類的有：城圖楚、城圖晜、城圖囜、城圖土。

　　上五例均印於豆柄上，印面大致爲長方形與方形兩種。陶文以陰文爲主，陽文較少。

　　城圖，邑名。通常民營陶器署名形式爲"某(邑)某里某"，或省作"某里某"；官營陶器則於此形式前冠以"王卒、王段"或"左右段"等。"城圖土"是否爲"城圖槆里土"之省，尚無法確證。

《文物》1988-2，頁86

○**杜宇、孫敬明**(1992)　　城陽戈"城陽左"(《周金文存》6.46)　齊境內城陽有幾個。根據陶文資料推考，此戈名之城陽當在臨淄城東四十里，今益都縣的"臧臺城"(孫敬明《齊陶新探》,《古文字研究》14 輯,中華書局 1986 年 9 月),此城基址猶存,規模較大。近年山東大學與山東省文物考古研究所聯合對此城進行過勘探和重點發掘。有大批房基出現。

《管子學刊》1992-2,頁 93

○**王恩田**(1996) 齊國陶文中的城陽,城即臨淄城,成陽,即臨淄城北。

1986 年臨淄故城北 4 里西周付莊發現一處規模很大的製陶作坊遺址。東西約 1000 米,南北約 500 米,歷年來多次出土有印文的陶豆柄、殘陶豆,燒製變形的陶豆等。70 年代平整土地時還發現過陶窯。共徵集到有字陶豆柄 130 餘件。分地名類和單字類兩種。地名類最多的是"成陽某"計 16 件,包括 "成陽旲、成陽土、成陽愳、成陽楚、成陽得、成陽固"等,其次是"豆里某"4 件,包括"豆里壬、豆里乙"各兩件。單字類最多的是"贅"字,共 84 件,"五"字 3 件。不可識字 4 件。

成陽陶文集中出土於臨淄故城北的西周付莊,而且發現有陶窯遺迹,並有燒毁的陶豆伴出,證明"成陽"地在臨淄城北説可信。所采集的有文字的陶器全是陶豆,證明齊國民營製陶業確實存在着明確的專業分工。

《考古與文物》1996-4,頁 47

墉 墉

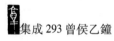集成 293 曾侯乙鐘

郭店·六德 21

○**裘錫圭、李家浩**(1981) 六墉

這也是律名。"墉"字本作以下諸形:

(1)𡩴下二5 (2)𡩴中三8 (3)𡩴中三1

從表面上看,(1)(2)及(3)的左旁很像"羍"字。但是古文字只有作"𡩴"的"羍"字,並且"羊"字從不作𦍌𦍌等形,因此上引諸形與"羍"無關。

《説文》以𡩴爲城郭之"郭"本字,又以爲"墉"字古文。邾公𨥏鐘有"𧱤"字:

𧱤

以"墉"字古文爲聲旁。此字在戰國楚文字中作:

𢎘長沙楚帛書 𡩴望山一號楚墓竹簡

後一形聲旁與上引(1)(2)及(3)的左旁顯然是一個字,故釋鐘銘此字爲"墉"。加"土"旁是後起繁體。

《音樂研究》1981-1,頁 21

增 增

睡虎地·雜抄 41　　九店 56·51

────────────

△按　《說文》:"增,益也。从土,曾聲。"

埤 埤

睡虎地·雜抄 41　　上博五·三德 14

────────────

○李零(2005)　埤(俾)。

《上海博物館藏戰國楚竹書》(五)頁 298

坿 坿　垈

璽彙 5548　　璽彙 2315　　上博三·周易 51

────────────

○吳振武(1983)　2315 陽匞·陽匞(魏)垈(府)。

《古文字學論集》(初編)頁 506

○陳漢平(1985)　古璽文有字作(2162)、(1875)、(3100)、(1907)、(2765),舊不識,《古璽文編》隸定爲偃而不釋。按此字从臣从付,付聲。中山王方壺銘:"佳德附民","作斂中則庶民附。"附字作,與此字形同,知此字當釋附。(中略)

　　古璽文又有字作(1386)、(0009)、(3438)、(2332)、(3236)、(2316)、(2315)、(3159)、(3228)。此字諸體《古璽文編》隸定爲垈。按璽文中此字前俱爲地名或宮寓名,參照附字作傅或匔,知此字當釋爲坿。《說文》:"坿,益也。从土,付聲。"字在璽文疑讀爲府。

《出土文獻研究》頁 236

○李家浩(1987)　"坿、府"二字都見於楚和三晉文字,說明它們之間的意義是有區别的。從"坿、府"二字在銘文中的用法看正是如此。"坿"字多用爲官府之"府",而"府"多用爲府庫之"府"。官府之府指官吏辦事的地方。

《語言研究》1987-1,頁 123

○**吳振武**(1989)　字從"土"從"付",《古璽文編》隸定爲"坾"(328 頁,《説文》所無),丁佛言《説文古籀補補》釋爲"坿"。如僅從字形上看,丁氏釋"坿"似無問題。但從"坾"字在古璽中的用法上看,似又不像《説文》訓爲"益也"的"坿"字,而應是"府"字的異體。石志廉

璽彙 3228

先生曾在《戰國古璽考釋十種》(《中國歷史博物館館刊》1980 年 2 期)一文中將此字直接釋爲"府",可從。古璽中出現"坾"字的璽很多,多數是在"坾"字前冠以地名。除此璽外,尚有"竺(當)城坾"(《古璽彙編》三四四二)、"㦥(樂)成坾"(同上一三八六)、"平陉(陰)坾"(《南皮張氏碧葭精舍印譜》)等璽。此外還見有"陽(蕩)陉(陰)都□君坾"(《古璽彙編》〇〇〇九)、"都坾"(同上五六五九)、"北坾"(同上三〇九六)、"宮寓坾守"(同上三二三六)等璽。在這些璽中,"坾"字釋爲"府"是很合適的。特别是在"宮寓坾守"璽中,"坾"字和"宮、寓"相對,更能證明"坾"應釋爲"府"。在古璽和其他戰國銘刻中,"府"字除從"广"從"付"作外,也常常加"貝"作"賡"或"貣"(看《古璽文編》233 頁,"貣"字見於洛陽金村銀器及春成侯鐘,看《洛陽金村古墓聚英》及《三代吉金文存》十八·十九·三)。我們認爲,從"貝"的"賡、貣"和從"土"的"坾"雖然都是"府"字的異體,但兩者在用法上可能是有區别的。大凡"府庫"之"府"作"賡"或"貣","官府"之"府"則作"坾"。當然,這樣解釋都是以不考慮《説文》"坿"字有借爲"府"字之可能爲前提的。總之,《古璽彙編》將包括"上各(洛)坾(府)"在内的一大批坾(府)璽歸入姓名私璽類是錯誤的,應改歸官璽類。

《古文字研究》17,頁 269—270

○**何琳儀**(1998)　《説文》:"坿,益也。從土,付聲。"
戰國文字坿,讀府,官府。

《戰國古文字典》頁 392

○**濮茅左**(2003)　(編按:上博三·周易 51:九四"豐其坿,日中見斗,遇其尸宝")坿,從土,付聲。《説文·土部》:"坿,益也。"或讀爲"蔀",同韻可通。《周易注疏》王弼注:"蔀,覆曖鄣光明之物也,處明動之時,不能自豐以光大之德,既處乎内,而又以陰居陰,所豐在蔀,幽而無覩者也。故曰:'豐其蔀。'"

《上海博物館藏戰國楚竹書》(三)頁 206

△**按**　"坌"主要見於六國文字,與《説文》用法無涉,主要用爲官府之｛府｝,與府庫之府有别。

塞 𡫳

𡫳 睡虎地·雜抄 41　　𡎚 上博二·民之 11

○**何琳儀**(2002)　此字上不从"雨",下不从"云",釋"雲"無據,我們認爲此字似應分析爲从"穴"从"土"。

（𡎚 793 號）似應釋隸作"空"。《龍龕手鑒·穴部》:"空,俗,（中略）音塞。"《正字同·穴部》:"空,古文塞。以土窒穴也。見《古文奇字》。""空",是"塞"字古文,从"穴"从"土",會以土塞穴之意。郭店楚簡《窮達以時》10"驥（騏）塞于邵棘（鴟棘）"之"塞"作"𡎚",亦从"穴"从"土",與此字所从同。（中略）

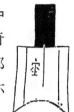

關於晚周文字中"塞"的地望,我們懷疑應讀"稷"。典籍中"稷"與"則、側"通。《史記·秦本紀》"是爲昭襄王",《索隱》:"名則,一名稷。"《世本》"秦昭襄王側",《史記·趙世家》"側"作"稷"。"惻"與"塞"通,《易·井》:"井渫不食,爲我心惻。"漢帛書本"惻"作"塞"。因此,"塞"字可與"稷"字通。

據顧棟高《春秋大事表》,春秋時期晉、齊、楚、宋俱有稷地。顧説如下:

宣十五年《傳》:"晉侯治兵於稷,以略狄土。"杜注:"晉地。"在今山西平陽府稷山縣南五十里。

昭十年齊陳鮑與欒高戰於稷。杜注:"祀后稷之處。"在今山東青州府臨淄縣西。

定五年"秦子蒲使楚人先與吳戰,而自稷會之"。杜注:"楚地。"在今河南南陽府桐柏縣境。

桓二年"公會齊侯、陳侯、鄭伯于稷,以成宋亂"。杜注:"宋地。"當在今歸德府境。

"公會齊侯、陳侯、鄭伯于稷",稷,宋地,在今河南省商丘地區商丘縣境内。

根據春秋時期的"稷"地,我們懷疑塞公孫𦣞父匜、塞王戈之"塞",讀"稷",在今河南南陽桐柏縣境内,春秋、戰國時屬楚地。空首布"塞",讀"稷"。是山西平陽之"稷",還是河南商丘之"稷",暫不能確定。二稷有可能是空首布的地望。因爲春秋晚期至戰國初年,平陽之"稷"和商丘之"稷"都在周的範圍之内,屬空首布流通區域。

《古幣叢考》(增訂本)頁 51、52、54—55

○濮茅左(2002)　(編按:上博二·民之11"亡聖之樂,塞于四方")"塞",充實。

《上海博物館藏戰國楚竹書》(二)頁 171

垍 𡍬

璽彙 0186

○羅福頤等(1981)　𫵾都□垍。

《古璽彙編》頁 32

○何琳儀(1998)　《説文》:"垍,堅土也。从土,自聲。讀若皋。"

燕璽垍,疑讀摡。《書·禹貢》"淮夷蠙珠暨魚",《詩·魯頌·泮水》正義暨作泊,《史記·夏本紀》暨作臮。是其佐證。《廣雅·釋詁》:"摡,主也。"

《戰國古文字典》頁 1272—1273

埱 𡎛

睡虎地·答問 28

○睡簡整理小組(1990)　(編按:睡虎地·答問 28"何謂'盜埱庢'")埱(音觸),《説文》:"氣出土也。"歷代注釋者没有適當的解釋。簡文此字除此外又見於《封診式》的《穴盜》條,兩者都是挖掘的意思。

《睡虎地秦墓竹簡》頁 100

○陳玉璟(1985)　(編按:睡虎地·答問 28"何謂'盜埱庢'")釋"埱"爲"挖掘"是對的,但缺乏立義的根據。

《説文·土部》:"埱,氣出土也。一曰始也,从土,叔聲。"

"埱"與"俶",音義相同。段玉裁在"埱"下注説:"俶下云:一曰始也。此與音義皆同。""俶"義又爲"作"。《詩·大雅·崧高》:"有俶其城,寢廟既成。"毛傳:"俶,作也。"《爾雅·釋詁》:"淳、肩、搖、動、蠢、迪、俶、厲,作也。"作有"刻挖"義。《周禮·考工記·梓人》:"必深其爪,出其目,作其鱗之而。"鄭玄注:"深,猶藏也;作,猶起也。"

這裏"作"即刻挖使之突起的意思。"刻挖"義近"挖掘"。"作、刻挖、挖掘"都是作動詞用的。所以"埱"釋爲"挖掘",在詞義學上便有著落了。

《安徽師範大學學報》1985-1,頁 75

埠 埠

坒 郭店・成之 28

○**裘錫圭**(1998)　"之"上一字疑當釋"埠",但不知應讀爲何字。

《郭店楚墓竹簡》頁 170

○**劉釗**(2003)　"埠"讀爲"憚",意爲"驚駭"。

《郭店楚簡校釋》頁 145

垎 垎

垎 九店 56・50　　**垎** 九店 56・48

○**劉信芳**(1997)　"垎"字秦簡作"多"。《爾雅・釋宮》:"連謂之移。"注:"堂樓閣邊小屋。"此類小屋今江陵農村稱爲"偏屋"或"拖",搭設於正屋兩側或後側,向外坡水。秦簡 880 反:"宇多于西南之西,富。"其說同於楚簡。

《第三屆國際中國古文字學研討會論文集》頁 531

○**李零**(1999)　(編按:九店 56・48"凡宮垎於西南之南,居之貴")"垎"見《説文解字》卷十三下,在簡文中似讀"侈"。

《考古學報》1999-2,頁 146

○**李家浩**(2000)　(編按:九店 56・48"凡宮垎於西南之南,居之貴")《玉篇》土部:"垎,充是切,治土地名。"秦簡《日書》甲種相宅之書借"多"爲"垎"。

《九店楚簡》頁 115

○**晏昌貴、鍾煒**(2002)　(編按:九店 56・48"凡宮垎於西南之南,居之貴")"垎",蓋指房屋地形的四至八到而言,與前文"盍(蓋)"指高下而言形成對照。"西南之南",是指西南偏南。下文"東北之東、東北之北"等同此。

《武漢大學學報》2002-4,頁 419

壘　包山 190

○何琳儀（1998）　《説文》：“壘，軍壁也。从土，畾聲。”《六書統》：“壨，雷出地也。一曰，古雷字。”

　　包山簡“壘易”，讀“耒陽”，地名。《論語·述而》“誄曰”，《説文》誄作讄。《韓非子·五蠹》“身執耒臿”，《淮南子·要略》“耒臿”作“虆垂”。是其佐證。《漢書·地理志》桂陽郡“耒陽”，在今湖南耒陽。

《戰國古文字典》頁 1264

【壘易】包山 190、191

○湯餘惠（1993）　“壨陽”　簡文用作地名，應即“耒陽”。鄂君啟舟節“庚郲易，入溫（潘）”，于省吾先生謂即“耒水”之“耒”，可信。耒陽當在耒水之北岸，《漢書·地理志》桂陽郡屬縣有耒陽，即此地。

《考古與文物》1993-2，頁 71—72

○徐少華（2001）　簡 190—191：壘陽君之人宋午。

　　“壘陽君”，簡文整理者未作解釋，何浩、劉彬徽先生所撰《包山楚簡“封君”釋地》一文按竹簡書寫順序，在“壘”與“陽君”之間斷開，以“壘”屬上讀，將“陽君”歸入簡文常見的“陽君”之類。

　　今按，此説不妥。其一，簡文中常見的“陽君”（如簡之 163 和 176）之“陽”，下面从“土”作“壨”，而此簡文“陽君”之“陽”下不从“土”，兩字在寫法上有一定的區別；其二，從 190 和 191 兩簡所載干支記日的順序來看，簡 190 後段爲“十月乙亥……戊寅……”，簡 191 緊接着是“辛巳……己丑……壬辰……”，至簡 192 才記十一月之事，説明簡 190 後段與簡 191 所記均爲“十月”之事，且戊寅爲乙亥之後第三天，辛巳爲戊寅之後第三天，所載之事前後銜接，簡文整理者將此兩簡前後排列是完全正確的。這樣，簡 190 末之“壘”字就應當與簡 191 連讀成句，即“壘陽君之人宋午”，文通意順，若將“壘”字屬上讀，則語意難通。

　　“壘陽君”是戰國中期楚境封君之一，按照楚國封君多以封邑爲封號的習俗，“壘陽”應是楚地之邑名。我們認爲，此“壘陽”即漢晉耒陽縣所在，壘、耒古音並在來母微部，完全一致。漢晉耒陽縣即今湖南省之耒陽縣，位於南嶺以北、湘水上源支流耒水中游，是楚國通往嶺南的必經之地和開發湘南的前沿。

　　據《史記・孫子吳起列傳》（卷六十五）記載,楚悼王晚年,面對不利的形勢,任用吳起變法,"明法審令,捐不急之官,廢公族疏遠者,以撫養戰鬥之士",使楚國實力迅速增强,"於是南平百越,北併陳蔡,卻三晉,西伐秦,諸侯患楚之强。"又《後漢書・南蠻傳》（卷八十六）載:"及吳起相悼王,南併蠻越,遂有洞庭、蒼梧。"洞庭在長江中游地區,而蒼梧當即蒼梧山,唐人張守節《史記正義》説:"蒼梧山在道州南。"唐道州在今湖南道縣、寧遠一帶,則位於唐道州南之蒼梧山當即今道縣、寧遠縣南之九疑山,《山海經・海内南經》曰:"蒼梧之山,帝舜葬於陽,帝丹朱葬於陰",東晉郭璞注云:"即九疑山也。"即可説明。戰國早中之際,吳起變法時楚人向南發展已遠及南嶺山系的九疑山一帶,到戰國中期的楚懷王之時,楚人在這裏的基礎進一步穩定,並於此設立封君是完全可能的。

《簡帛研究二〇〇一》頁 41

垝　塊

垝 古幣叢考,頁 62

────────────

○鄭家相（1958）　（編按:貨系 543"垝"）文曰仁。按仁地名,春秋屬衛,戰國屬魏,見《秦策》。楊惺吾《戰國圖》以爲即桃人也。桃人在今河南延津縣東北,故胙城縣東三十里。

《中國古代貨幣發展史》頁 44

○何琳儀（1998）　垝,從土,厃聲。疑塊之省文。《説文》:"垝,毀垣也。從土,危聲。《詩》曰:乘彼垝垣。陒,垝或從自。"

　　周空首布,或作厃,讀垝,地名。

《戰國古文字典》頁 1203

○何琳儀（2002）　垝 543　垝 544

　　原隸定"厄",其"釋文表"又引或説釋"仁"。此字從"人"從"厂"從"二",釋"仁"顯然不合。

　　按,原隸定"厄"頗有道理,然字書所無。近見一空首布拓本,此字作:垝則從"土"從"厃",應隸定"垝"。其構形可理解爲從"土"、從"危"省。包山簡"跪"作:

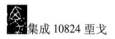

包山 262

亦屬此類省簡。《説文》:“垝,毀垣也。从土,危聲。”以“厃”與“仾”相互比較,不難發現後者是前者之省減,均應釋“垝”。

空首布“垝”疑即“垝津”。《史記·魏世家》:“城垝津以臨河内。”在今河南浚縣古黄河渡口。“垝津”又名“圍津”(《荀子·强國》)、“韋津”(《水經注·河水》),其中“垝、圍、韋”爲一音之轉。檢《水經注·河水》:“白馬有韋鄉、韋城,故津亦有韋津之稱。《史記》所謂‘下修武,渡韋津’者也。”由此可見,“垝”或“韋”地處古黄河之濱,故又名“垝津、圍津、韋津”。《水經注》“韋鄉、韋城”遠承空首布“垝”,尚不加“津”字,應有所本。凡此均“垝”即“垝津”之參證。

《古幣叢考》(增訂本)頁 62—63

堙 𡍮

集成 10824 堙戈

○**何琳儀**(1998)　《説文》:“堙,塞也。《尚書》曰:堙洪水。从土,西聲。𡐿,古文堙。”堙所从土旁或加飾筆作壬形,參呈、成等字。或加曰旁,則屬繁化。

堙戈堙,讀鄄,地名。《左·莊十四》:“盟于鄄。”在今山東鄄城西。或作甄。《史記·齊太公世家》:“七年,諸侯會桓公於甄。”

魏璽“堙城”,讀“鄄城”,地名。

《戰國古文字典》頁 1351

毀 野 呈

睡虎地·日甲 61 正　　集成 12110 鄂君啟車節　　上博二·從甲 18

郭店·窮達 14

○**劉樂賢**(1994)　(編按:睡虎地·日甲 61 正“北精,東毀,東北困,東南辱”)此處“毀”指人居喪時過於哀傷。

《睡虎地秦簡日書研究》頁 57

○**何琳儀**(1998)　毀,从兒(兒繁文作呈,與古文毀所从兒吻合。參兒字。)从殳,會小兒换齒之意。《釋名·釋長幼》:“毁齒曰齔。齔,洗也。毁洗故齒,更生新也。”《白虎通·嫁聚》:“男八歲毁齒,女七歲毁齒。”引申爲殘缺、毁敗之義。《説文》:“毁,缺也。从土,毇省聲。⿱毀壬,古文毁从壬。”

鄂君車節毁,扣去。《禮記·儒行》“毁方而瓦合”,注:“去己之圭角,下與小人合也。”

《戰國古文字典》頁1174—1175

○**李家浩**(2000)　毁。

《九店楚簡》頁50

【毁粺】

○**睡簡整理小組**(1990)　粺,《説文》:“毇也。”毇粺,加工最精的米。《鹽鐵論·國病》“匹庶粺飯肉食”,認爲是一種奢侈的行爲。

《睡虎地秦墓竹簡》頁30

△**按**　此字或《説文》“毇”字異體,與“毁”亦爲異體關係。

壞 壞 ⿰眔土

睡虎地·雜抄40 集成11342二十一年相邦冉戈

郭店·唐虞28

○**荊門市博物館**(1998)　(**編按**:郭店·唐虞28“”)壞,簡文與《説文》“壞”字古文同。

《郭店楚墓竹簡》頁160

○**何琳儀**(1998)　《説文》:“壞,敗也。从土,褱聲。⿰眔土,古文壞省。𣀔,籀文壞。”

廿一年相邦冉戈“壞德”,讀“褱德”,地名,見《漢書·地理志》左馮翊。在今陝西大荔東南。

《戰國古文字典》頁1182

坷 坷

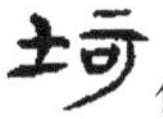包山99

○**何琳儀**(1998)　《説文》:“坷,坎坷也。从土,可聲。”

包山簡坷，人名。

《戰國古文字典》頁 853

垢 垢 均 圳

璽彙 3239

陶彙 9·25

璽彙 2127

○**羅福頤等**（1981）　（編按：璽彙 3239）《説文》所無，《玉篇》：均，同垢。垢，不潔也，塵也。

《古璽文編》頁 326

○**馬良民、言家信**（1994）　"均"。在前述陶文中，此字也冠於"釜"或"亳釜"之前，可知也與量制有關。"均"同"垢"，《釋文》引崔本注曰"均垢同"，《玉篇》"均與垢同"。"垢"又爲泥土微粒，當具有小義。"均亳釜"也即小亳釜。

《文物》1994-4，頁 87

○**何琳儀**（1998）　均，從土，句聲。垢之異文。《玉篇》："均，同垢。"《説文》："垢，濁也。從土，后聲。"
　　齊璽"均閔"，複姓。

《戰國古文字典》頁 342

　　圳，從土，句省聲。圳，或從三圳，屬繁化。《玉篇》："均，同垢。"
　　戰國文字圳，人名。

《戰國古文字典》頁 345

堋 塳

天星觀　　上博三·中弓 19

上博一·緇衣 23

○**陳佩芬**（2001）　（編按：上博一·緇衣 23"塍客卣図﹎吕威義"）《説文》："從土，朋聲。"《周易·復》"朋來無咎"，《馬王堆漢墓帛書·周易》"朋"作"堋"。

《上海博物館藏戰國楚竹書》（一）頁 198

○**李朝遠**（2003）　（編按：上博三・中弓 19"山又珊"）"珊",《說文・土部》："喪葬下土也,從土,朋聲。"借爲"崩"。"珊"爲蒸部並紐,"崩"爲蒸部幫紐,"珊、崩"疊韻,幫、並旁紐。

《上海博物館藏戰國楚竹書》（三）頁 277

壟 壠

近出 1118 阼冢壠戈

──────────────────────────────

△**按**　《說文》："壠,丘壠也。從土,龍聲。"

場 場

璽彙 0099　　包山 122

──────────────────────────────

○**羅福頤等**（1981）　（編按：璽彙 0099）上場行宮夫₌鉨。

《古璽彙編》頁 17

○**何琳儀**（1998）　《說文》："場,祭神道也。從土,易聲。"
　　晉璽場,姓氏。
　　楚璽"上場",讀"上唐",地名。《說文》唐古文作暢。是其佐證。楚璽、包山簡場,姓氏。

《戰國古文字典》頁 663

圭 圭 珪

圭詛楚文　　圭上博二・魯邦 3
珪郭店・緇衣 35　　圭上博一・緇衣 18

──────────────────────────────

○**何琳儀**（1998）　圭,金文作圭（師遽方彝）。從二土,會意不明。戰國文字承襲金文。或分割豎筆作圭形。《說文》："圭,瑞玉也,上圜下方。公執桓圭九寸,侯執信圭,伯執躬圭,皆七寸,子執穀璧,男執蒲璧,皆五寸,以封諸侯。從重土。楚爵有執圭。珪,古文圭從玉。"
　　溫縣盟書圭,圭形玉片,特指盟書。
　　廿八宿漆書圭,讀奎,二十八星宿之一。見《呂覽・有始》。

　　詛楚文"圭玉",見《左·昭十二》:"君王命剥圭,以爲鍼柲。"注:"破圭玉以飾斧柄。"秦璽圭,姓氏。圭國,舜後,《左傳》鄭穆公妃曰圭嬀是也,一作邽,因氏。見《姓考》。

《戰國古文字典》頁 739

塗 壁 夆

夆 上博三·周易 33

─────────────────────

○**濮茅左**(2003)　(編按:上博三·周易 33"上九'樸孤,見豕傊夆'")"夆",即"塗"。《集韻》:"塗,沮洳也,一曰飾也,或省","泥路也。"

《上海博物館藏戰國楚竹書》(三)頁 181─182

○**李守奎等**(2007)　(編按:上博三·周易 33"上九'樸孤,見豕傊夆'")帛本、今本皆作"塗"。

《上海博物館藏戰國楚竹書(一──五)文字編》頁 605

坊 圸

圥 古陶文字徵,頁 56　　**圸** 曾侯乙衣箱

─────────────────────

○**饒宗頤**(1983)　(編按:曾侯乙衣箱)坊字疑讀爲房,圕文二十八宿的房星字作方,此則借坊爲房。《漢書·律曆志》解説《周語》云:"是夕也,月在房五度,房爲天駟,故傳曰月在天駟。"韋昭注:"天駟,房星也;謂戊午日,月宿房五度。"《周語》:"歲之所在,則我有周之分野也;月之所在,辰馬農祥也,我太祖后稷之所經緯也。王欲合是五位三所而用之,自鶉及駟七列也。"這幾句話照韋昭注是這樣解釋的:周的分野在於鶉火,鶉火之分,在二十八宿爲張十三度,駟是天駟,在房星五度,五位指歲、月、日、星、辰五者之所在,從張宿至於房宿合爲七宿,即張、翼、軫、角、亢、心、房,故稱爲七列。月所在的"辰馬農祥"即指房星。隋盧賁上表言"殷人以上通用五音,周武克殷,得鶉火天駟之應,其音用七"(《隋書》三十八)。由於鶉火在張十三度,駟在房五度,從分野之鶉火,與大辰之次的天駟,合爲七宿,謂之七列。周所以用七音,正是上應天文的七列。《爾雅·釋天》:"天駟,房也;大辰,房、心、尾也。"天駟者,《史記·天官書》"房爲天府曰天駟",又"漢中四星曰天駟"。元命包稱之曰

"騎",泠州鳩稱爲"辰馬農祥",韋昭注云:"辰馬謂房,心星也。心星所在大辰之次爲天駟。駟,馬也,故曰辰馬。言月在房合於農祥。祥獨象也,房星晨正而農事起焉,故謂之晨祥。"老百姓所以祀房星,是因爲這一星宿主司農事,古時稱它作農祥,故云:"民祀惟房。"房所在大辰之次是天駟,亦簡稱曰駟,《周語》:"駟見而隕霜。"故知下文"與歲之四"正宜讀爲天駟之駟。房及心、尾三宿連體,最爲明大,故農家取以爲候。張衡《東京賦》"農祥晨正",李善注以"駟,房星"說之。《說文》:"辰,房星也,天時也。"又晶部曟云:"房星,爲民田時者。"向來目房爲農祥,以候農時。《爾雅》的"大辰",郭注"龍星",又云"龍爲天馬,故房四星謂之天駟"。"辰馬農祥",農事以興,故云"與歲之四(駟)"。天文學家高魯嘗撰《辰馬考》(見《宇宙》五、四),辰馬被稱爲農祥,非始自周人,甲骨文中農字出現甚多,其字从林从辰。第二期卜辭屢見"歲宙曟"一辭,如:

　　□卯卜大[貞]:……示癸宙曟,彡。(明三〇三)

　　□巳卜旅貞:父丁,歲宙[曟],彡。(珠八四八)

　　壬申卜即貞:兄壬,歲宙曟。(後上・七・一一)

　　丙午卜即貞:羽丁末日,曟歲,其又伐。(佚九二四)

《管子・五行》篇:"歲曟豐年大茂。"歲惟農即祝歲豐穰,與"興歲"義合。《佚周書》有"農星"一名,《御覽》引《佚周書・作雒解》:"以祀上帝,配以后稷,農星先王皆與食。"(曟星二字一作"日月星辰")農星必指辰馬之駟,漢人又呼爲天田。《漢書・郊祀志》張晏云:"龍星左角曰天田,則農祥也。"

《古文字研究》10,頁 191—193

○**何琳儀**(1998)　《說文新附》:"坊,邑里之名。从土,方聲。"

　　古陶坊,不詳。

《戰國古文字典》頁 714

坴

古陶文字徵,頁 61

○**何琳儀**(1998)　坴,从土,九聲。

　　齊陶坴,人名。

《戰國古文字典》頁 166

圩

望山 2・56

○**中大楚簡整理小組**（1977）　圬，从土，疑即陶器名。

《戰國楚簡研究》3，頁 54

○**朱德熙、裘錫圭、李家浩**（1995）　《廣雅・釋器》：“盂謂之盤。”疑簡文“圩”當讀爲“盂”。

《望山楚簡》頁 129

○**何琳儀**（1998）　圩，从土，干聲。
　　望山簡圩，讀盂。《廣雅・釋器》：“盂謂之盤。”

《戰國古文字典》頁 1472

式

上博一・緇衣 8

△**按**　字爲“式”之異體。

夅

貨系 4153　　包山 157　　集成 4694 郍陵君王子申豆

○**李學勤**（1980）　（編按:郍陵君豆）夅，疑讀爲降。秦“石鼓文”有夒字，讀作優，而秦簡夅字讀爲負，蹳字讀爲足。降，義爲下、差。

《新出青銅器研究》頁 270，1990；原載《文物》1980-8

【夅朱】

○**鄭家相**（1958）　右貝面文女六朱，此種著文銅貝，舊稱蟻鼻錢，貨幣文字考釋當各六朱，以上穿孔訓爲丁作當解，固屬錯誤。古化集詠釋各一朱，謂各洛省。但此貝出土多在河南固始，近汝水，距洛水甚遠，當屬非是。第二字作丄乃六字，非一字也。予以爲應釋女六朱，女即汝省，因其鑄於近汝水之地，故以女字著文，六朱，紀此貝重六朱也。可證著文銅貝，法定之重爲六朱，今見有過重者，或爲當時所偶鑄，非規制也，過輕者，乃貨幣鑄行日久，漸趨輕小也。

《中國古代貨幣發展史》頁 176

〇**李家浩**（1973）　㝵字形象奇特，過去雖然有幾種釋文，或釋爲“各一朱”，或“各六朱”，或“女六朱”，但於字形均不確切。不過大家一致認爲下面一字是“朱”字。朱即銖字。那麼，朱上之字當爲重量的數字了，猶如“十二朱”圓肩圓足三穿布文字一樣。從這一點出發，我疑此字應釋爲“五朱”。㐅即㐅（五）字之異體，它只不過把第二橫畫與上面兩斜直分寫開了，並於第二橫上加一點而已。此字結構頗與戰國古鉢“正”字作㱏相似，㱏也是把一橫畫與止分開，並於一橫上加有一點。這種把文字相連部分分開寫的文字結體，常見於戰國時期楚國文字之中，除了上面所説的貝字作㞢或㞢形之外，又如大字本作大，而《鄂君啟節》《大子鼎》《鑄客鼎》《大府銅牛》等都作个形；隹字本作隹，而帛書和楚金文所從都作舛形，均是其例。看來這應是當時楚國文字書寫的一個特徵。

把㝵釋爲“五朱”，從銅貝本身的重量也可以得到證明。據解放後長沙出土的銅砝碼計算，一銖合今 0.679 克。此種銅貝輕重不一，如果我們把它和“貝”字銅貝一樣，按一般重 3.5 克左右計，正好約當五銖之重。因此，似應釋作“五朱”。

《考古》1973-3，頁 193

〇**朱活**（1982）　楚貝“㝵”釋“坴朱”，形近而義難解。筆者後因這種銅貝多出土於汝潁之閒，遂改從舊釋爲“汝六朱”，但仍感附會，今改釋爲“齎”。先秦各國文字結構並不完全一致，所謂書無定勢，字無定法，幣文係俗體，增省繁簡更爲隨便。今人識別古字，無非從形、音、義三個方面著手。“齎”字形近“齎”字，齎即齋字，讀若資，見《字彙補》。其義與資通。《易・旅》有“得其資斧”，《巽》有“喪其資斧”。“資斧”，諸家亦作“齊斧”。李心庵《周易述補》引惠棟云：“古齊資同音，故齊斧亦作資斧。”虞喜《志林》云：“當作齋。”資斧舊多釋爲“利斧、黃戉”，難信。《周易》本爲筮卜之書，秦火未焚，得傳世未絕，並不是什麼難以理解的“天書”，試問人們有多少“黃戉、利斧”得失呢？資字本與錢財有關的字，資或作齊，齊即劑，《説文》：“劑斷謂之釽。”釽是布錢的計重單位，又是布錢的名稱，可見資字與布錢有關，何況斧與鎛字異而音同義同，都是沿用鏟狀農具的舊稱，即《詩・臣工》“庤乃錢鎛”之鎛，布錢的源流就是錢和鎛，把“資斧”釋爲錢財，就一通百順。所以釋貝文爲“齎”，即“資斧”的“資”字，義爲貨幣，較舊釋爲近情。而傳世的蟻鼻錢有一枚“齎〇匕”，按“〇”可訓“丁”轉作“當”，《詩・云漢》：“寧丁我躬。”朱注：“丁，當也。”“齎〇匕”

即"桼當貨",從而證明蟻鼻錢不過是楚貝的俗稱,楚貝正式的名稱應爲貝化。

《中國考古學會第二次年會論文集》頁 102

○**李零、劉雨**(1980)　"朱"的下一位是"坴朱"。"坴朱"見於楚銅貝即所謂蟻鼻錢,過去釋法頗有爭議,近人有釋爲"各一朱"等的,今按應隸定爲坴朱。"坴"字,出土材料中見的不多,過去壽縣朱家集出土酓肯盤和兩件匕(舊稱勺)上有這個字,都是人名用字,對此啟發不大。比較重要的是《楚文物展覽圖録》六八所録湖南長沙出土的一件鐵足銅鼎,鼎銘刻在蓋内外以及器内,三處同作"后坴刃"三字。刃,似與中山王墓出土銅器中記重的"刀"爲一回事,在該墓所出土器銘中,"刀"次於"石"下,"石"大於"刀"上千倍,因此"刀"就是"兩",與刃爲同一字,乃"梁"字上半所從。坴字的讀法,還未便遽定。就此器銘文的前後關係看,坴朱當是次於朱、表示若干分之一朱的一種單位。而且如果這一銘文是以若干固定的幣值纍計,則坴還有可能是表示半的意思。銘文分兩次計值,其義不甚了然。

《文物》1980-8,頁 31

○**曹桂岑**(1983)　"嘗"(🔳)字貝當爲"朱五",即"銖五",朱與銖同,"𠄡"即五。根據"兒、全、忈"等蟻鼻錢的寫法,穿應在下面。陝西咸陽長陵車站出土 48 枚,最大的長 2.1、寬 1.3 釐米,重 2.9—3.6 克;最小的長 1.6、寬 0.9 釐米,重 1 克。根據湖南楚墓出土的銅砝碼稱之,一銖合今 0.679 克。按其最重的計,合五銖多;按平均數算,折五銖弱。因之,釋五銖較妥。

《楚文化研究論文集》頁 127—128

○**汪慶正**(1984)　關於"桼"字,舊有"當各六朱、有土之本、洛一朱"等諸説。近人鄭家相釋"女(汝)六朱",李家浩釋"五朱",朱活釋"資"。"桼"似由"坴"和"朱"兩個字組成。"坴"有時也書作"坴"。湖南長沙出土的楚鐵足銅鼎,其鼎蓋近環處、鼎蓋内及鼎内三處均有細刻銘文"后坴刃"三字,其第一字似爲"石",第三字爲"刃"(即兩),"坴"在"石"和"兩"之中間,意義未明。1973 年江蘇無錫前洲公社出土三件楚郪陵君銅器,其中一件銅豆,盤外底的二行銘文,其中有"十晉四晉坴朱"及"三朱二坴朱四□"。由於銘文係直行書寫,"坴朱"是一個字抑兩個字尚待研究,但從楚貝的"桼"看應讀爲"十晉四晉桼"及"三朱二桼四□"。"桼"有可能是一個計量單位。在青銅器"酓忎盤"的銘文中尚有"坴"字,"但勺"的"坴"字,則似係人名。"師兌敦","隆"作"坴"。石鼓文第六鼓"爲所斿斁"的"斁"字,薛尚功釋"憂",則"坴"爲衍旁。"粜"字的正確釋讀,尚待進一步研究。

《中國歷代貨幣大系·先秦貨幣·總論》頁 33

○**李家浩**(1986)　"숙朱"亦見於楚國"蟻鼻"錢面文。"숙"字不識。石鼓文作原鼓有一個從"憂"從"숙"的字,讀爲優游之"優"。在古文字裏常見在文字上加注聲符的現象,如本器銘文"𤕭"字即其例。石鼓文讀爲優游之"優"的那個字所從的"숙",也可能是加注的聲符。如此,"숙"當是與"憂"音近的一個字。

《江漢考古》1986-4,頁 85

○**黃盛璋**(1989)　迄今所見,"兩"字僅見刻於郢爰楚幣背,但有可能爲後刻而非原刻,蟻鼻錢有"𩵋粜",舊有讀"朱",李家浩同志並疑讀爲"五朱"。最近獲知無錫前洲公社出土幾件郪(義)陵君器,其中有一豆刻銘兩行:"郢□府所告(造)、□十☖四☖숙粜,次襄□三黍二숙粜四□","숙粜"同於蟻鼻錢,"粜"即"朱",雖中多一筆,戰國常見,但"숙"決非"五",銘文未能全讀。

《古文字研究》17,頁 43

○**朱活**(1992)　"𥻘"字舊釋艸、昏墊水、有土之本、忪奉一當各六朱,汝一朱、汝六朱等等。近有釋爲숙朱、五朱,雖較前爲佳,但不是篤論。還有進一步探討的必要。此字筆者改釋爲"𥻘",即齎、資、其義爲"資財"。

《古錢新譚》頁 15—16

○**李零**(1992)　숙,疑隆字,漢印隆作𨸟,楚銅貝銘"숙朱"可讀爲"隆銖",是較大的銖。

《古文字研究》19,頁 146

○**黃錫全**(1994)　楚貝文粜,是至今還難以圓滿解決的難題,説法較多。從目前的材料看,此文應是兩個字,多傾向於隸寫作"숙朱",或疑讀爲"降秝(率)"。這種貝文的關鍵,是要突破"숙"字的釋讀。숙或從숙之字又見於下列材料:

1.熊悍鼎、盤、勺:佀師紹숙差(佐)陳共爲之

2.湖南出土鐵足銅鼎蓋上刻文:石숙刃

3.無錫前洲出土王子申豆盤底銘:郢□府所告(造)賦十☖四☖숙朱。洳襄賦三朱二숙朱四□

4.荊門包山楚簡 157 號:……車轄(?)숙斦……

5.江陵溪峨山木俑上文字:□ □숙兩羽甬

6.《古文四聲韻·海韻》"在"下錄《籀韻》作𡎺

7.石鼓文《作原》“爲所游敼”

8.雲楚秦簡有踐餞

9.隆伯��隆作

上列第1、9兩項爲人名。第4項可能是人名和官名。無義可尋。第3項與我們討論的内容相同。第5項文義不清。第7、8兩項,有學者論證是从乩訛變。第2項,刃或讀兩。坴介於石和刃之閒,似爲衡量單位,究竟應該讀如何字,不好確定。分析上列材料,要想找出釋讀坴字的突破口,還只能从第6項入手。

《汗簡》《古文四聲韻》這類傳抄“古文”字書,儘管存在一些缺點,但保存有很多寶貴的材料。李零、劉雨先生在認爲“坴字的讀法,還未便遽定”的同時,於文後注中注意到了《古文四聲韻》坴字的問題,認爲“坴與圣字形相近,但並不一定是一個字”。《籀韻》“在”作坴,有可能是因怪俗作恠,坴、圣形近,故將坴列入“在”下。但這只是一種可能。我們認爲,坴也很可能就是與“在”讀音相近的字,或者就是“圣”字的異體。坴从倒止,圣从又(手)。手與止在表示人體動作方面意義是形近的。圣字是個會意字,見於殷墟甲骨文(説法不一)。《説文》解釋圣是“汝潁之閒謂致力於地曰圣”。“致力於地”不僅需要手,而且也離不開腳(止)。圣正象以止(腳)“致力於地”之形。因此,圣與坴有可能是一字,都應讀爲“窟”。《唐韻》圣,苦骨切。《説文》中的怪、䋻就是从圣。圣屬溪母物部,怪屬見母之部,䋻屬溪母微部,“在”屬从母之部。諸字的讀音是相近的。夏氏所釋或《籀韻》所録,當有根據。

既然認爲坴與圣爲同字異體,則貝文“坴朱”就是“圣朱”。《古文四聲韻·青韻》録《籀韻》經作恠、巠。《清韻》又録崔希裕《纂古》輕作�、䡵。是圣、巠音近可通。據此,貝文“坴朱”似可讀爲“輕朱”,即比“朱”要低的名稱。前列第2項“石坴刃”之坴,疑假爲“斤”。圣屬溪母物部,斤屬見母文部。二字同屬牙音,韻部對轉。

上列第3項王子申豆銘,對於瞭解楚國幣制或衡制頗爲重要。銘文内容究竟是記器物的重量還是價值,目前學術界看法不一。一種意見認爲,銘文所記“似爲造器所費之值而非器重。此器實測重2509克,當秦衡制八斤之多,而銘文所記卻不過是一些比銖略大或略小的單位,因此不像是指器重。另一種意見認爲,銘文之義是記重,只是釋讀不一。楚1銖之重僅0.69克,次於“朱”的“坴(輕)朱”就會更輕了,而“坴朱”下還有單位。“坴朱”無疑就是銅貝文“坴朱”。“坴朱”銅貝重者在5克上下,輕者只有1克左右。如銘文是記器物之重,令人費解。如將"朱"字釋爲桼(率),讀爲鋝,與銅豆之重量換算,則一鋝之重又過於偏重,與流傳文獻記載不合。所以,豆銘需要重新考慮。

我們認爲,上述前一種意見有一定道理,然而未引起大家的重視。所謂"冢"字,正如李零、劉雨先生所說,"疑是表示資費一類的字"。此字左形從貝,右形當是從主。《玉篇》貹,"財貹"。與貨幣有關。假若此字肯定是冢或豚字,也當理解爲所耗財貨之重。浼襄,李學勤先生讀爲"資鑲"。《說文》鑲,"作型中腸也"。就是製作青銅器的內模。"資"訓"用也"。"資鑲貹",就是用於製作內模方面的費用。所謂圕字,應是從网日聲的形聲字。日字古屬日紐質部。古娘日二紐歸泥紐。偵屬端紐真部。泥端二紐均爲舌頭音,韻部質真通轉。此處當是假圕爲偵,如同《說文》慎字古文作眘。又,從日聲的駬字古本作逴或遷,而從至的咥或作真,窒字或作眘等。考慮到這個字下部不甚清晰,下部也可能是𠦝形省變,本即置字。典籍置或作真。因此,"十圕四圕",當讀"十偵四偵",即十四偵。前面我們已經談到,楚一枚大布當一忻,又當"七偵"。十四偵正好相當於兩枚大布。那麼豆銘第一行的費用,就是兩枚大布加一枚"坙(輕)朱"銅貝。

豆銘第二行所謂"三朱",我們認爲就是指楚銅錢牌"見金一朱"3 枚,或者"見金一朱"和"見金二朱"各 1(詳後及編校追記)。那麼此行銘文所記的費用,就是"三朱"銅錢牌,加 2 枚"坙(輕)朱"貝和 4 枚某種貝。末一字不識,應是比"坙朱"要低的銅貝名。

《先秦貨幣研究》頁 205—207,2001;原載《中國錢幣》1994-2

○**蔡運章**(1995) 春秋晚期至戰國末年青銅鑄幣。鑄行於楚國。面文"粂",或釋爲牂、有土之本、當各六朱、各一朱、聖朱、五朱、条(資)等,迄未定說。從其構形和錢重看,以釋"五朱"爲佳。背平素。1954 年以來湖南長沙,江蘇徐州、崑山,陝西咸陽,河南舞陽、固始、宜陽,安徽壽縣等地均有出土。一般通長 1—2.1、身寬 0.9—1.7 釐米,重 1.1—3.6 克,多爲 3.2 克左右。

《中國錢幣大辭典·先秦編》頁 35

○**黃錫全**(1999) 粂(𥝋),有此字的銅貝雖比以上幾種爲多,但比巽字貝要少得多。目前僅見河南固始出土 400 餘枚,重 1.2—2.2 克;河南舞陽出有 2 枚,淮陽出有 3 枚;湖北大冶出有 1 枚;雲夢出有 15 枚,重 1—2.5 克;安徽壽縣出有 10 枚,臨泉、六安有出土;肥西出有 20 枚,重 3 克;利辛縣出有 6 枚;另在陝西咸陽出有 48 枚,重 1—3.6 克。近 50 年,見諸報道者,總共只有 500 餘枚。粂(𥝋)字過去釋法較多,如初尚齡釋爲"牂",桂馥以爲"昏塾水",高煥文以爲"有土之本",方若以爲"洛一朱",鄭家相以爲"汝六朱",等等。近或有釋"五朱"和"資"(資財)者。但多難以令人相信。

這個字應是兩個字,即"圣朱"。"圣"字見於楚國文字和《古文四聲韻》。金文、石鼓文、雲夢秦簡有从這個偏旁的字。我們曾經懷疑這個字與圣可能是一字的異體,一从又,一从夊(倒止),均表示以手和止(足)致力於地之形,即《説文》"汝穎之閒謂致力於地曰圣"之圣,讀若窟,《唐韻》苦骨切。又根據《古文四聲韻・青韻》録《籀韻》經作㜣、㞼,《青韻》録崔希裕《纂古》輕作銈、鋞,又懷疑"圣朱"似可讀爲"輕朱",意指輕小的銅貝。當然這只是提出一種推斷性的意見,問題的最終解決還有待新材料的出土。

《先秦貨幣研究》頁 228,2001;原載《錢幣研究》1999-1

圩

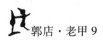
圩 包山 263

○**劉彬徽、彭浩、胡雅麗、劉祖信**(1991)　圩,讀如芓。《説文》:"麻母也……一曰芓即枲也。"

《包山楚簡》頁 63

○**何琳儀**(1998)　圩,从土,子聲。《搜真玉鏡》:"圩,音子。"

包山簡圩,讀芓。《説文》:"芓,麻母也。从艸,子聲。一曰,芓即枲也。"又:"枲,麻也。从木,台聲。"

《戰國古文字典》頁 89—90

杢

杢 集成 11670 守相廉頗鈹

△**按**　字在戰國文字用爲姓氏,舊多釋爲"杜",李家浩(《南越王墓車駔虎節銘文考釋》,《容庚先生百年誕辰紀念文集》,廣東人民出版社 1998 年)釋該字爲"杢",並讀爲廉,可備一説。

坉

坉 郭店・老甲 9

○**何琳儀**（1998）　坉，从土（原篆作坴，參社之古文作𥙫），屯聲。《集韻》：“坉，塞也。”

　　晉璽坉，人名。

《戰國古文字典》頁 1327

○**荊門市博物館**（1998）　（編按：郭店・老甲 9“坉虘其奴濁”）坉虘（乎）其奴（若）濁。

《郭店楚墓竹簡》頁 111

○**李零**（2007）　（編按：郭店・老甲 9“坉虘其奴濁”）“沌”，原从土从屯，疑讀“沌”。

《郭店楚簡校讀記》（增訂本）頁 11

○**丁四新**（2010）　（編按：郭店・老甲 9“坉虘其奴濁”）“坉”，當讀作“混”。《玉篇・土部》：“坉，坉水不通，不可別流。”《集韻・混韻》：“塞也。”據此解釋簡文，文意不順。《廣韻・混韻》“坉”同“沌”。《廣韻・水部》（編按：實見魂韻）：“沌，水勢。”《集韻》：“水流貌。”此義，亦與竹簡文意不合。通行本《老子》第二十章“沌沌”，帛乙作“渚渚”。“渚”既與“沌、混”相通，則“沌、混”二字亦當相通。坉、沌二字聲韻俱同，簡文“坉”當通“混”。混，濁亂也；字本作“溷”，通作“混”。《説文・水部》：“溷，亂也。一曰水濁兒。”“混”（或“溷”）、“濁”二字常連言。《史記・伯夷列傳》：“舉世混濁，清士乃見。”《楚辭・離騷》兩言“溷濁”，皆其例。帛書本作“渚”，河上本作“渾”，遂州本作“沌”等，皆“混”字之假。

《郭店楚竹書〈老子〉校注》頁 62—63

坮

曾侯乙 208

○**何琳儀**（1998）　坮，从土，厷聲。疑峃之異文。《説文》：“峃，谷中響也。从谷，厷聲。”

　　隨縣簡“長坮”，地名。《廣韻》：“峃，一曰，地名。”

《戰國古文字典》頁 17

坴　堕

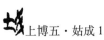上博五・姑成 1

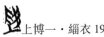上博一・緇衣 19

○**陳佩芬**(2001) 《説文》所無。戰國《元阿左戟》《新弨戟》銘文之"戟"字皆從丰,以爲聲符,此亦爲字之聲符。丰,《説文》:"讀若介。"

《上海博物館藏戰國楚竹書》(一)頁 195

○**孟蓬生**(2002) （**編按**:上博一·緇衣 19"君子言有物,行有,此以生不可敓志,死不可敓名"）如此説來,"丰"字就是屰的變形,"逆"就是逆的變形,"霏"字就是霸字的異構,而"墅"則是格(訓爲登或陞)的本字。屰聲與各聲相通,所以逆或墅可以借爲"格"或"略",戟(與格讀音相同)字可以從屰(丰)聲而寫作"我"。《字彙》:"屰,古戟字,有枝兵也。與干字同體,與枝爲戟,單枝爲戈。"我們不知道《字彙》的依據是什麼。它對屰字形體的分析是不足爲據的,但屰字古音與戟字相通,是一點問題也没有的。

《上博館藏戰國楚竹書研究》頁 447

○**李守奎等**(2007) 姓氏。典籍中皆作"郤"。

《上海博物館藏戰國楚竹書(一——五)文字編》頁 605

坂

集成 293 曾侯乙鐘

○**何琳儀**(1998) 坂,從土,反聲。阪之異文。《廣韻》:"阪,大阪不平。坂同阪。"

曾樂律鐘坂,或作反,讀變。

《戰國古文字典》頁 980

垓

湖南 17

○**何琳儀**(1998) 垓,從土,爻聲。

楚璽垓,人名。

《戰國古文字典》頁 286

圾

侯馬

○**何琳儀**（1998）　圾,从土,及聲。《集韻》:“岌,危也。《莊子》殆哉圾圾乎。或从山,或作圾。”

侯馬盟書圾,讀及。連詞。

《戰國古文字典》頁 1373

圩

圩 九店 56・48

○**李家浩**（2000）　古文字“邑、予”二字形近。例如“序”字,馬王堆漢墓帛《五十二病方》作序（《馬王堆漢墓［肆］》圖版二四・二〇四）,銀雀山漢墓竹簡《孫臏兵法》作序（《銀雀山漢墓竹簡［壹］》圖版四〇・四〇三正）,其所从“予”旁與某些“邑”字的寫法没有多大區别。疑本墓竹簡的“圩”和秦簡的“圩”,都應當釋爲“圩”。“圩”字見於《集韻》卷五語韻,是“序”字的異體。古人稱堂的東西牆爲東序、西序,多以左爲東、右爲西。秦簡“右圩、左圩”,即西序、東序。本墓竹簡“不可以圩”,大概是不可以築序的意思。戰國文字中有一個可能是从“予”的字,作冎、彡等形（《古璽文編》157、158 頁）。在古文字中,“宀、广”二旁可以通用（參看高明《中國古文字學通論》173 頁）。疑上揭之字應當是“序”的異體（參看李家浩《先秦文字中的“縣”》,《文史》28 輯 58 頁注 26）。古文字“序”主要有兩種用法:一、名詞,例如“上廧序大夫之鉨”（《古璽彙編》一七・〇一〇〇）、“郼（博）易（陽）序大夫”（《包山楚簡》二六號）;二、動詞,例如“䚻（襄）陵之行僕序於郊（鄩）”（《包山楚簡》一五五號）。“序、舍”古音相近,可以通用。疑這兩種用法的“序”,都應當讀爲“舍”。名詞的“舍”大概是指館舍,“舍大夫”是管理館舍的大夫。動詞的“舍”是居止的意思,與《左傳》宣公二年“宣子田於首山,舍於翳桑”之“舍”用法相同（關於古文字“序”的問題,詳見李家浩《戰國文字中的“序”和“㕣”》）。

《九店楚簡》頁 114—115

坩

坩 古幣文編 120

○**何琳儀**（1998）　坩,从土,甘聲。《廣韻》:“坩,坩甀。”《集韻》:“坩,土器也。"

周空首布坩,讀甘,地名。《左·僖二十四》"初甘昭公有寵於惠后",注："甘昭公,王子帶也,食邑於甘,河南縣西南有甘水也。"在今河南洛陽西南。

《戰國古文字典》頁 1447

坥

 璽彙 0844

○**何琳儀**(1998)　坥,从土,目聲。《搜真玉鑑》："坥,音潵。"
　　晉璽坥,人名。

《戰國古文字典》頁 265

坺

 璽彙 0727　集成 12112 鄂君啟車節

○**裘錫圭**(1980)　參見"市"字條。

《古文字論集》頁 454—468,1992;原載《考古學報》1980-3

○**羅福頤等**(1981)　鄂君啟節作䇂,與璽文相近,以爲往字。

《古璽文編》頁 41

○**何琳儀**(1998)　坺,从土,市聲。疑市之繁文。
　　齊璽"坺市",讀"市師"。官名。《周禮·地官·司市》"市師蒞焉",注："市師,司市也。"齊璽坺,讀市,姓氏。《周禮·地官》有"司市",其後以官爲氏。見《姓氏考略》。
　　周空首布"坺中",讀"市中"。《後漢書·費長房傳》："市中市人莫之見(**編按**:《後漢書》作"市中有老翁賣藥……跳入壺中,市人莫之見")。"

《戰國古文字典》頁 50

△**按**　字爲"市"字異文,參見"市"字條。

坨

秦駰玉版　　包山 149

○**何琳儀**(1998)　坨,从土,它聲。《集韻》："坨,地名。"

趙方足布坨，讀地。地名後綴。

秦璽“毋坨”，讀“無它”。

《戰國古文字典》頁 864

△**按**　方足布之不从它，應釋爲堬，从土从俞，與包山簡、秦璽之坨非一字。參見本卷“堬”字條。

垬

璽彙 5147

○**羅福頤等**（1981）　共。

《古璽彙編》頁 467

○**何琳儀**（1998）　垬，从土，共聲。共之繁文。

晉璽垬，讀恭，箴言。

《戰國古文字典》頁 417

峙

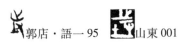

郭店・語一 95 山東 001

○**徐暢**（2001）　《山東新出土古鉩印》001 號著録，70 年代嘉祥縣卜集鄉出土。印集釋爲“市正”（圖九）。此印爲一字，从土从止从寸，應隸定爲“峙”，从土，寺聲，即“坊（市）”字。與裘錫圭先生《戰國文字中的“市”》所舉的具有代表性的四個齊國“市”字字形略異（圖十）。但“寺”字从止从又與邾公牼鐘及齊陶文的“寺”字同形（圖十一）。此鉩應屬齊系鉩印。《説文》云：“市，買賣所之也。市有垣。”《易・繫辭》曰：“日中爲市，致天下之民，聚天下之貨，交易而退，各得其所。”此爲齊國市亭的官署印。大量市亭鉩印及印迹的出土，反映了戰國時期經濟繁榮、商業繁盛的景象。

圖九　　圖十　　春秋邾公牼鐘　　圖十一　　春秋石鼓車工

《古文字論集》2，頁 157

○**劉釗**（2003）　（編按:郭店·語一 95"埒遴敬乍"）"埒"讀爲"詩"。簡文謂"詩"是
因"恭敬"而作出的。

《郭店楚簡校釋》頁 197

垍

垍璽彙 2563　　垍璽彙 2564

○**羅福頤等**（1981）　《説文》所無,《玉篇》:垍,同塥,亦同堆,聚土也,又
落也。

《古璽文編》頁 326

○**何琳儀**（1998）　垍,从土,自聲。自之繁文。《正字通》:"垍,堆本字。"《集
韻》:"堆,聚土。或作㟽、洎、垍。"

　　晉璽垍,姓氏。疑讀追。追,國名。見《姓苑》。

《戰國古文字典》頁 1213

垪

垪信陽 2·14　　垪璽彙 0720

○**中大楚簡整理小組**（1977）　釋"垪（瓶）"

　　湤垪,墓前室有豆形有蓋陶瓶二（《信圖》圖版一五三,名爲"高足陶
壺"）,金文瓶字作鉼、鉼,此从土,與从缶、从瓦之瓶意同。

《戰國楚簡研究》2,頁 31

○**郭若愚**（1994）　垪,同鉼,亦作瓶。《玉篇》:"汲器也。"揚子《方言》:"缶謂
之瓵甋,其小者謂之瓶。"此謂一有彩繪之瓶。

《戰國楚簡文字編》頁 75

○**何琳儀**（1998）　垪,从土,并聲。

　　晉璽垪,姓氏,疑讀屏。屏氏,晉邑,趙襄子括食采於屏,稱屏括,又號屏季。
見《困學紀聞》。或讀瓶,亦姓氏。河南郡有瓶丘聚,見《後漢書·郡國志》,當
以地爲氏。一曰,瓶,望出北海。《漢書》有太子少傅瓶守。見《姓氏考略》。

　　信陽簡垪,讀瓶。

《戰國古文字典》頁 832—833

△按　字爲"瓶"之異體,參見卷五瓦部"瓶"字條。

堕

壐彙 1334

△按　字爲"防"之異體,參見卷十四阜部"防"字條。

坩

包山 255

△按　"缶"之異體,參見卷五缶部"缶"字條。

犰

壐彙 1793

○何琳儀(1998)　犰,从土,豖聲。《玉篇》:"犰,豖。"又蚾之異文。《集韻》:
"蚾,豖發土也。或作犰。"

《戰國古文字典》頁 1223

埊

三晉,頁 71

○何琳儀(1998)　埊,从土,兹聲。

十七年鄭令戈埊,讀兹,姓氏。趙器"埊氏",地名。趙尖足布"北埊",
地名。

《戰國古文字典》頁 92

【埊成】貨系 1487—1492

○丁福保(1938)　右布面文作埊朿,是隰郕二字。《春秋》隱十一年杜注:"隰
城在懷縣西南,高士奇曰:今懷慶府城西三十里有期城,即其地。"(中略)【錢
略】

《古錢大辭典》頁 1245,1982

○丁福保（1938）　畿城。(中略)【錢匯】

《古錢大辭典》頁 1230,1982

○鄭家相（1958）　文曰隰城。見隱十一年。《匯纂》：“今懷慶府武陟縣西南十五里隰城是也,本周地,戰國屬韓。”

《中國古代貨幣發展史》頁 99

○梁曉景（1995）　【䢀成・平襠方足平首布】戰國晚期青銅鑄幣。鑄行於趙國,流通於三晉、燕等地。屬小型布。面文“䢀成”,形體多變。背平素。“䢀成”,通作隰城,古地名,春秋屬晉,戰國歸趙。《漢書・地理志》西河郡有隰城,在今山西離石縣西。

《中國錢幣大辭典・先秦編》頁 259—260

○黃錫全（1998）　💠、💠與所謂“兹氏”之兹作💠形近而字實別。前者上部二糸相連,下從土,不從十(才)。後者💠絶不連作💠,二字不能混而爲一。釋隰或隰,大概是因《說文》水部溼字篆形作💠、《石鼓文・䢀敕》“原溼陰陽”之溼作💠,所從的偏旁與幣文類同的緣故。如幣文的確從二糸即絲,釋爲“隰成(城)”還是可以的,但這不能解釋戰國文字中不少從💠的字。(中略)

　　前引石鼓文、小篆所從的💠,雖與戰國諸多文字所從的💠或💠形同,但文字有別,當是二形作爲表意偏旁可以通用的一種現象。上列幣文💠似不能據之釋爲從絲。根據上列諸多文字從💠可釋從縊的例證,我們以爲幣文💠當釋爲欒。字書未見欒字,作爲城邑名當同古璽之欒,即欒。幣文“💠成”當讀爲“欒城”。戰國有一矛銘“隰城”作“💠”,與此有別。

　　欒城當即春秋晉國之欒邑,戰國屬趙,其地在今河北趙縣西,漢置關縣,後漢改置欒城縣。《左傳》哀公四年：“國夏伐晉,取邢、任、欒、鄗、逆畤、陰人、盂、壺口。”杜注：“欒在趙國平棘縣西北。”據江永《春秋地理考實》,今河北欒城縣及趙縣北境皆古欒邑也。因此,我們將這類布列入趙國。

《先秦貨幣研究》頁 121—122,2001;原載《中國錢幣論文集》3

○何琳儀（2002）　上從“聯”之初文,下從“土”。“䢀成”讀“欒城”。《通志・氏族略・以邑爲氏》：“欒氏,姬姓。晉靖侯欒賓食邑趙州,平棘西北十六里古欒城是其地,以邑爲氏。”《讀史方輿紀要》直隸真定府“欒城縣,春秋時晉之欒邑,漢之關縣,屬常山郡,後漢置欒城縣”。(“欒”見《左傳・哀公四年》,在今河北趙縣西。)

《古幣叢考》(增訂本)頁 206

埖

包山 170

○何琳儀(1998)　埖,从土,谷聲。

包山簡埖,人名。

《戰國古文字典》頁 498

陞

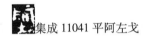集成 11041 平阿左戈　　璽彙 0313

△按　"阿"之異體,參見"阿"。

堉

璽彙 2568

○吳振武(1983)　釋《古璽彙編》2568 之 埔、2573 之 埔 爲"堉"。

《古文字學論集》(初編)頁 508

○何琳儀(1998)　堉,从土,昔聲。

晉璽堉,讀厝,姓氏。清陽東南有故厝城,土人曰鵲城,有厝氏。見《路史》。

《戰國古文字典》頁 587

塼

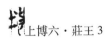上博六・莊王 3

○陳佩芬(2007)　(編按:上博六・莊王 3"載之塼車以上")"塼"即"塼",讀爲"傳",皆從專得聲,可通。《睡虎地秦簡》"傳車"即"驛車"。《史記・游俠列傳・朱家傳》:"條侯爲太尉,乘傳車,將至河南。""驛車"爲驛站閒交通車。

《上海博物館藏戰國楚竹書》(六)頁 245

○陳偉(2008)　(編按:上博六・莊王 3"載之塼車以上")疑當讀爲"專車"。《國語・

魯語下》:"吳伐越,墮會稽,獲骨焉,節專車。"韋昭《注》:"骨一節,其長專車。專,擅也。"《文選·江賦》:"紫蚖如渠,洪蚌專車。"李善《注》引賈逵曰:"專,滿也。""專"亦寫作"剸",《荀子·富國》:"然後六畜禽獸一而剸車。"楊倞《注》:"剸與專同,言一獸滿一車。"無射之鐘重而大,所以要用專車裝載。

《古文字研究》27,頁 487

埭

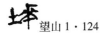
望山 1·124

○**朱德熙、裘錫圭、李家浩**(1995)　"埭"與下簡之"迷"當指同一祭祀對象,待考。

《望山楚簡》頁 103

○**何琳儀**(1998)　埭,從土,來聲。疑陳之異文。《集韻》:"陳,階也。"齊陶埭,人名。

《戰國古文字典》頁 81

埭,從土,來聲。
望山簡埭,神祇名。

《戰國古文字典》頁 1462

堘

楚帛書

○**饒宗頤**(1985)　(編按:楚帛書"而堘是各")天堘(踐)者,《大戴禮》"履時以象天"之義。

《楚帛書》頁 14

○**高明**(1985)　(編按:楚帛書"而堘是各")堘字,從土,戔聲,疑乃地字之別體。

《古文字研究》12,頁 377

○**何琳儀**(1986)　(編按:楚帛書"而堘是各")"天堘",疑讀"天錢"。《晉書·天文志》:"壘壁陣西北有十里,曰天錢。"

《江漢考古》1986-2,頁 79

○**劉信芳**(1996)　(編按:楚帛書"而堘是各")諸家多釋"踐"。按字應讀如"殘",義與"磔"近。《周禮・夏官・大司馬》:"放弒其君則殘之。"鄭玄注:"殘,殺也。"按此"殘"謂碎割,或稱作"磔",《荀子・宥坐》:"伍子胥不磔姑蘇東門外乎。"楊倞注:"車裂也。"知帛書"殘"用與"磔"同。

《中國文字》新21,頁72

○何琳儀(1998) 埁,从土,戔聲。疑陵之異文。《説文》:"陵,水阜也。从阜,戔聲。"

帛書埁,疑讀踐。

《戰國古文字典》頁1042

○陳斯鵬(2007) 第二層是:"□□是襄,而〈天〉埁是各(格)。參化虢(號)逃(咷),爲禹爲离(卨),以司堵襄(壤)。咎(晷)而〈天〉岦(止)達,乃上下朕(騰)迿(傳)。""□□是襄,天埁是格"大概是講黿虜、女填(或者包括四子)的神力的。"襄"疑作"舉"解。"天埁"疑應讀爲"天踐","踐"訓"履"訓"迹","天踐"即登天之所履或登天之迹,猶言"天梯"也。"天埁是格"蓋上下於天梯之意。這除道出黿虜、女填的神通廣大之外,似乎也暗示着其時天地之未分。所以黿虜、女填自然肩負着開闢天地的重任。不過,他們並沒有親自去完成這一偉大工程,而是化生出禹和离,讓其代爲完成。

《簡帛文獻與文學考論》頁11

垚

璽彙3056

○何琳儀(1998) 垚,从土,垚聲。疑坵之繁文。即丘之繁文。參三體石經《僖公》丘作垚。

齊陶垚,讀邱,姓氏。

晉璽"虘垚",複姓。 魏璽"柰垚""句垚",地名。垚讀丘,地名後綴。

鄂君車節"易垚",地名。

《戰國古文字典》頁37

△按 字爲"丘"之異體,參卷八"丘"字條。

堆

望山2・13

集成 429 九里墩鼓座

○**中大楚簡整理小組**（1977）　隼，即《説文》之自，“小阜也。象形”。段注：
“自字俗作堆。”今得楚簡，知堆由來已久。堆之本義爲小土堆，引申之則有纍
疊、堆積義。

《戰國楚簡研究》3，頁 44

○**陳邦懷**（1981）　“堆”，謂堆飾鳥羽於下裳。“鷎白市”，《説文解字》：“市，
韠也，上古衣蔽前而已，市以象之。”“鷎白”，白鳥之羽，《詩·大雅》：“白鳥鷎
鷎。”此句謂市上堆飾白色鳥羽。

《一得集》頁 122，1989；原載《楚文化新探》

○**李家浩**（1995）　讀爲“隼”。

《第二屆國際中國古文字學研討會論文》（續編），頁 379

○**朱德熙、裘錫圭、李家浩**（1995）　（隼胥）“隼”當即“堆”字，在此疑當讀爲
“綏”。古代稱旌旗上所加的羽旄之類裝飾爲“綏”。

《望山楚簡》頁 121

○**何琳儀**（1998）　堆，從土，隹聲。《集韻》：“堆，聚土。”
　　望山簡堆，包山簡作壻。

《戰國古文字典》頁 1205

　　埻，從土，隼聲。疑堆之繁文。
　　包山簡“陽埻”，地名。九里墩鼓座“埻鼓”，讀“晉鼓”。《穀梁·僖三》
“桓公委瑞播笏而朝諸侯”，釋文：“播，音進。”《釋名·釋州國》：“晉，進也。”
進，從辵從隹，隹亦聲。（《集韻》埻“尊綏切”）是其旁證。《周禮·夏官·大
司馬》：“軍將執晉鼓。”疑楚墓中習見之鳥架鼓，故埻從隼。

《戰國古文字典》頁 1208

○**張亞初**（2001）　（編按：九里墩鼓座█）隼。

《殷周金文集成引得·釋文》頁 19

埠

█考古 1987–5，頁 426

○**何琳儀**（1998）　埠，從土，阜聲。《正字通》：“埠同步，舶船埠頭。《通雅》

曰,埠頭水瀕也。”

　　燕陶埠,人名。

《戰國古文字典》頁 251

埕

埕湖南 19

○**何琳儀**(1998)　　埕,从土,呈聲。

　　楚璽埕,人名。

《戰國古文字典》頁 1407

埮

埮望山 2・56　　埮上博四・昭王 3

○**何琳儀**(1998)　　埮,从土,炎聲。《集韻》:“埮,壜埮,地平而長。”

　　望山簡埮,讀啖。《説文》:“啖,噍啖也。从口,炎聲。一曰,噉。”《廣雅・釋詁》二:“啖,食也。”《漢書・王吉傳》“吉婦取棗以啖吉”,注:“啖,謂使食之。”

《戰國古文字典》頁 1442

○**陳佩芬**(2004)　　(編按:上博四・昭王 3“埮亡老”)“埮亡老”,是爲亡父啖食,就是祭祀亡父。

《上海博物館藏戰國楚竹書》(四)頁 185

○**孟蓬生**(2006)　　(編按:上博四・昭王 3“埮亡老”)今按:“埮”,當讀爲“禪”,除去喪服時舉行的祭祀。《説文・示部》:“禪,除服祭也。”《儀禮・士虞禮》:“中月而禪。”鄭注:“中猶閒也。禪,祭名也。與大祥閒一月,自喪至此凡二十七月。禪之言澹澹然平安意也。古文禪或爲導。”覃聲、炎聲古音相通。《詩・小雅・大田》:“以我覃耜。”《爾雅・釋詁》郭注引“覃”作“剡”。《左傳・莊公十年》:“文侯之出也過譚。”《史記・齊太公世家》“譚”作“郯”。《荀子・非十二子》:“神禪其辭。”楊注:“神禪當爲沖淡。”《説文・木部》:“棪,遫其也。从木,炎聲。讀若三年導服之導。”簡文記該君子時著“喪服”,是未除服也。故此云“禪亡老”,義正相應。

《簡帛研究二〇〇四》頁 72、73

○禤健聰（2008）　（編按：上博四・昭王3"埣亡老"）我們認爲，將"埣"讀爲"襌"可能並不恰當，讀爲"掩"於簡文大致可通，但不若從董珊先生讀爲"殮"準確。"殮"字古音屬來母談部，與匣母談部的"埣"字聲近韻同，二字音通應該是没有問題的。《禮記・喪服大記》"凡封"鄭注"棺之入坎爲殮"。又《禮記・檀弓下》"殮，般請以機封"鄭注"殮，下棺於椁"。又《釋名・釋喪制》"衣尸棺曰殮，殮者斂也，斂藏不復見也"。要之，殮就是給死人穿衣入棺。如上所述，"君子"的目標是葬母於父墓，其父早已入葬，無所謂殮或掩。因此，要"埣"的"亡老"，是母親而不是父母。母親新喪，故需入殮下葬，讀"埣"爲"殮"，正切合文義。不讀"埣"爲"掩"，還考慮到"塼"字的意義。

《簡帛研究二〇〇五》頁 51

【埣匕】

○中大楚簡整理小組（1977）　埣，甌屬，酒器，中寬下直、上鋭平底。又五升小甖亦稱埣。匕，亦見第五簡，爲飯匙，在此云埣匕，當爲附屬於埣之陶質匕。

《戰國楚簡研究》3，頁 54

○朱德熙、裘錫圭、李家浩（1995）　"埣匕"當指陶製的鍒匕。鍒匕見信陽二二七號簡，相當於古書的桃（挑）匕（看《考古學報》1973 年 1 期 121、122 頁）。

《望山楚簡》頁 129

𡊎

吉大 6

上博五・姑成 1

○何琳儀（1998）　𡊎，从土，官聲。

　　晉璽𡊎，讀館。

《戰國古文字典》頁 1073

塔

璽彙 5655

○何琳儀（1998）　沓，甲骨文作（綴合編一七六）。从口从水，會口若懸河之意。水亦聲。戰國文字承襲甲骨文。口旁或作形。《説文》："沓，語多沓沓也。从水从曰。遼東有沓縣。"

　　塔,从土(原篆从立),沓聲。《集韻》:"塔,累土也。"

　　晉璽塔,人名。

《戰國古文字典》頁 1375

城

五里牌 7

○何琳儀(1998)　城,从土,咸聲。《篇海》:"城,城坷。"

　　五里牌簡城,讀械。《説文》:"械,箧也。从木,咸聲。"

《戰國古文字典》頁 1401

塤

集成 2396 公朱右官鼎

○何琳儀(1998)　塤,从土,貞聲。

　　公廚右官鼎塤,讀鼎。

《戰國古文字典》頁 794

△按　疑爲"鼎"之異體。

塱

塱包山 95

○何琳儀(1998)　塱,从土,思聲。

　　包山簡"米塱",地名。

《戰國古文字典》頁 114

埀

埀璽彙 3880

○何琳儀(1998)　埀,从土(或从立形亦土旁),重聲。《集韻》:"埀,池塘塍

埂也。”

中山王鼎“學埂”，讀“幼沖”。埂、沖音近可通。《説文》：“沖，讀若動。”《淮南子·修務》“鍾子期”，《戰國策·秦策》作“中旗”。均其佐證。

《戰國古文字典》頁 365

垔

 郭店·成之 33　　上博二·子羔 10

△按　字爲“禹”之異體，參見卷十四“禹”字條。

瑜

古幣文編，頁 209　　古幣文編，頁 209

○張頷（1986）　按此種布幣楡字多作，、、、諸形，皆爲之或體，左旁多與幣紋中之中閒欄紋相合作，有的不與中閒欄紋相合作、諸形，有的省去（之省體）而作、，皆（余）字。而楡即之即省作、、、、諸形，詳即字條。

《古幣文編》頁 209

墫

垔彙 3295　　垔彙 3326

○何琳儀（1998）　墫，从土，奠聲。

齊垔“東墫”，地名。齊垔墫，讀鄭，姓氏。齊陶“墫昜”，或作“奠昜”。燕垔墫，讀鄭，姓氏。

《戰國古文字典》頁 1129

○施謝捷（1999）　《垔彙》3295、3326 分別著録下揭二紐私垔：

　其中姓氏字，原釋文不識。

上揭二垔的姓氏字結構相同，下從“土”或“土”即“土”，上從“奠”即“奠”字，古垔文字中的“鄭”字或作：

　　　　　　🔤《璽彙》1618,鄭同　　　　🔤同上 1621,鄭粥

　　　　　　🔤同上 1623,鄭昌　　　　🔤同上 1622,鄭縛

可資比較。因此,姓氏字可隸定作"塋",也就是"奠"字異構。戰國文字中
"丘"字作:

　　　　　　🔤《璽彙》3229,梁丘　　🔤同上 3307,守丘　　🔤《金文編》579 頁,鄂君啟節

"基"字作:

　　　　　　🔤《陶彙》3·733,亓母　　　　🔤《古陶字彙》484 頁,至母

　　　　　　🔤《璽彙》2111,邡□　　　　🔤　同上 2113,邳狄

前二例讀爲"綦",後二例讀爲"亓"。由"丘、基"的形構變化情形來看,把璽
印中的"塋"釋爲"奠"字異構,無疑是合情合理的。《陶彙》3·19"奠易陳得
叄"陶璽,其中的"奠"在 3·20"奠易得叄"陶璽中作"塋",結構與上揭璽印姓
氏字相同,更是我們釋"塋"爲"奠"的有力證據。"奠"作爲姓氏,當讀"鄭"。

　　　　　　　　　　　　　　　　　　　　《語言研究集刊》6,頁 87—88

隆

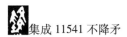集成 11541 不降矛

△按　"降"之異體,參見"降"。

荼

楚帛書

○何琳儀(1998)　荼,从土,荼聲。疑荼之繁文。《説文》:"荼,苦葉也。从
艸,余聲。"

　　帛書荼,讀塗,十二月,見《爾雅·釋天》。

　　　　　　　　　　　　　　　　　　　　　《戰國古文字典》頁 537

博

上博四·昭王 4　　🔤上博六·競公 4

○陳佩芬（2004）　（編按：上博簡四·昭王 4“厶自塼”）“塼”，假借爲“敷”。《説文·
攴部》：“敷，敃也。从攴，専聲。”

《上海博物館藏戰國楚竹書》（四）頁 185

○濮茅左（2007）　（編按：上博簡六·競公 4“塼情而不愈”）“塼”，讀爲“溥”。《集韻》：
“溥，大也，廣也。”又：“塗也。”又有“施、施行”之意，如《詩·小雅·小旻》：
“敷于下土。”《詩·商頌·長發》：“敷政優優。”溥情而公。

《上海博物館藏戰國楚竹書》（六）頁 174

○禤健聰（2008）　（編按：上博簡四·昭王 4“厶自塼”）“塼”，整理者釋“敷”，董珊先
生釋爲“宅”。按，此字當讀爲“墲”。“塼”从“専”得聲，古音从“専”得聲之字
聲多屬並、滂二母，韻不出魚、鐸二部，與古音屬明母鐸部的“墲”聲韻均近，二
字可通。《説文》：“俌，輔也。从人，甫聲。讀若撫。”可證。《方言》卷十三：
“凡葬而無墳謂之墓，所以墓謂之墲。”郭璞注：“墲謂規度墓地也。”正是因爲
“君子”之父葬而無墳，所以昭王才會“不知其爾墓”，築室於其上。也正是因
爲君王築室其上，所以“君子”才“不得”並父母之骨而“塼”之。

　　孟蓬生先生引《禮記·檀弓上》“吾聞之，古也墓而不墳”及“孔子泫然流
涕曰：吾聞之，古不修墓”句，指出“因爲古代的墓没有標志，所以楚王的宫室
雖然建在别人的墓上，但他自己並不知道”。正可與上引《方言》的説法對應。

《簡帛研究二〇〇五》頁 51—52

○陳偉（2008）　（編按：上博簡六·競公 4“塼情而不愈”）恐當讀爲“薄”。薄有迫近、
至、致的意思。《左傳》昭公二十年記趙武説：“夫子之家事治，言於晉國，竭情
無私。”“薄情”與“竭情”相近。

《出土文獻與古文字研究》2，頁 147

○劉信芳（2008）　（編按：上博簡六·競公 4“塼情而不愈”）“塼”讀爲“敷”，“敷”既有
“陳”的義點，又有“徧、廣”的義點。《書·舜典》“敷奏以言”，孔傳：“敷，陳。”
《詩·大雅·抑》“罔敷求先王”，鄭箋：“廣索先王之道。”《詩·周頌·賚》“敷
時繹思”，鄭箋：“敷，猶徧也。”《説文》：“徧，匝也。”也就是周匝、全面的意思。
所謂“竭情、無隱情”作爲司法方面的含義，是指窮盡性地瞭解全部情況，與簡
文“塼情而不愆”文異而義同。睡虎地秦簡《封診式》：“凡訊獄，必先盡聽其
言而書之，各展其辭，雖智（知）其訑，無庸輒詰。其辭已盡而毋（無）解，乃以
詰者詰之。”又《爲吏之道》：“審悉毋（無）私，微密纖察。”盡聽、審悉都是指全
面瞭解案情。從句法上説，將“塼情”解爲陳情可謂文從字順。若考慮到有
“竭情”異文，指出敷有“徧、廣”義點，與“竭”義近，對於我們準確理解簡文辭

義以及分析文本異文的原因也許有幫助。

《簡帛》3,頁 118

△按　上博簡六・競公 4:"塼情而不愈。"董珊(簡帛網 2007 年 7 月 1 日)謂:"'塼'讀爲'迫',句意爲范武子私吏聽獄能'迫近情實,而無私情',即《左傳》昭公二十年之'竭情無私'。"

埊

信陽 2・21

○**中大楚簡整理小組**(1977)　埊(瓶)。

《戰國楚簡研究》2,頁 28

○**劉雨**(1986)　瓶。

《信陽楚墓》頁 130

垟

璽彙 0071

○**何琳儀**(1998)　垟,从土,羊聲。
晉璽"戰垟",地名。

《戰國古文字典》頁 298

塚

温縣 T1K1:3216　集成 9616 春成侯壺　集成 11376 十八年戈

○**何琳儀**(1998)　塚,从土,冢聲。或省豖,豕或訛作**仌**,或加心繁化。《正字通》:"塚,冢俗字。"
温縣盟書塚,或作冢。見冢字。春成侯鐘塚,讀重。韓、魏器塚,讀冢。

《戰國古文字典》頁 361

墜　陞　坴

集成 10371 陳純釜　陶彙 3・21

集成 12113 鄂君啟舟節　楚帛書　上博五·弟子 2

璽彙 0209

△按　"陵"之異體,參見"陵"。

陰

璽彙 0187

△按　"陰"之異體,參見"陰"。

陳

璽彙 0281　包山 61　集成 4595 陳曼簠

△按　"陳"之異體,參見"陳"。

墾

上博四·相邦 4

○張光裕(2004)　（編按:上博四·相邦 4"不亦墾虖"）"墾",從"歁"得聲,可讀爲"欽"。"不亦欽乎?"文獻中相同語例多於"不亦"下綴以"可、宜、異、善"等字。"不亦欽乎?"備見贊許之意。

《上海博物館藏戰國楚竹書》（四）頁 237

○孟蓬生(2006)　（編按:上博四·相邦 4"不亦墾虖"）今按:讀"不亦墾乎"爲"不亦可墾乎",屬增字爲訓,不可取。且增"可"字後全句即含被動意義,兩句話意義可謂大相徑庭。疑"墾"字讀若"謙"。歁字古音在侵部,謙字古音在談部,且兩者皆爲喉牙音,故得相通。問話者爲一國之君,不問有國（統治國家）的道術,卻問幫助治理國家的道術,有降低身份的意思,故孔子稱之爲"謙"。

《簡帛研究二〇〇四》頁 78

壏

集成 12107 辟大夫虎節

【壏絑】

○**李家浩**(1993)　壏絑不見於文獻記載,其地理位置,可據辟大夫虎節出土地定在膠縣境内。傳 1857 年膠縣靈山衞古城出土三件銅量,即子禾釜、陳猶釜、左關銷。這三件銅量銘文都記有"左關"。如果靈山衞古城是左關所在地,那麼它可能是壏絑所屬之關。

《中國歷史博物館館刊》1993-2,頁 53—54

陽

包山 96

△**按**　字爲"陽"之異體,參見卷十四阜部"陽"字條。

壊

陶彙 3・164

○**何琳儀**(1998)　壊,从土,巺聲。
　　齊陶壊,人名。

《戰國古文字典》頁 1355

墿

仰天湖 28

○**中大楚簡整理小組**(1977)　墿,《廣雅・釋宫》讀亦聲。

《戰國楚簡研究》4,頁 14

○**郭若愚**(1994)　(十三)"□□□□墿韋之絍緱緒。已"
　　墿,當是鐸字。《廣韻》:"鐸鞾,刀飾。"《集韻》:"鐸鞾,刀靶韋也。""緱

綷”釋見第十二簡。

《戰國楚簡文字編》頁 119

○**何琳儀**（1998）　墿，从土，睪聲。《廣韻》：“墿，道也。”

　　仰天湖簡墿，疑讀襗。《説文》：“襗，絝也。从衣，睪聲。”

《戰國古文字典》頁 556

墿

望山 2·9

○**商承祚等**（1995）　壽。

《戰國楚竹簡匯編》頁 88

○**程燕**（2003）　M2.9 簡文：△韔，劃純。兩馬皆有臣。

　　△原篆作：A

《考釋》的釋文缺釋，商承祚先生隸作“墿”，未做解釋。按：商先生的隸定較爲可信，惜學界未予以應有的重視，兹補充其説。

　　檢本簡中的“壽”形多作：

　　　　　　　　　　　B：

該字與 A 形不盡相同。檢《集篆古文韻海》，“壽”作下列各形：

　　　　C：卷四·四十九宥　　　D：卷二·十八尤（“禱”之所从）

　　細審字形 A，與 C、D 皆有關涉。A 形上部“ ”與 C 形上部“ ”相類，乃毛髮象形部分之訛變。“ ”與 D 形“ ”相似，乃人形之變異。“壽”一般所从的“ ”在 A 形中作“ ”，略有變異。另外，M1.149 簡亦有一例，可惜原簡不清楚，只能依據摹本迻録如下：

　　因此，A 形疑爲“墿”。簡文“墿韔”可讀爲“雕韔”。何琳儀師曾對尖足布“壽陰”（貨系 1054）讀“雕陰”做過詳細的考證：《詩·小雅·吉日》“既伯既禱”，《説文》作“既伯既禂”（編按：大徐本《説文》作“既禂既禱”），《史記·龜策列傳》“上行捣蓍”，索隱：“捣，古稠字。”《爾雅·釋訓》：“幬謂之帳。”《釋文》：“幬本或作裯。”既然“壽”可通“雕”，則从“壽”得聲的“墿”亦可通作“雕”。《廣雅·釋詁》：“雕，畫也。”《周禮·春官·巾車》“安車，雕面鷖緫，皆有容蓋”，鄭注：“雕者，畫之。”《左傳·宣公二年》“厚斂以雕牆”，杜注：“雕，畫也。”《説文》:“韔,弓衣也,从韋,長聲。”簡文此字亦見於隨縣竹簡,裘錫圭和李家浩先生曾做過非常精辟的分析:“从‘䛠’从‘長’,‘䛠’象囊一類東西之形,‘長’是聲符,故釋爲訓作弓囊之‘韔’。毛公鼎、番生簋、牧簋等銘文所記車馬器中有‘𣍘’,象弓藏韔中,當是‘韔’字的初文。”

關於“韔”的出土文獻記載還有:

狐長(韔)。(包山 268)

腁(虎)𧆜(韔)。(隨縣 1)

貍貘之韔。(望山 2.8)

《詩・秦風・小戎》“虎韔鏤膺,交韔二弓。”毛傳:“虎,虎皮也;韔,弓衣也。”隨縣 1 所記應與此同。而此文所釋的“雕韔”蓋指有畫紋的弓衣,不是指雕做的弓衣。

《江漢考古》2003-3,頁 86

霝

望山 2・13

○**李家浩**(1995)　“之”下一字,釋作“霝”。

《第二屆國際中國古文字學研討會論文續編》頁 379

○**何琳儀**(1998)　壥,从土,需聲。

望山簡壥,讀繻。

《戰國古文字典》頁 815

垚　堯　兂

萩郭店・六德 7　　堯璽彙 0262　　并上博二・子羔 5 正

夫上博二・容成 9

○**何琳儀**(1998)　堯,甲骨文作𡎐(後下三二二六)。从二土从卩,會意不明。戰國文字从二土从二人。漢代文字作㚁、㝮(秦漢九七八),从三土从人。《説文》:“堯,高也。从垚,在兀上,高遠也。㚁,古文堯。”《陶徵》五七垚作𡉻,真僞待考,今暫不列聲首。

齊𪉆堯,讀饒,地名。隸《漢書·地理志》北海郡。在今山東濰坊北。

《戰國古文字典》頁 299

堇 墐

郭店·老甲 24　　郭店·老乙 9　　集成 4596 陳曼簠

上博五·三德 7　　新收 1640 之利殘器

○**李錦山**(1987)　　此戈當爲戰國早期遺物。戈銘中"堇",似爲越國地名。越有鄞邑,《國語·越語》載:"句踐之地,南至於句無,北至於禦兒,東至於鄞,西至於姑蔑,廣運百里。"越又有赤堇山,在紹興東南 15 公里,是歐冶子爲越王鑄劍處。《越絶書》卷十三載,"赤堇之山,破而出錫"。春秋之際,今山東南緣地帶先後受吳越楚的管轄。《史記·越世家》載:"當是時,越兵横行於江、淮東,諸侯畢賀,號稱霸王。"此戈出土於棗莊,應非偶然。

《文物》1987-11,頁 28

○**荆門市博物館**(1998)　(編按:郭店·老乙 9"上士昏道,堇能行於其中")上士昏(聞)道,堇(勤)能行於其中。

《郭店楚墓竹簡》頁 118

○**裘錫圭**(1998)　(編按:郭店·老乙 9"上士昏道,堇能行於其中")帛書乙本此句作"上[士聞]道,堇能行之",劉殿爵《馬王堆漢墓帛書〈老子〉初探》認爲"堇"字不當從今本讀爲"勤",而應讀爲"僅"(《明報月刊》1982 年 8 月號 17 頁)。簡本作"堇能行於其中",從語氣看,"堇"字似應從劉説讀爲"僅"。

《郭店楚墓竹簡》頁 119

○**何琳儀**(1998)　　堇,西周金文作(堇伯鼎)。從火,莫聲。堇,溪紐;莫,曉紐。曉、溪爲喉、牙通轉。堇爲莫之準聲首。或作(衛盉),火旁已似土形。春秋金文作(洹子孟姜壺),火旁演變成土旁。戰國文字承襲春秋金文。《説文》:"墐,黏土也。從土,從黄省。、,皆古文堇。"

　　陳翱匜堇,讀勤。

《戰國古文字典》頁 1321

○**李零**(2005)　(編按:上博五·三德 7"喜樂無堇厇,是谓大荒")後兩字應讀"限度"。

《上海博物館藏戰國楚竹書》(五)頁 293

○**孟蓬生**(2007)　(編按:上博五·三德 7"喜樂無堇厇,是谓大荒")今按,讀"堇度"爲

“限度”,於義固可通,但終覺其詞不古。疑“菫度”即傳世典籍中的“期度”。《漢書・霍光傳》:“顯及諸女,晝夜出入長信宮殿中,亡期度。”《宋書・謝靈運傳》:“穿池植援,種竹樹果,驅課公役,無復期度。”古音之部與文部亦常相通。《禮記・射義》:“旄期稱道不亂者。”鄭注:“旄期,或爲旄勤。”《莊子・秋水》:“騏驥驊騮一日而馳千里,捕鼠不如貍狌。”《荀子・性惡》“驊騮騹驥,纖離綠耳,此皆古之良馬也”,楊倞注:“此皆周穆王八駿名。驥,讀爲騏。”然則菫之於期,猶勤之於期,驥之於騏也。

楚簡中也有“期度”一詞,寫作“罞厇”。同書《競建内之》第十簡:“迶述畋獵,亡罞,厇。”季旭昇先生説:“疑讀爲:迶(驅)逐田鄉,無期度。”何有祖先生也有相同的意見。季、何兩先生的讀法無疑是正確的。

但需指出的是,“期度”並不是我們通常所説的“日期”或“法度”,而是“終極”或“窮盡”的意思。“期”和“度”(字亦作斁射)在古代均有“窮盡、終了、停息”之義,所以“期度”是一個並列結構的複合詞。

《簡帛》2,頁 304—305

○**丁四新**(2010) (編按:郭店・老乙 9“上士昏道,菫能行於其中”) 按:“菫”當讀作“勤”。嚴遵《指歸》:“大聖之所尚,而上士之所務,中士之所眩燿,而下士之所大笑也。”弼《注》:“有志也。”三十三章:“强行者有志。”弼《注》:“勤能行之,其志必獲。”河上《注》:“上士聞道,自勤苦竭力而行之。”是“菫”俱讀作“勤”矣。仍舊貫,何必改作?“懃”,范應元采自古本,見《古文四聲韻》卷一。《説文・力部》:“勤,勞也。”河上《注》從本字訓解,又加引申,弼《注》則從老子原文得訓。二注可通。“勤、强”同義,勉强,勉力於踐行也。作“僅”字解,義淺狹。

《郭店楚竹書〈老子〉校注》頁 309—310

里 里

里_{睡虎地・語書 14}　　里_{包山 22}　　里_{陶彙 6・86}　　里_{陶彙 3・6}

○**王學理**(1986) 咸陽出土亭里陶文中,所見“里”名較多。它不屬於長度單位的“步里”自是很明白的,應是屬於行政系統的基層單位。

《詩・鄭風・將仲子》:“將仲子兮,無逾我里。”秦簡《法律答問》曰:“越里中之與它里界者,垣爲‘完(院)’不爲;巷相直爲‘院’;宇相直者不爲

‘院’。”又：“籧火延里門，當貲一盾；其邑邦門，貲一甲。”於此可見“里”有牆垣，里同里相鄰。法律是不允許越“院”的。《漢書·食貨志》說：“在野曰廬，在邑曰里。五家爲鄰，五鄰爲里……鄉，萬二千五百户也。”一里有二十五家，是都邑中的一種行政編制單位，屬於基層組織最低的一級。咸陽“里”字陶文之多，即反映了按户口、按職業分里的實際。

《古文字研究》14，頁 211—212

○**睡簡整理小組**（1990）　里，秦鄉村基層政權單位。

《睡虎地秦墓竹簡》頁 23

○**魏成敏、朱玉德**（1996）　“里”是當時齊國的行政區劃單位，臨淄出土陶文中常見某鄉某里或某門某里。鄉和門大於里，鄉或門下可轄多個里，僅在陶文中出現過的鄉下轄里就達 18 處。在臨淄文中未標鄉或門而直書某里的也極爲常見，應是省略了鄉或門的款式。“里”也是當時齊國最基層的行政區劃單位。

《考古》1996-4，頁 25—26

○**何琳儀**（1998）　里，金文作𤲃（矢令彝）。从田从土，會土田可居之意。戰國文字承襲金文，或有省簡作𤲃、𡊫、𡊫等。《説文》：“𡊫，居也。从田从土。”

　　戰國文字里，多爲行政區劃單位。一里有二十五家、五十家、七十二家、八十家、百家諸説。里隸屬於𨛜（鄉），見齊系文字；或隸屬於州，見楚系文字。燕系文字里作俫（或省作來），見來、俫二字。

　　齊陶“里人”，見《莊子·庚桑楚》：“里人有病。”

　　中山王鼎里，長度名。《榖梁·宣十五》：“古者三百步爲里。”

　　包山簡“里人”，見上。

　　石鼓里，讀理，治理。秦璽“里典”，又見睡虎地簡《封診式》，即“里正”（避秦王嬴政諱而改）。《韓非子·外儲説右下》：“書其里正與伍老屯二甲。”相當漢代亭長，後世里長。秦陶四·三八四里，長度名。

《戰國古文字典》頁 83

○**李立芳**（2000）　中行三字“里𤏾𣎴”，第一字“里”，《安徽出土金文訂補》333頁注曰：“……里爲里名。此説明楚國地方基層行政組織是以州轄里。最近在荆門市發現的包山二號戰國楚墓所出竹簡有關於州里的記載中的‘州’，在‘里’之上，如‘司馬’之州下設有‘里’。”陳老師因據《周禮·遂人》“五家爲軌，十軌爲里”，《鶡冠子·王鐵》“五家爲伍，十伍爲里”，《風俗通》“里者，止也，五十家共居止也”等資料説明：“里小於州，州小於系（**編按**：疑字誤）。”“里”

的具體規模尚不能確定。

《古文字研究》22，頁 108

【里久】

○**蔡全法**（1986）　"里久"字陶盆：（中略）

"里"古文字中常見。《説文解字・里部》段注："里，居也……傳曰……二十五家爲里……鄭云，廛里者，若今云邑居矣，里居也……《遂人》曰：五家爲鄰，五鄰爲里。《穀梁傳》曰：古者三百步爲里。"按里亦應與邑、社、田同性質，是鄉村的基層組織之一。這裏可能是"里"人以里爲姓氏。"久"與甲骨文、金文中的久接近，故隸釋爲久。疑爲陶工私名印。

《中原文物》1986-1，頁 83

△按　"久"指標識，非私名。

【里公】

○**羅運環**（1991）　1.天星觀一號墓竹簡：邸陽君番乘死後，助喪者有其同姓，"番之里人"。

2.包山 2 號墓竹簡：楚國地方最基層的組織是"里"，里有"里公"。還有"同社、同里"的説法。

3.《古璽彙編》：

0181 號："□里之鉨。"　　0178 號："安昌里鉨。"

社與里的關係，是應當首先探討的問題。社在甲骨文中寫作"土"，因爲祭祀土神，後來增加示旁，便是今日所見之"社"。《説文解字》訓"社爲地主"，深得其意旨。農人仰仗於土地，必然祭祀土神（或"地主"，《周禮・大司徒》作"田主"）。同里的人當立社以共同祭祀土神。如此則自然形成了社與里的統一。《禮記・效特牲》："唯爲社事（祭社事），單（每家出一人）出里。"同里共祭社神，表明先秦時代里與社確實是相統一的。《史記・封禪書》："民里社，各自以祠。"反映西漢時里與社還是相統一的。包山竹簡"同社、同里"的説法，正與古文獻互相印證，表示楚國有里有社，而且二者是合一的。單稱社則代表里，單稱里則包含着社，並不矛盾。

古籍所載先秦時代"里"的家數不盡一致，有"二十五家爲里"説、"一里八十户"説、"百家爲里"説。楚國的里爲多少人家，沒有明確的記載。《史記・孔子世家》："（楚）昭王將以書社地七百里封孔子。"唐司馬貞《索隱》："古者二十五家爲里，里則各立社，則書社者，書其社之人於籍。蓋以七百里書社之人封孔子也。"書社稱爲"里"，並有"七百"，似司馬貞二十五家説較近事實。里爲最基本的行政組織。據包山竹簡,里公不僅負責全里的管理,還要協助州縣受理訴訟案件。楚里公不見於文獻記載,此正補史籍之不足。

《楚文化研究論集》2,頁 286—287

【里門】

○**睡簡整理小組**(1990)　古時城中里有門。

《睡虎地秦墓竹簡》頁 131

【里典】

○**韓自强**(1988)　安石里典　秦代銅官印。1966 年於蚌埠廢銅倉庫揀選。印體方形,壇座鼻紐。邊長 1.9 釐米。白文,有田字格。

　　"里典"一職,尚不見於現存古籍。但《睡虎地秦墓竹簡》中,多次出現"里典、典"的職名。如《封診式》"某里典甲詣里人士五丙","以甲獻典乙相診";《法律答問》"其四鄰、典、老皆出不存"等。或誤作"田典",如《秦律十八種》"廄苑律":"最者,賜田典日旬。"秦簡整理小組注云:"田典,疑爲里典之誤。秦里設里正,見《韓非子·外儲説右下》,簡文作里典,當係避秦王政諱而改。"此秦代里典印章爲以上推論提供了新證。

　　《古璽彙編》姓名私璽類中收有"顓里典"(3232)一印,其形制與秦代官印相同,當與此"安石里典"印同爲秦代里典的官印。

《文物》1988-6,頁 89

釐　釐　釐　贅

陶彙 5·328

郭店·太一 8

上博四·柬大 21

○**何琳儀**(1998)　釐,甲骨文作(甲一六三)、(明藏六〇一)。从攴从丰或从木从人,(人爲果仁之仁,參段注。)會擊植物果實使其坼裂之意。或作(後二·三三·一),左上聲化从來。釐、來均屬之部,釐爲來之準聲首。西周金文作(智壺釐作)、(師釐鼎)。或作(辛鼎贅作),左上聲化从未。釐,曉紐;未,明紐。曉、明通轉,釐爲未之準聲首。春秋金文作(秦公鎛釐作)。六國文字承襲西周金文从來,秦國文字承襲春秋金文从未。《説文》:"釐,坼也。从攴从厂。厂之性坼,果孰有味亦坼,故謂之釐。从未聲。"

釐,從犛,里爲疊加音符。《説文》:"釐,家福也。從里,犛聲。"
秦陶釐,地名。

《戰國古文字典》頁 2

【釐尹】

○濮茅左(2004)　"釐尹",官名,據簡文意也司卜筮、祭祀。

《上海博物館藏戰國楚竹書》(四)頁 197

○周鳳五(2006)　本篇下文"釐尹爲楚邦之鬼神主",對照《周禮・春官・大宗伯》:"大宗伯之職,掌建邦之天神、人鬼、地示之禮,以佐王建保邦國。"則釐尹的地位、職掌當與"大宗伯"類似。

《簡帛》1,頁 122

○陳偉(2007)　《漢書・文帝紀》"今吾聞祠官祝釐",顏注引如淳曰:"釐,福也。"《文選・甘泉賦》"迎釐三神者",李善注引服虔曰:"釐,福也。"又引韋昭曰:"迎受福釐也。"釐尹可能取義於祈神求福。

《簡帛》2,頁 261

△按　釐尹見於包山楚簡 28、上博簡四・柬大,爲主持祭祀、占卜的職官。

野 野 壄 埜

陶彙 5・156

睡虎地・日甲 144 正叁

璽彙 0252　　埜 郭店・尊德 14

○吳振武(1982)　《説文》:"野,郊外也。從里,予聲。壄,古文野,從里省從林。"按野字金文作𡐨(《克鼎》)、埜(《詹㣄鼎》),古璽文作埜。《説文》古文作壄者,是在會意埜上又加音符"予"。小篆作野,已由"注音形聲字"變爲"義類形聲字"。

《吉林大學研究生論文集刊》1982-1,頁 57

○朱德熙、裘錫圭、李家浩(1995)　一五六號簡又有"野齋"。疑野指城外。

《望山楚簡》頁 99

○何琳儀(1998)　野,甲骨文作𣏓(前四・三三・五)。從林從土,會郊野之意。土亦聲。《集韻》:"野,古作壄。"金文作埜(克鼎)。六國文字承襲金文。秦國文字疊加予聲,或省林旁,或加田旁,反不及六國文字簡易合理。《説文》：“野，郊外也。从里，予聲。，古文野从里省，从林。”

齊璽“東野”，複姓。

望山簡“新野”，地名。

睡虎地簡“野戰”，見《管子·重令》：“野戰不能制敵。”睡虎地簡“野王”，地名。《左·宣十七年》：“晉人執晏弱于野王。”

《戰國古文字典》頁 530

【野事】

○**李家浩**（2000） “野事”，《逸周書·作雒》“都鄙不過百室，以便野事”，孔晁注：“耕桑之事。”按“是故謂不利行作、野事”，是重複上文“不利以行作，蹠四方野外”而言的，簡文的“野事”顯然是指“蹠四方野外”之事，不一定限於孔注所説的“耕桑之事”。

《九店楚簡》頁 93

【埜齋】

○**中大楚簡整理小組**（1977） 埜，古文野字。野齋，殆在郊外潔心設祭，如《禮記·祭義》“致齋於内，散齋於外”之散齋。

《戰國楚簡研究》3, 頁 19

田 田

集粹 田 包山 94

○**何琳儀**（1998） 田，甲骨文作田（粹一二二二）、田（粹一二二二）、田（後上二一·五），象田畝阡陌之形。金文作田（傳卣）。戰國文字承襲商周文字。《説文》：“田，陳也。樹穀曰田，象四口。十，阡陌之制也。”以陳釋田屬聲訓。

齊璽田，田獵之官。

燕陶田，姓氏。田氏，即陳氏。陳屬公子完，字敬仲，陳宣公殺其太子禦寇，敬仲懼禍奔齊，遂匿其氏爲田。陳、田聲近故也。

楚璽田，姓氏。天星觀簡“田邑”，封地采邑。《禮記·祭統》：“古者於禘也，發爵賜服，順陽義也；於嘗也，出田邑，發秋政，順陰義也。”

石鼓“田車”，田獵之車。《詩·小雅·車攻》：“田車既好。”秦陶“大田”，見《晏子春秋·内篇·問下》“請置以爲大田”，注：“大田，農官。”青川牘“田律”，參《周禮·秋官·士師》“四曰野禁”，注：“野有田律。”疏：“舉漢法況之。"此係田獵之律。秦牘"田律"係農田之律。二者不盡相同。

　　雍之田戈，田獵。

《戰國古文字典》頁 1123

【田戈】

○**孫稚雛**（1982）　　（編按:雍之田戈）田戈，當指田獵所用之戈。

《古文字研究》7，頁 106

【田典】

○**裘錫圭**（1981）　　田典大概也是田嗇夫的下屬。第二節所引銀雀山竹書《田法》篇有"田嗇夫及主田"之文。"典、主"義近，田典可能就相當於《田法》的主田。鄉嗇夫下面有鄉佐、里典，田嗇夫下面有部佐、田典，這是平行的兩個系統。

《雲夢秦簡研究》頁 250

疇　眪

睡虎地・秦律 38

○**睡簡整理小組**（1990）　　疇，《後漢書・安帝紀》注引《漢書音義》："美田曰疇。"一說，是種麻的田，見《史記・天官書》集解。

《睡虎地秦墓竹簡》頁 29

○**何琳儀**（1998）　　𨙹，甲骨文作（前七・三八・二），構形不明。金文壽所從偏旁作（頌鼎）、（頌簋），下加曰、口均爲裝飾部件。戰國文字承襲金文，或省簡爲、。《說文》："眪，耕治之田也。從田，象耕屈之形。𨙹，眪或省。"楚文字申作形，與𨙹形體相同，二者聲紐亦近，疑本一字分化。志此備參。

　　包山簡一一七疇，讀壽，姓氏。彭祖後有壽氏。見《路史》。

《戰國古文字典》頁 202

晦（畞）　曉（畮）　畾

睡虎地・秦律 38

上博五・鮑叔 3

聖彙 0349

○**李學勤**（1982）　周制的畞，是寬一步、長百步的長條形田，清代學者桂馥《說文解字義證》歷引《司馬法》等文獻，討論甚詳。其所以采取這樣的形態，是由當時的農業工具決定的。《考工記·匠人》云："耜廣五寸，二耜爲耦，一耦之伐廣尺深尺，謂之畎。"耕作時使用耜所造成的畎寬度是一尺。一畞寬六尺，恰好是三畎三壟，畎和壟的寬度都是一尺。直到《漢書·食貨志》講的趙過能爲代田，仍然是"一畞三畎，歲代處"。這是古代農業長期沿用的耕作制度。

秦孝公時改以二百四十步爲畞，畞的形狀如何，也是可以考定的。《呂氏春秋》一書，成於秦始皇八年，書中《任地篇》有下面一段話："六尺之耜，所以成畞也；其博八寸，所以成畎也。"注："耜六尺，其刃廣八寸。"耜的刃部寬八寸，以一耜成畎，和《考工記》所説耜刃寬五寸，以二耜成畎不同，從而前人認爲"秦法貴小畎"。這條材料證明，秦制的畞仍然是寬六尺，也就是一步。由此可見，秦畞和周畞一樣，都是長條形田，只是長度有所差異而已。

《李學勤文集》頁 292，2005；原載《文物》1982-10

○**何琳儀**（1987）　《説文》："畮，六尺爲步，步百爲畮；从田，每聲。畞，畮或从田、十、久。"畮，西周金文作：✦賢簋　✦兮甲盤

這與小篆形體吻合。而"畮"的或體"畞"作✦形。徐鉉曰："十，四方也，久聲。"關於"畞"从"久"聲，諸家無異詞；而"畞"从"十"，則眾説紛紜。除上引徐鉉説之外，尚有徐鍇《繫傳》"十其制"，段玉裁《注》"十者阡陌之制"，孔廣居《疑疑》"十象从橫形"，林義光《文源》"古每或作✦，上類十，而下類久，此隸書以形近省變也"等説法。青川木牘"畞"字的發現，不僅爲研究先秦田畞制度提供了珍貴的史料，而且也爲解決"畞"字的構形找到了一把鑰匙。

牘文"畞"原篆作"✦"形。離析其偏旁，从田从久从又，至爲明晰。"又"偏旁在牘文中也作下列各形：✦（"史"偏旁）、✦（"封"偏旁）、✦（"時"偏旁）。這些字所从"又"的末筆均作彎曲狀，而"畞"所从"又"的末筆垂直而不彎曲，這是因爲後者夾在"田"和"久"之間、不便彎曲的緣故。

"久"是"畞"的聲符，因爲二者疊韻，均屬之部。我認爲，"又"也是"畞"的聲符；又，于求切，喻紐三等，古讀匣紐，之部；畞，莫厚切，明紐，之部。匣、明二紐例可通轉，這是舌根音[x]和脣音[m]相諧的原因。然則"又、畞"雙聲

疊韻,故畝从"又"得聲,於音理尤爲契合。"畝"有兩個聲符,這也並不奇怪,戰國文字中類似的"雙重聲符"屢見不鮮,例如:"定"作▢(《璽文》附録45),"正、丁"皆爲聲符;"瑿"作▢(《璽文》14.6),"象、也"皆爲聲符;"臧"作▢(《璽文》5.6),"爿、皿"皆爲聲符;"絞"作▢(長陵盂),"爻、刀"皆爲聲符;"隋"作▢(石鼓文),"齊、妻"皆爲聲符;"䇩"作▢(詛楚文),"吾、午"皆爲聲符,均其徵。

總之,畮,"从田,每聲",是西周文字;畝,"从田,久聲,又亦聲",是戰國秦系文字。

《人文雜志》1987-4,頁 83

○**李家浩**(1996)　釋▢爲"叹(畮)",見"千畮"條。

《著名中年語言學家自選集·李家浩卷》頁 141—144,2002;
原載《于省吾教授百年誕辰紀念文集》

○**何琳儀**(1998)　畝,金文作▢(賢篹),从田,每聲。秦國文字从田,久聲,又亦聲(疊加音符)。畮與久、又均屬之部。小篆又旁則變爲十形。《説文》:"▢,六尺爲步,步百爲畮。从田,每聲。▢,畮或从田,十、久。"

秦器畂,田畂。見《説文》。

《戰國古文字典》頁 30

○**徐在國**(2008)　《鮑叔牙與隰朋之諫》第 3 簡有如下一字:

▢

此字陳佩芬先生釋爲"故"。何有祖先生從之。陳劍先生説:"此字待考",已經對釋"故"之説產生了懷疑。陳先生的懷疑是正確的,這個字與"故"字形體不類,釋"故"是錯誤的。我們認爲這個字應該釋爲"畝"。"▢"應該分析爲从"田"从"十"从"攴"。《説文》:"畮,六尺爲步,步百爲畮。从田,每聲。▢,畮或从田、十、久。莫厚切。臣鉉等曰:十,四方也。久聲。"對於"▢"形所从的"十",有學者認爲有問題,他們的根據是青川木牘和雲夢秦簡中"畝"的寫法,作如下二形:

▢《文物》1982 年 1 期 11 頁圖二〇　　　▢《睡虎地秦墓竹簡》圖版一八·三八

認爲《説文》"畝"所从的"十"是"十"(又)的訛誤。如果我們釋"▢"爲"畝"不誤的話,《説文》"畝"所从的"十"確實是有來源的,不一定是"十"(又)的訛誤。所从的"久"有可能是"攴"的變形音化。

　　簡文“畎纆緟(短),田纆長”,“短”與“長”相對,意思相反;“畎”和“田”相對,意思相近。“纆”也可讀爲“墨”,古代的長度單位,五尺爲墨。《小爾雅·廣度》:“五尺爲墨,倍墨爲丈。”“畎墨”就是畎的長度單位,“田墨”就是田的長度單位。

《簡帛》3,頁 92、93

甸　

睡虎地·答問 190　　甸包山 186

○**晉華**(1990)　“甸”,《周禮·春官宗伯》:“言甸人讀禱,付練祥,掌國事。”《儀禮·士喪禮》:“重木刊鑿之,甸人置重於中庭。”“丈夫踊,甸人徹鼎巾待於阼階下。”“丈夫踊,甸人徹鼎。”甸釋爲甸人較爲確切。

《文物》1990-2,頁 78

○**何琳儀**(1998)　甸,从勹,田聲。《説文》:“甸,天子五百里地。从田,包省。”

　　包山簡“甸尹”,官名。參《儀禮·士喪禮》“甸人”,注:“有司主田野者。”《周禮·天官·序官》“甸師”,注:“郊外曰甸。師,猶長也。甸師,主共野物官之長。”

《戰國古文字典》頁 1123

畿　𰎠　坖

坖璽彙 1229

○**何琳儀**(1998)　圦,从土,几聲。疑璣之異文。《字彙》:“璣,同畿。”《説文》:“畿,天子千里地,以遠近言之,則曰畿也。从田,幾省聲。”

　　燕璽圦,人名。

《戰國古文字典》頁 1191

【畿畐】

○**徐在國**(2002)　齊陶文中有如下二字:

　　　　　L 坖陶彙 3·761　　　　M 坒同上

又見於《陶彙》3·760,M 最下一横畫不清晰。《陶彙》缺釋。《陶徵》將二字當作一字釋爲"彎"（232 頁），又引《季木藏陶》16∶3、16∶6 將 M 作爲不識字放入附錄中（320 頁）。《陶字》沿襲《陶徵》錯誤（514 頁、703 頁）。

按：L 從"絲"從"坙"，應隸作"堅"。古文字中"絲"字作：

大保簋　　🅱何尊　　🅱陶彙 3·622　　🅱中山侯鉞

並與 L 上部所從形近。

齊文字中"坙"字作：

🅱璽彙 0336　　　🅱同上 0273　　　🅱同上 0265　　　🅱陶彙 3·1333

L 下部所從與上引諸形同。

如上所述，L 應隸作"堅"，釋爲"畿"。"堅"所從的"几"當是聲符。古音畿屬群紐微部，几屬見紐脂部，聲紐均屬牙音，微、脂旁轉，"畿"字可以"几"爲聲符。典籍中"几"可與"機"通假。《荀子·哀公》："俯視几筵。"《孔子家語·五儀》"几"作"機"。可爲旁證。"土、田"用作義符可通用，故"堅"可釋爲"畿"。

M 當以摹作"🅱"形者爲是，此字乃"畐"之倒文，應釋爲"畐"。

《陶彙》3·760—761"畿畐"，似應讀爲"祈福"，是吉語，與吉語璽性質同，意思是祈求得到福佑。"畿、祈"古音同屬群紐微部，例可通假。典籍中亦有二字通假的例子。如：《詩·小雅·祈父》鄭箋："祈、圻、畿同。"《周禮·春官·肆師》："及其祈珥夏官小子。"鄭注云："祈或作畿。""福"字從"畐"聲，故"畐"字可讀爲"福"。

《古文字研究》23，頁 113—114

畦 畦

曾侯乙 80

○**何琳儀**（1998）　疄，從田，巂聲。（巂旁原篆作🅱，山訛作🅱形。《漢徵》四·六巂作🅱、🅱，是其佐證。）畦之異文。《集韻》："畦，或作疄。"《説文》："畦，田五十畝曰畦。從田，圭聲。"

隨縣簡疄，疑讀鞶。《集韻》："鞶，韄邊帶。或作鞿。"

《戰國古文字典》頁 736

畔 畔

郭店·老甲 25

○**何琳儀**（1998） 《説文》："畔，田界也。从田，半聲。"

青川牘畔，見《國語‧周語》上"修其疆畔"，注："畔，界也。"

《戰國古文字典》頁 1055

畔，从田，半聲。疑畔之異文。《説文》："畔，田界也。从田，半聲。"

包山簡畔，讀畔。

《戰國古文字典》頁 1057

○**何琳儀、程燕**（2005） 畔：應隸定爲"畔"，即"畔"之六國古文。指本、河本作"破"，王本作"泮"，傅本作"判"。畔、泮、判皆从半聲，音近可通。典籍亦作"判"。《説文》："判，分之。"與"破"義近可通。

《簡帛研究二○○二—二○○三》頁 39

而民爾畔

畔：諸本均作"貧"。貧，並紐文部；畔，並紐元部，聲紐相同韻部旁轉，音近可通。

《簡帛研究二○○二—二○○三》頁 40

○**丁四新**（2010） 畔，帛書二本殘，弼本作"泮"，傅本、范本作"判"，嚴遵本、河上本作"破"。《郭簡》讀"畔"爲"判"。學者多從之。范應元《集注》卷下："判，分也。王弼、司馬公同古本。"朱謙之曰："是范所見王本作判。"泮、判通假，後人抄作"泮"。李零云："'泮'，整理者讀'判'，含義相近，今從王弼本讀'泮'。"説未察。《説文‧石部》："破，石碎。"與"判"義近聲通。嚴遵《指歸》云"不加而禍碎"，河上《注》云"如脆弱易破除也"，皆依"破"字注解。

《郭店楚竹書〈老子〉校注》頁 137、138

界 畍

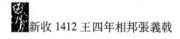
新收 1412 王四年相邦張義戟

○**李學勤**（1992） "相邦張儀、庶長□操之造□界戟"，文例與商鞅的幾件器銘相似。"造"下一字，戟面有不少雜痕，很難分出筆畫。"□界戟"有兩種可能的解釋：一種是以"□界"爲置用地名，如大良造庶長鞅鐓（一）的"雍"；另一種是讀"界"爲"孑"。《方言》："戟，楚謂之孑。凡戟而無刃，秦晉之閒謂之釨……東齊、秦晉之閒謂其大者曰鏝胡，其曲者謂之鉤釨鏝胡。"注："即今雞鳴句孑戟也。"又《左傳》莊四年："授師孑焉。"《考工記》疏引舊注："孑，句孑戟也。"這里的"□界戟",或許就是句子戟一類器名。

《綴古集》頁 139—140,1998;原載《中國社會科學院研究生院學報》1992-5

畛　畹

青川木牘

○**李學勤**(1982)　關於"畛",古書有這樣一些解釋:

　　《小爾雅・廣詁》:"界也。"

　　《楚辭・大招》王逸注:"田上道也。"

　　《詩・載芟》疏:"謂地畔之徑路也。""畛"是農田閒的地界,上面可以通行。因此,凡起地界作用的田閒小道,都稱爲"畛"。

　　《周禮》所説的"畛",則專指十夫之田閒的道路,有其特定的寬度。《説文》解釋"畛"字爲"井田閒陌也",即指《周禮》的"畛"。這是狹義的"畛",不能移用來説明秦律。

　　《楚辭・大招》:"田邑千畛。"《戰國策》也提到楚業公子高食田六百畛。清代學者孔廣森指出,這可能是把井田制的"畛"的意義引申了,把十夫之地千畝稱作"畛"。這和木牘律文中的"畛"意義也不相合。

　　細讀牘文,《爲田律》所説的"畛"是起分界作用的小道,但也有其特殊的意義。

　　前面已經分析過:"田廣一步,袤八則爲畛"的"爲"字,是造、作的意思。有沒有可能"畛"本身是寬一步呢? 我們覺得是沒有可能的。因爲這是與秦法的精神不合。商鞅變法,本諸法家"盡地力"的傳統思想,充分利用耕地,促進農業發展。如果每畝農田的兩端都開設寬一步(六尺,約合今 1.38 米)的"畛",另兩側又有更寬的"陌道",在百畝之田中勢必占去很大一部分面積,這樣規模的交通網,不僅不必要,而且實際上是不可能實現的。

　　《爲田律》規定的畛和阡陌的關係,可能是這樣的:畛是畝與畝之閒的田埂,作爲小道,通向畝端的陌道。就一畝耕田而言,從其面積中劃出左右兩畛和其一端的陌道,另一端的陌道則從其他畝中劃出,所以律文説:"畝貳畛,一陌道。"陌道通向阡道,從百畝的面積中劃出其一端的阡道,另一端的阡道也從其他百畝中劃出,所以律文又説:"百畝爲頃,一阡道。"

　　陌是東西的,阡是南北的。律文確定阡道應寬三步,即十八尺,對陌道和畛則無規定。清代段玉裁曾提出"陌廣六尺",也許是適當的。畛,自然更窄一些。

　　南宋時朱熹作《開阡陌辨》,清代程瑶田加以發揮,作《阡陌考》,提出"阡陌之名,從《遂人》百畞千畞、百夫千夫生義"。現在《爲田律》的陌是百畞間的界道,阡是千畞間的界道,證明程氏之説基本上是合乎實際的。

　　　　　　　　　　　《李學勤文集》頁 293—294,2005;原載《文物》1982-10

○張金光(1985)　先説"畛"。牘文言:"田廣一步,袤八則爲畛。"這是青川秦牘最費解的一句話。就已發表的文章來看,諸家皆把"畛"釋爲"小道",並且認爲這種小道是做爲"地界"或"隔畞"用。持此説者又多認爲畛道一步寬,八步長。按,釋"畛"爲道,並不符合木牘所言制度。試問,畞與畞間若皆以一步(即六尺,約合今 1.386 米)寬之道相隔不是太浪費土地嗎?又照同時期文獻所載知其時田間耕作布置規劃,兩畞側間並無任何阻隔,田間之所以分割成畞是與耕作爲畎壟的技術要求有關。至於畛爲地界之説則更不可從。"地界"乃是標志地主人對於土地關係權限的法律概念,並不是指的一般畦田埂。就青川牘文來看,其中只有"封埒"才具有封疆地界的法定意義。又按,照雲梦秦簡看來,秦最小單位地界爲"頃畔",根本未言畞畔、畛畔,此必須注意,不能隨意使用"地界"概念,否則與秦制不符。建立在釋畛爲"界道"的錯誤基礎上,當然對"畞二畛"的解釋也欠確當。有的同志認爲"畞二畛"是指每畞兩頭各有一畛,寬一步長八步作爲畞的兩邊,畞的另兩邊則爲陌道。按,此説有下列矛盾:(1)如果把"二畛"理解爲畞的兩頭,那麼爲什麼又把"一陌道"釋爲另兩頭而不解作另一頭呢?(2)若把"田廣一步袤八則爲畛"理解爲畛路一步寬、八步長,如此則與"田"的概念相矛盾。

　　青川牘文所言"畛"非道路,乃爲畛域,是具有固定規格形狀的田面區劃名稱,由律文言"田廣袤"可證。銀雀山漢簡言晉六卿"制田"有以八十步爲婉、百六十步爲畛者。此"婉、畛"皆爲田域甚明。秦牘"畛"寫法同銀雀山漢簡,亦當爲畛域之畛。只是二者有積步大小等級上的差異而已。銀雀山漢簡二婉爲一畛,青川牘則二畛爲一畞。漢簡之畛恰當青川秦牘之"畞"。要之,戰國時在田間布置規劃上通行着把一畞分作二區的耕作制度。

　　或問:一畛廣一步袤八步,畞二畛,其畞之積步豈非太少了嗎?看來不論把畛釋爲"道"或"域",這一句都是極難通過的障礙。諸家多以"畸零"説圓通之。如説:"即使一塊田僅是廣一步,只要是袤八步,也要築畛。"或説:"這一句是包括畸零的農田而言,耕田只要有寬一步,長八步的面積……就應造名爲畛的小道。"按,此等説法皆不可通。(1)律文明言"田廣一步袤八則爲畛",絶無"只要、即使"等類意。此説犯了"增字解經"的大忌。(2)誠然任何整齊的田畝規劃都會遇到種種特殊畸零情況,但作爲立法則絶不能只言特殊而不講一般。(3)即使是處理畸零面積的話,那麼"廣一步袤八"這種具體規定長寬度的説法,則嫌太不周密,亦缺乏科學性。(4)再説秦其時各家所占土地尚多連成片,並未細分到只有八步之畸零碎段。若律定積八步則爲畛路,實感離現實太遠。綜上所述觀之,"畸零"説亦難成立。

這句話很可能有脱文,"八"下當脱一"十"字。當時各類律文轉抄脱誤,乃爲習見之事。故《商君書·定分》云:"法令皆置一副。"以備核查,且每年頒下一次。證諸秦簡《尉雜》云:"歲讎辟律於御史。"此説益信。《尉雜》等所云還是指較高級政府機構至中央核對律文。至於鄉閭小吏或民閭轉抄律文則又無此認真。青川牘文抄者之身份並不高,當係具體管理"爲田開阡陌封疆"等事務的鄉政府小吏。此牘並非經過多次復核校對過的原件,亦非政府行下公布的文告。就木牘正反兩面文字合觀之,正面律文當爲某鄉里小吏書以做爲自己某些政事活動的根據之類的東西,乃隨手所記,其脱誤則更屬可能。

果若"八"下脱一"十"字,那麼一畝之積則可得百六十平方步。此亦合戰國制度。説者多以秦於商鞅變法後行二百四十方步畝作爲定論。其實,戰國畝制大小不一,單晉六卿即有百六十步、二百步、二百四十步者三種。故知秦亦非必以二百四十步爲畝。不過通行着一畝二畛制,且擴大畝積,倒是戰國時一致的傾向。這兩點都是其時田閭規劃的新動向。文獻未聞,可以補闕。至於畝之積步擴大多少,則無定準。今存《商君書》及秦所有文獻,絶不見秦行二百四十步爲畝的迹象。《商君書》中卻仍言小畝。秦簡《倉律》規定每畝用種麥一斗。秦一斗約合今二升。照通常比重言,一升約重二市斤,可見其時種麥一畝約用種四斤。解放前北方農民播種小麥,在坰情最好、整地質量最高、温度最適宜的情況下,畝約用八九斤,出苗尚稀疏。《倉律》所言若爲二百四十步之畝,其積當今畝三分之二尚強,其畝用種四斤則嫌太少。又今日之整地質量更非秦人所能比,那麼秦畝用麥四斤則更嫌少了。若以畝制不同解釋之則暗合。以百六十步爲畝或百步爲畝則近是。

《文史哲》1985-6,頁 9—11

○**何琳儀**(1998) 《説文》:"畛,井田閒陌也。从田,㐱聲。"

青川牘畛,見《説文》。

《戰國古文字典》頁 1144

略

詛楚文

○**何琳儀**（1998）　《説文》：“略，經略土地也。从田，各聲。”

詛楚文略，見《左·宣十五年》“以略狄土”，注：“略，取也。”

《戰國古文字典》頁 487

當

睡虎地·秦律 174

○**睡簡整理小組**（1990）　當，妥當，指與律意相合。

《睡虎地秦墓竹簡》頁 134

○**何琳儀**（1998）　《説文》：“當，田相值也。从田，尚聲。”

秦陶“當柳”，地名。

《戰國古文字典》頁 681

【當陽】

○**王望生**（2000）　“當陽邑□”。秦置縣。《漢書·地理志》南郡有當陽縣。在今湖北當陽市。另外一字爲陶工名。

《考古與文物》2000-1，頁 11

△按　魏橋形布“尚”讀爲“當”，相當之義，如《貨系》1334 之“梁冢幣五十當寽”；楚系文字以“堂”爲“當”，如鄂君啟車節之“屯十台當一車”；“當”字見於秦系文字，然爲地名用字，其義不可考。“當”應爲“尚”之分化字，魏國用古字，楚用假借字，地域特色明顯。

留 𤳊

𤳊秦印　𤳊三晉，頁 92　𤳊璽彙 0920

○**鄭家相**（1942）　右布文曰留，在左，在右。按留即純留。

《泉幣》11，頁 33

○**郭若愚**（1994）　一紅介之留衣

紅,《説文》:"帛赤白色。"介假爲紛。《類篇》:"結作紛。"《儀禮·士冠禮》:"將冠者采衣紛。"注:"紛結髮,古文紛爲結。"留,《博雅》:"留,黄緑也。"《釋名》:"留幕,冀州所名。大褶下至膝者也。留,牢也;幕,絡也,言牢絡在衣表也。"此謂一紅結采之結衣。《仰天湖竹簡》摹本六有"一結衣",當是類似之衣也。

《戰國楚簡文字編》頁 82

○**蔡運章**(1995)　【留·平肩空首布】春秋中期至戰國早期青銅鑄幣。鑄行於周王畿。面文"留",背無文。按形制有大、中兩種:大型者 1948 年以來河南孟津、洛陽、臨汝等地有出土。

《中國錢幣大辭典·先秦編》頁 144

○**劉釗**(1997)　編號 25 之璽釋文作"長畜"。按印文第二字,丁佛言在《説文古籀補補》中釋爲"留",可謂遠見卓識。戰國璽印文字中"卯"可寫得與"⺤"旁很接近。《古璽文編》140 頁有從"⺤"從"貝"的字,學者或釋爲"貿",也應該是正確的。

《中國篆刻》1997-4,頁 46

○**何琳儀**(1998)　《説文》:"留,止也。从田,丣聲。"

周空首布留,地名。《詩·王風·丘中有麻》:"丘中有麻,彼留子嗟。"傳:"留,大夫氏。"或作劉。《漢書·地理志》:"河南郡緱氏劉聚,周大夫劉子邑。"在今河南偃師西南。韓方足布"屯留",地名。

信陽簡留,讀貁。《廣韻》:"貁,鼬同。"《説文》:"鼬,竹鼠也。如犬。从鼠,留省聲。"

屯留戈"屯留",地名。

《戰國古文字典》頁 263

○**何琳儀**(1999)　《璽彙》2747"虞畣",爲燕國姓名私璽,應釋"獻留"。"獻",古姓氏,見《風俗通義》佚文。

《璽彙》還著録下列姓名私璽:

一、王 🔣 0398　　　二、長(張) 🔣 0731　　　三、肖(趙) 🔣 0920

四、牛 🔣 1204　　　五、郾(燕) 🔣 1960　　　六、移 🔣 3192

上揭諸例末字無疑是常見的人名用字,《璽彙》隸定"畣",《璽文》2.8 隸定"畨"。前者可能是後者的誤寫(編按:此或有誤)。"畣"字書未見。

固然,古璽文字"⺤"可作"⺨"形("刀"亦作"⺁"形)。但是細審上揭之字並非從"屮"和"止",尤其第四例更爲明顯。第三例左上部頗似"屮",可能是誤刻。此字如果釋“畓”，並不能解決問題；如果釋“留”，則是一常見的人名。檢《漢徵》13.13 有“屯留、孫留”等姓名私璽。

　　同理，《璽彙》3257“▨□”應讀“貿□”，古姓氏，見《姓苑》。此字也見於《璽彙》2310“陽貿”。

《考古與文物》1999-5，頁 84

畜 畗

畗 睡虎地·秦律 77　　畗 集成 10008 欒書缶　　畗 楚帛書　　畗 上博四·曹沫 21

○劉釗（1990）　《文編》附録九六第 12 欄有字作“畗”，按字從玄從田，應釋作畜。金文畜字作“畗、畗”，古璽遹字作“遹”或“遹”，所從之“畗”皆與古璽“畗”字同。

《考古與文物》1990-2，頁 46

○何琳儀（1998）　畜，甲骨文作畗、畗（類纂一一四五）。從囷，幺聲。囷，菌之初文，象糞池有污物之形。甲骨文或作畗，從艸，艸可積肥。胃從囷聲。《説文》：“𥞪，糞也。從草、胃省。”《集韻》：“菌，或作戻、屍、屎、屍，通作矢。”畜本義爲積肥，引申爲積蓄。《易·小畜》釋文：“畜，積也。”亦作蓄。《説文》：“蓄，積也。”故甲骨文畗亦可隸定蓄。畜，春秋金文作畗（秦公簋），其囷旁省四點遂成田形。類似省簡參見周作畗或作畗。戰國文字承襲春秋金文，或作畗、畗加飾筆。秦文字幺旁也加飾筆遂成玄旁。《説文》：“畗，田畜也。《淮南子》曰，玄田爲畜。畗，《魯郊禮》畜。從田從兹。兹，益也。”

　　欒書缶“畜孫”，讀“孝孫”。《老子》十八：“六親不合，有孝慈。”十九：“絕仁棄義，民復孝慈。”帛書甲本孝均作畜。是其佐證。《詩·小雅·楚茨》：“孝孫有慶。”《禮記·郊特牲》：“祭稱孝孫孝子，以其義稱也。”帛書“畜生”，讀“畜牲”。《管子·禁藏》：“毋殺畜牲，毋拊卵。”

　　秦簡畜，養。

《戰國古文字典》頁 161

【畜生】雲夢·日書 76

○劉信芳（1996）　秦簡《日書》七六一：“畜（蓄）畜生。”八五一：“聚畜生。”“蓄、聚”音近義通，“妻畜生”即“聚畜生”之類也。《説文》：“聚，會也。”《吕氏春秋·季春紀》：“是月也，乃合纍牛騰馬，游牝于牧。”高誘注：“纍牛，父牛也;騰馬,父馬也,皆將群游,從牝於牧之野,風合之。"知"妻畜生"即"合纍牛騰馬"。

《中國文字》新21,頁100

【畜孫】欒書缶

○**李裕民**(1982)　畜即孝。《禮記·坊記》"以畜寡人",注:"畜,孝也。"《廣雅·釋言》:"孝,畜也。"畜孫就是孝孫。周代統治者十分重視孝,金文中有自稱孝子、孝婦的(見𠂤叔多父盤,《周金文存》4.5),也有稱孝孫的,如丕巨自稱"酆侯少子𣂣乃孝孫丕巨"(丕巨𣪕,《代》8.43)。《詩經》也有孝子孝孫之稱,如《既醉》:"孝子不匱,永錫其類。"《閟宮》:"萬年洋洋,孝孫有慶。"欒書之缶是爲祭祀其祖欒枝而作的(銘稱"以祭我皇祖"),而祭祖正是孝的重要内容,《禮記·祭統》:"祭者所以追養繼孝也。"《左傳》定公四年:"滅宗廢祀非孝也。"故欒書自稱"余畜孫"。

《古文字研究》7,頁28

○**馬國權**(1964)　畜孫,孝順之孫也。《禮·祭統》:"孝者畜也,順於道,不逆於倫,是之謂畜。"此雖溢美之詞,而彝銘有之,如"沇兒鐘"之"郐王庚之㳄(淑)子沇兒","儔兒鐘"之"余義楚之良臣,而逐之字(慈)父"均如此。

《藝林叢録》4,頁247

○**林清源**(2002)　"畜孫"一詞,文獻未見記載。《禮記·祭統》云:"孝者,畜也。順於道不逆於倫,是之謂畜。"歷來諸家多根據這段話,把缶銘"畜孫"訓作"孝孫"。傳世本《老子》云:"六親不合,有孝慈。"又云:"絶仁棄義,民復孝慈。"這兩個"孝"字,馬王堆帛書本皆作"畜",正是"孝、畜"二字可以互作的證明。"孝孫"是祭祖時子孫自稱之詞,既可用來指稱孫子,也可用來指稱輩份更遠的後代子孫。

《史語所集刊》73本1分,頁14

畼 𤳝

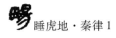
睡虎地·秦律1

○**睡簡整理小組**(1990)　畼(音唱),未種禾稼的田地,《説文》:"畼,不生也。"俞樾《兒笘録》認爲畼與場通,《説文》場字"一曰田不耕"。

《睡虎地秦墓竹簡》頁20

甾

川
甾 陶彙 4·16

○**何琳儀**(1998)　𡿧，甲骨文作𡿧(前二·二六·二)。象洪水成灾之形(與川作𡿧有別)。或作𡿧(前二·八·七)，疊加才聲。小篆𡿧即𡿧之省。戰國文字作𡿧，多加一筆。《説文》："𡿧，害也。从一雝川。《春秋傳》曰：川雝爲澤凶。"

　　甾，从田，𡿧聲。葘之初文。《説文》："𤲅，不耕田也。从草、甾。《易》曰：不葘畬。甾，葘或省艸。"

《戰國古文字典》頁 93

䵼

䵼 包山 228　　䵼 上博四·昭王 1

○**裘錫圭、李家浩**(1989)　"䵼"，从"田"，"刑"聲。"刑"从"井"聲。"井、巠"二聲古音相近可通。如《荀子·非十二子》的"宋鈃"，《孟子·告子下》作"宋牼"("鈃"本从"井"聲，《説文》篆文"鈃"从"开"，乃"井"的訛變)。疑"䵼車"當讀爲"輕車"。《周禮·春官·車僕》"輕車之萃"，鄭玄注："輕車，所以馳敵致師之車也。"《孫子兵法·行軍》"輕車先出居其側者，陳也"，張預注："輕車，戰車也。"

《曾侯乙墓》頁 518

○**郝本性**(1994)　䵼，即型，《説文》："型，鑄器之法也。""唯型"二字是常見的詞彙，唯在此銘是表示確定的語氣詞，常用於人稱或人稱代詞之後，下列諸列可資對照：

　　曆鼎："曆肇對元德，孝旾(友)唯刑。"

　　中山王鼎："考厇佳(惟)型。"

　　文獻中刑(型)又常與儀、式並舉：

　　《詩·大雅·文王》："儀刑文王，萬邦作孚。"

　　《詩·周頌·我將》："儀式刑文王之德。"

　　儀、式、刑三字同義連用，均訓"法"，此型爲刑範、法則、楷模之義，金文中常見懷井（班簋）、帥井（录伯戎簋、番生簋、單伯簋、師虎簋、虢叔鐘、晉公盨等）、明井（毛公鼎、牧簋、秦公鐘等）。楚國潘黨嘗説：“臣聞克敵必視子孫，以無望戰功”（《左傳》宣公十二年），屈蕩既然有戰功，必然鑄器銘功，誇耀自己爲型範。

《楚文化研究論集》4，頁 539—540

○**何琳儀**（1998）　畾，从田，荊聲。

荊曆鐘“畾蒿”，讀“荊曆”，楚國之曆法。楚簡“畾尸”，讀“荊尸”，楚曆之四月，夏曆正月。《左·莊四》：“楚武王荊尸授師孑焉以伐隨。”舊注多以“荊尸”爲楚兵陣之名，非是。又《左·宣十二》：“荊尸而舉。”包山簡“畾王”，讀“荊王”，楚王。《春秋·莊十》“荊敗蔡師與莘”，注：“荊，楚之本號。”隨縣簡“畾車”，讀“輕車”。《周禮·春官·左僕》“輕車之萃”，注：“輕車，所以馳敵致師之車也。”包山簡“畾君”，讀“荊君”。《亢倉子·政道》：“荊君熊圍問水旱理亂。”

《戰國古文字典》頁 819

○**楊華**（2006）　新蔡簡所示的貢享禮儀中，有一種稱之爲“鉶牢”，見於以下諸簡：

禱於文夫人，鉶牢，樂且貢之；舉禱於子西君，鉶牢，樂……（乙一 11）

……以兆玉，荊王，就禱鉶牢，兆；文王以家，就禱大牢，兆……（乙四 96）

……之；舉禱荊亡鉶牢、酒食，夏亡特牛、酒食；舉禱……（甲三 243）

……樂之。饋祭子西君，鉶【牢】……（甲二 38，39）

“鉶”在簡文中寫作“畾”，在畾蒿鐘以及曾侯乙、天星觀 M1、包山 M2、望山 M1 等墓簡文中均作此，可以讀作“刑”。刑即鉶字，意符增減而已。《史記·秦始皇本紀》“啜土刑”，《李斯列傳》作“鉶”。

鉶是一種盛羹之器。《周禮·秋官·掌客》：“鉶四十有二。”鄭玄注：“鉶，羹器也。”《禮儀·聘禮》“六鉶繼之”下鄭注同。在《特牲饋食禮》“祭鉶，嘗之告旨”下，鄭玄特別注明：“鉶，肉汁之有菜和者。”上古祭禮貢物時，有大羹和鉶羹之分：前者爲“不致五味”，即白水煮肉之汁；後者加鹽加菜，形成有味有菜之肉汁。《周禮·天官·亨人》：“祭祀供大羹、鉶羹。”鄭玄注引鄭司農語，解之甚詳，茲不贅引。

那麼簡文中“鉶牢”是指什麼呢？此處“鉶”與“牢”是分別指兩種不同的祭品，還是指一回事？《儀禮·公食大夫禮》：“宰夫設鉶四於豆西。”賈疏謂：

"據羹在銅言之,謂之銅羹;據器言之,謂之銅羹鼎;正鼎之後設之,謂之陪鼎;
據入庶羞言志,謂之羞鼎。其實一也。"按照俞偉超先生的説法,銅羹置於羞
鼎中,屬於陪鼎系列;大羹則置於升鼎中,作爲正鼎系列。如此説來,銅與牢
是兩回事;換言之,在正牢之外另饋祭了銅羹。這樣的話,簡文總的銅與牢便
應當斷讀。但是,筆者以爲並非如此。

　　第一,如果正鼎(即升鼎)之饋稱作"牢",銅羹(即陪鼎)之饋稱作"銅",
那麼簡文中應當將牢放在前面,銅放在後面,寫作"牢、銅",而上舉新蔡祭禱
簡諸句正好相反。

　　第二,"大牢"之饋在新蔡祭禱簡中有專門的名稱,例如:

　　　　……競平王大牢饋,銅鐘樂之。逾夏……(甲三 209)

　　　　文夫人,舉禱各一佩璧。或舉禱於盛武君、令尹子叡,各大牢,百……
　　(乙一 13)

　　　　……昭王、文王各大牢……(零 111)

據筆者統計,新蔡簡中使用大牢之祭的記載共有十四條之多,恕不備舉。享
受大牢之貢的對象有文王、文夫人、競平王、昭王、盛武君、令尹子叡等。其中
文夫人既享受大牢之祭(乙一 13、乙四 128),同時又享受銅牢之祭(乙一 11)。
在簡乙一 11 中,銅、牢並舉,如果她享受的是大牢,應當如其他簡文一樣,注明
"大牢"才是。

　　所以,筆者以爲,"銅牢"還是應當連讀,即"銅鼎之牢",意指肉羹與鹽、菜
調和的一組祭品。銅中肉羹加菜稱爲"銅芼"。《特牲饋食禮》鄭注:"芼,菜
也。"可加入銅中的菜,其種類很多,但有一些固定的搭配,例如《公食大夫
禮·記》説:"銅芼,牛藿,羊苦,豕薇,皆有滑。"意謂煮牛肉羹用豆芽,煮羊肉
羹用苦菜,煮豬肉羹用野豌豆尖,同時又加菫、萱等調味菜。上引簡文中,享
受銅牢之祭的是荆王和文夫人,二者級別較高,都應當享受大牢之祭,所以,
用於祭禱的銅牢應當是"牛藿,羊苦,豕薇"這一組合。

　　總之,大牢應當包括正牢和銅牢兩套,上引諸簡中之所以特別注明銅牢,
意味着此次祭禱只使用了鹽菜煮肉的銅芼之饋,並未使用"大羹無味"的正牢
之饋。

　　　　　　　　　　　　　　　　　　　　　　　　　《簡帛》1,頁 206—207

【刐层】

○朱德熙、裘錫圭、李家浩(1995)　"刐层"即秦簡的"刑尸",刑尸之月爲夏
曆正月。"层"爲尸祝之"尸"的專字,見於馬王堆三號漢墓所出帛書中一種字

體較古的雜占書。秦簡的"夏尸",鄂君啟節亦作"夏层"。比照"夏层","刑层"之"刑"似當讀爲"荆"。

《望山楚簡》頁 88

○李家浩(2000)　"卲层"和下面的"夏层、享月、夏栾"等,都是楚國特有的月名。雲夢秦簡《日書》有秦楚月名對照的資料(《睡虎地秦墓竹簡》圖版九四·六四正至六七正,九八·一一一正至一一三正)。現根據秦楚簡的有關資料,將秦楚月名歸納爲下表:

月序		一	二	三	四	五	六	七	八	九	十	十一	十二
秦月		十月	十一月	十二月	一月	二月	三月	四月	五月	六月	七月	八月	九月
楚月	秦簡	冬夕	屈夕	援夕	刑尸	夏尸	紡月	七月	八月	九月	十月	爨月	虘馬
		中夕			刑屎	夏屎		夏夕					獻馬
					刑夷	夏夷							
	楚簡	冬栾	屈栾	遠栾	卲层	夏层	享月	夏栾	八月	九月	十月	爰月	獻馬

"卲"從"刑"聲,"层"與"屎"皆从"尸"聲。"尸、夷"音近古通。所以秦簡將"卲层"寫作"刑尸、刑屎、刑夷"等。"卲层"又見於《左傳》莊公四年、宣公十二年,字作"荆尸"(參看于豪亮《秦簡〈日書〉記時記月諸問題》,《雲夢秦簡研究》355、356 頁,中華書局 1981 年)。秦用顓頊曆,以夏曆十月爲歲首,其月名仍然使用夏曆月名。從上面的秦楚月名對照表可以看出,楚也是用顓頊曆,以夏曆十月爲歲首,其月名自成一套。1977 年湖北穀城出土的緒兒缶銘文説:"隹(惟)正月初冬吉,緒兒擇其吉金自乍(作)寶□。""正月初冬吉"是"正月初冬吉日"的省略説法(參看劉彬徽《湖北出土的兩周金文之國別與年代補記》,《古文字研究》19 輯 185、186、193 頁)。初冬是夏曆十月。此也可以證明楚是以夏曆十月爲歲首。不過從秦楚月名對照表看,楚國那套月名所反映的四季,卻是按照周曆來劃分的,與緒兒缶銘文的四季是按照夏曆來劃分的不同。楚十二個月的月名,八月、九月、十月三個月的月名,是按月的序數命名的(楚七月僅在秦簡《歲》篇中出現過兩次,比較特別),與其他九個月的月名不同類,這就向人們透漏出這三個月可能屬於一季。在上面所繪的秦楚月名對照表中,以楚八月、九月、十月這三個月爲一個單元,每隔三個月空一格,空格與空格之間表示一季。這樣就會發現四季中的夏冬兩季,其月名所反映的季節性十分明顯。夏季的孟夏叫"夏层(尸)",季夏叫"夏栾(夕)";冬季的季

冬叫"冬柰(夕)"。於此可見,楚國那套月名本身所反映的曆法,實際上是顓頊曆和周曆的結合。從月建來説,是顓頊曆,從四季來説是周曆。不僅如此,本組簡和下(三)(一〇)(一一)(一二)等組簡,用的都是夏曆,以夏曆正月爲歲首,但其月名仍然使用那套特殊月名,原來的月序也没有改變。這跟秦用顓頊曆,而月名仍然使用夏曆月名的情況同類。還有一點需要指出,(一二)組簡的四季是按照夏曆來劃分的,與紻兒缶銘文相同。看來楚人使用的曆法情況十分複雜,人們在研究楚國曆法的時候,要充分注意這一點。具體情況具體對待,不要因爲某一種情況,而否定其他幾種情況的存在,否則的話就會犯錯誤。

《九店楚簡》頁 62—63

【啚篙】

○**朱德熙**(1979)　屈柰既然是楚月名,鐘銘"啚篙"二字自當讀爲"荆曆",荆曆猶言楚曆。《廣韻》"鬲、曆"同音,錫韻郎擊切,古音同在支部,可以通用。《史記·滑稽列傳》"銅歷爲棺",假歷爲鬲,鐘銘則假篙爲曆。啚字从田,荆聲,上引雲夢秦簡楚月名有"荆夷",又有"夏夷",荆夏對舉,荆讀爲荆,猶鐘銘啚讀爲荆,兩者可以互證。

《朱德熙文集》5,頁 114,1999;原載《方言》1979-4

○**李零**(1992)　啚篙可能是歲名。

《古文字研究》19,頁 140

畷

　璽彙 1501

○**何琳儀**(1998)　畷,从田,至聲。

晉璽畷,人名。

《戰國古文字典》頁 1087

畩

　天星觀

○**何琳儀**(1998)　畩,从田,衣聲。

天星觀簡畎,人名。

《戰國古文字典》頁1171

畠

畠 陶彙3·646　　畠 璽彙0259

○徐在國(2002)　齊陶文中有如下一字:T1 畠 陶彙3·646

又見於齊璽,作:T2 畠 璽彙0259

或缺釋,或釋爲"盲",或釋爲"封"。

按:諸釋可商。以此字爲偏旁的字又見於下列文字中:

畠 陶彙3·282　　　畠 同上3·132　　　畠 同上3·131

畠 同上3·130　　　畠 璽彙2196　　　畠 同上0209

或缺釋,或隸作"蓞、郜"。

要解決T及從T之字,必須要對T所從的"屮"(或屮、屮、屮)作出解釋,是"亡"、是"乍"、是"丰",或是其他字。在回答這個問題之前,先讓我們看一下戰國文字中的"身"字:

身 陶彙3·67"愳"字所從　　身 郭店·成之7　　身 同上六德44

身 包山226　　身 郭店·尊德20"愳"字所從　　身 璽彙5593

身 考古學報1982年4期"愳"字所從　　身 璽彙5680　　身 同上2705

身 同上2698　　身 同上3463　　身 同上5427"諹"字所從

通過上引"身"字,可説明以下兩點:一、"身"字從"人",所從"人"作⟨、⟨、⟨、⟨、⟨、⟨、⟨等形。二、"身"字表示身體的部分一般作"⟨",位置或在"人"形中間,或在下部,也有作"⟨、⟨"等形者。基於以上對"身"字形體的分析,我們再回過頭來看T及從T之字上部所從的"屮",或作屮、屮、屮,與齊陶"愳"字所從"身"作"屮"形相同,並從"人"從"⟨",是"身"字應該没有問題。至於"屮、屮、屮"等形,可視爲"屮"形之訛體。T下部所從是"田",毋庸多言。

如上所述,T字應分析爲從"身"從"田",隸作"畠"。此字不見於後世字書,從偏旁分析看,應是雙聲符字,古音"身"屬書紐真部,"田"屬定紐真部,聲紐均屬舌音,韻部相同。

以上是對T形體的分析。下面我們看一下T字的具體用法。

　　《陶彙》3·646“左𣆪湏鈢”,《鉩彙》0259“右𣆪濟東羽工鈢”,疑“𣆪”應讀爲“田”。齊國掌管農田的官員稱“田、大田”或“大司田”。《管子·小匡》:“寧戚爲田。”尹知章注:“教以農事。”又:“墾草入邑,辟土聚粟衆多,盡地之利,臣不如寧戚,請立爲大司田。”《晏子春秋·内篇·問上》:“君……聞寧戚歌……舉以爲大田。”張純一注:“農官。”由齊陶、齊鉩可知,齊國田官分左、右,稱爲“左田、右田”,與“廩”分“左、右”同。秦印中有“泰上寢左田、左田”,封泥有“趙郡左田”。可見秦國也有“左田”官。曹錦炎先生説:“‘左田’,讀爲‘佐田’,職官名,即田官之副佐。”其説是。

《古文字研究》23,頁118—119

畽

鉩彙1797

○**何琳儀**(1998)　畽,从田,垂聲。疑埵之異文。《説文》:“埵,堅土也。从土,垂聲。”

　　古鉩畽,人名。

《戰國古文字典》頁869

畱

新收1483 燕王職壺

○**周亞**(2000)　畱,从爪从乍从囪,囪乃黑字所从,《説文》:“黑,从炎,上出囪。”段玉裁認爲:“囪,古文囱字。”此字當从乍讀。燕國兵器銘文中有一字與此字相似,1973年河北易縣燕下都23號遺址中出土一批兵器,其中59號戈的銘文“郾侯職𣄉萃鋸”,燕侯名後一字从爪从乍从心,發掘報告將此字釋爲“造”,然字形與造相去甚遠,不可能是造字,何琳儀先生有《戰國文字通論》一書中將此字隸定爲怍,是非常正確的。同時出土的55號戈銘文“郾王詈𣄉行義自枠司馬鈢”,發掘報告也將郾王名後之字釋爲造,此字从乍从心甚明,當是怍字。1977年陝西洛川出土的一把郾王職劍銘文中,也有怍字。按照燕國兵器銘文的常見格式,燕王或燕侯名後之字應是動詞,有製造、製作之意。這幾個怍字,或从爪从乍从心,或从乍从心,均應以乍爲聲符,假爲“作”。如此,

在燕國兵器銘文中，此字可謂是字通義順。畐字與燕國兵器銘文中的乍字，在字形上非常相似，唯一字下从田，另一字下从心。故畐字也應讀爲乍，可假爲“阼”。《説文》：“阼，主階也，从𨸏，乍聲。”

《上海博物館集刊》8，頁 146

○黄錫全（2002）　畐，从爪，乍聲，其下可能是从田，在此讀爲祚或阼。

“踐祚”或“踐阼”，指登王位。見於以下文獻。

《史記·燕昭公世家》：“成王既幼，周公攝政，當國踐祚。”《禮記·文王世子》：“成王幼，不能涖阼，周公相，踐阼而治。”《三國志·魏志·管寧傳》王基薦寧表：“陛下踐阼，纂承洪緒。”這與壺銘“燕王職踐阼承祀”意思相近。

《古文字研究》24，頁 249

○董珊、陳劍（2002）　從文義看，這個字確實應當讀爲“阼”。周文又將此字跟燕王兵器銘文中一個常見的从“心”之字的上半部比較，思路也是很正確的。燕王兵器銘文中，在燕王名之後都有一個表示“鑄造、作爲”一類意思的動詞，早期多用“乍”字，晚期題銘與之相當的字則形體變化頗爲複雜，以前有多種釋讀（詳下）。現在看來，此字既然從字形上可以跟燕王職壺裏相當於“阼”的這個字之上半部分相比較，同時出現的語法位置又與“乍（作）”相當，那麼它應該就是當作“乍（作）”字來用的，這一點可以説是没有什麼疑問了。剩下的問題是：這些字中閒所从的形體，實際上跟我們通常所見古文字裏的“乍”字寫法有很大不同，那麼它爲什麼就一定是“乍”呢？由於從前對這個字有很多不同的解釋，這個問題也顯得比較重要，爲了將它徹底解決，我們在這裏作一些討論。

晚期燕王兵器銘文裏常見的跟“乍（作）”相當的這個字，有以下幾種代表寫法：

11350　11221　11634　11244　11529

11530　11641　郾王喜戈

此字又見於燕國璽印：

古璽彙編 2216

關於這些字的解釋，我們看到的有以下幾種：

1.何琳儀先生《戰國文字通論》（103 頁）隸定爲“乍”，林清源先生也傾向於此説；

2.董珊《釋燕國文字中的“無”字》隸定此字爲从爪、亡、心，何琳儀先生後來出版的《戰國古文字典》收此字入附錄，並作相同的隸定（1539 頁，從亡聲）；

　　3.湯餘惠先生《戰國銘文選》（64 頁）隸定爲從爪從舟從心，謂“即授，從心，受省聲，銘文讀爲授”，後來湯先生又在《讀金文瑣記（八篇）》之二“釋𡧛”中對此説作了申論；

　　4.裘錫圭、李家浩二位先生隸定與湯餘惠先生相同，但認爲此字從舟聲，可讀爲“鑄”或“造”；

　　5.李學勤、鄭紹宗先生《論河北近年出土的戰國有銘青銅器》認爲此字是“爲”字，説“燕兵銘文的爲字仍從爪從象而有訛變，與其他國古文很不一樣。或以爲下半從心，是不對的”；

以上後四種解釋都認爲這個字的上半部分從爪，只有第一種解釋例外。周文説“這幾個咋字，或從爪從乍從心，或從乍從心”，是也認爲這些字有不從“爪”的。按：戰國時期的幾件燕國符節銘文中有一個字，寫作：

　　　　　　　　鷹節 12105,12106；雁節 12104

上面所述李家浩先生的觀點，就是在討論這個字時正式提出來的。他指出，前舉燕王兵器銘文中的那些字，就是以燕節銘文中的此字作爲偏旁，並且用法也跟燕節銘文中此字相同。從文例和字形兩方面來看，李家浩先生的這個看法無疑是可信的。抽去這個偏旁，前舉兵器銘文中的那些字的上半部分都可以離析出“爪”旁來，只不過多數爪旁寫得跟下面的偏旁筆畫有所粘連，並且爪旁的寫法也有一些變化，所以不大容易離析而已。因此，從目前所見材料看，前舉燕王兵器銘文中的那些字實際上並不存在不從“爪”的寫法。同時，董珊已經釋出了燕國文字中真正的“爲”字，其寫法跟此字明顯不同，因此上舉第五種説法也不可靠。除去釋“爲”之説，其餘的意見都認爲此字下面所從的是“心”旁。綜合以上討論，這個字的各種變形都是上從“爪”旁、下從“心”旁。這一點首先可以肯定下來。

　　第三、第四兩種説法都認爲此字中閒的部分從“舟”。但是上舉 11350、11529、11530、11641 諸形的寫法中都有點狀筆畫。吳振武先生在《燕國文字中的“泉”字》一文中，曾經列舉燕國及相鄰地區的“舟”或從“舟”的字形，指出“舟字無論怎樣變，都不出現點狀筆畫”。我們認爲這個説法對於燕國及相鄰地區的文字來説，是精當的。因此第三、四兩種説法的可靠性也還值得懷疑。

　　我們認爲此字的中閒部分實際上就是"乍"形的一種變體。把燕國文字中一般的"乍"字跟這類形體加以仔細排比分析,可以對它們的演變過程有所體會。爲了方便理解,下面我們選取幾個典型的字形作成筆順示意圖:

	字形排比表				筆順示意圖	
第一類	11227	11224	11518			
第二類	11350	11244	11634	11528 燕符節 12104—12106	11529	11350a	11350b
第三類	燕王職壺	郾侯載豆	11497, 11530	古璽彙編 2216	11221 12103 雁節	燕王職壺	11497, 11530

　　從上圖我們可以看出,把一般寫法的"乍"的第二筆的一部分與第三筆(或第三筆的一部分)連起來書寫,就形成了一個跟第一筆平行的筆畫;把其餘的筆畫填寫在這兩個筆畫所形成的空閒裏的時候,會產生一些細微的變化,例如省略筆畫(省略一筆:第三類中的 11497、11530 等;省略兩筆:11221、12103——這類形體就是前述第二種説法認爲此字從"亡"的根據之一),改變筆畫的書寫方向(第二類 11244、11634、11529 等),或又出現點狀筆畫,從而造成了跟常見的"乍"字很不相同的另一類特異的寫法。所以燕王兵器銘文中的這些字中閒所從的就是"乍"旁。上舉燕節銘文中的那個字,也就是這種寫法的獨體的"乍"字。

　　綜上所述,燕王職壺和燕王兵器銘文中的這些字都應該分析爲以"眣"爲聲符,"眣"又從"乍"爲聲符。所以它們在燕王兵器和燕節銘文中可以讀爲"作",在燕王職壺銘文中則當讀爲"胙"或"祚"。又燕王職壺此字下半所從,周文認爲是"囱"("窗"字的古文,《説文》小篆"黑"字從此),不知是否可信。

　　　　　　　　　　《北京大學中國古文獻研究中心集刊》3,頁 30—34

畾

陶彙 3·1381

○**何琳儀**（1998）　晶，从三田，會田閒之意。田亦聲。晶，來紐（《廣韻》“魯回切”）；田，定紐。定來均屬舌音，晶爲田之準聲首。《集韻》：“晶，田閒之地謂之晶。”或説，晶爲雷之省文，參雷字。晶或作䰂、。

　　齊陶晶，人名。

《戰國古文字典》頁 1263

㽪

陶彙 3·290

○**何琳儀**（1998）　㽪，从田，衺聲。或輚之省文。

　　齊陶㽪，人名。

《戰國古文字典》頁 757

嶲

包山 157

○**李零**（1999）　簡文“嶲”，不詳，似爲折合之義。

《考古學報》1999-2，頁 141

○**李家浩**（2000）　自一號至一二號殘簡爲（一）組，記的是嶲、粩等的數量。數量單位有擔、秭、來、赤、篇、韌等。其性質不詳。從嶲、粩等字从“田”从“米”來看，其所記之物可能跟農作物有關。（**中略**）

　　此字从“田”从“崔”。“崔”是“嶲”字所从的偏旁，與“崔嵬”之“崔”非一字。弜伯匀井姬鬲銘文的“鑴”作（反文，《金文編》912 頁），以“崔”爲“嶲”。據此，簡文“嶲”有可能是“矖”字的異體。“矖”見於《集韻》卷二齊韻，即“畦”字的重文。《楚辭·離騷》“畦留夷與揭車兮”，王逸注：“畦，共呼種之名……五十畞爲畦也。”又《招魂》“倚沼畦瀛兮”，王逸注：“畦，猶區也。”“畦”的這些意思皆與簡文“嶲”不合。從一號簡至七號簡以“擔、秭、稑、來”等爲“嶲”的量詞來看，“嶲”似是指某種農作物。“嶲”字還見於包山楚墓一五七號簡：“郤（鄔）序大夫命少剖（宰）尹郏訏，譔睧（問）大梁之戠（職）嶲之客苛坦。苛坦言胄（謂）：郤（鄔）攻（工）尹屈惕命解舟鷔、舟緘、司舟、舟斦、車輣坴斦、宋审之斦古、斦埮、笮騷（駰）偗（官）、笮偘（官）之嶲貣（貸）解。”《周禮·秋官·序官》"職金"鄭玄注:"職,主也。"簡文"職畺"猶《周禮》"職金",應當是指管理"畺"這種農作物的職官。"鄢工尹屈惕命解舟……竽官之畺貸解",意思是説鄢工尹屈惕命令解除對舟……竽官等人的"畺"的借貸。

《九店楚簡》頁 57—58

○**晁福林**(2002)　簡文首當其衝的是畺字。《九店楚簡》釋文(以下簡稱《考釋》)據其作"量詞"的情況斷定爲"某種農作物"。其實,這個字應如《考釋》先已指出的爲"畦"字重文,當讀如畦。《離騷》"畦留夷與揭車兮",王逸注"五十畝爲畦",又注《招魂》謂"畦,猶區也"。可見"畺"爲楚地田畝名稱,但其量制面積很可能没有 50 畝之多。古代畝制向以百步爲畝(見《周禮·小司徒》鄭注引《司馬法》)最爲常見,或者楚制一畦爲 50 方步,而非 50 畝。若按這種推測,那麽一畝即爲兩畦,一畦則爲半畝(爲簡明計,以下"畺"即寫作畦)。

這個字又見於包山楚簡第 157 號簡,該簡意謂:鄢邑大夫命少宰尹等兩人向曾任魏國"職畦"之職的名苟坦者發出詢問,苟坦回答説是鄢工尹屈某發布的命令,命解除對於舟緘、竽官等人的"畦貸",到了己亥這天少宰尹將此彙報給鄢邑大夫(見《包山楚簡》頁 29,文物出版社 1991 年)。可以推測在魏國擔任"職畦"的苟坦,入楚後在鄢邑亦擔任此職。這應當是管理田地的下層官員。所謂的"畦貸",可能有兩種情況,一是將若干土地借貸給某人耕種,二是將若干土地上的收穫,徑給官府工匠代替報酬。分析兩者,以後者近是。包山楚簡所記被解除"畦貸"者似皆爲工匠(主要是舟船、製車、製竽等方面的工匠),他們歸鄢邑的"攻(工)尹"管轄,工尹下令取消對於這些人的畦貸,鄢邑大夫不知此事,所以派人詢問。畦應當是官府土地的一種名稱,由官府奴隸耕種,所以其收穫可充作官府工匠的報酬。如果"畦"的性質可以如此理解,那麽九店簡相關的文意似可較爲通暢地釋出。

《中原文物》2002-5,頁 51

○**邴尚白**(2002)　"畺"字應分析爲從"田","崔"聲,在簡文中疑應讀爲"秫"。"崔、秫"上古音分别爲微部清母和微部入聲船母,可以通用。"秫"爲粱米、粟米之黏者,多用以釀酒。《説文》:"秫,稷之黏者。"段《注》:"秫爲黏稷,而不黏者亦通呼爲秫秫,而他穀之黏者亦叚借通稱之曰秫。"《爾雅·釋草》:"衆,秫。"郭《注》:"謂黏粟也。"邢《疏》:"米黏,北人用之釀酒。"像《禮記·月令》中對麴糵釀酒發酵技術的説明,就有"乃命大酋,秫稻必齊,麴糵必時"的記録。

《中國文學研究》16,頁 32

畕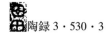

陶録 3・530・3

○何琳儀（1998）　畕，甲骨文作🔲（庫四九二）。从二田，會疆界之意。金文
作🔲（㴱伯友鼎）。或作🔲（毛伯簋），在畕之上中下各加一横，劃分畺界之義尤
爲明顯。戰國文字承襲金文。或作🔲、🔲，其附加〓與三均爲指事符號。《説
文》：“畕，比田也。从二田。”“畺，界也。从畕从三，其界畫也。疆，畺或从彊、
土。”畕、畺、疆一字之孳乳。楚系文字或作🔲、🔲，加中繁化。

　　古璽畕，讀疆，姓氏。

《戰國古文字典》頁 638

畺（疆）　畺（疆）

上博一・詩論 9・12

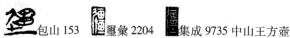包山 153　　　🔲璽彙 2204　　　🔲集成 9735 中山王方壺

○何琳儀（1998）　疆，从土，彊聲。畺之繁文。《説文》：“畺，界也。从畕从
三，其界畫也。疆，畺或从彊、土。”

　　包山簡疆，姓氏。越王無疆之後。見《路史》。

《戰國古文字典》頁 639

　　堊，从土，㗊聲。土與🔲借用〓。或加止旁繁化。疑堊爲疆之異文。見疆
字。或釋坥，加豎筆爲飾。

　　侯馬盟書堊，或作㧖、㮇，人名。

《戰國古文字典》頁 647—648

○董楚平（2002）

🔲　　　第八字，諸家皆讀“疆”。此字粗看外形輪廓，頗似疆字，細審之則未
必。疆字的關鍵“部件”是“田”字，而且右旁平頂，甲骨文、金文都是這
樣。此字的主體成分是金字，右旁尖頂。雙“玉”重疊共用一個尖頂
“人”，猶第五字“尃”，雙“寸”並列共用一個“甫”。左旁人字是裝飾。《集釋》
釋爲金字。似無誤。金文中有“吴金”一詞，上海博物館新藏一件《敔王夫差
盉》，肩上近口處有一周銘文十二字（編按：銘文舉了 11 字）：“敔王夫差吴金鑄女子

器吉。"《楚辭・國殤》:"操吳戈兮被犀甲。"江漢地區至戰國中期尚艷羨吳金
之美。近年,皖南發現十多處先秦時期的礦冶遺址,其中,南陵縣古礦冶遺址
規模之大,爲國内罕見。皖南是故吳地。"尃(溥)内(納)吳金",謂廣泛搜羅
收集精美的銅料,以鑄作《大武》用具及相關祭器。曾侯乙編鐘宏麗絶倫,舉
世震驚,同出兵器 4000 多件,這是"尃内吳金"的實物證據。(中略)

　　以上釋讀,主觀上想盡可能做到言之成理,持之有故,但還不敢説必確無
疑。"武"字不是非指《大武》不可,"吳"下一字也不能排除"疆"字的可能性。
釋"武"爲兵事軍威,讀吳下一字爲疆字,也是可通的,不過"吳疆"應解釋爲故
吳地。《史記・楚世家》載:"(惠王)四十二年,楚滅蔡。四十四年,楚滅杞。
與秦平。是時越已滅吳而不能正江、淮北。楚東侵,廣地至泗上。"鐘銘或是
記載"楚東侵"故吳地之事。這時,楚可能已滅曾,製作《曾侯乙鳥篆三戈戟》
的匠師已入楚,製造了字體與之相同的《董武鐘》。

《追尋中華古代文明的踪迹》頁 48

黃　黃　黆

黃 睡虎地・秦律 34　　　黆 璽彙 1259　　　黆 曾侯乙 133

黆 集成 2782 哀成叔鼎　　黆 璽彙 0728

○ **張政烺**(1981)　黃,指銅之顏色而言,《曾伯霥簠》"余擇其吉金黃鏞"(《兩
周金文辭大系考釋》186 頁),黃字用法與此同。

《古文字研究》5,頁 30

○ **沈融**(1994)　黃,象五行中之土色。土能克水,在五行學説盛行的時代裏,
黃色曾被用作水軍的服色。漢代有一支中央直屬的水軍,稱"羽林黃頭",可
證。黃萃,即水軍部隊。

《考古與文物》1994-3,頁 94

○ **何琳儀**(1998)　黃,甲骨文作黆(甲一六四七),構形不明。或説象人突胸
凸肚形,尪之初文。《左・僖廿一年》:"夏大旱,公欲焚巫尪。"注:"巫尪,女
巫也,主祈禱請雨者也。或以爲尪非巫也。瘠病之人其面上向。"故金文从口
作黆(耳尊),表示面朝天。或作黆(剌鼎),口演變爲廿形。戰國文字承襲金
文。口或演變爲廿、止、此、广、产、兴形,田形或省變爲口、口形,兩側多加
兩斜筆爲飾。《説文》:"黆,地之色也。从田从芡,芡亦聲。芡,古文光。灻,

古文黄。”

因資錞“黄帝”,上古君主。《易·繫辭》下:“黄帝堯舜,垂衣裳而天下治。”

燕王職矛“黄衣”,讀“廣萃”。《周禮·春官·車僕》“廣車之萃”,注:“横陣之車也。”正義:“萃即謂諸車之部隊。”

趙孟壺“黄沱”,讀“黄池”,地名。《左·哀十三年》:“公會單平公、晉定公、吳王夫差於黄池。”在今河南封丘南。黄城戈“黄成”,地名。《史記·田敬仲完世家》宣公四十三年:“伐晉,毀黄城。”在今山東冠縣南。内黄鼎“内黄”,地名。

楚璽、楚簡黄,姓氏。陸終之後,受封於黄,爲楚所滅,以國爲氏。見《元和姓纂》。楚簡“黄金”,金之通稱。《易·噬嗑》:“噬乾肉,得黄金。”《説文》:“金有五色,黄爲之長,久埋不生衣,百煉不輕。”望山簡“黄寵”,疑占卜之龜。帛書“黄冎”,疑即“黄泉”。《左·隱元年》:“不及黄泉,無相見也。”帛書“翏黄難”,神名。帛書“黄木”,五木(青、赤、黄、白、墨)之一。《藝文類聚》引《尸子》:“燧人上觀星辰,下觀五木以爲火。”曾樂律鐘“黄鐘”,音律名,六律、六吕之基本音。《禮記·月令》:“仲冬之月,其音羽,律中黄鐘。”注:“黄鐘者,律之始。”隨縣簡“黄金”,或謂銅。《書·吕刑》“墨辟疑赦”,疏:“古者金、銀、銅、鐵總號爲金,今别之以爲四名。此傳言黄鐵,《舜典》傳言黄金,皆是今之銅也。”隨縣簡“翟耴之黄”之黄,見《詩·魯頌·駉》“有驪有黄”,傳:“黄騂曰黄。”

石鼓“黄帛”,讀“黄白”。《史記·天官書》:“有黄白云降。”

《戰國古文字典》頁635—636

【黄池】集成9678 趙孟庎壺

○**曹錦炎**(1989)　黄池之地,自來諸説紛紜。杜預以爲,河南陳留封丘縣有黄亭,近濟水,黄池即在此地(見《左傳》注)。《左傳》哀公十三年:“夏,公會單平公、晉定公、吳夫差於黄池。”

《古文字研究》17,頁115

【黄萃】集成11517 燕王職矛

○**馮勝君**(1998)　黄卒,讀廣萃。即上引文中的“廣車之萃”,鄭注:“廣車,横陣之車也。”

《華學》3,頁245

【黄啻】

○**湯餘惠**(1993)　黄啻,即黄帝,軒轅氏。作器者因齊自命爲黄帝後裔,但田氏爲黃帝之後於史無徵,其詳待考。

《戰國銘文選》頁 14

○**李零**(1998)　陳(漢改爲田)齊嬀姓,爲虞後,本來不在"黃帝十二姓"(見《國語・晉語四》)之中,但銘文稱黃帝爲陳齊的"高祖",正合於《國語・魯語上》"有虞氏禘黃帝而祖顓頊"的禘祭系統,顯然就是按上述第一帝系而串聯。

《李零自選集》頁 72,1998;原載《學人》5

【黃淵】楚帛書

○**李零**(1985)　黃泉,地底深處的泉水,《荀子・勸學》:"(蟓)上食埃土,下飲黃泉。"《左傳》隱公元年:"不及黃泉,無相見也。"

《長沙子彈庫戰國楚帛書研究》頁 58—59

○**劉信芳**(1996)　古人稱日、月、五星繞地而行的軌道爲黃道,知"黃淵"指日、月、五星伏行之處。

《中國文字》新 21,頁 92

○**李零**(2000)　"黃胐",疑指黃泉。《淮南子・地形》有黃、青、赤、白、玄五色之泉。各相應於"正土之氣、偏土之氣、壯土之氣、弱土之氣、牝土之氣"。

《古文字研究》20,頁 168

【黃鑊】哀成叔鼎

○**趙振華**(1981)　黃鑊,即銅鼎。黃指金屬銅的色澤,如曾伯霥簠銘文:"余擇其吉金黃鏞,餘用自作旅簠。"鑊即鑊,爲炊具之鼎。鄭玄注《儀禮・士冠禮》:"煮於鑊曰享。"又注《儀禮・士虞禮》:"享於爨用鑊。"

《文物》1981-7,頁 68

○**蔡運章**(1985)　"黃",是指銅的顏色,曾伯霥簠:"余擇其吉金黃鏞。"與此同例。(中略)

　　故"黃鑊"猶如《史記・周本紀》的"黃鉞"、《周禮・春官・司尊彝》的"黃彝",就是用銅鑄作的大鼎的意思。

《中原文物》1985-4,頁 57

【黃䵣】

○**連邵名**(1986)　"黃䵣",指龜甲,《爾雅・釋魚》:"一曰神龜,二曰靈龜。"郭璞注:"涪陵郡出大龜甲,可以卜。緣中文似蝐蝐,俗呼爲靈龜。"龜壽甚長,可達百年之久,古人以爲神物,用以占卜,探求吉凶之先兆,故稱龜爲靈。

《江漢論壇》1986-11,頁 79

○朱德熙、裘錫圭、李家浩（1995）　"黽"即"龜"字異體。《集韻》"龜"字注："黃龜,龜名。"《禮記・禮器》正義引《爾雅》郭注"今江東所用卜龜黃靈、黑靈者……"黃靈即黃龜。

《望山楚簡》頁 98

△按　《説文》："黃,地之色也。从田从芡,芡亦聲。芡,古文光。""黃"字見於甲骨文,作 （《合集》3475）、（《合集》3473）等形,郭沫若謂其象佩玉之形,唐蘭認爲是繫市的帶子。晉系文字作（哀成叔鼎）、（《璽彙》0728）等形,所从之人上半身訛變爲止或从形,字下部又增加飾筆,與齊系文字作（陳侯因資敦）、燕系文字作（燕王職矛）者結構相同。

男　𤰒

男 睡虎地・答問 167　𤰒 璽彙 3362　 上博五・三德 3

○何琳儀（1998）　男,甲骨文作（京津二一二二）。从田从力,會男子從事農田耕作之意。力亦聲。男,泥紐;力,來紐。泥、來均屬舌音,男爲力之準聲首。西周金文作（師袁簋),春秋金文作（齊侯敦）。戰國文字承襲兩周金文。力旁省作形。《説文》："𤰒,丈夫也。从田从力,言男用力於田也。"

晉璽男,姓氏。禹後有男氏。見《史記・夏本紀》。

睡虎地簡"男子",見《禮記・檀弓》下:"男子西向,婦人東向。"

《戰國古文字典》頁 1408

力　𠯑

力 睡虎地・爲吏 19 壹　 郭店・尊德 15　 璽彙 0909　 集成 157 屬羌鐘

○黃錫全（1998）　有此字的刀,孟縣、靈壽故城有出土。（中略）

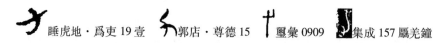

力地,我們疑其爲漢之櫟縣,隸《地理志》平原郡。應劭曰:櫟"音力"。櫟與河閒近,本漢齊悼惠王子辟之封地,在今山東商河縣東北。《漢書・齊悼惠王傳》作扐。

《先秦貨幣研究》頁 260,2001;原載《徐中舒先生百年誕辰紀年文集》

○何琳儀（1998）　力,甲骨文作（乙八八九三）。構形不明,或以爲耒之初文（耒、力均屬來紐）。春秋金文作𠂇（叔夷鎛）。戰國文字承襲春秋金文，或作𠂇、𠂇，後者與漢代文字𠂇、𠂇方向相反。《古文四聲韻》𠂇、𠂇（入二十六）即屬此類形體。《説文》：“𠂇，筋也。象人筋之形。治功曰力，能圉大災。”

　　鳳羌鐘力，見《詩・大雅・烝民》“威儀是力”，箋：“力，猶勤也。”中山王鼎力，見《國語・晉語》五“子之力也夫”，注：“力，功也。”

　　詛楚文力，力氣。

《戰國古文字典》頁 85

△**按**　“力”甲骨文作𠂇（《合集》22323），“氏”，西周金文作𠂇（頌鼎）；兩者形體區別顯然。晉系文字中，“力”或作𠂇（《璽彙》0525，“勞”字所從）、𠂇（《璽彙》0947，“勝”字所從）等形，折筆上移；同時，有些“氏”字豎筆上的點畫消失，而且向上伸出，與折筆相交，作𠂇（《貨系》772，茲氏），“氏”與“力”就變得相近了，以致在相關文字的釋讀中造成了一定的混淆，例如，古璽中有字作𠂇（《璽彙》1406）、𠂇（《璽彙》0439）等形，《戰國文字編》釋爲“眂”，即認爲字從目，氏聲，《戰國古文字典》則隸定爲從目、力聲的“眲”。單從字形上看，兩種釋法都有道理，但是，字釋爲“眲”不見於字書，而“眂”字則見於《説文》，聯繫氏、力兩字相混的情形，釋𠂇作“眂”爲勝。

勳 勳 勛

集成 9735 中山王方壺

○張政烺（1979）　釋爲“勳”。

《古文字研究》1，頁 219

○何琳儀（1998）　勛，從力，員聲。勳之異文。《説文》：“勳，能成王功也。從力，熏聲。勛，古文勳從員。”

　　中山王方壺勛，讀勳。《國語・周語》中“鄭武莊有大勳於平桓”，注：“王功曰勳。”

《戰國古文字典》頁 1315

助 眲

𣊟
睡虎地・爲吏 9 伍

○**睡簡整理小組**（1991）　非以官禄夫助治。（中略）

此句意思是，不是讓他們享受官禄，而是要他們助理政事。

《睡虎地秦墓竹簡》頁 172、174

務 緣 柔

睡虎地・爲吏 29 叁

上博五・季庚 2

○**濮茅左**（2005）　（編按：上博五・季 2“此君子之大柔也”）“大柔”，即“大務”，大事。《韓非子・難二》：“不以小功妨大務，不以私欲害人事。”

《上海博物館藏戰國楚竹書》（五）頁 202

勥 鸞 勥

郭店・太一 9　　郭店・尊德 22　　璽彙 0525

○**何琳儀**（1998）　勥，从力，疆聲。勥之省文。《説文》：“勥，迫也。从力，强聲。鸞，古文从彊。”

趙璽“勥弩”，讀“强弩”，官名。《漢書・武帝紀》：“强弩都尉。”

《戰國古文字典》頁 648

勁 勁

集粹　　包山 42　　璽彙 0843

○**何琳儀**（1998）　《説文》：“勁，彊也。从力，巠聲。”

戰國文字勁，人名。

《戰國古文字典》頁 786

勉 勉

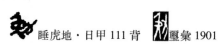

睡虎地・日甲 111 背　　璽彙 1901

○**睡簡整理小組**（1991）　勉壹步，進一步。

《睡虎地秦墓竹簡》頁 224

勝　勝　勅

勝　睡虎地‧爲吏 10 壹

勝　包山 113　　勝　郭店‧成之 36　　勝　璽彙 2180

○**徐在國**（1998）　楚簡中有如下一字：勝《包山楚簡》113、130、164、180 簡，勝天星觀卜筮簡。《簡帛編》隸作“勅”（見該書 991 頁）。

今按：《簡帛編》的隸定是正確的，但此字不見於《説文》。我們認爲從“力”，“乘”聲，釋爲“勝”，《集韻‧證韻》“勝”字古文作“兌”，《古文四聲韻‧證韻》引《古老子》“勝”字作“兌”，“兌”“兌”並由楚簡“乘”（乘）字形訛變，均假“乘”爲“勝”。《古文四聲韻‧蒸韻》引崔希裕《纂古》“勝”字作“乘”，頗疑“乘”乃由“勝”形訛變。“乘、勝”古音並爲章系蒸部字，“勝”字古文作“兌”，屬聲符更替。

如上所述，“勝”字應該釋爲“勝”，字在簡文中用作人名。

《江漢考古》1998-2，頁 82

○**徐在國**（1998）　附帶説明一下，我們曾釋出楚簡中的“勝”字，而没注意到古璽及兵器銘文中的“勝”字。今補釋如下：

《璽文》13‧13 下（332 頁）著録如下字：

勝《璽彙》0947　勝 同上 0948　勝 同上 1910　勝 同上 2180

勝 同上 2898　勝 同上 2994　勝 同上 1186

《璽文》隸作“勅”，可從。

“勅”字還見於三晉兵器銘文中，如：

七年，邦司寇富勝，上庫工師戎閒、冶朕。（《集成》18‧11545）

廿九年，高都命（令）陳口。工師口。冶勝。（《集成》18‧11653）

這些字隸定爲“勅”是正確的，但“勅”字不見於《説文》。“勅”字應分析爲從“力”，“乘”聲，釋爲“勝”，字在璽文及兵器銘文中均用作人名。

《吉林大學古籍整理研究所建所十五周年紀念文集》頁 114

○**廖名春**（1998）　今本《老子》第 45 章“躁勝寒，靜勝熱”的兩“勝”字，荆門楚簡都作“勑”,寫法與天星觀楚簡,特別是包山楚簡同。筆者認爲,此“勑”即“勝”之異寫。下面試作論證。

“勝”爲形聲字,“朕”爲聲符,表音;“力”爲形符,表義。勝从“朕”得聲,故“朕、勝”可通用。今本《老子》之“勝”字帛書乙本多寫作“朕”。如今本《老子》第 31 章:“戰勝以喪禮處之。”帛書《老子》乙本“勝”作“朕”。今本《老子》第 33 章:“勝人者有力。”帛書《老子》乙本“勝”作“朕”。今本《老子》第 36 章:“柔弱勝剛强。”帛書《老子》乙本“勝”也作“朕”。傳統文獻中不乏“朕、勝”通用例。如《莊子·應帝王》:“鄉吾示之以太沖莫勝。”《列子·黄帝》“勝”作“朕”。《淮南子·兵略》:“凡物有朕,唯道無朕。”《文子·自然》“朕”作“勝”。而“勑”也當爲形聲字。上“乘”爲聲符,表音;下“力”爲形符,表義。“勑”與“勝”形符相同,聲符表音字雖不同,但音卻相同。《周易·咸·上六》象傳:“滕口説也。”《釋文》:“滕,九家作乘。”《史記·宋微子世家》:“戰於乘丘。”《集解》引徐廣曰:“乘,一作媵。”“滕、媵”皆从“朕”得聲,“乘”字能與它們通用,正是因爲“乘”與“朕”古音相同。“勑”字从“乘”得聲,與从“朕”得聲的“勝”字,讀音當同,所以“勑、勝”雖然一爲上下結構,一爲左右結構;一以“乘”表音,一以“朕”表音,但它們都是形聲字,不但義符相同,讀音也一致。其爲一字的不同寫法,當無疑義。

“勝”字見於《説文》和睡虎地秦簡、馬王堆帛書,但不見於金文和楚簡,而“勑”字卻見於包山楚簡、天星觀楚簡和荊門楚簡。包山楚簡、天星觀楚簡和荊門楚簡的墓葬年代皆爲戰國中期。在包山楚簡、天星觀楚簡中,“勑”都是作爲人名出現,説明它應該是一個常用字。《老子》爲楚人之作,其用“勑”而不用“勝”,説明《老子》故書當作“勑”。而古文字材料中“勝”到戰國晚期才出現。因此,很有可能戰國中期以前人們流行用“勑”,戰國晚期以後“勝”才逐漸取代了“勑”,以致後來“勝”行而“勑”廢。

　　　　　　《吉林大學古籍整理研究所建所十五周年紀念文集》頁 87—89

○**何琳儀**(1998)　《説文》:“勝,任也。从力,朕聲。”

　　秦器勝,人名。

　　　　　　　　　　　　　　　　　　　　　　《戰國古文字典》頁 151

　　勑,从力,乘聲。疑勝之異文。

　　韓兵勑,讀承。

　　　　　　　　　　　　　　　　　　　　《戰國古文字典》頁 146—147

○**白於藍**(1999)　《古璽彙編》中有一字作如下諸形:

　　　　○0947　　　○0948　　　○0949　　　○1910

　　　　○2898　　　○2994　　　○2180　　　○1186

此字從力，乘聲，原編者將之隸定爲勄，不誤。此字亦常見於楚簡當中，作：

　　　　○包山簡 113　　　○包山簡 164　　　○天星觀簡卜筮類

以聲類求之，上述諸字均當釋爲勝。《説文》：“勝，任也。從力，朕聲。”乘、勝古音同屬舌音蒸部字，故勝或可從乘聲作。《古文四聲韻》勝字引《古老子》古文作“○”，與《説文》乘字古文“○”形體十分接近，可見《古老子》乃是借乘爲勝。包山簡中“緑組之縢”（牘 1）又寫作“緑組之○”（簡 270），“紫縢”（牘 1）又寫作“紫○”（簡 270），亦是將縢紫所從之朕（○）聲換成勄（勝）聲。

　　典籍中乘與從朕（朕）聲之字亦多相通假，如《史記・宋微子世家》：“宋伐魯，戰於乘丘。”裴駰《集解》引徐廣曰：“乘，一作滕。”《易・咸・象傳》：“滕口説也。”陸德明《經典釋文》：“滕，九家作乘。”皆其證。

　　古璽及楚簡中勄字出現數十例，均用作人名，應是常見人名用字。春秋戰國時期以勝字爲名者甚爲常見，如鄭聲公鄭勝，楚左尹王子勝，平原君趙勝，等等。從這一點上來看，將勄字釋爲勝也是很合適的。睡虎地秦簡中有勝字作“○”，應是秦系文字的寫法，即《説文》小篆所本。

　　　　　　　　　　　　　　　　　　　　　《考古與文物》1999–3，頁 85

○徐在國（2000）　最後一字是冶工的名字，或釋“乘”，或缺釋。此字又見於古璽、楚簡中，我們已改釋爲“勝”。字形分析應爲從“力”，“乘”聲，爲勝字異體，是古人名常用字。

　　　　　　　　　　　　　　　　　　　　　《古文字研究》22，頁 118

○徐在國（2002）　齊陶文中有如下一字：

　　　　　F ○陶彙 3・1304

　　《陶彙》釋“益”。《陶徵》釋“益”。《陶字》從之。李零先生隸作“夯”。

　　按：李零先生認爲此字下部所從“○”是“力”，頗具卓識。《璽彙》0909 肖力之“力”作○，可爲佳證。“力”上所從“○”應是“乘”字。古文字中“乘”字或作：

　　　○陶彙 3・207　　　○璽彙 3554　　　　　　○天星觀簡

　　　○包山 275　　　○郭店・語叢二・26　　　○璽彙 1107

上部均從“大”，有加腳形和不加腳形之分，已有學者指出“乘”字所從的“大”

加腳形是後起的寫法。“大”下從“車”者是車乘之乘的專用字。從“𣎵”者當是“木”之變;從“几”(几)即几,加注意符;亦有省去下部者。另外,在齊系文字中,“大”字上面象人手臂形的部分往往拉平作橫畫,這是齊系文字的一個明顯特點。因此,F 所從“㐁”是乘字應該没問題。F 應隸作“勅”,分析爲從“力”,“乘”聲,釋爲“勝”。戰國文字中“勝”字作:

　　　　陶彙 3·843　　　包山 113　　　郭店·尊德 35

　　　　璽彙 2180　　　同上 2994

並從“力”,“乘”聲。齊陶文“勝”字作陶又作奓,與楚簡“勝”字作勞又作彡相類同。

　　如此,F 應釋爲“勝”。《陶彙》3·1304 是一方單字陶文。

　　附帶談一下河北平山靈壽城遺址内出土的如下一方陶文:古　奓

　　原文未釋。按:此方陶文應釋爲“右勅(勝)”。從“勝”字的寫法看,這方陶文應屬於三晉。

《古文字研究》23,頁 110—111

○**陳斯鵬**(2007)　　(編按:上博五·曹沫 52“返[及]尔亀筮皆曰‘勳之’”)“勳”字諸家均讀“勝”,舊稿亦然。今頗疑當讀“乘”。《戰國策·韓策二》:“公戰勝楚,遂與公乘楚,易三川而歸。”鮑彪注:“乘,因取之也。”又《東周策》:“公進兵,秦恐公之乘其弊也,必以寶事公;公中慕公之爲己乘秦也,亦必盡其寶。”鮑注:“乘,謂因而攻之。”簡文此處“乘”正用是義。

　　(編按:上博五·曹沫 16+46“天下不勳”)勳,諸家原讀“勝”,實當讀“乘”。《吕氏春秋·權勳》:“於是以天下兵戰,戰合,擊金而卻之,卒北,天下兵乘之。”畢沅曰:“乘,猶陵也。”《戰國策·趙策三》:“我將因强而乘弱。”鮑彪注同。又《楚策二》:“王欲昭雎之乘秦也,必分公之兵以益之。”鮑注:“乘,猶淩。”簡文此處“乘”字正用是義。意謂我若内有兵利、城固、人和,而外有大國之親,則天下莫敢侵淩攻擊也。

《簡帛文獻與文學考論》頁 104、106

勦　勦

勦睡虎地·爲吏 43 貳　　　勦璽彙 3983

○**何琳儀**(1998)　　《説文》:“勦,發也。从力,从徹,徹亦聲。”

睡虎地簡霁,讀徹。《説文》:"徹,通也。"

《戰國古文字典》頁 932

勠 𢩃

香續一 63

△按　《説文》:"勠,并力也。从力,翏聲。"

勞 𤓰 怓

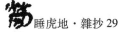睡虎地・雜抄 29

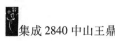集成 2840 中山王鼎

○張政烺(1979)　《爾雅・釋詁》:"勤,憂也。勞,勤也。"《説文》:"勞,劇也,从力,熒省。燮,古文勞从悉。"怓當是燮之省。

《古文字研究》1,頁 227

○趙誠(1979)　勞,《説文》古文作燮,下从心。《集韻》怓,苦心也,下亦从心。王筠《釋例》云:"勞字本不可解。"按古文从采更不可解。朱駿聲《説文通訓定聲》謂"古文从熒不省,火形訛采耳",頗有理。疑古勞力从炊(或焱)从力,勞心从炊(或焱)从心,炊或焱以標志焰焰烈火。此銘勞字从炊从心,正會勞心之意。後世勞心之意併於勞,怓字遂不行。

《古文字研究》1,頁 257

○曾憲通(1983)　勞字作𤓰,與中山王鼎之𤓰甚近,一从心,一从力,立意小異。《周禮》:"司勳事功曰勞。"

《古文字學論集》(初編)頁 369

○陳邦懷(1983)　按,大徐本《説文解字》力部勞古文作𤓰,段注"从悉",段曰:"竊謂古文乃从熒不省,未可知也。"此説是。鼎銘怓从熒省,與段説从熒不省爲反證,从心,與大徐本合。怓从心者,孟子曰:"勞心者治人。"是其義。段本从力,其義即"勞心者治於人也"。

《天津社會科學》1983-1,頁 64

○李天虹(1995)　《説文》:"𤓰,古文勞从悉。"《汗簡》引《舊説文》作𤓰,段玉

裁據而改《説文》古文作。

　　按：古璽文縈字作（彙 2338）、（4046），可證《舊説文》勞字从是正確的，所从"∴"是飾筆，中山王鼎勞字作，可證今本《説文》古文从心不誤，段氏改从力是錯誤的。綜上可從推知，戰國文字勞當有寫作形的，今本《説文》古文即由此訛變而致。

《江漢考古》1995-2，頁 80

○陳偉武（1998）　《秦律十八種・司空》："爲車不勞，稱議脂之。"整理小組注："爲，如果，見楊樹達《詞詮》卷八。勞，讀爲恌，《方言》十二：'疾也。'"譯文："如車運行不快，可酌量加油。"

　　今按，勞字固有疾義，毋煩破讀。《説文》："勞，劇也。"《廣雅・釋詁一》："劇，疾也。"劇或作遽，唐釋慧苑《華嚴經》卷六十三音義引賈逵《國語注》云："遽，疾也。"由遽訓知勞可訓疾。《爾雅・釋詁》："勞，勤也。"勤勉與疾速義相因，積"勞"成"疾"，後代有複合詞"勤快"可證。朱駿聲《説文通訓定聲》引或説謂勞"當从熒省，疾急之意"。人勤快謂之勞，車勤快亦可謂之勞，故簡文"車不勞"指車跑不快。

《胡厚宣先生紀念文集》頁 205

○何琳儀（1998）　勞，从熒从力，會意不明。力亦聲。勞、力均屬來紐。勞爲力之準聲首。《説文》："勞，劇也。从力，熒省。熒火燒冂，用力者勞。，古文勞从悉。"

　　睡虎地簡勞，疲勞。

《戰國古文字典》頁 316

△按　楚文字｛勞｝作"褮"，與其他地域文字有別，參見卷八衣部"褮"字。

包山 168

○何琳儀（1998）　《説文》："劵，勞也。从力，卷省聲。"

　　包山簡一八五劵，讀拳，姓氏。楚鬻拳之後，衛有大夫拳彌。見《通志・氏族略・以名爲氏》。

《戰國古文字典》頁 1005

勤 勴

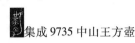集成 9735 中山王方壺

○**張政烺**（1979）　勤，讀爲覲，《説文》：“覲，諸侯秋朝曰覲，勤勞王事也。”

《古文字研究》1，頁 216

○**李學勤、李零**（1979）　第十九行的勤讀爲覲，覲是諸侯朝見天子之禮，《儀禮》有“覲禮”。《釋文》：“秋見曰覲，一受之於廟，殺氣質也……覲者，位於廟門外而序入。”所以説“上覲天子之廟”。

《考古學報》1979-2，頁 152

○**何琳儀**（1998）　《説文》：“勤，勞也。从力，堇聲。”

中山王器勤，見《左・僖廿八》“令尹其不勤民”，注：“盡心盡力無所愛惜爲勤。”

《戰國古文字典》頁 1322

加 蚰

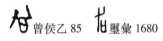曾侯乙 85　　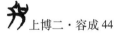璽彙 1680

上博二・容成 44

郭店・語三 5

○**劉信芳**（1996）　“豭”可以認作《説文》“家”之異體，然“室家”之“家”尚未見楚文字之用例，筆者存疑良久，方悟楚簡“加”乃“家”之假。

包簡二二、二四、三〇有“州加公”（例多見），《周禮・地官・大司徒》：“五衖（編按：今通行本作“黨”）爲州。”鄭玄注：“州二千五百家。”楚簡之州絶大多數是指貴族封地，如二七“邸昜君之州里公”，三七“福昜衖尹之州里公”，七二“大臧之州人”，七四“迅大敓册之州加公”，一八四“王西州里公”，細檢全部簡文，鮮有例外。楚國之州屬主有楚王、封君、大夫之別，則其制不能以“二千五百家”概之。管理州的職官有“加公、里公”，州之性質既多是私州，知“加公”即“家公”。《左傳》桓公十五年“家父”，《漢書・古今人表》作“嘉父”，而“嘉”正从“加”得聲。《周禮・夏官・序官》：“家司馬各使其臣，以正於公司馬。”鄭玄注：“家，卿大夫采地，王不特置司馬，各自使其家臣爲司馬，主其地

之軍賦,往聽政於王之司馬。"又《春官》有"家宗人",《秋官》有"家士"(已佚)。楚官之"州加公",周官之"家司馬、家宗人、家士"之類也。"加"爲"家"之假,可以無疑。

《考古與文物》1996-2,頁 82

○**何琳儀**(1998)　加,西周金文作✦(加爵)。从力从口,口亦聲。春秋金文作✦(蔡公子加戈)。戰國文字承襲金文。《説文》:"✦,語相增加也。从力从口。"

　　包山簡加,地名。

　　詛楚文加,猶陵(《廣韻》)。

《戰國古文字典》頁 841

勇 㦷 戙

✦集成 11566 中央勇矛

✦ 郭店·成之 9　　　✦ 上博四·曹沫 55

○**何琳儀**(1998)　《説文》:"勇,氣也。从力,甬聲。㦷,勇或从戈、用。恿,古文勇从心。"

　　中央矛"勇㒼",讀"踊躍"。《詩·邶風·擊鼓》:"擊鼓其鏜,踊躍用兵。"《釋名·釋言語》:"勇,踊也。遇敵踴躍,欲擊之也。"

《戰國古文字典》頁 425

　　愙,从心从爪,用聲。疑恿之異文。《説文》勇之古文作恿。

　　晉璽愙,人名。

《戰國古文字典》頁 422

　　㦷,从戈,甬聲。勇之異體。《玉篇》勇或作㦷,《説文》勇或作㦷。

　　天星觀簡㦷,讀鎔或輔。

《戰國古文字典》頁 425

　　戙,从戈,用聲。勇之異文。《説文》勇之古文作恿。

　　曾侯乙三戈戟戙,讀用。

《戰國古文字典》頁 422

劦

睡虎地・效律 55

○**睡簡整理小組**(1991)　計有劾(中略)

如會計有罪。

《睡虎地秦墓竹簡》頁 76

募 募

募睡虎地・雜抄 35

【募人】

○**周曉陸、陳曉捷**(2002)　募人丞印,《風》141 頁。募即招募軍士。《雲夢睡虎地秦簡・秦律雜抄》三五記:"冗募歸。"漢印見《十鐘山房印舉》象:"陷陣募人、募五百將。"王保平先生見告陽陵俑坑出:"募當百印。"《漢書・武帝紀》:"遣樓船將軍楊僕、左將軍荀彘將應募罪人擊朝鮮。"

《秦文化論叢》9, 頁 269

妊

妊・郭店・性自 62

○**荆門市博物館**(1998)　妊(任)。

《郭店楚墓竹簡》頁 181

叻

叻包山 85　　叻上博三・彭祖 8

○**何琳儀**(1998)　叻,从力,可聲。

包山簡叻,人名。

《戰國古文字典》頁 854

助

侯馬 156：1　　侯馬 92：47

○**馮時**（1986）　助：其形體歸見爲下録二種：

i　1：66　　200：19

i（1：66）是基本字形。根據古文字結構的一般規律，應該認爲从“力”从“旦”聲，當即“但”的本字。《説文》：“但，裼也。”段《注》：“古‘但裼’字如此，今之經典凡‘但裼’字皆改爲‘袒裼’矣。”《集韻》：“但，或作袒。”知“但、袒”古今字。

《説文》：“袒，衣縫解也。”《禮記·曲禮》釋文：“袒，露也。”《禮記·少儀》疏：“袒，開也。”盟書“但”字从“力”可能有兩種含義。第一，《説文·力部》段注：“筋者其體，力者其用也。”字从“力”，方有揭露、打開之意。第二，“人”“力”同寫人體部分，用爲偏旁互見無異。如“勉”亦作“俛”，《詩·小雅·十月之交》：“黽勉从事。”《白孔六帖》作“傴俛从事”。“劾”亦作“倰”，《集韻》：“倰，或从力。”“勌”亦作“倦”，《漢書·嚴助傳》注：“勌，亦作倦。”即其證。上録 i（200：19）字从“夷”，“旦”聲，“夷、人”古同字，是 i 例字爲“但”字的明證。

“但”於文獻中多以“肉袒、袒裼”見，表示恭敬，有誠意。《詩·鄭風·大叔于田》：“襢裼暴虎，獻于公所。”《禮記·郊特牲》：“肉袒親割，敬之至也。”《禮記·内則》：“不有敬事，不敢肉袒。”古人參盟時爲表示誠意也要肉袒，《史記·晉世家》：“鄭伯肉袒與盟而去。”正是明證。

“但”在侯馬盟書中讀爲“亶”，“但、亶”音同可通。《荀子·議兵》：“路亶者也。”劉向《新序》：“路亶即路袒。”揚雄《羽獵賦》：“亶觀夫剽禽之紲踰。”注：“亶，古但字。”是。《爾雅·釋詁》：“亶，信也，誠也。”《尚書·盤庚中》：“誕告用亶。”注：“亶，誠。”知侯馬盟書的“但”訓誠、信。

《考古》1986-7，頁 634

○**何琳儀**（1998）　从力，旦聲。疑勯之省文。《集韻》：“勯，力竭也。”

侯馬盟書助，人名。或讀擅。《説文》：“擅，專也。从手，亶聲。”

《戰國古文字典》頁 1021

⿰申力

包山 118

○**何琳儀**(1998)　⿰申力,从力,申聲。

包山簡⿰申力,人名。

《戰國古文字典》頁 1120

⿰它力

包山 79　上博五·季庚 6

○**何琳儀**(1998)　⿰它力,从力,它聲。

包山簡⿰它力,人名。

《戰國古文字典》頁 866

⿰弗力

包山 51

○**何琳儀**(1998)　⿰弗力,从力,弗聲。《集韻》:"⿰弗力,迫也。"

包山簡⿰弗力,人名。

《戰國古文字典》頁 1294

○**湯餘惠等**(2001)　⿱弗力,同弼。

《戰國文字編》頁 904

○**劉信芳**(2003)　《玉篇》"⿰弗力、⿱弗力"重出,"⿱弗力,皮筆切,古弼字。"《汗簡》亦以"⿱弗力"爲"弼"之古文。惟楚簡另有"弼"字,見簡 35、139,楚帛書甲篇。⿱弗力、弼恐非一字。

《包山楚簡解詁》頁 58

⿰㚔力

包山 163　璽彙 2552

○**何琳儀**(1993)　“㔛”,楚文字作(包山簡 180),人名。

《第二屆國際中國古文字學研討會論文集》頁 260

○**吴振武**(1993)　“㚅”字也作爲偏旁出現在包山楚簡中:

《包山楚簡》(湖北省荊沙鐵路考古隊編,文物出版社 1991 年)圖版七五・163　八一・180

同上圖版三八・86　同上圖版三七・85

這三個从“㚅”的字在簡文中都用作人名或地名,讀法不易確定。如果可以根據梁布以“㚅”爲“重”的情況推測一下的話,也許它們分别是“動”(《説文・力部》:“動,作也,从力,重聲。”)、“陲”(《玉篇・阜部》:“陲,音重,地名。”)、“鍾”(《集韻》平聲鐘韻:“鍾,量名。六斛四斗曰鍾……通作鍾。”)的異體。《包山楚簡》一書的作者把這三個字隸釋成“㮨、陓、錼”肯定是有問題的。因爲只要看看同批簡中的“于”及从“于”的“竽、雩、𦏁、邘”等字即可知道,上揭三字的右旁絶不會是“从大于聲”的“夸”。

《第二屆國際中國古文字學研討會論文集》頁 283

○**何琳儀**(1998)　从力,夸聲。

楚器㔛,人名。

《戰國古文字典》頁 463

○**湯餘惠等**(2001)　𢶒。

《戰國文字編》頁 905

㫃力

璽彙 3166

○**何琳儀**(1998)　㫃力,从力,㫃聲。疑䪜之省文。《集韻》:“䪜,勤也。”

晉璽㫃力,姓氏。

《戰國古文字典》頁 969

劻

璽彙 3168

○**何琳儀**(1998)　劻,从力,匸聲。(匸,从匚,立聲。)或説,力爲疊加音符。

晉璽勖,人名。

《戰國古文字典》頁 1385

勀

璽彙 2213

○**何琳儀**(1998)　勀,从力,求聲。《集韻》:"勀,輕勁皃。或从走。"

　　晉璽勀,人名。

《戰國古文字典》頁 178

勁

包山 168

○**何琳儀**(1998)　勁,从力,呈聲。

　　包山簡勁,人名。

《戰國古文字典》頁 805

劬

璽彙 2585

○**何琳儀**(1998)　劬,从力,苟聲。

　　晉璽劬,人名。

《戰國古文字典》頁 34

勛

璽彙 3243

○**何琳儀**(1998)　勛,从力,果聲。疑敤之繁文。《説文》:"敤,研治也。从攴,果聲。"

　　晉璽勛,人名。

《戰國古文字典》頁 847

劮

 包山 73　　 包山 172

○**何琳儀**（1998）　劮,从力,臤聲。
　　包山簡劮,人名。

　　　　　　　　　　　　　　　　　　　　　　《戰國古文字典》頁 1126

　　劮,从力,臤聲。
　　包山簡劮,人名。

　　　　　　　　　　　　　　　　　　　　　　《戰國古文字典》頁 1127

勴

 璽彙 3095

○**羅福頤等**（1981）　勴。

　　　　　　　　　　　　　　　　　　　　　　《古璽彙編》頁 292

○**何琳儀**（1998）　勴,从力,虘聲。
　　晉璽勴,人名。

　　　　　　　　　　　　　　　　　　　　　　《戰國古文字典》頁 973

勑

 包山 143　　 包山 191

○**何琳儀**（1998）　勑,从力,宋聲。《説文》:"宋,楝也。从木,亡聲。"
　　包山簡勑,人名。

　　　　　　　　　　　　　　　　　　　　　　《戰國古文字典》頁 729

△按　"傑"之異體,參卷八人部"傑"字條。

劢

 包山 174

○**何琳儀**（1998）　勑，从力，爰聲。

包山簡勑，人名。

《戰國古文字典》頁 938

勑

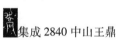吉大 51

○**何琳儀**（1998）　勑，从力，來聲。疑勑之繁文。《説文》：“勑，勞也。从力，來聲。”又《集韻》：“勑，或从彳从人，亦作來、逨。”

晉璽勑，讀來，姓氏。出自子姓，商之支孫。食采於郲，因以爲氏。其後避難去邑，爲來。見《唐書・宰相世系表》。

《戰國古文字典》頁 82

勮　喬

![侯馬 156：25]

![集成 2840 中山王鼎]

○**張政烺**（1979）　（編按：中山王鼎“毋富而喬”）喬，讀爲驕。

《古文字研究》1，頁 231

○**趙誠**（1979）　（編按：中山王鼎“毋富而喬”）勮（驕）。

《古文字研究》1，頁 259

○**何琳儀**（1998）　勮，从力，喬聲。蹻之異文。《集韻》：“蹻，舉足行高也。或从力。”

侯馬盟書勮，人名。

《戰國古文字典》頁 295

勮，从力，高聲。勮之省文。

中山王鼎勮，讀驕。《論語・述而》“富而無驕”，皇疏：“陵上慢下曰驕也。”

《戰國古文字典》頁 293

劦 𣢦

璽彙 0460　　陶彙 3 · 837

○**羅福頤等**（1981）　劦。

《古璽彙編》頁 72

○**高明**（1990）　劦。

《古陶文彙編》頁 40

○**何琳儀**（1998）　劦，甲骨文作 ⿰ （後上十九 · 六）。從三力，會協力之意。西周金文作 ⿰（緯簋器作 ⿰）。戰國文字承襲金文。在偏旁中或從二力。《説文》：“𣢦，同力也。從三力。《山海經》曰，惟號之山，其風若劦。”或歸盉部。

　　齊陶“劦祭”，讀“合祭”。《書 · 堯典》：“協和萬邦。”《史記 · 五帝本紀》：“合和萬國。”《詩 · 小雅 · 正月》：“洽比其鄰。”《左 · 僖廿二》引洽作協。是其佐證。《公羊 · 文二》：“大祫者何，合祭也。其合祭奈何，毀廟之主，陳於大祖。未毀廟之主，皆升合食於大祖，五年而再殷祭。”《漢書 · 郊祀志》：“天地合祭，先祖配天，先妣配墬，其誼一也。”

《戰國古文字典》頁 1372